화엄경청량소

華嚴經淸凉疏

화엄경청량소

제25권

제7 재회보광명전법회 ③

[제33 불부사의법품 - 제36 보현행품]

청량징관 저

석반산 역주

담앤북스

일러두기

1. 본 화엄경소초의 번역에 사용된 원본은 봉은사에 소장된 목판 80 권『화엄경소초회본』이다.

2. 교정본은 민국(民國) 31년(1942) 대만의 화엄소초편인회(華嚴疏鈔編 印會)에서 합본으로 교간(校刊)한『화엄경소초 10권』을 사용하였 다. 그리고 원본현토는 화엄학 연구소의 원조각성 강백의 현토본 을 참고하였다.

3. 대장경 속에 경전과 합본으로 수록된 것은 없고, 다만 大正大藏經 권35에『화엄경소 60권』이 있으며 권36에『화엄경수소연의초(華嚴 經隨疏演義鈔) 90권』이 있지만 경의 본문과의 손쉬운 대조를 위해 회 본(會本)을 기본으로 하였으며, 일일이 찾아서 대장경과 대조하지 는 못하였다.

4. 교재본이라 한 것은 민족사에서 1997년에 발간한『현토과목 화엄 경』(전 4권)을 지칭하며, 원문 인용은 이 본을 기본으로 하였다.

5. 본『청량소』전권에서는 소(疏)의 전문을 해석하였고, 초문(鈔文)은 너무 번다하고 중복되는 부분을 필자가 임의로 생략하였다.

6. 본문의 이해를 돕기 위하여 도표로 작성한 것은 전강 스승이신 봉선사 능엄학림의 월운강백께 허락을 얻어『화엄경과도(華嚴經科圖)』를 준용(準用)한 것이다.

7. 목차(目次)는『화엄경소초』의 과목을 사용하였고『화엄경과도』를 준용하였다. 과목에 이어지는 ( ) 안에는 간편한 대조를 위하여 목판본의 페이지를 표시하였다. 예) 一. 一) (一) 1 1) (1) 가. 가) (가) ㄱ. ㄱ) (ㄱ) a. a) (a) ㊀ ① ㉮ ㉠ ⓐ ㋑ ㉾ Ⓐ 一 1 가 ㄱ ⓐ Ⓐ ㅏ ➊ ❶ ㉮ ㄱ ⓐ Ⓐ 一 1 가 ㄱ ⓐ Ⓐ

8. 목차는 되도록 현대적 번역어로 제목을 삼으려 하였고, 제목에 이어 표기된 아라비아 숫자는 문단의 개수이다.

9. 경과 소문(疏文)은 조금 띄워서 차별화하였고 소문(疏文) 앞에는 ■ 표시를, 초문(鈔文) 앞에는 ● 로 표시하여 번역문을 수록하였다. ❖ 표시는 역자의 견해를 밝힌 부분이다.

10. 경구(經句)의 번역문은 한글대장경과 민족사 간(刊) 『화엄경 전10권』을 참고하였고, 소(疏) 문장의 번역은 직역을 원칙으로 하였고, 인용문은 주로 한글대장경의 번역을 따르고자 노력하였다.

11. 본 청량소 번역에 참고한 주요 도서는 다음과 같다.

    (1) 한글대장경 『화엄경1, 2, 3』 『보살본업경』 『대승입능가경』 『대반열반경』 『보살영락경』; 동국역경원 刊

    (2) 한글대장경 『성유식론』 『십지경론』 『아비달마잡집론』 『유가사지론』 『대지도론』 『섭대승론』 『섭대승론석』 『대승기신론소별기』 『현양성교론』 『신화엄경론』; 동국역경원 刊

    (3) 『대정신수대장경』; 大正一切經刊行會 刊

(4) 현토과목『화엄경』; 민족사 刊

(5) 『망월대사전』; 세계성전간행협회 刊,『불교학대사전』; 홍법원 刊,『중국불교인명사전』; 明復 編,『인도불교고유명사사전』; 法藏館 刊

(6) 『신완역 주역』; 명문당 刊,『장자』; 신원문화사 刊,『노자도덕경』; 교림 刊,『논어』; 전통문화연구회 編

12. 주)의 교정본 양식

(1) 소초회본; 대만교정본[華嚴疏鈔編印會]

(2) 宋元明淸南續金纂本 등; 소초회본의 출전 소개 양식

『화엄경청량소』 제25권 차례

大方廣佛華嚴經疏鈔 제46권 茱字卷上

제33. 불가사의한 불공덕을 말하는 품[佛不思議法品] ①

大方廣佛華嚴經疏鈔 제47권 茱字卷下
제33. 불가사의한 불공덕을 말하는 품[佛不思議法品] ②

大方廣佛華嚴經疏鈔 제48권의 ① 重字卷上

제34. 여래의 열 가지 몸과 상호를 말하는 품[如來十身相海品]

大方廣佛華嚴經疏鈔 제48권의 ② 重字卷中

제35. 여래 80종호의 광명과 공덕품[如來隨好光明功德品]

大方廣佛華嚴經疏鈔 제49권 重字卷下
제36. 보현행을 밝히는 품[普賢行品]

大方廣佛華嚴經 제46권

大方廣佛華嚴經疏鈔 제46권 榮字卷上

제33 佛不思議法品 ①

제33. 불가사의한 불공덕을 말하는 품[佛不思議法品] ①

지금 제33. 불부사의법품은 수행으로 생긴 결과를 밝혔으니, 인행이 원만하고 과덕이 만족함의 지위인 까닭이다. 經云,

"부처님의 신통한 힘을 받들어 연화장보살에게 말하였다. '불자여, 부처님 세존께서 한량없이 머무름이 있으니, 항상 큰 자비에 머무시며, 가지가지 몸에 머물러 부처의 일을 지으며, 평등한 뜻에 머물러 청정한 법바퀴를 굴리며, 네 가지 변재에 머물러 한량없는 법을 말씀하며, 헤아릴 수 없는 온갖 부처님 법에 머물며, 청정한 음성에 머물러 헤아릴 수 없는 모든 부처님 극토에 두루하며, 말할 수 없는 깊은 법계에 머무시며, 가장 수승한 모든 신통을 나타내는 데 머무시며, 장애가 없는 최고의 법을 열어 보이는 데 머무시는 것이니라."

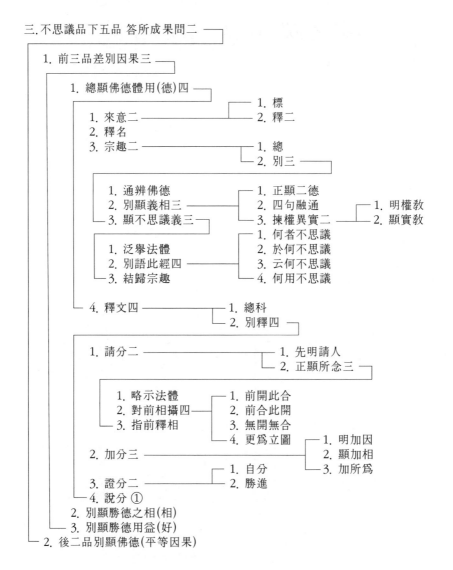

三. 不思議品下五品 答所成果問二
1. 前三品差別因果三
1. 總顯佛德體用(德)四
1. 來意二
2. 釋名
3. 宗趣二
1. 標
2. 釋二
1. 總
2. 別三

1. 通辨佛德
2. 別顯義相三
3. 顯不思議義三
1. 正顯二德
2. 四句融通
3. 揀權異實二
1. 明權教
2. 顯實教

1. 泛擧法體
2. 別語此經四
3. 結歸宗趣
1. 何者不思議
2. 於何不思議
3. 云何不思議
4. 何用不思議

4. 釋文四
1. 總科
2. 別釋四

1. 請分二
1. 先明請人
2. 正顯所念三

1. 略示法體
2. 對前相攝四
3. 指前釋相
1. 前開此合
2. 前合此開
3. 無開無合
4. 更爲立圖
1. 明加因
2. 顯加相
3. 加所爲

2. 加分三
3. 證分二
1. 自分
2. 勝進
4. 說分 ①

2. 別顯勝德之相(相)
3. 別顯勝德用益(好)
2. 後二品別顯佛德(平等因果)

差別因 : 묘각(妙覺) 지위 법문

三. 불부사의법품 아래 다섯 품은 성취할 대상인 과덕에 대한 질문에 대
답하다[不思議品下五品 答所成果問] 2.

一) 앞의 세 품은 차별한 인과를 밝히다[前三品差別因果] 3.
(一) 부처님 공덕의 체성과 작용을 밝히다[總顯佛德體用] 4.

제33. 불가사의한 불공덕을 말하는 품[佛不思議法品] ①

1. 오게 된 뜻[來意] 2.

1) 표방하다[標] (初明 1上5)
2) 해석하다[釋] 2.
(1) 전체 모습[通] 2.
가. 바로 밝히다[正明] (通則 1上5)

[疏] 初, 明來意니 先, 通이요 後, 別이라 通則此下五品이 爲答第二會初
의 如來地等二[1]十句問故라 古德은 但有三品이 答前이니 謂前은 明
修生之因이요 今은 辨修生之果라 因圓果滿일새 故次來也라하니라

■ 1. 오게 된 뜻을 밝힘이니 (1) 전체 모습이요, (2) 개별 모습이다. (1)
전체 모습은 여기 아래의 다섯 품은 제2. 보광명전법회에서 여래의 땅
등 20구절의 질문에 대답하기 위한 까닭이요, 고덕이 단지 세 품만은

---

1) 二는 源甲南續金本無, 案名號品初如來地等二十句 問所成果라 하다.

앞에 대한 대답함이니, 이른바 앞의 제32. 보살주처품은 수행으로 생긴 원인을 밝힘이요, 지금 제33. 불부사의법품은 수행으로 생긴 결과를 밝혔다. 인행이 원만하고 과덕이 만족함의 지위인 연고로 다음에 온 것이다.

나. 비방을 해명하다[解妨] (若答 1上8)

[疏] 若答前問인대 何以重請고 由因果隔絶하며 念法希聞이니 因德尙深에 果必玄妙일새 故로 念請耳니라

■ 만일 앞의 질문에 대답한다면 어째서 거듭 청하였는가? 원인과 결과가 현격히 끊어지며 법을 생각하고 듣기를 바람으로 인한 때문이니 인행 공덕이 오히려 깊으면 과덕은 반드시 현묘할 것이므로 생각으로 청법했을 뿐이다.

(2) 개별 모습[別] (別明 1上9)

[疏] 別明此品인대 則前品은 因終이요 此品은 果始니 故次來也니라

■ 이 품을 개별로 밝힌다면 앞의 제32. 보살주처품은 인행이 끝남이요, 이 제33. 불부사의법품은 과덕이 시작함인 연고로 다음에 온 것이다.

[鈔] 古德이 但有三品者는 以後二品이 別爲平等因果故라 用品은 雖廣狹不同이나 答果義는 等이니라 若答前問下는 二, 解妨이니 先, 問이요 以前六會가 共答前問호대 皆不重請일새 故問此品은 何以重請고 由因果下는 古德答이라 此乃有二意하니 一, 因果隔絶이니 前諸會는 同

因일새 故不別問이요 此下는 是果니 果隔於因일새 故此重問이니라 二,
念法希奇니 果不思議일새 故復念請이니라 從因德已下는 出念法希
奇之相이라 上은 是通意요 二, 別明2)下는 唯明此品이니라

- 옛 어른이 '단지 세 품만 있다'는 것은 뒤의 두 품으로 따로 평등한 인
  과로 삼은 까닭이다. 작용의 품은 비록 넓고 좁음이 같지 않지만 대
  답은 과덕의 뜻이 평등하다. 나. 若答前問 아래는 비방을 해명함이니
  가) 질문함이요, 앞의 제6. 타화자재천궁법회가 앞의 질문에 함께 대
  답하되 모두 거듭 청법한 것은 아니므로 이 품에서 '어째서 거듭 청법
  하였는가?'라고 질문한 것이다. 나) 由因果 아래는 고덕의 대답이다.
  여기에 대답할 적에 비로소 두 가지 의미가 있으니 (1) 원인과 결과가
  현격하게 끊어짐이다. 앞의 모든 법회는 인행이 같으므로 개별로 질문
  하지 않았고, 여기 아래는 과덕이니 과덕이 인행과 현격히 다른 연고
  로 여기서 거듭 질문한 것이다. (2) 법을 생각하기가 희유하고 기특함
  이니 과덕은 불가사의하므로 다시 생각으로 청함이요, 因德 아래는
  법을 생각하기가 희유하고 기특한 모양을 내보인 것이다. 위는 의미
  를 해명함이요, 나) 別明 아래는 오직 이 품만 밝힌 내용이다.

2. 명칭 해석[釋名] (二釋 1下8)

[疏] 二, 釋名者에 如來果法이 逈超言慮일새 故以爲名이니 斯卽佛之不
思議法也니라
- 2. 명칭 해석에서 여래의 과덕의 법은 말과 생각을 멀리 뛰어넘었으므
  로 이름한 것이니, 이것이 곧 부처님의 불가사의한 법이라는 뜻이다.

---

2) 明은 南續金本作明此라 하다.

3. 근본 가르침[宗趣] 2.

1) 총상으로 말하다[總] (三宗 1下10)

[疏] 三, 宗趣者는 先, 總이요 後, 別이라 總明說佛果德體用이 心言罔及
으로 爲宗이요 令總忘言絶想速滿으로 爲趣니라

■ 3. 근본 가르침에서 1) 총상으로 말함이요, 2) 별상으로 말함이다.
1) 총상은 부처님 과덕의 체성과 작용이 마음과 말로 미치지 못함을
총합하여 밝힘으로 근본을 삼고, 총합하여 말을 잊고 생각이 끊어진
것을 신속히 만족함으로 가르침을 삼았다.

2) 별상으로 말하다[別] 3.
(1) 부처님 공덕을 통틀어 밝히다[通辨佛德] (別就 2上2)

[疏] 別就宗中하여 三門分別이니 一, 通辨佛德이니 若說百四十不共佛法
인대 通於權小요 若五法으로 攝大覺性인대 猶通於權이요 若言唯一
昧實德者인대 約理頓說이요 若言具無盡德인대 是此所明이라 故로
後文中에 初標十問이어니와 答具多門하여 類通十方하여 一一無盡이
니라

■ 2) 별상은 근본에 입각한 중에 세 문으로 분별하였으니 (1) 부처님
공덕을 통틀어 밝힘이니 만일 140가지 함께하지 않는 부처님 법을
말한다면 권교와 소승에 통함이요, 만일 다섯 가지 법으로 대각(大
覺)의 체성을 포섭한다면 오히려 권교에 통함이요, 만일 오직 한 맛의
실법 공덕을 말한다면 이치를 잡아 돈교로 설한 것이요, 만일 그지없

는 공덕을 갖춤에 대해 말한다면 여기 원교에서 밝힐 대상인 것이다. 그러므로 뒤의 경문 중에서 가. 열 가지 질문을 표방함인데 대답은 여러 문을 갖추어 유례하여 시방에 통하여 낱낱이 그지없는 덕이라는 뜻이다.

[鈔] 初, 通辨佛德이요 言百四十不共者는 已見光明覺品이어니와 今重擧總數하리라 謂三十二相과 八十種好와 四一切種淸淨과 十力과 四無所畏와 三念住와 三不護와 大悲와 無忘失法과 永斷習氣와 一切種妙智가 爲百四十이니라 而言通權小者는 小乘도 亦說이나 但相劣耳요 權大에 說者는 皆悉超勝이라 此約五敎에 已有其二라 若五法下는 正明實敎니 故云通權이라 權實에 皆有로되 但實敎中에는 會歸法性코 不壞相耳니라 若言唯一味下는 二, 卽頓敎요 若言具無盡下는 三, 卽是圓敎요 從故後文中下는 四, 辨今經이니 是圓敎德이니라

● (1) 부처님 공덕을 통틀어 밝힘에서 140가지 함께하지 않는 법을 말한 것은 이미 광명각품에서 보았는데, 지금은 총합한 숫자를 거듭 거론하리라. 이른바 32가지 대인상과 80가지 좋은 몸매와 네 가지 온갖 종자가 청정함과 십력과 네 가지 두려움 없음과 세 가지 생각으로 머무름과 세 가지 보호하지 않음과 대비심과 잃어버리지 않는 법과 길이 습기를 끊음과 온갖 종자가 미묘한 지혜가 140가지가 된다. 그러나 '권교와 소승에 통한다'고 말한 것은 소승에서도 또한 말하지만 단지 모양이 열등할 뿐이다. '권교와 대승을 말한 것'은 모두 다 뛰어남이다. 이것은 오교(五敎)를 잡아서 이미 그런 둘이 있는 것이다. 若五法 아래는 바로 실법의 교를 밝힘이니 그래서 '권교에 통한다'고 하였다. 권교와 실법에 모두 있지만 단지 진실한 교법 중에는 법의 성품

으로 모아 돌아오고 모양을 무너뜨리지 않을 뿐이다. 나. 若言唯一
味 아래는 곧 돈교요, 다. 若言具無盡 아래는 곧 원교요, 라. 從故
後文中 아래는 본경을 밝힘이니 원교의 공덕을 밝힌 내용이다.

(2) 이치의 양상을 개별로 밝히다[別顯義相] 3.
가. 두 가지 공덕을 밝히다[正顯二德] (二別 2下5)

[疏] 二, 別顯義相이니 諸佛功德이 不出二種하니 一者, 修生이요 二者,
本有라 初는 謂信等이 本無今有요 後는 謂眞如가 具性功德이라

■ (2) 이치의 양상을 개별로 밝힘이니 여러 부처님 공덕은 두 종류에서
벗어나지 않는다. 가. 수행으로 생겨남이요, 나. 본래로 존재함이다.
가. 이른바 믿음 등이 본래는 없었는데 지금은 있음이요, 나. 이른바
진여는 본성의 공덕을 갖춤의 뜻이다.

나. 네 구절로 융통하다[四句融通] (此二 2下7)

[疏] 此二無礙하여 應成四句니 一, 唯修生이요 二, 唯本有니 以性相區分
故요 三, 本有修生이니 謂如來藏이 待彼了因하여 本隱今顯故니라
四, 修生本有니 無分別智가 冥符理故니라

■ 이런 둘이 무애하여 응당히 네 구절을 이루었으니 (1) 수행으로 생겨
남일 뿐이요, (2) 본래로 존재함뿐이니, 체성과 양상으로 구분한 연
고요, (3) 본래로 존재함과 수행으로 생겨남이니 이른바 여래장이 저
요달할 원인을 기다려서 본래는 숨었다가 지금에 나타난 까닭이다.
(4) 수행으로 생겨남과 본래로 존재함이니 분별없는 지혜로 그윽하

게 이치와 부합하는 까닭이다.

다. 방편이 실법과 다름을 구분하다[揀權異實] 2.
가) 권교를 밝히다[明權敎] (若權 2下9)
나) 실교를 밝히다[顯實敎] (依此)

[疏] 若權敎所明인대 二德不雜이며 法報四句가 亦有差殊어니와 依此經
宗인대 雖有四義나 而無四事라 本有는 如眞金이요 修生은 如嚴具라
然由嚴具하야사 方顯金德이요 嚴具無體하여 全攬金成이라 故로 唯
金이 不礙嚴具요 唯法身이 而不礙報化니라 唯嚴具도 亦然하여 旣互
全收일새 故로 十身無礙하여 八相이 該於法界하고 丈六이 徧於十方
이요 諸根毛孔이 各無限量하고 亦不礙量하여 量與無量이 無有障礙
니라

■ 저 권교로 밝힐 대상이면 두 가지 공덕이 섞이지 않으며 법신과 보신
의 네 구절도 또한 차별함과 다름이 함이 있거니와 본경의 종지에 의
지한다면 비록 네 가지 뜻이 있지만 네 가지 일은 없다. 본래로 존재
함은 진금과 같고, 수행으로 생겨남은 장엄 도구와 같다. 그러나 장
엄 도구로 말미암아야 비로소 금의 공덕을 밝힘이요, 장엄 도구는 체
성이 없어서 전체가 금을 잡아서 이룬 것이다. 그러므로 오직 금만이
장엄 도구에 장애되지 않으며, 오직 법신만이 보신과 화신에 장애되
지 않는다. 오직 장엄 도구도 그러하여 이미 번갈아 전체를 거두었으
므로 열 가지 몸이 걸림이 없고, 여덟 가지 양상은 법계를 포괄하였
고 장육신(丈六身)은 시방에 두루하며, 모든 감관의 털구멍이 각기 한
량이 없고 또한 분량을 장애하지 않아서 분량과 분량 없음이 장애함

이 없다.

[鈔] 二, 別顯義相下는 於中에 有三하니 初, 正顯二德이요 言信等者는 此
通行位라 信爲萬行之首하여 則該進念定等이요 位에도 亦以信爲初
니 五十二位의 所有行德이 皆有二故니라
若權敎下는 三, 揀權異實이라 初, 明權敎에 言不雜者는 如轉依果
가 有二하니 一者, 所生得이니 卽是四智요 二, 所顯得이니 卽是涅槃
이라 涅槃은 本有요 四智는 修生이니 修生은 有爲요 修顯은 無爲니 故
二不雜이니라 法報四句者는 遮救니 恐外救云호대 我宗에도 亦有四
句하니 何異前融고 謂一, 唯法이니 卽在纏法身이요 二, 唯報니 卽四
智菩提요 三, 亦法亦報니 謂眞如出纏에 具諸功德이요 四, 非法非
報니 所謂應化니라 今言亦有差殊者는 正揀權也라 雖有四句나 染
淨時乖하고 法報非一이니 思之니라

● (2) 別顯義相 아래는 그중에 셋이 있으니 가. 두 가지 공덕을 바로
밝힘이요, 믿음 등이라 말한 것은 여기서는 십행의 지위와 통한다. 믿
음은 만 가지 행의 우두머리가 되어 정진과 기억함과 삼매 등을 포괄
하고 지위에도 역시 믿음으로 처음을 삼나니, 52가지 지위에 있는 행
법과 공덕은 모두 둘이 있는 까닭이다.

다. 若權敎 아래는 방편이 실법과 다름을 구분함이다. 가) 권교를
밝힘이다. '섞이지 않는다'고 말한 것은 전의(轉依)의 결과가 둘이 있
음과 같나니, (1) 태어나면서 얻은 것은 곧 네 가지 지혜요, (2) 밝혀
서 얻은 것은 바로 열반이다. 열반은 본래로 존재하고 네 가지 지혜
는 수행으로 생김이니, 수행으로 생김은 유위법이요, 수행으로 밝힌
것은 무위법이니 그러므로 둘이 섞이지 않는다. 법신과 보신의 네 구

절은 막고 구제함이니, 외부를 두려워하여 구제하여 말하되, "나의 종지에도 또한 네 구절이 있으니 어째서 앞의 원융함과 다른가? 말하자면 (1) 법신뿐이니 곧 번뇌 속의 법신이요, (2) 보신뿐이니 곧 네 가지 지혜의 보리요, (3) 법신이면서 보신이니, 이른바 진여가 번뇌에서 나올 적에 모든 공덕을 갖춤이요, (4) 법신도 보신도 아님이니, 이른바 응신과 화신이다. '지금은 또한 차별하고 다름이 있다'는 것은 가) 권교를 바로 밝힘이다. 비록 네 구절이 있지만 물들고 깨끗한 시기가 어긋나고, 법신과 보신이 하나가 아니니 생각해 보라.

二, 依此經宗下는 顯實教라 擧喩四句하여 喩上四句니 一, 本有가 如眞金은 是前第二句요 二, 修生이 如嚴具는 喩第一句요 三, 然由 嚴具하야사 方顯金德은 喩第四句의 修生本有요 四, 嚴具無體코 全 攬金成은 喩第三句라 此即合初二句하여 成三四句니 離初二句하면 無三四句오 三四兩句는 同在一時코 更無別體니 以此細尋하면 權 實斯顯이니라

五, 故唯金下는 結第二句하여 歸初句오 六, 唯嚴具亦然은 結第一 句하여 歸第二句라 此約喩說이어니와 若望前法컨대 但初句가 爲第二 이요 第二句가 爲第一耳니라 從旣互全收下는 結歸本宗無礙之相이 라 今更以喩로 總喩二德하리라 如修生在因에 漸顯於本有요 在果에 圓滿於本有언정 非本有理가 有漸有圓이라 如初生月이 明雖漸滿이 나 而常帶圓月이니 以圓月이 常在故라 故로 十五日月이 徧在初一二 三等中하니 則知滿果가 徧在因位니라 亦令後後로 常具前前하고 前 前에 常具後後라 以初一日에 有二日月과 乃至十五日月하나니 以十 五日月이 即初月故라 法合을 可知니 由此하여 故云修生本有니 以初

圓時에 先已圓故요 本有修生이니 以初生時에 亦已圓故라 忘懷思之어다

● 나) 依此經宗 아래는 실교를 밝힘이니, 네 구절에 비유함을 거론하여 위의 네 구절에 비유함이니 (1) 본래 존재함이 마치 진금과 같음은 곧 앞의 둘째 구절이요, (2) 수행으로 생겨남이 장엄 도구와 같음은 첫째 구절에 비유함이요, (3) 그러나 장엄 도구를 말미암아야 비로소 금의 공덕을 밝힘은 넷째 구절인 수행으로 생겨남과 본래로 존재함에 비유함이요, (4) 장엄 도구는 체성이 없고 전체로 금을 잡아 이룬 것은 셋째 구절에 비유함이다. 이것은 곧 첫째와 둘째 구절과 합하면 셋째와 넷째 구절이 없고, 첫째와 둘째 구절은 여의었으며, 셋째와 넷째 구절은 없고, 셋째와 넷째의 두 구절은 함께 일시에 있고 다시 개별 체성은 없으니, 이것으로 미세하게 찾으면 권교와 실교를 여기서 밝혔다. (5) 故唯金 아래는 둘째 구절을 결론하여 첫째 구절로 돌아감이요, (6) 장엄 도구뿐인 것도 마찬가지란, 첫째 구절을 결론하여 둘째 구절로 돌아간다. 여기는 비유를 잡아 설명하였지만 만일 앞의 법을 바라보건대 단지 첫째 구절만 둘째를 삼고 둘째 구절이 첫째를 삼았을 뿐이다. 旣互全收 아래는 근본 종지인 무애(無礙)한 양상으로 결론하여 돌아감이다. 지금 다시 비유로 총합하여 두 가지 공덕에 비유하리라. 마치 수행으로 생겨남은 인행에 있을 적에 본래 존재함을 점차 밝힘과 같고, 과덕에 있을 적에 본래 존재함을 원만할지언정 본래 존재하는 이치가 아닌 것이 점교(漸敎)도 있고 원교(圓敎)도 있다. 마치 초생달은 비록 점차로 원만함을 밝혔지만 항상 보름달을 수반함이니 보름달은 항상 있는 것과 같은 까닭이다. 그래서 보름되는 해와 달은 처음의 하나 둘 셋 등 가운데 두루 있나니, 원만한 과

덕이 인행의 지위에 두루 있는 줄 안다. 또한 뒤로 갈수록 항상 앞과 앞을 갖추게 하고, 앞으로 갈수록 항상 뒤와 뒤를 갖추는 것이다. 처음 하루에 두 가지 해와 달이 있음과 나아가 15일의 달에 이르기까지이니, 15일의 해와 달은 곧 초승달인 까닭이다. 법으로 설함과 법과 비유를 합함은 알 수 있으리라. 이로 말미암은 연고로 수행으로 생겨남과 본래 존재함이라 말하였으니, 처음 둥글어질 때에 먼저 이미 둥글었던 연고요, 본래로 존재함과 수행으로 생겨남이니 처음 생길 때에도 이미 원만했던 까닭이다. 생각을 잊고 사유해 보라.

(3) 불가사의의 뜻을 밝히다[顯不思議義] 3.

가. 법의 체성을 넓게 거론하다[泛擧法體] (三顯 4下3)

[疏] 三, 顯不思議之義라 泛明有四하니 一, 理妙難測이요 二, 事廣難知요 三, 行深越世요 四, 果用超情이라 今文通四나 正辨後一이니라

■ (3) 불가사의의 뜻을 밝힘이다. 넓게 밝힘에 넷이 있으니 (1) 이치가 묘하여 헤아리기 어려움이요, (2) 일이 넓어서 알기 어려움이요, (3) 행함이 깊어서 세상을 초월함이요, (4) 과덕의 작용은 생각을 뛰어남이다. 지금 경문은 네 가지에 통하지만 뒤의 하나를 바로 밝히려 함이다.

나. 본 경문에 대해 개별로 말하다[別語此經] 4.

가) 어떤 것이 불가사의한가[何者不思議] (就後 4下5)

나) 무엇 때문에 불가사의한가[於何不思議] (二於)

[疏] 就後一中하여 復開爲四니 一, 何者不思議오 略辨十種이니 一, 智超
世表요 二, 悲越常情이요 三, 無思成事요 四, 同染恒淨이요 五, 所
作秘密이요 六, 業用廣大요 七, 多少卽入이요 八, 分圓自在요 九,
依正無礙요 十, 理事一味라 文並具之로되 恐繁不引하노라 二, 於何
不思議오 此有四位하니 一, 過世間이요 二, 越權小요 三, 超因位요
四, 顯法自體니라

■ 뒤의 하나에 입각한 중에 다시 넷으로 전개하나니 가) 어떤 것이 불
가사의한가는 간략히 열 종류로 밝힘이니, (1) 지혜는 세상의 겉을
초월함이요, (2) 대비는 일상의 생각을 초월함이요, (3) 생각 없이 일
을 성취함이요, (4) 더러움과 함께하지만 항상 깨끗함이요, (5) 지은
바가 비밀함이요, (6) 업과 작용이 광대함이요, (7) 많고 적음에 합치
하고 들어감이요, (8) 부분과 원만함이 자재함이요, (9) 의보와 정보
가 무애함이요, (10) 이치와 현상이 한 맛이다. 경문과 아울러 갖추
었지만 번거로울까 두려워 인용하지 않노라. 나) 무엇 때문에 불가
사의한가. 여기에 네 가지 지위가 있나니 (1) 세간을 초과함이요, (2)
권교와 소승을 초월함이요, (3) 인행 지위를 초월함이요, (4) 법의 자
체를 드러냄이다.

다) 어째서 불가사의한가[云何不思議] (三云 4下10)
라) 무엇을 써서 불가사의한가[何用不思議] (四何)

[疏] 三, 云何不思議오 亦有四種하니 謂非聞思修와 及報智境故니라 四,
何用不思議오 亦有四種하니 謂令信向故며 起行求故며 隨分證故며
圓滿得故니라

■ 다) 어째서 불가사의한가? 또한 네 종류가 있나니 이른바 들음과 생각함과 수행함과 보신 지혜의 경계가 아닌 까닭이다. 라) 무엇을 써서 불가사의한가. 또한 네 종류가 있나니 이른바 믿음으로 하여금 향하게 하는 연고요, 행법을 시작하여 구하는 연고요, 부분을 따라 증득하는 연고며, 원만하게 얻은 까닭이다.

다. 근본 가르침으로 결론하여 돌아가다[結歸宗趣] (前並 5上3)

[疏] 前은 並是宗이요 唯何用이 爲趣니 卽此宗趣하여 可以釋名이니라

■ 앞은 아울러 종지이니 오직 무슨 작용이 가르침이 되었으니, 이 근본 가르침과 합치하여 명칭을 해석할 수 있다.

[鈔] 一何者下는 徵不思議法體요 答은 謂智悲等이니라 二, 於何下는 徵不思議人이요 答은 謂世間等이니 此人을 不能思議니라 三, 云何下는 徵不思議體니 謂聞思等인 思不及故니라 四, 何用下는 徵不思議意니 謂如來說法이 本欲利生이어늘 今³⁾絶言思하니 於物何益고 答意에 云, 令信入故니 謂欲證入인대 要須心絶動搖며 言忘戲論耳⁴⁾라하니라

● 가) 一何者 아래는 불가사의한 법의 체성을 물음이요, 대답함은 지혜와 자비 등을 말한다. 나) 於何 아래는 부사의한 사람에 대해 물음이요, 대답함은 세간 등이라 말하나니, 이런 사람을 능히 생각으로 의논할 수 없다. 다) 云何 아래는 부사의한 체성에 대해 물음이니, 이른바 들음과 생각함 등은 생각으로 미치지 못하는 까닭이다. 라) 何用 아래는 부사의한 의미를 물음이다. 이른바 여래의 설법은 본래

---

3) 今은 南續金本作令이라 하다.
4) 此下에 續本有前並是宗下 三, 結歸宗趣라 하다.

중생을 이롭게 하고자 함인데, 지금은 말과 생각을 끊었으니 중생에게 무슨 이익이 될까? 대답한 의미를 말하되, "믿음으로 들어가게 하는 연고니, 이른바 증득해 들어가려 한다면 모름지기 마음으로 동요함을 끊을 것을 요구하나니 말로 희론을 잊을 뿐이다'라고 하였다.

4. 경문을 해석하다[釋文] 2.

1) 총합하여 과목 나누다[總科] (次正 5上10)

[疏] 次, 正釋文이라 五品이 分二니 初品은 總明佛德이요 後四는 別顯佛德이라 古德이 後二로 爲平等因果어니와 此但三品이 果法이라 有將此三하여 配體相用하니 後二는 可然이나 初品은 有妨하니 有相用故니라 今依賢首하면 初品은 總顯佛德體用이요 次品은 別顯勝德之相이요 後品은 別明勝德用益이니라 又初品은 明德이요 次品은 明相이요 後品은 明好니라

■ 4. 경문을 해석함이다. 다섯 품을 둘로 나누리니 처음의 제33. 불부사의법품은 부처님 공덕을 총합하여 밝힘이요, 뒤의 네 품[34. 여래십신상해품, 35. 여래수호광명공덕품 36. 보현행품 37. 여래출현품]은 부처님 공덕을 개별로 밝힘이다. 고덕이 뒤의 둘[36. 보현행품 37. 여래출현품]로 평등한 인과로 삼았지만 여기는 단지 세 품만의 과덕의 법이다. 이 셋을 가짐이 있어서 체성과 모양과 작용에 배대하였으니, 뒤의 둘은 그럴 수 있겠지만 처음의 제33. 불부사의법품은 비방함이 있으니, 모양과 작용이 있기 때문이다. 지금은 현수대사에 의지하면 처음의 33. 불부사의법품은 부처님 공덕의 체성과 작용을 총합하여 밝힘이요, 다음

의 제34. 여래십신상해품은 뛰어난 공덕의 모양을 개별로 밝힘이요, 뒤의 제35. 여래수호광명공덕품은 뛰어난 공덕이 작용한 이익을 개별로 밝힘이다. 또한 처음의 제33. 불부사의법품은 공덕을 밝힘이요, 다음의 제34. 여래십신상해품은 대인상을 밝힘이요, 뒤의 제35. 여래수호광명공덕품은 몸매를 밝힌 내용이다.

[鈔] 後四는 別顯佛德者는 是疏新意니 欲將五品하여 答其十問이라 然有三重하니 一, 此品이 總明佛德하사 具答十問이니 如下科釋이요 二者는 一一門中에 含答十問이니 亦如下釋이요 三者는 五品이 廣答十問하나니 如下說分之初니라 古德後二下는 敍昔이라 疏且述古할새 便依三品하여 科經하니라

● '뒤의 네 품은 부처님 공덕을 개별로 밝힘'이란 소가의 새로운 주장이니 다섯 품을 가져서 그 열 가지 질문에 대답하려 하였다. 그러나 세 가지 거듭함이 있으니 (1) 이 품은 부처님 공덕을 총합하여 밝혀서 열 가지 질문에 갖추어 대답하였으니 아래 과목에 해석한 바와 같다. (2) 하나하나 문 중에 열 가지 질문을 포함하여 대답하였으니 또한 아래 해석한 바와 같다. (3) 다섯 품은 열 가지 질문에 자세히 대답하였으니, 아래 (4) 설법하는 부분의 처음과 같다. 古德後二 아래는 예전 해석을 말함이다. 소가는 우선 예전 해석을 서술한 연고로 문득 세 품에 의지하여 경문의 과목을 나누었다.

2) 개별로 해석하다[別釋] 4.
(1) 청법하는 부분[請分] 2.

가. 청법하는 사람을 먼저 밝히다[先明請人] (今初 6上1)

爾時大會中에 有諸菩薩이 作是念하되
그때 모인 대중 가운데서 여러 보살들이 이렇게 생각하였다.

[疏] 今初를 分四하니 一, 請分이요 二, 加分이요 三, 證分이요 四, 說分이
라 初中에 二니 先, 明請人이라

■ 지금은 첫 품을 넷으로 나누리니 (1) 청법하는 부분이요, (2) 가피하
는 부분이요, (3) (청련화보살이) 증명하는 부분이요, (4) 설법하는 부
분이다. (1) 중에 둘이니 가. 청법하는 사람을 밝힘이다.

나. 생각하는 바를 바로 밝히다[正顯所念] 3.
가) 법의 체성을 간략히 보이다[略示法體] (後諸 6上8)

諸佛國土가 云何不思議며 諸佛本願이 云何不思議며
諸佛種性이 云何不思議며 諸佛出現이 云何不思議며
諸佛身이 云何不思議며 諸佛音聲이 云何不思議며 諸
佛智慧가 云何不思議며 諸佛自在가 云何不思議며 諸
佛無礙이 云何不思議며 諸佛解脫이 云何不思議오
'(1) 부처님들의 국토가 어찌하여 헤아릴 수 없으며, (2) 부
처님들의 본래 소원이 어찌하여 헤아릴 수 없으며, (3) 부처
님들의 종성이 어찌하여 헤아릴 수 없으며, (4) 부처님들의
나타나심이 어찌하여 헤아릴 수 없으며, (5) 부처님들의 몸
이 어찌하여 헤아릴 수 없으며, (6) 부처님들의 음성이 어

찌하여 헤아릴 수 없으며, (7) 부처님들의 지혜가 어찌하여
헤아릴 수 없으며, (8) 부처님들의 자유자재하심이 어찌하
여 헤아릴 수 없으며, (9) 부처님들의 걸림 없음이 어찌하여
헤아릴 수 없으며, (10) 부처님들의 해탈이 어찌하여 헤아
릴 수 없는가?'

[疏] 後, 諸佛下는 正顯所念이라 十法을 皆云不思議는 卽前의 果用超情
하여 離於說相일새 故此十句에 義並多含하여 皆通眞應하나니 不得一
向就應而辨이니라

■ 나. 諸佛 아래는 생각하는 바를 바로 밝힘이다. 열 가지 법을 모두
'불가사의하다'고 말함은 곧 앞은 과덕의 작용이 생각을 초월하여 설
법하는 모양을 여읜 연고로 여기 열 구절에 이치에 아울러 다분히 포
함하여 모두 진신과 응신에 통하나니, 한결같이 응신에 입각하여 밝
히지 않는다.

[鈔] 後, 諸佛下는 正顯所念이라 疏文有三[5]하니 一, 略示法體니 其不得
一向下는 結彈異釋이요

● 나. 諸佛 아래는 생각하는 바를 바로 밝힘이다. 소의 문장에 셋이 있
으니 가) 법의 체성을 간략히 보임이니 그 不得一向 아래는 다른 해
석을 결론적으로 비판함이다.

나) 앞과 상대하여 서로 포섭하다[對前相攝] 4.
(가) 앞에는 전개하고 여기는 합하다[前開此合] (然此 6下2)

---

5) 三은 金本作二라 하나 誤植이다.

[疏] 然此十問이 攝前普光의 後二十句所成果問이니 謂身攝六根하고 智攝佛境과 佛地와 及最勝三問이요 自在는 攝五니 一, 神力이요 二, 神通이요 三, 十力이요 四, 無畏요 五, 三昧라 此並前開며 此合이니라

■ 그러나 이런 열 가지 질문은 앞의 넓은 광명의 뒤의 20구절은 이를 대상인 과덕의 질문을 포섭하였다. 이른바 몸은 여섯 감관을 포섭하고, 지혜는 부처님 경계와 부처님 지위와 가장 뛰어난 세 가지 질문을 포섭하였다. 자재로움은 다섯을 포섭하나니 (1) 신력 (2) 신통 (3) 열 가지 힘 (4) (네 가지) 두려움 없음 (5) 삼매이다. 여기서는 아울러 앞에는 전개하고 여기는 합함이다.

[鈔] 二,[6] 然此十下는 對前相攝이요 三, 此十義相下는 指前釋相이라 二中에 今當先列第二會初의 二十句問하리라 一, 如來地요 二, 如來境界요 三, 如來神力이요 四, 如來所行이요 五, 如來十力이요 六, 如來無畏요 七, 如來三昧요 八, 如來神通이요 九, 如來自在요 十, 如來無礙요 十一, 如來眼이요 十二, 如來耳요 十三, 如來鼻요 十四, 如來舌이요 十五, 如來身이요 十六, 如來意요 十七, 如來辯才요 十八, 如來智慧요 十九, 如來最勝이요 二十, 欠光明일새 故唯[7]十九라 然이나 句句에 皆有云何是言이라 經中十句의 次第는 可知며

● 나) 然此十 아래는 앞과 상대하여 서로 포섭함이요, 다) 此十義相 아래는 앞의 해석한 모양을 지적함이다. 나) 중에 지금은 당연히 제2. 보광명전법회에서 처음에 20구절로 질문한 내용을 먼저 열거하리라. (1) 여래의 지위 (2) 여래의 경계 (3) 여래의 신력 (4) 여래의 행할

---

6) 二는 南金本無라 하다.
7) 唯는 甲南續金本作唯有라 하다.

대상 (5) 여래의 열 가지 힘 (6) 여래의 두려움 없음 (7) 여래의 삼매 (8) 여래의 신통 (9) 여래의 자재로움 (10) 여래의 걸림 없음 (11) 여래의 눈 (12) 여래의 귀 (13) 여래의 코 (14) 여래의 혀 (15) 여래의 몸 (16) 여래의 생각 (17) 여래의 변재 (18) 여래의 지혜 (19) 여래의 가장 뛰어남 (20) 모자란 광명이니, 그러므로 19가지뿐이다. 하지만 구절마다 모두에 '어떤 것이'라는 말이 있다. 경문 중에 열 구절의 순서를 알 수 있으리라.

此中에 攝彼는 不依次第라 對前에 成三類故니 一, 前開此合이요 二, 前合此開요 三, 無開無合[8]이라 欲以此少로 攝彼之多일새 故로 先, 明前開此合하리라 於中에 乃有三句하여 攝前十六句요 第二, 前合此開는 以前二句가 攝五句요 第三節은 彼此一句니라 則此中에 初, 合이 有三이요 次, 此開有六이요 後, 此不開有一하여 具足十句니라 彼前에는 初開가 有十六하고 次合有二하고 後不開合이 亦一하여 成十九句니라 就初前開中하여 第一, 身攝六根者라 身卽六中之一이요 兼攝欠光明一句하여 故有七句요 第二, 智慧攝三하고 兼能攝智하여 爲四요 第三, 自在攝五하고 兼能攝自在하여 爲六일새 故成十七이니라

● 이 가운데 저것을 섭수한 데는 순서에 의지하지 않는다. 앞과 상대할 적에 세 종류를 이룬 연고니, (가) 앞에는 전개하고 여기는 합함이요, (나) 앞에는 합하고 여기는 전개함이요, (다) 전개함도 합함도 없음이다. 여기서 적은 것으로 저 많은 것을 섭수하려는 연고로 (가) 앞에는 전개하고 여기는 합한 것이리라. 그중에 비로소 세 구절이 있어서 앞의 16구절을 포섭하였고, (나) 앞에는 합하고 여기는

---

8) 無合은 甲南續金本作合라 하다.

전개한 것은 앞의 두 구절이 다섯 구절을 포섭함이요, 셋째 구절은 여기와 저기의 한 구절이다. 곧 이 가운데 ㄱ. 합함이니 세 구절이 있고, ㄱ) 여기서 전개함에 여섯 구절이 있고, ㄴ) 여기에 하나가 있다고 전개하지 않아야 열 구절을 갖추게 된다. 저 앞에는 ㄱ) 전개함은 16구절이 있고, ㄴ) 합함에 두 구절이 있고, ㄷ) 전개함도 합함도 아님도 또한 하나이니 (합하여) 19구절을 이루게 된다. 앞의 ㄱ) 전개함에 입각한 중에 첫째, 몸은 여섯 감관을 포섭한다. 몸은 곧 여섯 감관 중의 하나이고, 겸하여 광명이란 한 구절이 모자라므로 일곱 구절이 되었고, 둘째, 지혜는 셋을 포섭하고 섭수하는 주체인 지혜를 겸하여 넷이 되었고, 셋째, 자재로움은 다섯을 포섭하고 섭수하는 주체인 자재로움을 겸하여 여섯이 되었으니 그래서 17구절이 된 것이다.

(나) 앞에는 합하고 여기서는 전개하다[前合此開] (前境 7下2)

[疏] 前의 境界中에 開出國土하나니 所化와 所依之境故요 前의 所行中에 開出出現과 本願과 種性하니 種性은 即悲智之行이요 本願은 就因하여 辨行故요 出現은 是佛普賢行故라 出現과 與行이 互有寬狹하니 下出現品의 行이 是其一故니라 前之無礙에 此開解脫하나니 作用無礙를 名解脫故라 所以開合者는 顯義無方故요 名多同者는 顯不異故니라

■ 앞의 경계 중에 전개하여 국토가 나왔으니, 교화할 대상과 의지할 대상인 경계인 연고요, 앞의 행할 대상 중에서 (1) 출현함과 (2) 본래 서원과 (3) 종성이 나온 것이다. (3) 종성(種性)은 곧 자비와 지혜의

행법이요, (2) 본래 서원은 인행에 입각하여 행법을 밝힌 연고요, (1) 출현함은 부처님과 보현보살의 행법인 연고요, 출현함과 행법이 번 갈아 넓고 좁음이 있으니, 아래 여래출현품의 행법은 그중 하나인 까 닭이다. 앞의 무애(無礙)에서 여기는 해탈로 전개한 것은 작용에 걸림 없음을 해탈이라 이름하는 까닭이다. 전개하고 합하는 이유는 뜻이 방소가 없음을 밝히는 연고요, 명칭이 대부분 같은 것은 다르지 않음 을 밝히려는 까닭이다.

[鈔] 前境界下는 第二, 前合此開中에 亦有三節호대 而初, 境界에 開國
土하고 無能攝句니 境界는 由前智慧에 已攝竟[9]故로 故雖三節이나
但有二句라 境界는 是所化之境이요 國土는 是所依之境이니라 第二
節의 所行攝三은 即有能攝이나 然이나 三皆行故니라

言出現與行이 互有寬狹者는 遮難이니 恐有難言호대 彼十門出現에
行是其一이어니 如何此行이 能攝彼耶아할새 故以互有寬狹으로 通之
니 如以菩提로 爲門에 則菩提之性이 攝於涅槃이요 若以涅槃으로 爲
門에 則涅槃과 般若가 攝於菩提니라 前之無礙에 此開解脫者는 是
第三節이니 則前但有一이요 此則具於無礙解脫이니라

● (나) 前境界 아래는 앞에는 합하고 여기는 전개함 중에 또한 세 구
절이 있는데 그러나 ㄱ. 경계에서 국토를 전개하고 포섭하는 주체인
구절이 없나니, 경계는 앞의 지혜에서 이미 경계를 섭수함을 말미암은
연고로 그래서 비록 세 구절이지만 단지 두 구절만 있다. 경계는 교
화할 대상 경계요, 국토는 의지할 대상 경계이다. 둘째 구절은 행할
대상이 셋을 포섭함은 곧 포섭하는 주체가 있지만 그러나 셋은 모두

---

9) 竟은 南續金本作境이라 하다.

행법인 까닭이다.

'출현함과 행법은 번갈아 넓고 좁음이 있다'고 말한 것은 힐난을 차단함이니, 어떤 이가 힐난함을 두려워하여 말하되, "저 열 가지 문으로 출현함에서 행법은 그 하나일 텐데 어찌하여 이런 행법은 저것을 능히 포섭하겠는가?"라고 한 연고로 번갈아 넓고 좁음으로 해명하나니, 마치 보리로 문을 삼을 적에 보리의 성품이 열반을 포섭함과 같고, 만일 열반으로 문을 삼을 적에 열반과 반야가 보리를 포섭한다. 앞의 무애(無礙)에서 여기서 열반을 전개한 것은 셋째 구절이니, 앞에는 단지 하나만 있고 여기서는 무애와 해탈을 갖추었다.

(다) 전개함도 없고 합함도 없다[無開無合] (音聲 8上7)

[疏] 音聲은 卽辯이라 雖無開合이나 名有寬狹이요 義旨大同이니라

■ 음성은 곧 변재이다. 비록 전개하고 합함이 없지만 이름에 넓고 좁음이 있고, 이치와 종지는 대부분 같다.

[鈔] 音聲卽辯下는 第三, 無開合이니 前後가 各一句니라

● (다) 音聲卽辯 아래는 전개함도 없고 합함도 없음이다. 앞과 뒤는 각기 한 구절이다.

(라) 다시 그림으로 세우다[更爲立圖] (更爲 8上9)

[鈔] 更爲立圖¹⁰⁾하리라 佛不思議法品의 初十問○-如來名號品二十問○

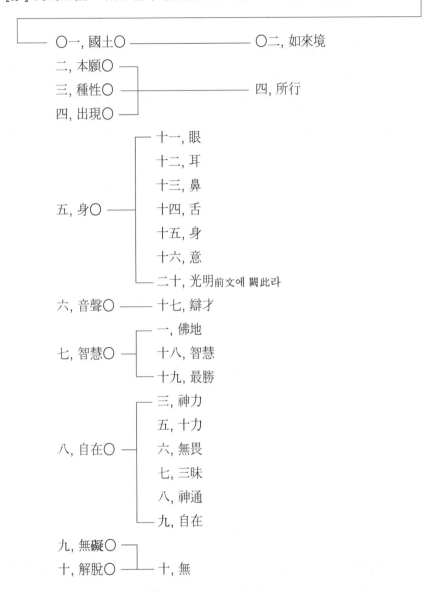

○一, 國土○ ──────── ○二, 如來境

二, 本願○

三, 種性○ ──────── 四, 所行

四, 出現○

五, 身○ ──┬── 十一, 眼
          ├── 十二, 耳
          ├── 十三, 鼻
          ├── 十四, 舌
          ├── 十五, 身
          ├── 十六, 意
          └── 二十, 光明前文에 闕此라

六, 音聲○ ── 十七, 辯才

七, 智慧○ ──┬── 一, 佛地
            ├── 十八, 智慧
            └── 十九, 最勝

八, 自在○ ──┬── 三, 神力
            ├── 五, 十力
            ├── 六, 無畏
            ├── 七, 三昧
            ├── 八, 神通
            └── 九, 自在

九, 無礙○
十, 解脫○ ──┴── 十, 無

10) 上四字는 纂金本入疏文中 案下圖源無, 金本未標疏鈔, 纂本亦入疏文 玆從原南續本, 又案疏文此十義相至 說分重明 凡十六字 續金本會入下圖之後 其下續藏有鈔文云 三,此十下 指前釋相이라 하다.

● (라) 다시 그림으로 건립함이 되리라. 제33. 불부사의법품의 처음 열 가지 질문은 곧 제7. 여래명호품의 20가지 질문이다. (1) 국토는 ② 여래의 경계와 연결되고, (2) 본래 서원과 (3) 종성과 (4) 출현함은 ④ 행할 대상과 연결되고, (5) 몸은 ⑪ 눈 ⑫ 귀 ⑬ 코 ⑭ 혀 ⑮ 몸 ⑯ 생각 ⑳ 광명과 연결된다(앞의 경문에는 이것을 빠뜨렸다). (6) 음성은 ⑰ 변재와 연결되고, (7) 지혜는 ① 부처님 경지 ⑱ 지혜 ⑲ 가장 뛰어남과 연결되고, (8) 자재로움은 ③ 신력 ⑤ 십력 ⑥ 두려움 없음 ⑦ 삼매 ⑧ 신통 ⑨ 자재로움이고, (9) 무애와 (10) 해탈은 ⑩ 무애함과 연결된다.

다) 앞의 해석한 모양을 지적하다[指前釋相] (此十 9下4)

[疏] 此十義相을 第二會中에 已釋이어니와 至下說分하여 重明하리라
■ 이런 열 가지 이치의 양상을 제2. 보광명전법회 중에서 이미 해석하였거니와 아래 (4) 설법하는 부분에 가서 거듭 밝히리라.

(2) 가피하는 부분[加分] 3.

가. 가피하는 원인을 밝히다[明加因] (第二 9下9)
나. 가피하는 양상을 밝히다[顯加相] (次則)

爾時世尊이 知諸菩薩心之所念하시고 則以神力加持하시되 智慧攝受하며 光明照耀하며 威勢充滿하사
그때 세존께서 (1) 보살들의 생각하는 마음을 아시고 곧 신

통력으로 가피하여 가지며 (2) 지혜로 거두어 잡으며 (3) 광명으로 비추며 위엄으로 가득하게 하시어,

[疏] 第二, 爾時世尊下는 加分中에 三이니 初, 加因이니 神知機故라
次, 則以下는 顯加相이니 三業加故라 初句는 總이요 餘句는 別이니 謂
意語身이라 以光卽敎光故니라

■ (2) 爾時世尊 아래는 가피하는 부분 중에 셋이니 가. 가피하는 원인
이니 근기를 신령스럽게 알기 때문이다.

나. 則以 아래는 가피하는 양상을 밝힘이니 삼업으로 가피하는 까
닭이다. 첫 구절[(1) 知諸菩薩心之所念 以神力加持]은 총상이요, 나머지
구절[(2) 智慧攝受-]은 별상이다. 이른바 생각과 말과 몸이니 (3) 광명
은 곧 교도의 광명인 까닭이다.

다. 가피의 역할은 설법의 공덕을 갖춤이다[加所爲] (後令 10上1)

令靑蓮華藏菩薩로 住佛無畏하며 入佛法界하며 獲佛威
德하며 神通自在하며 得佛無礙하며 廣大觀察하며 知一
切佛種性次第하며 住不可說佛法方便케하시니라
(4) 청련화장보살로 하여금 부처님의 두려움 없는 데 머물
게 하며, (5) 부처님의 법계에 들어가서 (6) 부처님이 위엄
과 (7) 공덕을 얻게 하며, (8) 신통이 자유자재하게 하며,
(9) 부처님의 걸림 없고 광대하게 관찰함을 얻게 하며, (10)
모든 부처님 종성의 차례를 알게 하며, (11) 말할 수 없는 부
처님 법의 방편에 머물게 하시었다.

[疏] 後, 令青蓮華下는 加所爲니 爲具說德¹¹⁾故라 文有八句하니 一, 外制
無畏요 二, 內證深寂이니 此는 意業勝이니라 三, 威德內充이요 四, 神
用外徹이니 此身業勝이니라 五, 具四無礙니 是語業勝이니라 六, 徧觀
機敎가 爲廣大니라 七, 智性無差가 爲次第요 八, 授記¹²⁾善巧가 爲
方便이니 皆說德也니라 所以加靑蓮華藏者는 果德離言이나 藉因顯
故며 因果同時故며 性德無染하여 最超勝故며 一德이 具含一切功德
故니라

■ 다. 令靑蓮華 아래는 가피의 역할을 밝힘이니 설법의 공덕을 갖추기
위한 까닭이다. 경문에 여덟 구절이 있으니 가) ((4) 住佛無畏하며)는 밖
으로 두려움 없음을 제어함이요, 나) ((5) 入佛法界)는 안으로 깊고 고
요함을 증득함이니 이것은 의업이 뛰어남이다. 다) ((6) 獲佛威德)는 위
덕이 안으로 충만함이요, 라) ((7) 神通自在)는 신령한 작용이 밖으로
철저함이니 이것은 신업이 뛰어남이다. 마) ((8) 得佛無礙)는 네 가지 무
애함을 갖춤이니 어업이 뛰어난 것이다. 바) ((9) 廣大觀察)는 근기와
교법을 두루 관찰함이 광대함이 된다. 사) ((10) 知一切佛種性次第)는
지혜 성품은 차별이 없음으로 순서가 됨이요, 아) ((11) 住不可說佛法方
便)는 수기함이 선교함으로 방편이 되었으니 모두 공덕을 말한 것이
다. 청련화장보살에게 가피한 이유는 과덕은 말을 여의었지만 인행
을 빌려서 밝히는 연고며, 원인과 결과가 동시인 연고며, 성품과 공덕
은 물들지 않아서 가장 초월함이 뛰어난 연고며, 한 가지 공덕이 온
갖 공덕을 갖추어 포함한 까닭이다.

[鈔] 七智性無差者는 成十九最勝이니 彼欠二十光明行이니라 次第는 本

---

11) 德은 南續本作得이라 하나 誤植이다.
12) 記는 甲南續金本作說, 源原本作記라 하다.

性無差일새 性隨次第라가 而終不易니라 果德離言者는 此文有四節
하니 此對表華之義라 經宗에 有因果二分하니 十地에 已明華引果故
니라 二, 因果下는 表蓮華義라 謂有問言호대 是華引果어니 何要蓮
華오할새 故로 答云호대 餘華는 多華前果後요 此華는 不有則已어니와
有則華實雙含이니라 又無染故로 故擧蓮華니라 三, 又問言호대 蓮華
有四어늘 何要擧靑고 故[13]로 答云호대 最超勝故라하니라 智論에 云,
水生華勝者는 卽優鉢羅華故라하니라 四, 又蓮華는 一蓮多子니 表
一含一切故라 此釋藏義니라

● 사) ((10) 知一切佛種性次第)에 지혜 성품이 차별 없음은 19가지 가장 뛰
어남이 되나니, 저기에는 20번째 광명의 행법이 모자란다. (행법의) 순
서는 근본 성품이 차별이 없으므로 성품이 순서를 따르다가 끝은 바
꾸지 않는다. (1) '과덕은 말을 여읜다'는 것은 이 경문이 네 구절이
있으니 여기에 꽃을 표한 뜻과 상대하였다. 경문의 종지에 원인과 결
과의 두 부분이 있으니 십지품에 이미 꽃은 결과를 이끄는 것을 밝혔
다. (2) 因果 아래는 연꽃의 뜻을 표하였다. 이른바 어떤 이가 물어
가로되, "꽃은 과덕을 이끈 것인데 어째서 연꽃이 필요한가?" 하므로
대답하여 말하되, "나머지 꽃은 대부분 꽃은 앞이요, 과실은 뒤요, 이
꽃이 없으면 그만이겠지만 있으면 꽃과 과실은 함께 포함되었다. 또
한 더러움이 없는 연고로 연꽃을 거론한 것이다." (3) 또한 물어 말
하되, "연꽃에 넷이 있거늘 어째서 푸른 연꽃을 거론하기를 요구하는
가?" 그러므로 대답하여 말하되, "가장 뛰어나고 초월한 까닭이다"
라고 하였다. 『대지도론』에 이르되, "물에서 생겨난 꽃이 뛰어난 것은
곧 우발라 꽃이기 때문이다"라 하였다. (4) 또한 연꽃은 하나의 연

---

13) 故下에 南續金本有疏字라 하다.

(蓮)에 씨앗이 여럿이니 하나에 온갖 것을 표한 까닭이다. 여기는 저 장한다[藏]는 뜻을 해석하였다.

(3) 청련화보살이 증명하는 부분[證分] 2.

가. 자분행[自分] (第三 11上2)
나. 승진행[勝進] (後於)

爾時에 靑蓮華藏菩薩이 則能通達無礙法界하며 則能安住離障深行하며 則能成滿普賢大願하며 則能知見一切佛法하며 以大悲心으로 觀察衆生하여 欲令淸淨하며 精勤修習하여 無有厭怠하며 受行一切諸菩薩法하며 於一念中에 出生佛智하며 解了一切無盡智門하며 總持辯才가 皆悉具足하시니라

그때에 청련화보살은 (1) 능히 걸림 없는 법계를 통달하고, (2) 장애를 여읜 깊은 행에 편안히 머물고, (3) 보현의 큰 서원을 만족하고, (4) 모든 부처님의 법을 알아보고, (5) 크게 가엾이 여기는 마음으로 중생을 살펴보고, (6) 청정케 하려 하며, (7) 부지런히 수행하여 게으르지 아니하며 모든 보살들의 법을 받아 행하며, (8) 잠깐 동안에 부처의 지혜를 내어 (9) 모든 다하지 않는 지혜의 문을 알았으며, (10) 모두 지니는 일과 변재를 다 구족하였다.

[疏] 第三, 爾時靑蓮華下는 證分이라 十句에 初四는 自利요 次三은 利他

니 上皆自分이요 後, 於一念下의 三句는 勝進이니 並顯이면 可知니라

■ (3) 爾時靑蓮華 아래는 (청련화보살이) 증명하는 부분이다. 열 구절에서 가. 네 구절[(1) 則能通達- (2) 則能安住- (3) 則能成滿- (4) 則能知見-]은 자리행이요, 다음의 세 구절[(5) 以大悲心- (6) 欲令淸淨- (7) 精勤修習-]은 이타행이니, 위는 모두 자분행이요, 나. 於一念 아래 세 구절[(8) 於一念中出生佛智 (9) 解了一切無盡智門 (10) 總持辯才皆悉具足]은 승진행이니 (경문과) 아울러 함께 밝히면 알 수 있으리라.

(4) 설법하는 부분[說分] 2.

가. 부처님의 힘을 받들어 총합하여 고하다[承力總告] (第四 11上5)

承佛神力하여 告蓮華藏菩薩言하시되
부처님의 신통한 힘을 받들어 연화장보살에게 말하였다.

[疏] 第四, 承佛下는 說分이라 分二니 先, 承力總告라 告蓮華藏者는 非同佛心의 無以受佛德故라 亦名蓮華요 不言靑者는 不礙能說이 爲最勝故니라

■ (4) 承佛 아래는 설법하는 부분이다. 둘로 나누리니 가. 부처님의 힘을 받들어 총합하여 고함이다. '연화장보살에게 말하였다'는 것은 부처님 마음의 불공덕을 받음이 없음과는 같지 않은 까닭이다. 또한 연꽃이라 이름함이요, '푸른'이라 말하지 않은 것은 설하는 주체를 장애하지 않음이 가장 뛰어남이 되는 까닭이다.

나. 부처님의 공덕을 바로 밝히다[正顯佛德] 3.

가) 표방하여 보이다[標示] (後佛 11下3)

佛子여 諸佛世尊이 有無量住하시니 所謂常住大悲니 住種
種身하사 作諸佛事하며 住平等意하사 轉淨法輪하며 住四
辯才하사 說無量法하며 住不思議一切佛法하며 住清淨音하
사 徧無量土하며 住不可說甚深法界하며 住現一切最勝神
通하며 住能開示無有障礙究竟之法하시니라

"불자여, 부처님 세존께서 (1) 한량없이 머무름이 있으니,
(2) 항상 큰 자비에 머무시며, (3) 가지가지 몸에 머물러 부
처의 일을 지으며, (4) 평등한 뜻에 머물러 청정한 법 바퀴
를 굴리며, (5) 네 가지 변재에 머물러 한량없는 법을 말씀
하며, (6) 헤아릴 수 없는 온갖 부처님 법에 머물며, (7) 청
정한 음성에 머물러 헤아릴 수 없는 모든 부처님 국토에 두
루하며, (8) 말할 수 없는 깊은 법계에 머무시며, (9) 가장
수승한 모든 신통을 나타내는 데 머무시며, (10) 장애가 없
는 최고의 법을 열어 보이는 데 머무시는 것이니라.

[疏] 後, 佛子諸佛下는 正顯佛德이라 略有二義하니 一, 總下五品이 共答
十問이라 此品은 答佛種性하나니 佛以功德으로 爲種性故라 次二品
은 答身이요 次一品은 答本願이요 後一品은 答出現이라 其國土問은
初會에 已廣이요 餘는 或經來未盡이며 或前後攝之니라 二者, 此品具
答十問이니 謂佛德無量이나 略顯三十二門하나니 門[14]에 皆具十하여

---

14) 門은 甲續金本作門門, 源原南本作門이라 하다.

有三百二十德하여 以顯無盡이니라

■ 나. 佛子諸佛 아래는 부처님 공덕을 바로 밝힘이다. 간략히 두 가지 뜻이 있으니 가) 총상이니 아래 다섯 품은 함께 열 가지 질문에 대답함이다. 이 불부사의법품은 부처님 종성에 대답함이니 부처님은 공덕으로 종성을 삼은 까닭이다. 다음의 두 품인 (제34. 여래십신상해품과 제35. 여래수광명공덕품)은 몸에 대답함이요, 다음의 한 품인 제36. 보현행품은 본래 서원에 대답함이요, 뒤의 한 품인 제37. 여래출현품은 부처님 출현에 대해 대답함이다. 그 국토에 대한 질문은 제1. 적멸도량 법회에서 이미 자세히 밝혔고, 나머지는 혹은 경문이 다 오지 않음이며, 혹은 앞과 뒤에 포섭하였다. 나) 이 불부사의법품은 열 가지 질문에 갖추어 대답함이니, 이른바 부처님 공덕이 한량없지만 간략히 32 문으로 밝혔으니, 문에 모두 열 가지를 갖추어 320가지 공덕이 있어서 그지없음을 밝혔다.

나) 예전 해석을 밝히다[敍昔] (昔以 11下8)

[疏] 昔에 以初十으로 標宗略答하여 具答十問이요 所餘는 唯有別答호대 而超次하여 答前十問이어니와

■ 예전에 처음 열 구절로 종지를 표방하고 간략히 대답하여 열 가지 질문에 갖추어 대답하였고, 나머지는 오직 개별로 대답함이 있지만 순서를 뛰어넘어 앞의 열 가지 질문에 대답하였지만,

다) 바로 밝히다[正顯] 3.
(가) 간략히 해석하다[略釋] (今謂 11下10)

[疏] 今謂三十二門이 如次答前十問호대 而門門이 皆含答十하나니 欲顯佛德이 一具一切故며 亦顯所問이 能包含故라 而其標門之名이 多不同前者는 爲顯佛德이 無邊量故라

- 지금 말한 32가지 문은 순서대로 앞의 열 가지 질문에 대답하되 문과 문마다 모두 열 가지에 대한 대답을 포함하였나니, 부처님 공덕이 하나에 모두를 갖춘 것을 밝히려는 연고며, 또한 질문할 대상이 능히 포함됨을 밝힌 까닭이다. 그러나 그 문의 명칭을 표방함이 대부분 앞과 같지 않은 것은 부처님 공덕이 그지없고 헤아릴 수 없음이 되는 까닭이다.

(나) 바로 과목 나누다[正科] (文分 12上2)

[疏] 文分爲十하니 初二門은 答國土問이요 第二, 念念出生下二門은 答本願問이요 第三, 不思議境下二門은 答種性問이요 第四, 普入下二門은 答出現問이요 第五, 離過淸淨下五門은 答身問이요 第六, 演說下二門은 答音聲問이요 第七, 最勝下三門은 答智慧問이요 第八, 自在下八門은 答自在問이요 第九, 決定下三門은 答無礙問이요 第十, 一切智住下三門은 答解脫問이라 以身及自在는 含前普光의 諸問多故로 用門이 亦多라 而文多有三하니 謂標와 釋과 結이라 義相은 至文當顯이니라

- 경문을 열로 나누리니 (1) 두 문은 국토에 대한 질문에 대답함이요, (2) 念念出生 아래 두 문은 본원(本願)에 대한 질문에 대답함이요, (3) 不思議境 아래 두 문은 종성(種性)에 대한 질문에 대답함이요, (4) 普入 아래 두 문은 출현(出現)에 대한 질문에 대답함이요, (5) 離

過淸淨 아래 다섯 문은 몸에 대한 질문에 대답함이요, (6) 演說 아래 두 문은 음성에 대한 질문에 대답함이요, (7) 最勝 아래 세 문은 지혜에 대한 질문에 대답함이요, (8) 自在 아래 여덟 문은 자재로움에 대한 질문에 대답함이요, (9) 決定 아래 세 문은 무애(無礙)에 대한 질문에 대답함이요, (10) 一切智住 아래 세 문은 해탈(解脫)에 대한 질문에 대답함이다. 몸과 자재함은 앞의 보광(普光)보살의 여러 질문이 많은 것이 포함된 연고로 작용하는 문도 역시 많다. 그러나 문장이 대부분 셋이 있으니 이른바 표방함과 해석함과 결론함이다. 이치의 모양은 경문에 가서 마땅히 밝히리라.

(다) 경문을 해석하다[釋文] 10.
ㄱ. 두 문으로 국토에 대한 질문에 대답하다[有二門答國土問] 2.

ㄱ) 법문에 항상 머무름을 밝히다[明其常住法門] 2.
(ㄱ) 표방하다[標] (今初 12下1)

佛子여 諸佛世尊이 有十種法하사 普徧無量無邊法界하시니 何等爲十고 所謂一切諸佛이 有無邊際身하사 色相淸淨하여 普入諸趣하되 而無染着하며 一切諸佛이 有無邊際無障礙眼하사 於一切法에 悉能明見하며 一切諸佛이 有無邊際無障礙耳하사 悉能解了一切音聲하며 一切諸佛이 有無邊際鼻하사 能到諸佛自在彼岸하며 一切諸佛이 有廣長舌하며 出妙音聲하여 周徧法界하며 一切諸佛이 有無邊際身하사 應衆生心하여 咸令得見케하나니라

一切諸佛이 有無邊際意하사 住於無礙平等法身하며 一
切諸佛이 有無邊際無礙解脫하사 示現無盡大神通力하
며 一切諸佛이 有無邊際清淨世界하사 隨衆生樂하야 現
衆佛土하사 具足無量種種莊嚴하되 而於其中에 不生染
着하며 一切諸佛이 有無邊際菩薩行願하사 得圓滿智하
야 遊戲自在하사 悉能通達一切佛法이니 佛子야 是爲如
來應正等覺의 普徧法界無邊際十種佛法이니라

불자여, 부처님 세존이 열 가지 법이 있어 한량없고 그지없
는 법계에 두루하였으니, 무엇이 열인가? (1) 모든 부처님
이 그지없이 청정한 몸이 있어 여러 길에 들어가되 물들지
아니하며, (2) 모든 부처님이 그지없이 막힘이 없는 눈이 있
어 온갖 법을 모두 분명하게 보며, (3) 모든 부처님이 그지
없고 막힘이 없는 귀가 있어 온갖 음성을 모두 알며, (4) 모
든 부처님이 그지없는 코가 있어 부처님의 자유자재한 저
언덕에 이르며, (5) 모든 부처님이 넓고 긴 혀가 있어 묘한
음성을 내어 법계에 두루하며, (6) 모든 부처님이 그지없는
몸이 있어 중생들의 마음을 따라서 다 볼 수 있게 하느니라.
(7) 모든 부처님이 그지없는 뜻이 있어 걸림 없이 평등한 법
신에 머물며, (8) 모든 부처님이 그지없고 걸림 없는 해탈이
있어 다함이 없는 큰 신통의 힘을 나타내며, (9) 모든 부처
님이 그지없이 청정한 세계가 있어 중생의 좋아함을 따라
서 여러 가지 세계를 나타내며 한량없는 가지가지 장엄을
구족하지마는 그 가운데 물들지 아니하며, (10) 모든 부처
님이 그지없는 보살의 행과 원이 있어 원만한 지혜를 얻고

자유자재하게 유희하여 온갖 부처님의 법을 다 통달하느니라. 불자여, 이것이 여래 · 응공 · 정등각의 법계에 두루 가득한 그지없는 열 가지 부처님의 법이니라.

[疏] 今初二門은 答國土者에 國土는 卽是所依所住라 初門은 明其常住法門이요 後門은 明其徧住法界니 不唯國土며 不在方所가 爲眞土也니라 今初文二니 初, 標요

■ 지금은 ㄱ. 두 문은 국토에 대해 대답함에서 국토는 곧 의지할 대상과 머무를 대상이다. 첫째 문은 그 법문에 항상 머무름을 밝힌 것이요, 뒤의 문은 그 법계에 두루 머무름을 밝히나니, 오직 국토만이 아니며 방소도 있지 않음이 진신(眞身)의 국토가 된다. 지금은 ㄱ.에 경문이 둘이니 (ㄱ) 표방함이요,

(ㄴ) 해석하다[釋] (後釋 12下3)

[疏] 後, 釋이라 釋中에 九句가 顯於如來應機說法하여 含答十問이면 則十問이 皆成住處라 下皆倣之라 一, 起應之心은 答種性問이니 悲爲種性故라 二, 演法之身은 答身問이요 三, 轉法之意는 答本願問이니 本願平等하여 利一切故니라 四, 能轉之辯은 答音聲問이니 音出辯故라 五, 所轉之法은 答自在니 自在不思議故라 六, 轉音周徧은 答國土니 國土는 是音所至故라 七, 所顯之理는 答智慧니 智慧가 能住法界故요 八, 能化之通은 答神通問이요 九, 演法之益은 答無礙問이라 文唯九句며 脫於出現이요 或通前諸句니 出現이 皆能作前九故라 答此十問이 旣爾니 答初二會도 類例하면 可知니라

■ (ㄴ) 해석함이다. 해석함 중에 아홉 구절은 여래가 근기에 응하여 법을 설함을 밝혀서 열 가지 질문에 포함해서 대답함이면, 열 가지 질문이 모두 머무는 곳이 됨이요, 아래는 모두 그와 비슷하다. (1) 일어나 응하는 마음은 종성에 대한 질문에 대답함이니, 대비로 종성을 삼은 까닭이다. (2) 법을 연설하는 몸은 몸에 대한 질문에 대답함이요, (3) 법을 굴리는 의미는 본원에 대한 질문에 대답함이니, 본원이 평등하여 온갖 것을 이롭게 하는 까닭이다. (4) 법을 굴리는 주체의 변재는 음성에 대한 질문에 대답함이니, 음성에서 변재가 나오는 까닭이다. (5) 굴릴 대상의 법은 자재로움에 대한 질문에 대답함이니, 자재함이 불가사의한 까닭이다. (6) 음성을 주변으로 굴림은 국토에 대한 질문에 대답함이니, 국토는 음성으로 이를 곳인 까닭이다. (7) 밝힐 대상인 이치는 지혜에 대한 질문에 대답함이니, 지혜가 법계에 능히 머무르는 까닭이다. (8) 교화하는 주체인 통함은 신통에 대한 질문에 대답함이요, (9) 법을 연설한 이익은 무애(無礙)에 대한 질문에 대답함이다. 경문은 오직 아홉 구절뿐이며, 출현에서 빠졌으며, 혹은 앞의 여러 구절에 통하나니 출현함은 모두 능히 앞의 아홉을 만드는 까닭이다. 여기의 열 가지 질문에 대답함이 이미 그러하니 제2. 보광명전법회에 대답함도 유례하면 알 수 있으리라.

[鈔] 今初下는 釋文이라 但明記上十問하니 尋文易了며 或開或合은 顯義無方耳니라

● (다) 今初 아래는 경문 해석이다. 단지 위의 열 가지 질문을 분명하게 기억하였으니 경문을 찾으면 알기 쉬우며, 혹은 전개하기도 하고 혹은 합하기도 함은 이치는 방소가 없음을 밝혔을 뿐이다.

ㄴ) 법계에 두루 머무는 것을 밝히다[明其徧住法界] 3.

(ㄱ) 표방하다[標] (二普 13下8)

(ㄴ) 나열하다[列] (列中)

(ㄷ) 결론하여 말하다[結] (經/佛子)

[疏] 二, 普徧法界者는 明其徧住니 謂六根三業이 皆徧法界土故라 標中
에 無量은 是事法界요 無邊은 是理요 此二無礙와 及事事無礙法界
가 並爲所徧이라 列中에 則顯前十이 皆徧이니 一, 無邊身은 含答三
問이니 一, 正答身이요 其普徧諸趣는 是有悲性과 及出現義라 次六
은 是身別相이니 亦是於身이요 兼答普光의 眼等六問이요 出妙音聲
은 答音聲問이요 第八, 答三問이니 謂無礙는 答第九요 解脫은 答第
十이요 神通力은 答自在요 第九는 別答國土요 第十은 答本願과 及
智慧問이니라

■ ㄴ) '법계에 두루 머무는 것'이란 그 두루 머무는 것을 밝힌 내용이다.
이른바 육근과 삼업은 모두 법계의 국토에 두루한 까닭이다. (ㄱ) 표
방함 중에서 한량없음은 현상의 법계이고, 그지없음은 이치의 법계이
고, 이 둘에 걸림 없음과 현상과 현상이 무애한 법계가 아울러 두루
할 대상이 된다. (ㄴ) 나열함 중에 앞의 열 가지가 모두 두루함을 밝
힘이니, (1) 그지없는 몸은 세 가지 질문을 포함해서 대답함이니, 첫
구절은 몸에 대해 바로 대답함이요, 그 여러 갈래에 널리 두루함은
자비한 성품과 출현함의 뜻이다. 다음의 여섯 구절은 몸의 개별 모양
이니 또한 몸인 것이요, 겸하여 보광(普光)보살의 눈 따위 여섯 가지
질문에 대답함이요, 묘한 음성을 냄은 음성에 대한 질문에 대답함이
요, 여덟째는 세 가지 질문에 대답함이니 이른바 걸림 없음은 아홉째

에 대답함이요, 해탈함은 열째에 대답함이요, 신통한 힘은 자재로움에 대해 대답함이요, 아홉째는 국토에 대해 개별로 대답함이요, 열째는 본원과 지혜에 대한 질문에 대답함이다.

ㄴ. 두 문은 본래 서원에 대한 질문에 대답하다[有二門答本願問] 2.

ㄱ) 서원을 타고 여덟 가지 양상을 나타내다[明乘願現其八相]

(第二 14下10)

佛子여 諸佛世尊이 有十種念念出生智하시니 何等爲十고 所謂一切諸佛이 於一念中에 悉能示現無量世界에 從天來下하며 一切諸佛이 於一念中에 悉能示現無量世界에 菩薩受生하며 一切諸佛이 於一念中에 悉能示現無量世界에 出家學道하며 一切諸佛이 於一念中에 悉能示現無量世界菩提樹下에 成等正覺하며 一切諸佛이 於一念中에 悉能示現無量世界에 轉妙法輪하며 一切諸佛이 於一念中에 悉能示現無量世界에 敎化衆生하고 供養諸佛하며 一切諸佛이 於一念中에 悉能示現無量世界에 不可言說인 種種佛身하며 一切諸佛이 於一念中에 悉能示現無量世界에 種種莊嚴과 無數莊嚴인 如來自在一切智藏하며 一切諸佛이 於一念中에 悉能示現無量世界에 無量無數淸淨衆生하며 一切諸佛이 於一念中에 悉能示現無量世界에 三世諸佛이 種種根性과 種種精進과 種種行解로 於三世中에 成等正覺이 是爲十이니라

불자여, 부처님 세존께서 열 가지 잠깐잠깐 동안에 태어나는 지혜가 있으니, 무엇이 열인가? 이른바 (1) 모든 부처님이 잠깐 동안에 한량없는 세계에서 하늘로부터 내려옴을 나타내며, (2) 모든 부처님이 잠깐 동안에 한량없는 세계에서 보살의 태어남을 나타내며, (3) 모든 부처님이 잠깐 동안에 한량없는 세계에서 출가하여 도를 배우는 일을 나타내며, (4) 모든 부처님이 잠깐 동안에 한량없는 세계의 보리수 아래서 다 옳게 깨달음을 이루는 일을 나타내며, (5) 모든 부처님이 잠깐 동안에 한량없는 세계에서 묘한 법 바퀴를 굴림을 나타내느니라. (6) 모든 부처님이 잠깐 동안에 한량없는 세계에서 중생을 교화하고 부처님께 공양함을 나타내며, (7) 모든 부처님이 잠깐 동안에 한량없는 세계에서 말할 수 없는 가지가지 몸을 나타내며, (8) 모든 부처님이 잠깐 동안에 한량없는 세계의 가지가지 장엄으로 여래의 자재하신 온갖 지혜의 장을 수없이 장엄함을 나타내며, (9) 모든 부처님이 잠깐 동안에 한량없는 세계의 한량없고 수없이 청정한 중생을 나타내며, (10) 모든 부처님이 잠깐 동안에 한량없는 세계에 있는 세 세상의 부처님들이 가지가지 근성과 가지가지 정진과 가지가지 행과 지혜로 세 세상에서 다 옳게 깨달음을 이루는 일을 나타내나니, 이것이 열이니라.

[疏] 第二, 念念出生智下의 二門은 答本願問이라 此門은 明乘願하여 現其八相이요 後門은 明願不失時라 今初라 然이나 願以後得智로 爲體니 從其願智하여 生八相等이요 非生智也라 別中에 一, 乘願下生이요

二, 受生種族이요 三, 學解脫道요 四, 明其出現이요 五, 音聲이요 六, 化生嚴國이요 七, 現佛[15]身이요 八, 自在相嚴과 福嚴으로 嚴如來藏故요 九, 是無礙요 十, 卽智慧니 正徧知故니라

■ ㄴ. 念念出生智 아래 두 문은 본래 서원에 대한 질문에 대답함이다. ㄱ) 이 문은 서원을 타고 그 여덟 가지 모양 나타냄에 대해 밝힘이요, ㄴ) 뒤의 문은 서원이 시기를 잃지 않음을 밝힘이다. 지금은 ㄱ)이다. 그러나 후득지로서 체성으로 삼기를 원하나니, 그 서원과 지혜를 따라 여덟 가지 모양이 생기는 등은 생겨난 지혜가 아니다. 개별 모양 중에 (1) 서원을 타고 하생함이요, (2) 태어나는 종족을 받음이요, (3) 해탈도를 배움이요, (4) 그 출현함으로 밝힘이요, (5) 음성이요, (6) 화생으로 국토를 장엄함이요, (7) 부처님 몸을 나타냄이요, (8) 모양으로 장엄함과 복으로 장엄함에 자재함으로 여래장을 장엄한 연고요, (9) 걸림 없음이요, (10) 지혜와 합치함이니, 바르게 두루 아는 (부처님인) 까닭이다.

ㄴ) 시기를 놓치지 않기를 발원하다[明願不失時] (二不 15下4)

佛子여 諸佛世尊이 有十種不失時하시니 何等爲十고 所謂一切諸佛이 成等正覺不失時와 一切諸佛이 成熟有緣不失時와 一切諸佛이 授菩薩記不失時와 一切諸佛이 隨衆生心하여 示現神力不失時와 一切諸佛이 隨衆生解하여 示現佛身不失時와 一切諸佛이 住於大捨不失時와 一切諸佛이 入諸聚落不失時와 一切諸佛이 攝諸淨信不

---

15) 佛은 甲南續金本無, 源原本有라 하다.

失時와 一切諸佛이 調惡衆生不失時와 一切諸佛이 現不思議諸佛神通不失時가 是爲十이니라

불자여, 부처님 세존이 열 가지 때를 놓치지 아니함이 있으니, 무엇이 열인가? (1) 모든 부처님이 다 옳게 깨달음을 이루는 데 때를 놓치지 아니하며, (2) 모든 부처님이 인연 있는 이를 성숙하게 하는 데 때를 놓치지 아니하며, (3) 모든 부처님이 보살에게 수기하는 데 때를 놓치지 아니하며, (4) 모든 부처님이 중생의 마음을 따라 신통한 힘을 보이는 데 때를 놓치지 아니하며, (5) 모든 부처님이 중생의 지혜를 따라 부처의 몸을 나타내는 데 때를 놓치지 아니하며, (6) 모든 부처님이 크게 버리는 데 머물되 때를 놓치지 아니하며, (7) 모든 부처님이 여러 동네에 들어가는 데 때를 놓치지 아니하며, (8) 모든 부처님이 깨끗한 신심을 거두어 주는 데 때를 놓치지 아니하며, (9) 모든 부처님이 악한 중생을 조복하는 데 때를 놓치지 아니하며, (10) 모든 부처님이 헤아릴 수 없는 부처님 신통을 나타내는 데 때를 놓치지 아니하나니, 이것이 열이니라.

[疏] 二, 不失時者는 行止在緣이라 根熟에 化現하시며 未熟에 便捨하시나 非願이면 不周라 若機熟失時하면 便違本願이니라 別中에 一, 出現이요 二, 成本願有緣이요 三, 知種性與記요 四, 自在요 五, 現身이요 六, 智住於捨요 七, 六根無礙요 八, 淨國攝信이요 九, 强音調惡이요 十, 卽不思議解脫이니라

■ ㄴ) 시기를 놓치지 않음이란 행동을 그침은 인연에 있다는 뜻이다.

근기가 성숙할 적에 화신으로 나타냄이요, 성숙하지 않을 적에 문득 버리지만 서원이 아니면 두루하지 않다. 만일 근기가 성숙하여 때를 놓치면 문득 본래 서원과 위배됨이다. 별상 중에 (1) 출현함이요, (2) 본래 서원이 인연 있음을 이룸이요, (3) 종성을 알고 수기를 줌이요, (4) 자재함이요, (5) 몸을 나타냄이요, (6) 지혜로 버림에 머무름이요, (7) 육근이 무애함이요, (8) 국토를 청정하여 믿음을 섭수함이요, (9) 강한 소리로 악을 조절함이요, (10) 불가사의함과 합치한 해탈이다.

ㄷ. 두 문은 종성에 대한 질문에 대답하다[有二門答種性問] 2.

ㄱ) 보신과 화신의 종성을 함께 밝히다[雙明報化種性] (第三 16上9)

佛子여 諸佛世尊이 有十種無比不思議境界하시니 何等
爲十고 所謂一切諸佛이 一跏趺坐하여 徧滿十方無量世
界하며 一切諸佛이 說一義句하여 悉能開示一切佛法하며
一切諸佛이 放一光明하여 悉能徧照一切世界하며 一切
諸佛이 於一身中에 悉能示現一切諸身하며 一切諸佛이
於一處中에 悉能示現一切世界하며 一切諸佛이 於一智
中에 悉能決了一切諸法하되 無所罣礙하며 一切諸佛이
於一念中에 悉能徧往十方世界하며 一切諸佛이 於一念
中에 悉現如來無量威德하며 一切諸佛이 於一念中에 普
緣三世佛과 及衆生하되 心無雜亂하며 一切諸佛이 於一
念中에 與去來今一切諸佛로 體同無二가 是爲十이니라

불자여, 부처님 세존께서 열 가지 견줄 수 없고 헤아릴 수 없는 경계가 있으니, 무엇이 열인가? 이른바 (1) 모든 부처님이 한 번 가부하고 앉아 시방의 한량없는 세계에 가득하며, (2) 모든 부처님이 한 구절의 뜻을 말하며, (3) 온갖 부처의 법을 열어 보이며, (4) 모든 부처님이 한 광명을 놓아서 모든 세계를 두루 다 비추며, (5) 모든 부처님이 한 몸에 여러 몸을 모두 나타내며, (6) 모든 부처님이 한 곳에서 온갖 세계를 능히 나타내며, (7) 모든 부처님이 한 지혜로 온갖 법을 결정코 알아서 걸림이 없으며, (8) 모든 부처님이 잠깐 동안에 시방세계에 두루 나아가며, (9) 모든 부처님이 잠깐 동안에 여래의 한량없는 위엄과 공덕을 나타내며, (10) 모든 부처님이 잠깐 동안에 삼세의 부처님과 중생을 반연하되 마음이 어지럽지 아니하며, (11) 모든 부처님이 잠깐 동안에 과거·미래·현재의 여러 부처님과 체성이 같아서 둘이 없나니, 이것이 열이니라.

[疏] 三, 不思議境界下의 二門은 答種性問이라 此門은 雙明報應種性이 皆眞正故요 後門은 唯明法身種性이니라 今初니 體相이 超言念일새 故云不思議요 下位不及일새 故云無比니라 別中에 一, 身이요 二, 音이요 三, 乘願放光이니 如其本願의 所得光故라 四, 出現이요 五, 國土요 六, 智慧요 七, 自在요 八, 威德種族이요 九, 無雜之礙요 十, 解脫體同이니라 上之五段에 皆略指陳하여 兼答十問이라 已下는 恐繁不顯하노니 說者는 隨宜니라

■ ㄷ. 不思議境界 아래 두 문은 종성에 대한 질문에 대답함이다. ㄱ)

이 문은 보신과 화신의 종성이 모두 참되고 정직함을 함께 밝힌 연고요, ㄴ) 뒤의 문은 오직 법신의 종성에 대해서만 밝힘이다. 지금은 ㄱ) 이니 체성과 양상이 말과 생각을 뛰어났으므로 '불가사의하다'고 말함이요, 아래 지위는 미치지 못하므로 '견줄 수 없다'고 말하였다. 별상 중에 (1) 몸 (2) 음성 (3) 서원을 타고 빛을 냄이니, 그 본래 서원으로 얻은 광명과 같은 까닭이다. (4) 출현함 (5) 국토 (6) 지혜 (7) 자재함 (8) 위덕 있는 종족 (9) 잡염으로 걸림 없음 (10) 해탈의 체성과 같음이다. 위의 다섯 문단에 모두 간략히 지적하고 말하여 겸하여 열 가지 질문에 대답하였다. 아래는 번거로울까 염려하여 밝히지 않았으니 설하는 이는 마땅함을 따르는 것이다.

ㄴ) 법신의 종성에 대해서만 밝히다[唯明法身種性] (二出 17上8)

佛子여 諸佛世尊이 能出生十種智하시니 何者爲十고 所謂一切諸佛이 知一切法無所趣向이나 而能出生廻向願智하며 一切諸佛이 知一切法皆無有身이나 而能出生淸淨身智하며 一切諸佛이 知一切法本來無二나 而能出生能覺悟智하며 一切諸佛이 知一切法無我無衆生이나 而能出生調衆生智하며 一切諸佛이 知一切法本來無相이나 而能出生了諸相智하며 一切諸佛이 知一切世界無有成壞나 而能出生了成壞智하며 一切諸佛이 知一切法無有造作이나 而能出生知業果智하며 一切諸佛이 知一切法無有言說이나 而能出生了言說智하며 一切諸佛이 知一切法無有染淨이나 而能出生知染淨智하며 一切諸佛

이 知一切法無有生滅이나 而能出生了生滅智가 是爲十
이니라

불자여, 부처님 세존이 열 가지 지혜를 능히 내시나니, 무엇
이 열인가? 이른바 (1) 모든 부처님께서 온갖 법이 나아갈
데 없음을 알지마는 회향하는 서원의 지혜를 내느니라. (2)
모든 부처님께서 온갖 법이 몸이 없음을 알지마는 청정한
몸의 지혜를 내느니라. (3) 모든 부처님이 모든 법이 본래
둘이 없음을 알지마는 능히 깨닫는 지혜를 내느니라. (4) 모
든 부처님께서 온갖 법이 <나>도 없고 중생도 없음을 알지
마는 중생을 조복하는 지혜를 내느니라. (5) 모든 부처님께
서 온갖 법이 본래 모양이 없음을 알지마는 모든 모양을 아
는 지혜를 내느니라. (6) 모든 부처님께서 온갖 세계가 이룩
하고 무너짐이 없음을 알지마는 이룩하고 무너짐을 아는 지
혜를 내느니라. (7) 모든 부처님께서 온갖 법이 조작함이 없
음을 알지마는 업과 과보를 아는 지혜를 내느니라. (8) 모든
부처님이 온갖 법이 말할 것 없음을 알지마는 말을 아는 지
혜를 내느니라. (9) 모든 부처님께서 온갖 법이 물들고 깨끗
함이 없음을 알지마는 물들고 깨끗함을 아는 지혜를 내느
니라. (10) 모든 부처님께서 온갖 법이 나고 없어짐이 없음
을 알지마는 나고 없어짐을 아는 지혜를 내나니, 이것이 열
이니라.

[疏] 二, 出生智者는 明法身이 爲種性也라 從無性中하여 出其智慧니 非
答智慧故라 別中에 十各二句니 皆上句는 知性이니 卽無性之性이 爲

能生이요 後句는 出生智用이니라

■ ㄴ) '지혜를 능히 낸다'는 것은 법신이 종성이 됨을 밝혔다. 체성 없음 중에서부터 그 지혜를 내었으니 지혜에 대답하지 않은 까닭이다. 별상 중에 열 구절은 각기 두 구절씩이니 모두 위 구절은 체성을 아는 것이니, 곧 체성 없는 성품이 생겨나는 주체가 되었고, 뒤 구절은 지혜의 작용을 나타낸다는 뜻이다.

ㄹ. 두 문은 출현에 대한 질문에 대답하다[有二門答出現問] 2.

ㄱ) 두루 나타남과 항상 나타남을 밝히다[明徧現常現] (第四 18上2)

佛子여 諸佛世尊이 有十種普入法하시니 何等爲十고 所謂一切諸佛이 有淨妙身하사 普入三世하며 一切諸佛이 皆悉具足三種自在하사 普化衆生하며 一切諸佛이 皆悉具足諸陀羅尼하사 普能受持一切佛法하며 一切諸佛이 皆悉具足四種辯才하사 普轉一切淸淨法輪하며 一切諸佛이 皆悉具足平等大悲하사 恒不捨離一切衆生하며 一切諸佛이 皆悉具足甚深禪定하사 恒普觀察一切衆生하며 一切諸佛이 皆悉具足利他善根하사 調伏衆生하되 無有休息하며 一切諸佛이 皆悉具足無所礙心하사 普能安住一切法界하며 一切諸佛이 皆悉具足無礙神力하사 一念普現三世諸佛하며 一切諸佛이 皆悉具足無礙智慧하사 一念普立三世劫數가 是爲十이니라

불자여, 부처님 세존이 열 가지 두루 들어가는 법이 있으니,

무엇이 열인가? 이른바 (1) 모든 부처님은 깨끗하고 묘한 몸이 있어 세 세상에 두루 들어가느니라. (2) 모든 부처님은 세 가지 자유자재함을 구족하여 중생을 두루 교화하느니라. (3) 모든 부처님은 다라니를 모두 구족하여 온갖 불법을 두루 받아 지니느니라. (4) 모든 부처님은 네 가지 변재를 구족하여 온갖 청정한 법 바퀴를 두루 굴리느니라. (5) 모든 부처님은 평등한 큰 자비를 구족하여 일체중생을 항상 버리지 않느니라. (6) 모든 부처님은 깊은 선정을 구족하여 일체중생을 항상 두루 관찰하느니라. (7) 모든 부처님은 다른 이를 이롭게 하는 착한 뿌리를 구족하여 쉴 새 없이 중생을 조복하느니라. (8) 모든 부처님은 걸림이 없는 마음을 구족하여 온갖 법계에 두루 머무느니라. (9) 모든 부처님은 걸림 없는 신통한 힘을 구족하여 잠깐 동안에 세 세상 부처님들을 두루 나타내느니라. (10) 모든 부처님은 걸림이 없는 지혜를 구족하여 잠깐 동안에 세 세상 겁의 수효를 두루 건립하나니, 이것이 열이니라.

[疏] 第四, 普入下의 二門은 答出現問이니 此門에 明徧現常現하사대 非有出沒이라야 方爲眞現故라 別中에 云普現三世諸佛이라하니 況自身耶아 又一現이 卽一切現이니 以三世佛이 無二體故라 如文殊般若中에 辨하니라 別中에 云三種自在者는 卽三業化也니라

■ 리. 普入 아래 두 문은 출현에 대한 질문에 대답함이다. ㄱ) 이 문은 두루 나타남과 항상 나타남을 밝혔으되, 나오고 없어짐이 있지 않아야만 비로소 진신이 나타남이 되는 까닭이다. 별상 중에 말하되,

"(9) 세 세상 부처님들을 두루 나타낸다"고 하였으니 나 자신과 견주겠는가? 또한 한 번 나타남은 곧 모두에 나타남이니, 삼세의 부처님은 두 가지 체성이 없는 까닭이다. 『문수반야경』에 밝힌 내용과 같다. 별상 중에 '세 가지 자유자재'라 말함은 곧 삼업으로 화현한다는 뜻이다.

[鈔] 疏如文殊般若中辨은 光明覺品에 已引하니라

● 소에서 『문수반야경』에 밝힌 내용과 같다'고 밝힘은 광명각품에서 이미 인용한 적이 있다.

ㄴ) 출현하는 모습을 밝히다[明出現之相] (第二 18下10)

佛子여 諸佛世尊이 有十種難信受廣大法하시니 何等爲十고 所謂一切諸佛이 悉能摧滅一切諸魔하며 一切諸佛이 悉能降伏一切外道하며 一切諸佛이 悉能調伏一切衆生하여 咸令歡悅하며 一切諸佛이 悉能往詣一切世界하여 化導群品하며 一切諸佛이 悉能智證甚深法界하며 一切諸佛이 悉皆能以無二之身으로 現種種身하여 充滿世界하며 一切諸佛이 悉皆能以淸淨音聲으로 起四辯才하여 說法無斷하사 凡有信受에 功不唐捐하며 一切諸佛이 皆悉能於一毛孔中에 出現諸佛하시되 與一切世界微塵數等하여 無有斷絶하며 一切諸佛이 皆悉能於一微塵中에 示現衆刹하시되 與一切世界微塵數等하여 具足種種上妙莊嚴하여 恒於其中에 轉妙法輪하사 敎化衆生하되

而微塵不大하고 世界不小하여 常以證智로 安住法界하며 一切諸佛이 皆悉了達淸淨法界하사 以智光明으로 破世癡闇하사 令於佛法에 悉得開曉하여 隨逐如來하여 住十力中이 是爲十이니라

불자여, 부처님 세존이 열 가지 믿고 알기 어려운 광대한 법이 있으니, 무엇이 열인가? 이른바 (1) 모든 부처님이 온갖 마군들을 모두 깨뜨려 멸하느니라. (2) 모든 부처님이 온갖 외도들을 모두 항복받느니라. (3) 모든 부처님이 온갖 중생을 모두 조복하여 즐겁게 하느니라. (4) 모든 부처님이 온갖 세계에 다니면서 여러 중생을 교화하느니라. (5) 모든 부처님이 깊고 깊은 법계를 지혜로 증득하느니라. (6) 모든 부처님이 둘이 아닌 몸으로써 가지가지 몸을 나타내어 세계에 가득하니라. (7) 모든 부처님이 청정한 음성으로 네 가지 변재를 내어 끊임없이 법을 말하거든 듣고 믿는 이가 헛되지 않느니라. (8) 모든 부처님이 한 털구멍 속에 온갖 세계의 티끌 수 같은 부처님을 나타내되 끊임이 없느니라. (9) 모든 부처님이 한 티끌 속에 온갖 세계의 티끌 수 같은 세계를 나타내되 가지각색 매우 묘한 장엄을 갖추었고, 항상 그 가운데서 묘한 법 바퀴를 굴리어 중생을 교화하지마는, 티끌이 커지지도 않고 세계가 작아지지도 않으며, 항상 증득한 지혜로 법계에 편안히 머무느니라. (10) 모든 부처님이 청정한 법계를 분명히 통달하고 지혜 광명으로 세간의 어리석음을 깨뜨리고 부처님 법을 잘 깨달아 알게 하며, 여래를 따라서 열 가지 힘에 머물게 하나니, 이것이 열이니라.

[疏] 二, 十種廣大法者는 明出現之相이니 謂大用無涯일새 故云廣大요
凡小莫測일새 故難信受라 文顯可知니라

■ ㄴ) '열 가지 믿고 알기 어려운 광대한 법'은 출현하는 모습을 밝힘이
다. 이른바 큰 작용이 그지없으므로 '광대하다'고 말하고, 범부와 소
승이 측량할 수 없으므로 '믿고 받기 어렵다'는 뜻이다. 경문이 밝으
니 알 수 있으리라.

ㅁ. 다섯 문은 불신에 대한 질문에 대답하다[有五門答佛身問] 5.

ㄱ) 잘못 없음을 총합하여 밝히다[總顯無過] (第五 19下5)

佛子여 諸佛世尊이 有十種大功德離過淸淨하시니 何等
爲十고 所謂一切諸佛이 具大威德하사 離過淸淨하며 一
切諸佛이 悉於三世如來家生하사 種族調善하여 離過淸
淨하며 一切諸佛이 盡未來際토록 心無所住하사 離過淸
淨하며 一切諸佛이 於三世法에 皆無所着하사 離過淸淨
하며 一切諸佛이 知種種性이 皆是一性이라 無所從來하
사 離過淸淨하며 一切諸佛이 前際後際의 福德無盡하여
等於法界하사 離過淸淨하며 一切諸佛이 無邊身相이 徧
十方刹하사 隨時調伏一切衆生하여 離過淸淨하며 一切
諸佛이 獲四無畏하사 離諸恐怖하여 於衆會中에 大師子
吼로 明了分別一切諸法하사 離過淸淨하며 一切諸佛이
於不可說不可說劫에 入般涅槃이라도 衆生이 聞名에 獲
無量福이 如佛現在功德無異하여 離過淸淨하며 一切諸

佛이 遠在不可說不可說世界中이라도 若有衆生이 一心
正念하면 則皆得見하여 離過淸淨이 是爲十이니라

불자여, 부처님 세존이 열 가지 큰 공덕이 있어 허물없이 청
정하니, 무엇이 열인가? 이른바 (1) 모든 부처님이 큰 위엄
과 공덕을 구족하여 허물없이 청정하니라. (2) 모든 부처님
이 세 세상 여래의 가문에 태어나서 문벌이 훌륭하여 허물
없이 청정하니라. (3) 모든 부처님이 오는 세월이 끝나도록
마음이 머무는 데가 없어 허물없이 청정하니라. (4) 모든 부
처님이 세 세상 법에 집착하지 아니하여 허물없이 청정하
니라. (5) 모든 부처님이 가지가지 성품이 모두 한 성품이고
온 데가 없음을 알아서 허물없이 청정하니라. (6) 모든 부처
님이 앞 세상·뒤 세상의 복덕이 다함이 없이 법계와 평등
하여 허물없이 청정하니라. (7) 모든 부처님이 그지없는 시
방세계에 두루하여 있으면서 때를 따라 일체중생을 조복함
이 허물없이 청정하니라. (8) 모든 부처님이 네 가지 두려움
이 없음을 얻어 여러 공포를 떠났으므로 여럿이 모인 가운
데서 큰 사자후로 온갖 법을 분명하게 설명함이 허물없이
청정하니라. (9) 모든 부처님이 말할 수 없이 말할 수 없는
겁에 열반에 들었으며, 중생이 이름만 듣고도 한량없는 복
을 얻는 일이 지금 부처님의 공덕과 다름이 없는 것이 허물
없이 청정하니라. (10) 모든 부처님이 말할 수 없이 말할 수
없는 세계의 밖에 있으면서도, 어떤 중생이 한결같은 마음
으로 생각하면 모두 보게 되는 것이 허물없이 청정하니, 이
것이 열이니라.

[疏] 第五, 離過淸淨下의 五門은 答身問이라 卽分爲五하니 一, 此門은 總
顯無過라 如來三業이 隨智慧行故며 三業等事는 不出於身故라 別
中에 十句는 多同出現品의 身之十相하니 思之니라

■ ㅁ. 離過淸淨 아래 다섯 문은 불신에 대한 질문에 대답함이다. 곧 다
섯으로 나누리니 ㄱ) 이 문은 잘못 없음을 총합하여 밝힘이다. 여래
의 삼업은 지혜를 따라 행하는 연고며, 세 가지 업 따위 일은 몸에서
나오지 않는 까닭이다. 별상 중에 열 구절은 대부분 여래출현품의 몸
의 열 가지 모양과 같나니, 생각해 보라.

[鈔] 別中十句者는 彼之十相이 卽是十身이라 一, 普入成益相은 卽威勢
身이요 二, 無心普應相은 卽是化身이니 故云種族調善이니라 三, 平
等隨應은 卽菩提身이니 由菩薩智가 無所住故로 平等隨應이니라 四,
無着無礙는 卽智身이요 五, 周徧十方은 卽是法身이니 故云一性이니
라 六, 嚴刹益生은 卽福德身이요 七, 無生潛益은 卽相好莊嚴身이요
八, 嚴好滿願은 卽是願身이니 願力이 周法界하사 恒轉妙法輪故니라
九, 窮盡後際는 卽力持身이라 故로 彼經中에 以瞖王延壽로 爲喩하시
니 喩佛雖涅槃이나 而不失利樂이니라 十, 圓廻等住는 卽意生身이니
故云心念에 則現이라 以彼十相十身으로 對今經文에 一無差異라 其
有難者는 隨句已釋이니라 若依彼次인대 一卽彼三이요 二卽彼七이요
三卽彼四요 四卽彼二요 五卽彼一이요 六卽彼九요 七卽彼五요 八卽
彼十이요 九卽彼八이요 十卽彼六이라 但彼文廣이나 理無二也니라

● 별상 중의 열 구절은 저기의 열 가지 모양이 곧 열 가지 몸이다. (1)
널리 들어가 이익을 이루는 모양은 곧 위세 있는 몸이요, (2) 무심으
로 널리 응하는 모양은 곧 화신이니 그래서 '종족이 훌륭하다'고 말

하였다. (3) 평등하게 따라 응함은 곧 보리의 몸이니, 보살의 지혜로 머무는 대상임을 말미암는 연고로 평등하게 따라 응한다. (4) 집착 없고 걸림 없음은 곧 지혜의 몸이요, (5) 시방에 두루함이 곧 법의 몸이므로 '한 가지 성품'이라 말한다. (6) 국토를 장엄하고 중생을 이익함은 곧 복덕의 몸이요, (7) 생사 없이 몰래 이익함은 곧 상호로 장엄한 몸이요, (8) 상호로 장엄하고 원을 만족함은 곧 원력의 몸이니, 원력이 법계에 두루하여 미묘한 법륜을 항상 굴리는 까닭이다. (9) 미래에 끝까지 다함은 곧 '힘으로 지탱하는 몸[力持身]'이다. 그러므로 저 경문 중에 의사가 수명을 연장하는 것으로 비유하였으니, 부처님은 비록 열반하였지만 이롭고 즐거움을 잃지 않음을 비유함이다. (10) 원만하게 회향하여 똑같이 머무름은 곧 '생각대로 태어나는 몸[意生身]'이므로 마음으로 생각하면 곧 나타난다. 저 열 가지 모양과 열 가지 몸으로 본경의 문장과 상대할 적에 한결같이 차이가 없다. '그 힐난함이 있다'는 것은 구절을 따라 이미 해석하였다. 만일 저것과 이것을 의지한다면 하나가 곧 저 셋이요, 둘이 곧 저 일곱이요, 셋이 곧 저 넷이요, 넷은 곧 저 둘이요, 다섯은 곧 저 하나요, 여섯은 곧 저 아홉이요, 일곱은 곧 저 다섯이요, 여덟은 곧 저 열이요, 아홉은 곧 저 여덟이요, 열은 곧 저 여섯이다. 단지 저 경문이 넓지만 이치로 둘이 없다는 뜻이다.

ㄴ) 잘못이 생겨나지 않는다[明過不生] (二究 20下9)

佛子여 諸佛世尊이 有十種究竟清淨하시니 何等爲十고
所謂一切諸佛이 往昔大願이 究竟清淨하며 一切諸佛이

所持梵行이 究竟淸淨하며 一切諸佛이 離世衆惑하여 究
竟淸淨하며 一切諸佛이 莊嚴國土하여 究竟淸淨하며 一
切諸佛이 所有眷屬이 究竟淸淨하며 一切諸佛이 所有種
族이 究竟淸淨하며 一切諸佛이 色身相好가 究竟淸淨하
며 一切諸佛이 法身無染하여 究竟淸淨하며 一切諸佛이
一切智智가 無有障礙하여 究竟淸淨하며 一切諸佛이 解
脫自在하사 所作已辦하사 到於彼岸하며 究竟淸淨이 是
爲十이니라

불자여, 부처님 세존이 열 가지 끝까지 청정함이 있으니, 무
엇이 열인가? 이른바 (1) 모든 부처님의 옛날 큰 서원이 끝
까지 청정하며, (2) 모든 부처님의 가지시는 범행이 끝까지
청정하며, (3) 모든 부처님의 세간 번뇌를 여읜 것이 끝까지
청정하며, (4) 모든 부처님의 국토 장엄이 끝까지 청정하며,
(5) 모든 부처님의 권속이 끝까지 청정하며, (6) 모든 부처
님의 종족이 끝까지 청정하며, (7) 모든 부처님의 육신의 상
호가 끝까지 청정하며, (8) 모든 부처님의 법신이 물들지 않
음이 끝까지 청정하며, (9) 모든 부처님의 온갖 지혜의 지혜
가 막힘이 없어 끝까지 청정하며, (10) 모든 부처님의 해탈
이 자유자재하고 할 일을 이미 마치고 저 언덕에 이른 것이
끝까지 청정하니, 이것이 열이니라.

[疏] 二, 究竟淸淨은 明過不生하사 揀異因淨일새 故云究竟이니 惑障諸
垢가 永不起故니라 別中에 前五는 功德身淨이요 次二[16)]는 色身이요

---

16) 二는 甲續金本作三誤, 源原南本作二라 하다.

次一은 法身이요 次一은 智身이요 後一은 意生等身淨也니라

■ ㄴ) '끝까지 청정함'은 잘못이 생겨나지 않아서 인행이 청정함과 다름을 구분한 연고로 '끝까지'라고 하였다. 미혹과 장애의 여러 번뇌가 영원히 일어나지 않는 까닭이다. 별상 중에 앞의 다섯은 공덕의 몸이 청정함이요, 다음의 둘은 형색의 몸이요, 다음 하나는 법의 몸이요, 다음 하나는 지혜의 몸이요, 뒤의 하나는 생각대로 태어난 몸 따위 몸이 청정하다는 뜻이다.

[鈔] 後一, 意生者는 由言解脫自在일새 故云意生身이라 言等身者는 等取願身과 化身等也니라

● '뒤의 하나는 생각으로 생긴 것'이란 해탈과 자재로움을 말함으로 말미암은 연고로 '생각대로 태어나는 몸'이라 하였다. '따위의 몸'이라 말한 것은 원력의 몸과 화신 등을 함께 취한다는 뜻이다.

ㄷ) 신업의 작용을 밝히다[明身業用] (三十 21下2)

佛子여 諸佛世尊이 於一切世界一切時에 有十種佛事하시니 何等爲十고 一者는 若有衆生이 專心憶念하면 則現其前이요 二者는 若有衆生이 心不調順하면 則爲說法이요 三者는 若有衆生이 能生淨信하면 必令獲得無量善根이요 四者는 若有衆生이 能入法位하면 悉皆現證하여 無不了知요 五者는 教化衆生하되 無有疲厭이요 六者는 遊諸佛刹에 往來無礙요 七者는 大悲不捨一切衆生이요 八者는 現變化身하여 恒不斷絶이요 九者는 神通自在하여

未嘗休息이요 十者는 安住法界하여 能徧觀察이니 是爲
十이니라

불자여, 부처님 세존이 온갖 세계와 온갖 시간에 열 가지 부
처의 일이 있으니, 무엇이 열인가? 하나는 만일 중생이 진
심으로 생각하면 그 앞에 나타남이요, 둘은 중생의 마음이
순조롭지 못하면 그에게 법을 말함이요, 셋은 중생이 깨끗
한 믿음을 내면 한량없는 착한 뿌리를 얻게 함이요, 넷은 중
생이 법의 지위에 들어가면 모두 현재에 증명하여 알지 못
함이 없음이요, 다섯은 중생을 교화하는 데 고달픔이 없음
이요, 여섯은 여러 세계로 다녀도 가고 오는 데 장애가 없음
이요, 일곱은 큰 자비로 일체중생을 버리지 않음이요, 여덟
은 변화하는 몸을 나타내어 끊어지지 않음이요, 아홉은 신
통이 자재하여 쉬지 않음이요, 열은 법계에 편안히 머물러
두루 관찰함이니, 이것이 열이니라.

[疏] 三, 十種作佛事는 卽明身之業用이라 別中에 亦多同出現品身相하
니라

■ ㄷ) '열 가지로 부처의 일을 지음'은 몸의 업과 작용을 밝힘이다. 별
상 중에도 또한 대부분 여래출현품의 몸의 형상과 같다.

ㄹ) 지혜가 서로 응하다[智慧相應] (四無 22上3)

佛子여 諸佛世尊이 有十種無盡智海法하시니 何等爲十
고 所謂一切諸佛의 無邊法身인 無盡智海法과 一切諸

佛의 無量佛事인 無盡智海法과 一切諸佛의 佛眼境界인 無盡智海法과 一切諸佛의 無量無數難思善根인 無盡智海法과 一切諸佛의 普雨一切甘露妙法하는 無盡智海法과 一切諸佛의 讚佛功德하는 無盡智海法과 一切諸佛의 往昔所修種種願行인 無盡智海法과 一切諸佛의 盡未來際토록 恒作佛事하는 無盡智海法과 一切諸佛의 了知一切衆生心行하는 無盡智海法과 一切諸佛의 福智莊嚴이 無能過者인 無盡智海法이 是爲十이니라

불자여, 부처님 세존이 열 가지 바다처럼 다하지 않는 지혜 법이 있으니, 무엇이 열인가? 이른바 (1) 모든 부처님의 그지없는 법신이 바다처럼 다하지 않는 지혜 법이요, (2) 모든 부처님의 한량없는 부처님의 일이 바다처럼 다하지 않는 지혜 법이요, (3) 모든 부처님의 부처 눈 경계가 바다처럼 다하지 않는 지혜 법이요, (4) 모든 부처님의 한량없고 수없고 생각할 수 없는 착한 뿌리가 바다처럼 다하지 않는 지혜 법이요, (5) 모든 부처님의 감로같이 묘한 법을 널리 내림이 바다처럼 다하지 않는 지혜 법이요, (6) 모든 부처님의 부처 공덕을 찬탄함이 바다처럼 다하지 않는 지혜 법이요, (7) 모든 부처님의 옛적에 닦은 가지가지 원과 행이 바다처럼 다하지 않는 지혜 법이요, (8) 모든 부처님의 오는 세월이 끝나도록 부처 일을 하는 것이 바다처럼 다하지 않는 지혜 법이요, (9) 모든 부처님의 일체중생의 마음을 아는 것이 바다처럼 다하지 않는 지혜 법이요, (10) 모든 부처님의 복과 지혜로 장엄한 것을 그보다 지나갈 이 없음이 바다처럼 다하

지 않는 지혜 법이니, 이것이 열이니라.

[疏] 四, 無盡智海法者는 卽如來의 六根三業이 皆智慧深廣相應故며 亦
別廣智身을 可知니라

■ ㄹ) '바다처럼 다하지 않는 지혜 법'이란 곧 여래의 육근과 삼업이 모
두 지혜가 깊고 광대함과 서로 응하는 연고며, 또한 광대한 지혜의
몸과 다름을 알 수 있으리라.

ㅁ) 단절함 없는 업과 작용[業用無斷] (五十 22下2)

佛子여 諸佛世尊이 有十種常法하시니 何等爲十고 所謂
一切諸佛이 常行一切諸波羅蜜하며 一切諸佛이 於一切
法에 常離迷惑하며 一切諸佛이 常具大悲하며 一切諸佛
이 常有十力하며 一切諸佛이 常轉法輪하며 一切諸佛이
常爲衆生하여 示成正覺하며 一切諸佛이 常樂調伏一切
衆生하며 一切諸佛이 心常正念不二之法하며 一切諸佛
이 化衆生已에 常示入於無餘涅槃하며 一切諸佛이 境界
無邊際故가 是爲十이니라
불자여, 부처님 세존이 열 가지 항상한 법이 있으니, 무엇이
열인가? 이른바 (1) 모든 부처님이 온갖 바라밀다를 항상
행하고, (2) 모든 부처님이 온갖 법에 항상 의혹을 여의고,
(3) 모든 부처님이 크게 가엾이 여김을 항상 갖추고, (4) 모
든 부처님이 열 가지 힘을 항상 지니고, (5) 모든 부처님이
법 바퀴를 항상 굴리고, (6) 모든 부처님이 중생을 위하여

바른 깨달음을 항상 이루고, (7) 모든 부처님이 일체중생을 조복하기를 항상 좋아하고, (8) 모든 부처님이 둘이 아닌 법을 항상 생각하고, (9) 모든 부처님이 중생을 교화하고는 항상 남음이 없는 열반에 드시니, (10) 부처님의 경계가 그지없는 연고이니라. 이것이 열이니라.

[疏] 五, 十種常法者는 明身中意業이 恒常하사 用無斷故라

■ ㅁ) 열 가지 항상한 법이란 몸 가운데 생각의 업이 항상하여 작용이 단절함이 없음을 밝힌 까닭이다.

ㅂ. 두 문은 부처님 음성에 대한 질문에 대답하다
　　[有二門答音聲問] 2.
ㄱ) 부처님 음성에 대해 밝히다[明音聲辨說] (第六 23下1)

佛子여 諸佛世尊이 有十種演說無量諸佛法門하시니 何等爲十고 所謂一切諸佛이 演說無量衆生界門과 一切諸佛이 演說無量衆生行門과 一切諸佛이 演說無量衆生業果門과 一切諸佛이 演說無量化衆生門과 一切諸佛이 演說無量淨衆生門과 一切諸佛이 演說無量菩薩行門과 一切諸佛이 演說無量菩薩願門과 一切諸佛이 演說無量一切世界成壞劫門과 一切諸佛이 演說無量菩薩深心淨佛刹門과 一切諸佛이 演說無量一切世界三世諸佛이 於彼彼劫에 次第出現門과 一切諸佛이 演說一切諸佛智門이 是爲十이니라

불자여, 부처님 세존이 열 가지로 한량없는 부처님의 법문을 연설함이 있으니, 무엇이 열 가지인가? 이른바 (1) 모든 부처님이 한량없는 중생의 세계의 문을 연설하며, (2) 모든 부처님이 한량없는 중생의 행의 문을 연설하며, (3) 모든 부처님이 한량없는 중생의 업과 과보의 문을 연설하며, (4) 모든 부처님이 한량없이 중생을 교화하는 문을 연설하며, (5) 모든 부처님이 한량없는 중생을 깨끗하게 하는 문을 연설하며, (6) 모든 부처님이 한량없는 보살의 행의 문을 연설하며, (7) 모든 부처님이 한량없는 보살의 서원 문을 연설하며, (8) 모든 부처님이 한량없는 온갖 세계가 이룩하고 무너지는 겁의 문을 연설하며, (9) 모든 부처님이 한량없는 보살이 깊은 마음으로 부처 세계를 청정케 하는 문을 연설하며, (10) 모든 부처님이 한량없는 온갖 세계에 세 세상 부처님들이 저 여러 겁 동안에 차례로 나타나는 문을 연설하며, (11) 모든 부처님이 온갖 부처님 지혜의 문을 연설하나니, 이것이 열이니라.

[疏] 第六, 演說無量下의 二門은 答音聲問이라 此門은 明以音聲으로 辯說하사 兼答普光辯問하니라

- ㅂ. 演說無量 아래의 두 문은 (부처님의) 음성에 대한 질문에 대답함이다. ㄱ) 이 문은 부처님 음성으로 변론하여 말하여서 보광보살의 변재에 대한 질문에 겸하여 대답함이다.

ㄴ) 갖가지로 설법함을 밝히다[明種種說法] (後門 23下2)

佛子여 諸佛世尊이 有十種爲衆生作佛事하시니 何等爲
十고 所謂一切諸佛이 示現色身하사 爲衆生作佛事하며
一切諸佛이 出妙音聲하사 爲衆生作佛事하며 一切諸佛
이 有所受하사 爲衆生作佛事하며 一切諸佛이 無所受하
사 爲衆生作佛事하며 一切諸佛이 以地水火風으로 爲衆
生作佛事하며 一切諸佛이 神力自在하사 示現一切所緣
境界하여 爲衆生作佛事하며 一切諸佛이 種種名號로 爲
衆生作佛事하며 一切諸佛이 以佛刹境界로 爲衆生作佛
事하며 一切諸佛이 嚴淨佛刹하사 爲衆生作佛事하며 一
切諸佛이 寂寞無言하사 爲衆生作佛事가 是爲十이니라

불자여, 부처님 세존이 열 가지로 중생을 위하여 불사를 짓
는 일이 있으니, 무엇이 열 가지인가? 이른바 (1) 모든 부처
님이 육신을 나타내어 중생을 위하여 불사를 지으며, (2) 모
든 부처님이 묘한 음성을 내어 중생을 위하여 불사를 지으
며, (3) 모든 부처님이 받는 것이 있으면서 중생을 위하여
불사를 지으며, (4) 모든 부처님이 받는 것이 없으면서 중생
을 위하여 불사를 지으며, (5) 모든 부처님이 지대·수대·
화대·풍대로 중생을 위하여 불사를 지으며, (6) 모든 부처
님이 자재한 신통력으로 온갖 반연할 경계를 나타내어 중
생을 위하여 불사를 지으며, (7) 모든 부처님이 가지가지 이
름으로 중생을 위하여 불사를 지으며, (8) 모든 부처님이 부
처 세계의 경계로써 중생을 위하여 불사를 지으며, (9) 모든
부처님이 부처 세계를 깨끗이 장엄하여 중생을 위하여 불
사를 지으며, (10) 모든 부처님이 적막하게 말이 없이 중생

을 위하여 불사를 짓나니, 이것이 열이니라.

[疏] 後門은 十種作佛事는 明種種說法이니 謂六塵과 四大와 擧動施爲가 皆能顯法成益하여 無非佛事요 非獨音聲이니 如淨名說이니라 別中에 初, 身이요 二, 音이요 三四는 皆智니라 受는 爲成彼檀故요 不受는 令彼倣佛하여 行少欲故니라 又以無所受로 受諸受故라 餘는 可知니라

■ ㄴ) 뒤의 문은 열 종류로 부처님 일을 지음은 갖가지로 설법함을 밝힘이다. 이른바 육근과 사대와 거동하고 베풀어 행위함이 모두 능히 법으로 이익을 성취함을 밝혀서 부처님 일 아님이 없고, 유독 음성뿐만이 아니니 유마경의 말씀과 같다. 별상 중에 ① 몸이요 ② 음성이요 ③과 ④는 모두 지혜이다. 받음은 저 전단을 이루는 연고요, 받지 않음은 저로 하여금 부처님과 비슷하게 하여 적은 욕심을 행하는 까닭이다. 또한 받은 것이 없음으로 여러 느낌을 받는 까닭이니, 나머지는 알 수 있으리라.

ㅅ. 세 문은 부처님 지혜에 대한 질문에 대답하다[有三門答智慧問] 3.

ㄱ) 가장 뛰어난 지혜를 밝히다[明智慧最勝] (第七 24下2)

佛子여 諸佛世尊이 有十種最勝法하시니 何等爲十고 所謂一切諸佛이 大願堅固하사 不可沮壞하고 所言必作하사 言無有二하며 一切諸佛이 爲欲圓滿一切功德하사 盡未來劫토록 修菩薩行하여 不生懈倦하며 一切諸佛이 爲欲調伏一切衆生故로 往不可說不可說世界하사 如是而

爲一切衆生하여 而無斷絶하며 一切諸佛이 於信於毁二
種衆生에 大悲普觀하사 平等無異하며 一切諸佛이 從初
發心으로 乃至成佛이 終不退失菩提之心하며 一切諸佛
이 積集無量諸善功德하사 皆以迴向一切智性하여 於諸
世間에 終無染着하며 一切諸佛이 於諸佛所에 修學三業
하되 唯行佛行이요 非二乘行이라 皆爲迴向一切智性하여
成於無上正等菩提하며 一切諸佛이 放大光明에 其光平
等하여 照一切處하고 及照一切諸佛之法하사 令諸菩薩로
心得淸淨하여 滿一切智하며 一切諸佛이 捨離世樂하여
不貪不染하고 而普願世間으로 離苦得樂하여 無諸戲論하
며 一切諸佛이 愍諸衆生의 受種種苦하사 守護佛種하고
行佛境界하여 出離生死하여 逮十力地가 是爲十이니라

불자여, 부처님 세존이 열 가지 가장 훌륭한 법이 있으니,
무엇이 열 가지인가? 이른바 (1) 모든 부처님의 큰 서원이
견고하여 깨뜨릴 수 없으며, 말한 대로 실행하여 두 말이 없
느니라. (2) 모든 부처님이 온갖 공덕을 원만하게 하기 위하
여 오는 세월이 끝나도록 보살의 행을 닦아 게으르지 않으
니라. (3) 모든 부처님이 한 중생을 조복하기 위하여 말할
수 없이 말할 수 없는 세계로 다니면서 이렇게 일체중생을
위하고 사이가 끊어지지 않느니라. (4) 모든 부처님이 믿는
중생과 헐뜯는 중생에게 큰 자비로 평등하게 보고 다름이
없느니라. (5) 모든 부처님이 처음 마음을 낼 때부터 부처를
이룰 때까지 보리심을 잃어버리지 않느니라. (6) 모든 부처
님이 한량없는 착한 공덕을 쌓아서 온갖 지혜의 성품에 회

향하면서 여러 세간에 물들지 않느니라. (7) 모든 부처님이 여러 부처님 계신 데서 세 가지 업을 닦으면서 부처님의 행만 행하고 이승의 행은 행하지 않으며 온갖 지혜의 성품에 회향하여 위가 없는 옳게 다 아는 보리를 이루느니라. (8) 모든 부처님이 큰 광명을 놓는데 그 광명이 평등하게 모든 곳과 모든 부처님 법에 비추어 보살들로 하여금 마음이 청정하여 온갖 지혜를 만족하게 하느니라. (9) 모든 부처님이 세상의 즐거움을 버리고 탐하거나 물들지 아니하며 세간 사람들이 괴로움을 여의고 낙을 얻게 하되 희롱거리 말이 없느니라. (10) 모든 부처님께서 중생들이 여러 가지 고통받는 것을 딱하게 여겨 부처의 종성을 수호하며 부처님의 경계를 행하여 생사를 떠나서 열 가지 힘에 이르게 하나니, 이것이 열이니라.

[疏] 第七, 最勝法下의 三門은 答智慧問이라 初此一門은 總明權實因果之智하고 兼答普光의 最勝智問이라 智慧最勝故로 結云住十力地며 兼答佛地之問이라 別中에 四는 卽三念處行이라 餘可思之니라

■ ㅅ. 最勝法 아래의 세 문은 부처님 지혜에 대한 질문에 대답함이다. ㄱ) 이 한 문은 권교와 실교의 인행과 과덕의 지혜를 총합하여 밝혔고, 겸하여 제2. 보광(普光)보살의 가장 뛰어난 지혜에 대한 질문에 대답함이다. 가장 뛰어난 지혜인 연고로 결론하여 말하되, "열 가지 힘의 경지에 머무르며, 부처님 경지에 대한 질문에 겸하여 대답한 내용이다. 별상 중에 (4) (모든 부처님이 믿는 중생과 헐뜯는 중생에게 큰 자비로 평등하게 보고 다름이 없음은)는 곧 세 가지 넘처[身念住, 受念住, 心念住]의 행

법이니 나머지는 생각할 수 있으리라.

[鈔] 四卽三念者는 亦云三念住라 念은 謂能緣之慧요 處는 謂不增不減
平等之理라 初, 一心聽法不憂요 二, 一心聽法不喜요 三, 常行捨
心이니 以法界中에 減退相을 不可得故며 增進相을 不可得故요 卽涅
槃相故라 如次配之니라

● '(4)는 곧 세 가지 념처'란 또한 '세 가지 념주(念住)'라 말한다. 생각
은 이른바 반연하는 주체의 지혜요, 처소는 이른바 늘지도 줄지도 않
는 평등한 이치이다. (1) 한결같은 마음으로 법을 듣고도 근심하지
않음이요, (2) 한결같은 마음으로 법을 듣고도 기뻐하지 않음이요,
(3) 항상 버리는 마음을 행함이니, 법계 중에 줄거나 물러나는 모양
을 얻을 수 없는 연고며, 늘어나는 모양을 얻을 수 없는 연고요, 곧
열반의 모양인 까닭이니, 순서대로 배대하였다.

ㄴ) 지혜는 장애를 여읨에 대해 밝히다[明智慧離障] (二無 25下2)

佛子여 諸佛世尊이 有十種無障礙住하시니 何等爲十고
所謂一切諸佛이 皆能往一切世界하사 無障礙住하며 一
切諸佛이 皆能住一切世界하사 無障礙住하며 一切諸佛
이 皆能於一切世界에 行住坐臥하사 無障礙住하며 一切
諸佛이 皆能於一切世界에 演說正法하사 無障礙住하며
一切諸佛이 皆能於一切世界에 住兜率天宮하사 無障礙
住하며 一切諸佛이 皆能入法界一切三世하사 無障礙住
하며 一切諸佛이 皆能坐法界一切道場하사 無障礙住하

며 一切諸佛이 皆能念念觀一切衆生心行하고 以三種自
在로 敎化調伏하사 無障礙住하며 一切諸佛이 皆能以一
身으로 住無量不思議佛所와 及一切處하사 利益衆生하
여 無障礙住하며 一切諸佛이 皆能開示無量諸佛의 所說
正法하사 無障礙住가 是爲十이니라

불자여, 부처님 세존이 열 가지 장애 없이 머무름이 있으니,
무엇이 열 가지인가? 이른바 (1) 모든 부처님이 온갖 세계
에 있어 장애 없이 머물며, (2) 모든 부처님이 온갖 세계에
서 가고 서고 앉고 누우면서 장애 없이 머물며, (3) 모든 부
처님이 온갖 세계에서 바른 법을 연설하면서 장애 없이 머
물며, (4) 모든 부처님이 온갖 세계에서 도솔천궁에 있으면
서 장애 없이 머무느니라. (5) 모든 부처님이 능히 법계의
온갖 세 세상에 들어가 장애 없이 머물며, (6) 모든 부처님
이 법계의 온갖 도량에 앉아서 장애 없이 머물며, (7) 모든
부처님이 생각 생각마다 일체중생의 마음을 살펴보고 세 가
지 자유자재함으로 교화하고 조복하여 장애 없이 머물며,
(8) 모든 부처님이 한 몸으로써 한량없고 부사의한 부처님
계신 데와 온갖 곳에 있으면서 중생을 이익하여 장애 없이
머물며, (9) 모든 부처님이 한량없는 부처님들이 말씀하신
바른 법을 열어 보이면서 장애 없이 머무나니, 이것이 열이
니라.

[疏] 二, 無障礙住는 明智慧難障이니 以智慧所作이 無礙일새 故로 一切
無礙니라

■ ㄴ) 장애 없는 머무름이니 지혜는 장애를 여읨에 대해 밝힘이니, 지혜
로 지을 대상이 걸림 없는 연고로 온갖 것에 걸림이 없다.

ㄷ) 지혜로 성취한 이익에 대해 밝히다[明智慧成益] 3.
(ㄱ) 표방하다[標] (三十 27下2)

[疏] 三, 十種無上莊嚴은 卽智慧成益이니 由內具智嚴일새 故外具諸嚴이
라 標中에 超下位故로 最勝이요 上無加故로 云無上이니라 別中에 十
義는 結名自顯이니 一, 相好身이요 二, 圓滿音이요 三, 以功德嚴意요
四, 放光이요 五, 微笑라 授記는 其緣甚衆이어니와 離世間品에 亦明
하니라 六, 法身中에 眞如出纏일새 故云淸淨無礙니 卽法性法身이니
本智返照故라 於一切法에 究竟通達은 卽智慧法身이니 智契法界하
사 俱無邊際라 雖在已下는 應化法身이요 了世已下는 功德法身이니
嚴理智故라 了世實性하여 成上不雜이요 生下出世니 行出世法에 則
功德備矣라 言語道斷은 卽虛空法身이요 亦實相法身이니 體絶百非
며 言亡四句는 唯證相應故라 超蘊界處는 顯是無爲니 翻有漏蘊하여
成五分法身이라 若翻界處하면 則外六塵이 亦國土身이니 則十身圓
融하여 成眞法身矣니라 七은 卽常光이요 八은 金等妙色이요 九中에
具眞應種이요 三世佛種은 卽眞如無性故라 應種可知니라 十中에 起
必智俱일새 故無渴愛요 動與道合일새 故身行이 永息이라 心善解脫
은 成上無愛요 見者無厭은 成上行息이니 此皆功德이며 亦無愛見이
니 成下大悲라 旣爲第一田故로 受施之中에 更無過上이니라
■ ㄷ) 열 가지 가장 훌륭하고 더없는 장엄은 곧 지혜로 성취한 이익이
니, 안으로 지혜 장엄을 갖춤으로 말미암아 밖으로 모든 장엄을 갖

춤이다. (ㄱ) 표방함 중에 아래 지위를 뛰어넘은 연고로 가장 뛰어남이요, 위로 더할 수 없는 연고로 '더없는'이라 하였다. 별상 중에 열 가지 뜻은 명칭을 결론하여 저절로 밝힌다. (1) 상호로 장엄한 몸이요, (2) 원만한 음성이요, (3) 공덕으로 장엄한 의미요, (4) 광명을 놓음이요, (5) 미소 지음이다. 수기함은 그런 인연이 더욱 많거니와 이세간품에도 역시 밝힌다. (6) 법의 몸 중에 진여가 번뇌에서 벗어난 연고로 '청정하고 무애하다'고 하였으니, 곧 법성의 법신이니 근본지로 돌이켜 비추는 까닭이다. '온갖 법에 끝까지 통달함'은 지혜와 합치한 법신이니 지혜로 법계와 계합하여 모두 끝이 없다. 雖在 아래는 응하여 화현한 법신이요, 了世 아래는 공덕의 법신이니 여리지(如理智)로 장엄한 까닭이다. 세간의 실다운 성품을 깨달아서 위의 섞이지 않음을 이룸이요, 아래의 세간을 벗어남에서 생겼으니, 출세간법을 행할 적에 공덕을 구비한 것이다. '언어의 길이 끊어짐'은 곧 허공 같은 법신이요, 또한 '실상의 법신'이니 체성으로 백 가지 잘못이 끊어지며, 말이 없는 네 구절은 오직 증득함으로 상응한 까닭이다. 오온과 18계와 12처를 초월함은 이 무위법을 밝힘이니 유루의 오온을 바꾸어서 5분 법신을 이룬다. 만일 18계와 12처를 바꾸면 바깥의 육진도 또한 국토의 몸이니 열 가지 몸이 원융하여 참된 법신을 이룬 것이다. (7)은 곧 항상한 광명이요, (8)은 금색 등 묘한 색상이요, (9) 중에 진신과 응신의 종자를 갖춤이요, 삼세의 부처 종자는 곧 진여는 체성이 없는 연고니 종자와 응함은 알 수 있으리라. (10) 중에 생겨나면 반드시 지혜와 함께하므로 갈애가 없으며, 동요함은 도와 합하므로 몸의 행동이 영원히 쉰다. 마음으로 잘 해탈함은 위의 애정 없음이 되며, 보는 이가 싫어함이 없는 것은 위의 행동이 쉼을 이루나니, 이런 모두가 공덕이며 또한 애견대비가 없나니 아래의 대비를 이룬다. 이미 첫째 밭이 되는 연고로 받고 보시하는 중에 다시 위를 지나감이 없다.

(ㄴ) 나열하다[列] 10.

a. 상호로 장엄된 몸[相好身] (經/何等 25下4)

b. 원만한 음성[圓滿音] (一切)

c. 공덕으로 장엄하다[功德嚴] (一切)

佛子여 諸佛世尊이 有十種最勝無上莊嚴하시니 何等爲十고 所謂一切諸佛이 皆悉具足諸相隨好가 是爲諸佛의 第一最勝無上身莊嚴이요 一切諸佛이 皆悉具足六十種音하사 一一音에 有五百分하며 一一分에 無量百千淸淨之音으로 以爲嚴好하여 能於法界一切衆中에 無諸恐怖한 大師子吼로 演說如來甚深法義어든 衆生聞者가 靡不歡喜하여 隨其根欲하여 悉得調伏이 是爲諸佛의 第二最勝無上語莊嚴이요 一切諸佛이 皆具十力과 諸大三昧와 十八不共으로 莊嚴意業하사 所行境界에 通達無礙하며 一切佛法에 咸得無餘하며 法界莊嚴으로 而爲莊嚴하며 法界衆生의 心之所行이 去來現在에 各各差別을 於一念中에 悉能明見이 是爲諸佛의 第三最勝無上意莊嚴이요

불자여, 부처님 세존이 열 가지 가장 훌륭하고 더없는 장엄이 있으니, 무엇이 열 가지인가? 이른바 (1) 모든 부처님이 여러 가지 몸매와 잘생긴 모양을 구족하였으니, 이것이 부

처님들의 첫째인 가장 훌륭하고 더없는 몸의 장엄이니라.
(2) 모든 부처님이 60가지 음성을 갖추었고, 낱낱 음성마다
5백 가지 부분이 있고, 낱낱 부분마다 한량없는 백천 가지
청정한 음성으로 좋게 장엄하였으므로, 법계의 모든 대중
가운데서 두려움이 없는 큰 사자후로써 여래의 매우 깊은
법과 뜻을 연설하면 듣는 중생들이 모두 즐거워서 그들의
근성과 욕망을 따라서 조복하나니, 이것이 부처님들의 둘
째인 가장 훌륭하고 더없는 말의 장엄이니라. (3) 모든 부처
님이 열 가지 힘과 큰 삼매들과 18가지 함께하지 아니함을
갖추어서 뜻을 장엄하고 다닐 경계를 걸림 없이 통달하며,
모든 부처님의 법을 남김없이 얻어서 법계의 장엄으로 장
엄하며, 법계의 중생들이 마음으로 행하는 과거·미래·현
재의 각각 차별한 것을 한 생각에 밝게 보나니, 이것이 부처
님들의 셋째인 가장 훌륭하고 더없는 뜻의 장엄이니라.

d. 광명을 방출하다[放光] (一切 26上4)
e. 미소를 띠다[微笑] (一切)
f. 법의 몸[法身] (一切)

一切諸佛이 皆悉能放無數光明하사 一一光明에 有不可
說光明網으로 以爲眷屬하여 普照一切諸佛國土하여 滅
除一切世間黑闇하며 示現無量諸佛出興하되 其身平等
하여 悉皆淸淨하여 所作佛事가 咸不唐捐하여 能令衆生
으로 至不退轉이 是爲諸佛의 第四最勝無上光明莊嚴이

요 一切諸佛이 現微笑時에 皆於口中에 放百千億那由他阿僧祇光明이어시든 一一光明에 各有無量不思議種種色하여 徧照十方一切世界하여 於大衆中에 發誠實語하여 授無量無數不思議衆生의 阿耨多羅三藐三菩提記가 是爲諸佛의 第五離世癡惑最勝無上現微笑莊嚴이요 一切諸佛이 皆有法身하사 淸淨無礙하여 於一切法에 究竟通達하며 住於法界하여 無有邊際하며 雖在世間이나 不與世雜하며 了世實性하여 行出世法하며 言語道斷하여 超蘊界處가 是爲諸佛의 第六最勝無上法身莊嚴이요

(4) 모든 부처님이 다 무수한 광명을 놓거든 낱낱 광명마다 말할 수 없는 광명 그물로 권속을 삼고 모든 부처님의 국토에 비추어 온갖 세간의 참참함을 제하며, 한량없는 부처님이 나타나심을 보이는데 그 몸이 평등하여 모두 청정하며, 부처의 일을 짓는 것도 헛되지 아니하여 중생들로 하여금 물러나지 않는 자리에 이르게 하나니, 이것이 부처님들의 넷째인 가장 훌륭하고 더없는 광명의 장엄이니라. (5) 모든 부처님이 미소할 때에 입으로 모두 백천억 나유타 아승지 광명을 놓고, 낱낱 광명마다 한량없고 헤아릴 수 없는 가지 각색 빛이 있어 시방의 모든 세계에 두루 비추면서, 대중 가운데서 진실한 말씀으로 한량없고 수없고 헤아릴 수 없는 중생에게 아뇩다라삼약삼보디의 수기를 주시나니, 이것이 부처님들의 다섯째 세상의 어리석음을 여의는 가장 훌륭하고 더없는 미소를 나타내는 장엄이니라. (6) 모든 부처님이 다 법신이 있으니 청정하여 걸림이 없고 온갖 법을 끝까지

통달하여 그지없는 법계에 머물며, 세간에 있어도 세간과 섞이지 아니하고 세간의 참된 성품을 알고 출세간법을 행하며, 말로는 말할 수 없이 오온·18계·12처를 초월하나니, 이것이 부처님들의 여섯째 가장 훌륭하고 더없는 법신의 장엄이니라.

g. 항상 빛나다[常光] (一切 26下7)
h. 묘한 색을 나타내다[妙色] (一切)
i. 참되게 응하다[眞應] (一切)
j. 대비한 마음[悲心] (一切)

一切諸佛이 皆有無量常妙光明이 不可說不可說種種色相으로 以爲嚴好하여 爲光明藏하여 出生無量圓滿光明하여 普照十方하사 無有障礙이 是爲諸佛의 第七最勝無上常妙光明莊嚴이요 一切諸佛이 皆有無邊妙色과 可愛妙色과 淸淨妙色과 隨心所現妙色과 暎蔽一切三界妙色과 到於彼岸無上妙色이 是爲諸佛의 第八最勝無上妙色莊嚴이요 一切諸佛이 皆於三世佛種中生하사 積衆善寶하여 究竟淸淨하며 無諸過失하여 離世譏謗하며 一切法中에 最爲殊勝하사 淸淨妙行之所莊嚴으로 具足成就一切智智하여 種族淸淨하여 無能譏毁가 是爲諸佛의 第九最勝無上種族莊嚴이요 一切諸佛이 以大慈力으로 莊嚴其身하여 究竟淸淨하며 無諸渴愛하여 身行永息하며 心善解脫하여 見者無厭하며 大悲救護一切世間하여 第一

福田無上受者며 哀愍利益一切衆生하여 悉令增長無量
福德智慧之聚가 是爲諸佛의 第十最勝無上大慈大悲功
德莊嚴이니라

(7) 모든 부처님이 한량없는 항상하고 묘한 광명이 있는데
말할 수 없이 말할 수 없는 가지가지 빛깔로 잘 장엄하였으
며, 광명의 광이 되어 한량없이 원만한 광명을 내어 시방에
두루 비추되 막힘이 없나니, 이것이 부처님들의 일곱째 가
장 훌륭하고 더없는 항상하고 묘한 광명의 장엄이니라. (8)
모든 부처님이 그지없이 묘한 빛과 사랑스러운 묘한 빛과
청정한 묘한 빛과 마음대로 나타나는 묘한 빛과 온갖 삼계
를 가려 무색하게 하는 묘한 빛과 저 언덕에 이르는 더없이
묘한 빛이 있으니, 이것이 부처님들의 여덟째 가장 훌륭하
고 더없는 묘한 빛 장엄이니라. (9) 모든 부처님이 세 세상
의 부처님 종성에 태어나되 착한 보배를 모은 것이 끝까지
청정하여 여러 가지 허물이 없고 세상의 비방을 떠났으며,
온갖 법 가운데 가장 수승하여 깨끗하여 묘한 행으로 장엄
하였으며, 온갖 지혜의 지혜를 구족하고 성취하였고 가문
이 훌륭하여 헐뜯을 이가 없나니, 이것이 부처님들의 아홉
째 가장 훌륭하고 더없는 종족의 장엄이니라. (10) 모든 부
처님이 크게 인자한 힘으로 몸을 장엄하고 끝까지 청정하
여 갈망하는 애정이 없어 몸으로 행함이 아주 쉬었고 마음
이 잘 해탈하여 보는 이가 싫어하지 않으며 크게 가엾이 여
김으로 모든 세상을 구호하여 제일가는 복밭이므로 더 많
이 받을 이가 없으며, 일체중생을 불쌍히 여기고 이익하게

하여 한량없는 복덕과 지혜의 무더기를 증장케 하나니, 이것이 부처님들의 열째 가장 훌륭하고 더없는 대자대비한 공덕의 장엄이니라.

(ㄷ) 결론하다[結] (經/是爲 27上10)

是爲十이니라
이것을 열이라 하느니라.

ㅇ. 여덟 문은 부처님의 자재에 대한 질문에 대답하다
[有八門答自在問] 8.

ㄱ) 자재에 대해 총합하여 밝히다[總明自在] 2.
(ㄱ) 총상으로 밝히다[總] (第八 28上10)

佛子여 **諸佛世尊**이 **有十種自在法**하시니
불자여, 부처님 세존이 열 가지 자재한 법이 있으니,

[疏] 第八, 十自在法下의 八門은 答自在問이라 卽爲八段이니 初一은 總明自在며 兼攝加持라 初, 總은 可知니라

■ ㅇ. 十自在法 아래의 여덟 문은 부처님의 자재에 대한 질문에 대답함이니, 곧 여덟 문단이 된다. ㄱ) 한 문단은 자재함에 대해 총합하여 밝혔으며, 겸하여 가지함을 포섭한다. (ㄱ) 총상으로 밝힘은 알 수 있으리라.

(ㄴ) 별상으로 밝히다[別] 10.

a. 법에 자재하다[法自在] (別中 28下5)

b. 마음이 자재하다[心自在] (二心)

c. 뛰어난 이해가 자재하다[勝解自在] (三勝)

何等爲十고 所謂一切諸佛이 於一切法에 悉得自在하사 明
達種種句身味身하여 演說諸法에 辯才無礙이 是爲諸佛의
第一自在法이요 一切諸佛이 敎化衆生에 未曾失時하여 隨
其願樂하여 爲說正法하사 咸令調伏하여 無有斷絶이 是爲
諸佛의 第二自在法이요 一切諸佛이 能令盡虛空界無量無
數種種莊嚴한 一切世界로 六種震動하여 令彼世界로 或擧
或下하며 或大或小하며 或合或散하되 未曾惱害於一衆生이
其中衆生이 不覺不知하며 無疑無怪가 是爲諸佛의 第三自
在法이요

무엇이 열인가? 이른바 (1) 모든 부처님이 온갖 법에 모두
자유자재하였고 가지가지 구절과 뜻을 분명하게 통달하며
여러 가지 법을 연설하는 데 변재가 걸림이 없나니, 이것이
부처님들의 첫째 자재한 법이니라. (2) 모든 부처님이 중생
을 교화하되 시기를 놓치지 않고 그들의 소원을 따라 바른
법을 말하여 모두 조복하되 사이가 끊기지 아니하나니, 이
것이 부처님들의 둘째 자재한 법이니라. (3) 모든 부처님이
온 허공에 가득하여 한량없고 수없는 갖가지로 장엄한 세
계들을 여섯 가지로 진동케 하는데, 저 세계들을 들어올리
고 아래로 내리고, 크게 하고 작게 하고, 한데 합하고 각각

흩어지게 하되 한 중생도 시끄럽게 하지 않으며, 그 안에 있는 중생들도 느끼지 못하고 알지 못하며, 의심도 없고 놀라지도 않나니, 이것이 부처님들의 셋째 자재한 법이니라.

[疏] 別中에 全同八地之中의 十種自在나 但深廣不次耳라 一, 法自在니 論經에 云, 無中邊法門을 示現故라하니라 二, 心自在니 無量阿僧祇劫을 三昧入智故라 由在三昧하여 觀機故로 化不失時니라 三, 勝解自在니 大小淨穢가 隨解轉變故니라

■ (ㄴ) 별상으로 밝힘 중에 제8지 중의 열 가지 자재함과 완전히 같지만 단지 깊고 광대함은 순서대로가 아닐 뿐이다. a. 법에 자재함이니 논경에 이르되, "중간도 가도 없는 법문을 나타내 보이는 까닭이다"라고 하였다. b. 마음이 자재함이니, 한량없는 아승지의 겁을 삼매로 지혜에 들어가는 까닭이다. 삼매가 있음을 말미암아 근기를 관찰하는 연고로 변화함에 시기를 잃지 않는다. c. 뛰어난 이해가 자재함이니 크고 작음과 깨끗하고 더러움이 이해를 따라 바뀌고 변하는 까닭이다.

d. 재물에 자재하다[財自在] (四財 29上10)
e. 목숨이 자재하다[命自在] (五命)
f. 뜻대로 자재하다[如意自在] (六如)

一切諸佛이 以神通力으로 悉能嚴淨一切世界하사 於一念頃에 普現一切世界莊嚴하시니 此諸莊嚴이 經無數劫토록 說不能盡이라 悉皆離染하여 淸淨無比어든 一切佛

刹嚴淨之事를 皆令平等하여 入一刹中이 是爲諸佛의 第
四自在法이요 一切諸佛이 見一衆生의 應受化者하고 爲
其住壽하사 經不可說不可說劫하며 乃至盡未來際토록
結跏趺坐하시되 身心無倦하여 專心憶念하여 未曾廢忘
하고 方便調伏하여 而不失時하나니 如爲一衆生하여 爲
一切衆生도 悉亦如是가 是爲諸佛의 第五自在法이요 一
切諸佛이 悉能徧往一切世界一切如來所行之處하시되
而不暫捨一切法界하며 十方各別한 一一方에 有無量世
界海하고 一一世界海에 有無量世界種이어든 佛以神力
으로 一念咸到하사 轉於無礙淸淨法輪이 是爲諸佛의 第
六自在法이요

(4) 모든 부처님이 신통한 힘으로 온갖 세계를 깨끗하게 장
엄하는데, 잠깐 동안에 모든 세계의 장엄을 두루 나타내며,
이 여러 가지 장엄을 한량없는 겁이 다하도록 말하더라도
다할 수 없으며 모두 물들지 아니하고 비길 데 없이 청정하
며, 온갖 세계의 장엄한 일이 평등하게 한 세계 안에 들어가
게 하나니, 이것이 부처님들의 넷째 자재한 법이니라. (5)
모든 부처님이 교화를 받을 만한 중생을 보고는 그를 위하
여 말할 수 없이 말할 수 없는 겁 동안에 살아 계시며, 오는
세월이 끝날 때까지 가부하고 앉아서 몸이나 마음이 게으
르지 않으며, 전심으로 생각하여 잊지 아니하고 방편으로
조복하되 때를 놓치지 아니하며, 한 중생을 위함과 같이 일
체중생을 위하여도 그와 같이 하나니, 이것이 부처님들의
다섯째 자재한 법이니라. (6) 모든 부처님이 일체 세계에 있

는 온갖 여래의 수행하던 곳에 두루 가서 잠깐도 버리지 아니하며 모든 법계에 시방이 각각 다르고 낱낱 방위마다 한량없는 세계해가 있고 낱낱 세계해에 한량없는 세계종이 있는 데를 부처님이 신통한 힘으로 잠깐 동안에 모두 이르러 가서 걸림 없고 청정한 법 바퀴를 굴리나니, 이것이 부처님들의 여섯째 자재한 법이니라.

[疏] 四, 財自在니 一切世界의 無量莊嚴으로 嚴飾住持故니라 五, 命自在니 不可說劫에 命住持故라 六, 如意自在니 一切國土中에 如意變化故라

■ d. 재물이 자재함이니, 온갖 세계의 한량없는 장엄으로 장식하여 머물러 지니는 까닭이다. e. 목숨이 자재함이니, 말할 수 없는 겁에 목숨이 머물러 지니는 까닭이다. f. 뜻대로 자재함이니, 온갖 국토 중에 생각한 대로 변화하는 까닭이다.

g. 지혜가 자재하다[智自在] (七智 30上5)
h. 업에 자재하다[業自在] (八業)

一切諸佛이 爲欲調伏一切衆生하사 念念中에 成阿耨多羅三藐三菩提하시되 而於一切佛法에 非已現覺이며 亦非當覺이며 亦不住於有學之地하고 而悉知見하여 通達無礙하사 無量智慧와 無量自在로 教化調伏一切衆生이 是爲諸佛의 第七自在法이요 一切諸佛이 能以眼處로 作耳處佛事하며 能以耳處로 作鼻處佛事하며 能以鼻處로

作舌處佛事하며 能以舌處로 作身處佛事하며 能以身處로 作意處佛事하며 能以意處로 於一切世界中에 住世出世間種種境界하사 一一境界中에 能作無量廣大佛事가 是爲諸佛의 第八自在法이요

(7) 모든 부처님이 일체중생을 조복하기 위하여 생각 생각마다 아늣다라삼약삼보디를 이루지마는, 모든 부처의 법을 이미 깨닫지도 않았고 장차 깨닫지도 않으며, 또한 배우는 지위에 있지도 아니하면서 모두 보고 알아서 통달하여 걸림이 없으며, 한량없는 지혜와 한량없는 자유자재로 일체중생을 교화하고 조복하나니, 이것이 부처님들의 일곱째 자재한 법이니라. (8) 모든 부처님이 능히 눈으로써 귀로 하는 불사를 짓고, 귀로써 코로 하는 불사를 짓고, 코로써 혀로 하는 불사를 짓고, 혀로써 몸으로 하는 불사를 짓고, 몸으로써 뜻으로 하는 불사를 지으며, 능히 뜻으로써 모든 세계에서 세간과 출세간의 갖가지 경계에 머무르며, 낱낱 경계에서 한량없이 광대한 불사를 짓나니, 이것이 부처님들의 여덟째 자재한 법이니라.

[疏] 七, 智自在니 如來의 力과 無畏와 不共法과 相好莊嚴과 三菩提를 示現故라 文中에 生界無邊이라 機熟相續故며 念念應成이나 而眞成在昔이라 故로 佛於三世에 非是新覺이며 亦非不覺코 住在學地니라 又顯雖念念覺이나 離覺相故로 非三世覺이요 亦離不覺故로 不住學地니라 又云, 而悉通達無量智等은 即十力等이니라 八, 業自在니 六根互用하여는 廣大佛事가 是佛業故라 然非改轉이며 一根不變이요 本

來具故니라

- g. 지혜가 자재함이니, 여래의 십력과 두려움 없음과 함께하지 않는 법과 상호로 장엄함과 삼보리를 나타내 보인 까닭이다. 경문 중에 중생계가 가없음이다. 근기가 성숙함이 상속한 연고며, 생각 생각에 응하여 성취하지만 참된 성취는 예전에 있었던 연고로 부처님이 삼세에 새롭게 깨달은 것이 아니며, 또한 깨닫지 못함이 아니고 배우는 지위에 머물러 있다. 또한 비록 생각 생각에 깨달음을 밝혔지만 깨닫는 모양을 여읜 연고로 삼세의 깨달음이 아니요, 또한 깨닫지 못함도 여읜 연고로 배우는 지위에 머물지 않는다. 또한 "그러나 한량없는 지혜를 모두 통달한다"는 따위는 곧 십력 등이다. h. 업에 자재함이니, 육근으로 번갈아 작용해서는 광대한 불사가 곧 부처의 업인 까닭이다. 그러나 고치고 바꿈이 아니며, 하나의 감관도 변하지 않음이요, 본래로 갖춘 까닭이다.

i. 태어남이 자재하다[生自在] (九生 31上5)

j. 서원이 자재하다[願自在] (十願)

一切諸佛이 其身毛孔에 一一能容一切衆生하사 一一衆生이 其身悉與不可說諸佛刹等하되 而無迫隘하며 一一衆生이 步步能過無數世界하여 如是展轉盡無數劫도록 悉見諸佛이 出現於世하사 教化衆生하사 轉淨法輪하여 開示過去未來現在不可說法하며 盡虛空界一切衆生의 諸趣受身威儀往來와 及其所受種種樂具가 皆悉具足하되 而於其中에 無所障礙가 是爲諸佛의 第九自在法이요

一切諸佛이 於一念頃에 現一切世界微塵數佛하사 一一
佛이 皆於一切法界衆妙蓮華廣大莊嚴世界蓮華藏師子
座上에 成等正覺하사 示現諸佛自在神力이어시든 如於
衆妙蓮華廣大莊嚴世界하여 如是於一切法界中不可說
不可說種種莊嚴과 種種境界와 種種形相과 種種示現과
種種劫數인 淸淨世界에 如於一念하여 如是於無量無邊
阿僧祇劫一切念中에 一念一切現하며 一念無量住하시
되 而未曾用少方便力이 是爲諸佛의 第十自在法이니라

(9) 모든 부처님이 몸에 있는 털구멍마다 일체중생을 넣었
으며, 낱낱 중생마다 그 몸이 말할 수 없는 여러 세계와 동
등하지마는 비좁지 아니하며, 낱낱 중생이 한 걸음 한 걸음
마다 무수한 세계를 지나가되, 이렇게 수없는 세계를 수없
는 겁 동안 가면서, 모든 부처님이 세상에 태어나고 중생을
교화하고 청정한 법 바퀴를 굴리고 과거·미래·현재의 말
할 수 없는 법을 열어 보이는 것을 모두 보며, 온 허공에 있
는 모든 중생들이 여러 길에 태어나는 일과 행동하는 위의
와 오고 가는 일과 그들이 사용하는 여러 가지 도구를 모두
구족한 것을 보지마는 그 가운데 조금도 장애가 없나니, 이
것이 부처님들의 아홉째 자재한 법이니라.

(10) 모든 부처님이 한 생각 동안에 온갖 세계의 티끌 수 같
은 부처님을 나타내고, 낱낱 부처님이 일체 법계의 묘한 연
꽃 위에 있는 광대하게 장엄한 세계에서, 연화장 사자좌에
앉아서 다 옳게 깨달음을 이루어 부처님들의 자유자재한 신
통의 힘을 나타내었으며, 묘한 연꽃 위에 있는 광대하게 장

엄한 세계에서와 같이, 일체 법계에 있는 말할 수 없이 말할
수 없는 갖가지 장엄과 갖가지 경계와 갖가지 형상과 갖가
지로 나타냄과 갖가지 겁의 청정한 세계에서도 그러하였고,
한 생각 동안에서와 같이, 한량없고 그지없는 아승지겁의
온갖 생각 동안에도 그러하며, 한 생각 동안에 온갖 것을 나
타내고, 한 생각 동안에 한량없는 것이 머물지마는, 조그만
방편의 힘도 쓰지 아니하나니, 이것이 부처님들의 열째 자
재한 법이니라.

[疏] 九, 生自在니 一切世界에 生示現故니라 十, 願自在니 隨心所欲한
佛國土時에 示成三菩提故라 上來에 唯三與八은 取意而釋이요 餘並
論經之文이라 其第十自在는 文有四絶하니 一, 一念現多佛이 於一
類界에 成佛이요 二, 如於衆妙下는 類顯餘界요 三, 如於一念下는
類顯餘念이요 四, 一念一切現下는 總結深廣이라 一切現者는 一念
에 便現法界의 諸形과 諸時와 諸神力故라 一念無量住者는 常無現
故로 而不動如來의 少許方便이니 故云自在니라

■ i. 태어남이 자재함이니, 온갖 세계에 태어남을 나타내 보인 까닭이
다. j. 서원이 자재함이니, 마음에 욕구하는 부처님 국토를 따를 적에
보여서 삼보리를 이루는 까닭이다. 여기까지 오직 셋과 여덟만은 생
각을 취하여 해석함이요, 나머지는 논경의 문장과 함께한다. j. 서원
이 자재함은 경문에 네 구절이 있나니 (1) 한 생각 동안에 많은 부처
를 나타냄이 한 부류의 세계에서 부처를 이룸이요, (2) 如於衆妙 아
래는 유례하여 나머지 세계를 나타냄이요, (3) 如於一念 아래는 유
례하여 남은 생각을 밝힘이요, (4) 一念一切現 아래는 깊고 광대함

을 총합하여 결론함이다. '온갖 것이 나타냄'이란 한 생각에 문득 법계의 모든 형상과 모든 시기와 모든 신력을 나타내는 까닭이다. 한 생각 동안 한량없이 머무름은 항상 나타남이 없는 연고로 부동(不動) 여래가 조금 방편을 허락하였으니 그래서 '자재하다'고 말하였다.

ㄴ) 원만하고 자재로운 처소[圓滿自在處] (第二 32上10)

佛子여 諸佛世尊이 有十種無量不思議圓滿佛法하시니何等爲十고 所謂一切諸佛이 一一淨相에 皆具百福하며一切諸佛이 皆悉成就一切佛法하며 一切諸佛이 皆悉成就一切善根하며 一切諸佛이 皆悉成就一切功德하며 一切諸佛이 皆能教化一切衆生하며 一切諸佛이 皆悉能爲衆生作住하며 一切諸佛이 皆悉成就清淨佛刹하며 一切諸佛이 皆悉成就一切智智하며 一切諸佛이 皆悉成就色身相好하사 見者獲益하여 功不唐捐하며 一切諸佛이 皆具諸佛平等正法하며 一切諸佛이 作佛事已에 莫不示現入於涅槃이 是爲十이니라

불자여, 부처님 세존이 열 가지 한량없고 헤아릴 수 없는 원만한 부처의 법이 있으니, 무엇이 열인가? (1) 모든 부처님의 깨끗한 몸매마다 백 가지 복을 갖추었고, (2) 모든 부처님이 온갖 부처의 법을 모두 이루었고, (3) 모든 부처님이 온갖 착한 뿌리를 모두 이루었고, (4) 모든 부처님이 온갖 공덕을 모두 성취하였고, (5) 모든 부처님이 일체중생을 모두 교화하고, (6) 모든 부처님이 모두 중생들의 주인이 되

고, (7) 모든 부처님이 청정한 세계를 모두 성취하였고, (8) 모든 부처님이 온갖 지혜의 지혜를 모두 이루었고, (9) 모든 부처님이 육신의 잘생긴 몸매를 이루어서 보는 이마다 이익을 얻어 헛되지 아니하고, (10) 모든 부처님이 부처님들의 평등한 바른 법을 갖추었고, (11) 모든 부처님이 이 부처의 일을 짓고는 열반에 들지 않는 이가 없나니, 이것이 열이니라.

[疏] 第二, 不思議圓滿佛法者는 明圓滿自在니 謂前十自在는 八地에 容有일새 故顯如來十種圓滿이라 又無一法이 不自在故로 方云圓滿이니라 別中에 二는 卽證成菩提十力等일새 云一切佛法이요 九는 卽具有法輪敎法이요 三은 通福智故로 曰善根이요 四는 唯是福일새 但云功德이라 餘可思準이니라

■ ㄴ) '헤아릴 수 없는 원만한 부처의 법'이란 원만하고 자재함을 밝혔다. 이른바 앞의 열 가지 자재함은 제8지에 용납하여 있는 연고로 여래의 열 가지 원만함을 밝혔다. 또한 한 법도 자재하지 않은 연고로 비로소 '원만하다'고 말한다. 별상 중에 둘은 곧 보리의 십력 등을 성취함을 증득하므로 '온갖 불법'이라 말함이요, (9) (모든 부처님이 육신의 상호를 이루어서 보는 이마다 이익을 얻어 헛되지 아니함)은 곧 법 바퀴의 교법을 구비하여 가진 것이요, (3) 복과 지혜가 통하는 연고로 선근이라 말함이요, (4) 오직 복뿐이므로 단지 '공덕'이라고만 말하였다. 나머지는 준하여 생각할 수 있으리라.

ㄷ) 뛰어난 방편[善巧方便] 3.

(ㄱ) 총상으로 밝히다[總] (第三 32下6)

(ㄴ) 별상으로 밝히다[別] 10.

a. 언론과 말씀이 자재하다[言說自在] (別中)

b. 알고 보는 것이 자재하다[知見自在] (二證)

佛子여 諸佛世尊이 有十種善巧方便하시니라 何等爲十
고 一切諸佛이 了知諸法이 皆離戲論하시되 而能開示諸
佛善根이 是爲第一善巧方便이요

一切諸佛이 知一切法이 悉無所見하여 各不相知하여 無
縛無解하며 無受無集하며 無成就自在하여 究竟到於彼
岸이나 然於諸法에 眞實而知하사 不異不別하여 而得自
在하며 無我無受하여 不壞實際하며 已得至於大自在地
하여 常能觀察一切法界가 是爲第二善巧方便이요

불자여, 부처님 세존이 열 가지 교묘한 방편이 있느니라. 무
엇이 열인가? 이른바 (1) 모든 부처님이 모든 법이 희롱거
리 언론을 여읜 줄을 알지마는, 부처님들의 착한 뿌리를 열
어 보이나니, 이것이 첫째 교묘한 방편이니라.

(2) 모든 부처님이 온갖 법을 볼 수도 없고 서로 알지도 못
하며, 얽힘도 없고 풀림도 없으며, 받음도 없고 모임도 없으
며, 성취하고 자재함도 없어 필경에 저 언덕에 이를 것이 없
음을 알지마는, 그래도 모든 법에 대하여 다르지도 않고, 차
별하지도 않음을 진실하게 알고 자유자재함을 얻었으며, 나
도 없고 받음도 없으면서도 실제로 깨뜨리지도 않으며, 이

미 그게 자유자재한 곳에 이르러 항상 일체 법계를 관찰하나니, 이것이 둘째 교묘한 방편이니라.

[疏] 第三, 善巧方便은 卽於法自在니 皆權實等이 無礙故라 別中에 一, 知實離言하사 絶動搖之戲論이나 而起權하여 開示善根일새 故爲自在니라 二, 證實無能所見이나 而不礙於法하고 眞實知見이 無縛無解하사 而至大自在니라

■ ㄷ) 뛰어난 방편은 곧 법에 자재함이니 모두 권교와 실교 등이 무애한 까닭이다. (ㄴ) 별상으로 밝힘 중에 a. 실법은 언설을 여의어서 동요하는 희론이 끊어졌지만 방편을 시작하여 착한 뿌리를 열어 보이는 연고로 자재로움이 된다. b. 실법을 증득함은 보는 주체와 대상이 없지만 법을 장애하지 않고 진실하게 알고 보는 것이 얽힘도 없고 풀림도 없지만 크게 자재로움에 이른 것이다.

c. 나타내 보임이 자재하다[示現自在] (三無 33下2)
d. 삼세가 자재하다[三世自在] (四證)

一切諸佛이 永離諸相하사 心無所住하시되 而能悉知하여 不亂不錯하며 雖知一切相이 皆無自性이나 而如其體性하여 悉能善入하며 而亦示現無量色身과 及以一切淸淨佛土의 種種莊嚴無盡之相하사 集智慧燈하여 滅衆生惑이 是爲第三善巧方便이요
一切諸佛이 住於法界하사 不住過去未來現在하시니 如如性中에 無去來今三世相故로되 而能演說去來今世無

量諸佛이 出現世間하사 令其聞者로 普見一切諸佛境界
가 是爲第四善巧方便이요

(3) 모든 부처님이 여러 가지 형상을 여의어, 마음이 머무는
데는 없으나, 능히 다 알아서 어지럽지도 그릇되지도 않으
며, 비록 온갖 형상이 제 성품이 없는 줄을 알지마는 그 성
품과 같이 다 능히 들어가며, 그러면서도 한량없는 육신과
모든 청정한 극토의 가지가지로 장엄한 다함이 없는 모양
을 나타내며 지혜의 등불을 모아서 중생의 의혹을 없애나
니, 이것이 셋째 교묘한 방편이니라.

(4) 모든 부처님이 법계에 머무르고 과거와 미래와 현재에
머무르지 아니하나니, 진여와 같은 성품에는 과거 · 미래 ·
현재의 세 세상의 모양이 없는 연고이니라. 그러면서도 세
세상 한량없는 부처님이 세간에 나타나시는 일을 연설하여
듣는 이로 하여금 모든 부처님의 경계를 널리 보게 하나니,
이것이 넷째 교묘한 방편이니라.

[疏] 三, 無相知相하고 無性入性하시며 亦能示現依正調生이니라 四, 證
冥三際之理하사 而演三際益生이니라

■ c. 모양 없음으로 모양을 알고 체성 없음으로 체성에 들어가며, 또한
나타내 보이는 주체의 의보와 정보로 중생을 조복하고, d. 삼제(三
際)의 그윽한 이치를 증득하여 삼제를 연설하여 중생을 이익한다는
뜻이다.

e. 중생을 조복함이 자재하다[調生自在] (五三 34上2)

f. 체성과 양상이 자재하다[性相自在] (六知)

一切諸佛이 身語意業이 無所造作하사 無來無去하며 亦無有住하여 離諸數法하여 到於一切諸法彼岸이나 而爲衆法藏하여 具無量智하며 了達種種世出世法하여 智慧無礙하며 示現無量自在神力하여 調伏一切法界衆生이 是爲第五善巧方便이요

一切諸佛이 知一切法不可見하여 非一非異며 非量非無量이며 非來非去라 皆無自性하되 亦不違於世間諸法하사 一切智者가 無自性中에 見一切法하사 於法自在하여 廣說諸法하시되 而常安住眞如實性이 是爲第六善巧方便이요

(5) 모든 부처님의 몸과 말과 뜻으로 짓는 업이 조작함이 없고 오고 감도 없고, 머무름도 없고, 여러 수효를 떠나서 온갖 법의 저 언덕에 이르지마는, 여러 법의 광이 되고 한량없는 지혜를 갖추며, 세간과 출세간의 여러 가지 법을 분명히 알아 지혜가 걸림이 없으며, 한량없이 자유자재한 신통력을 나타내어 온갖 법계의 중생을 조복하나니, 이것이 다섯째 교묘한 방편이니라.

(6) 모든 부처님이 온갖 법을 볼 수도 없고 하나도 아니고 다르지도 않으며, 한량 있는 것도 아니고 한량없는 것도 아니며, 오는 것도 아니고 가는 것도 아니라 모두 자성이 없으면서도 세간의 모든 법에 어기지도 아니함을 알며, 온갖 지혜 있는 이가 자기의 성품이 없는 데서 온갖 법을 보고 법에

자재하여 여러 가지 법을 널리 연설하면서도 진여의 참성
품에 항상 머무나니, 이것이 여섯째 교묘한 방편이니라.

[疏] 五, 三業湛然하사 而包含示現이니라 六, 知非一異하사대 而見一切
法이니라

■ e. 세 가지 업이 담담하여 포함하여 나타내 보인다는 뜻이고, f. 하
나도 다른 것도 아님을 알지만 온갖 법을 본다는 뜻이다.

g. 시간의 분량이 자재하다[時分自在] (七知 34下4)
h. 변재가 자재하다[辯才自在] (八恒)

一切諸佛이 於一時中에 知一切時하사 具淨善根하여 入
於正位하시되 而無所着하사 於其日月年劫成壞如是等
時에 不住不捨하고 而能示現若晝若夜의 初中後時와 一
日七日과 半月一月과 一年百年과 一劫多劫과 不可思
劫과 不可說劫과 乃至盡於未來際劫하사 恒爲衆生하여
轉妙法輪하시되 不斷不退하여 無有休息이 是爲第七善
巧方便이요
一切諸佛이 恒住法界하시되 成就諸佛의 無量無畏와 及
不可數辯과 不可量辯과 無盡辯과 無斷辯과 無邊辯과
不共辯과 無窮辯과 眞實辯과 方便開示一切句辯과 一
切法辯하사 隨其根性과 及以欲解하여 以種種法門으로
說不可說不可說百千億那由他修多羅하사 初中後善에
皆悉究竟이 是爲第八善巧方便이요

(7) 모든 부처님이 한 시간에 온갖 시간을 알고 깨끗하고 착한 뿌리를 갖추어 바른 자리에 들어갔으나 집착함이 없으며, 날과 달과 해와 겁이 이룩하고 무너지는 따위의 시간에 머물지도 않고 버리지도 않으면서도, 낮과 밤과 처음·중간·나중과, 하루·이레·반 달·한 달·일 년·백 년·한 겁·여러 겁·생각할 수 없는 겁·말할 수 없는 겁이나, 내지 오는 세월이 끝날 때까지 항상 중생을 위하여 묘한 법륜을 운전하되 끊이지도 않고 물러나지도 않아서 쉬지 아니하나니, 이것이 일곱째 교묘한 방편이니라.

(8) 모든 부처님이 항상 법계에 머무르지마는, 부처님들의 한량없고 두려움 없음과, 셀 수 없는 변재·요량할 수 없는 변재·다하지 않는 변재·끊이지 않는 변재·그지없는 변재·함께하지 않는 변재·다하게 할 수 없는 변재·진실한 변재·모든 것을 방편으로 열어 보이는 변재·온갖 법을 말하는 변재를 성취하여, 그의 근성과 욕망을 따라 가지가지 법문으로써 말할 수 없이 말할 수 없는 백천억 나유타 경전을 연설하되, 처음과 중간과 나중을 모두 잘하여 끝까지 이르게 하나니, 이것이 여덟째 교묘한 방편이니라.

[疏] 七, 知時融入故로 不住不捨나 而不壞年劫코 演法無休니라 八, 恒住法界하사 則寂無所住나 而成就無量無畏와 十辯演法이라 十辯者는 一, 多故요 二, 非心測故요 三, 隨說一事하여 窮劫不盡故요 四, 任放辯才가 無有間故요 五, 觸類成辯故요 六, 下位所無故요 七, 無能難屈故요 八, 皆契事理故요 九, 無一句義를 不能顯故요 十,

無有一法을 不能演故라 初中後善下는 明說之德이니 具七善故라 或開爲十하니라 瑜伽八十五에 云, 一, 初善은 聽聞時에 生歡喜故요 二, 中善은 修行時에 無有艱[17]苦하여 遠離二邊하고 依中道行故요 三, 後善은 謂究竟離垢等故라하니라 今文에 云皆悉究竟이라하고 諸 經論中에 更有多釋이나 恐厭繁文하노라 餘七은 經文略無니라

■ g. 시간을 알고 융합하여 들어간 연고로 머물지 않고 버리지 않지만 년대와 겁을 무너뜨리지 않고 쉼 없이 법을 연설한다는 뜻이다. h. 항상 법계에 머물러서 고요하여 머무는 대상 없지만 한량없고 두려움 없음과 열 가지 변재로 법을 연설함이다. '열 가지 변재'란 (1) 많은 연고요, (2) 마음으로 측량하지 못하는 연고요, (3) 한 가지 일을 따라 말하여 겁이 다하도록 다하지 않는 연고요, (4) 마음대로 맡기는 변재가 간단함이 없는 연고요, (5) 만나는 부류마다 변재를 이루는 연고요, (6) 아래 지위에는 없는 바인 연고요, (7) 능하여 굴복하기 어려움이 없는 연고요, (8) 현상과 이치에 모두 계합한 연고요, (9) 한 구절이 뜻이 없음을 능히 밝히지 못하는 연고요, (10) 한 법도 능히 연설하지 못함이 없는 까닭이다. 初中後善 아래는 설법의 공덕을 밝힘이니 일곱 가지 선행을 갖춘 까닭이다. 혹은 전개하여 열 가지로 삼는다. 『유가사지론』제85권에 이르되, "① 처음이 좋음은 (법을) 들을 때에 기쁨이 생겨나는 연고요, ② 중간이 좋음은 수행할 때에 간고(艱苦)함이 없어서 두 변두리를 멀리 여의고 중도에 의지하여 행하는 연고요, ③ 나중도 좋음이니 이른바 결국에 번뇌 따위를 여읜 까닭이다"라고 하였다. 본경의 경문에는 이르되, "모두 다 결국 성취한다"고 하였고, 모든 경과 논 중에 다시 여러 해석이 있지만 경

---

17) 艱은 源本作難이라 하다.

문이 번거로울까 염려하여 생략한다. 나머지 일곱 가지는 경문에 생
략하여 없다.

[鈔] 三, 後善者는 等字는 等取와 及一切니 究竟離欲이 爲後邊故며 法性
離垢故며 能學者도 亦離垢故며 修行究竟에 得離垢故니라 諸經論者
는 智論에 云, 讚布施爲初善이요 讚持戒爲中善이요 讚二果報로 生
天淨土를 名後善이라하며 復說聲聞과 獨覺과 大乘도 亦各三善이라하
니라 寶篋經에 云, 知苦斷集을 名初善이요 修八正道가 爲中善이요 證
滅을 名後善이니 是名聲聞의 初中後善이요 若不捨菩提心하여 不念
下乘하고 迴向一切智하면 是名菩薩의 初中後善等이라하니라 釋曰,
今疏는 全依瑜伽일새 故指餘釋이니라

● ③ '나중도 좋음이니' 등이란 글자는 똑같이 취함과 온갖 것이니, 구
경에 욕심을 여읨이 뒤의 경계가 되는 연고며, 법의 체성은 번뇌를 여
읜 연고며, 배우는 주체인 자도 또한 번뇌를 여읜 연고며, 수행을 끝
까지 할 적에 번뇌 여읨을 얻은 까닭이다. '모든 경과 논'이란『대지도
론』에 이르되, "보시를 찬탄함은 처음 좋음이 되고, 지계를 찬탄함은
중간이 좋음이 되고, 두 가지 과보를 찬탄함으로 천상과 정토에 태
어남을 나중도 좋은 이라 말한다"라고 하며, 다시 성문과 독각과 대
승을 말함도 또한 각기 세 가지 좋음이라 하였다.『보협경(寶篋經)』에
이르되, "고통을 알고 고통의 원인 모음을 끊는 것을 처음 좋음이라
이름하고, 팔정도를 수행함은 중간이 좋음이 되며, 열반을 증득함을
나중도 좋음이라 이름하나니, 이것을 이름하여 성문의 처음도 중간
도 나중도 좋음이요, 만일 보리심을 버리지 않고서 아래 승을 기억하
지 않고 온갖 지혜에 회향하면 이것을 '보살의 처음도 중간도 나중도

좋음'이라 하는 따위이다"라고 하였다. 해석하자면 지금 소문은 완전히 유가사지론에 의지한 연고로 나머지를 지적하여 해석하였다.

餘七者는 謂略故로 無언정 非是全無라 今依瑜伽具出하리라 論에 云, 四者는 文巧니 謂善緝綴名身等故며 及八語具라 八語具者는 一, 先首요 二, 美妙요 三, 顯了요 四, 易解요 五, 樂聞이요 六, 無依요 七, 無違요 八, 廣大니 如瑜伽二十五說하니라 五, 義妙니 謂能引發利益安樂이요 六, 純一이니 謂不與外道로 共故니 唯佛法有하고 外道所無니라 七, 圓滿이니 無限量故며 最尊勝故라 義豊且勝일새 故名圓滿이니라 八, 淸淨이니 謂自性解脫故며 一刹那에 自體解脫故며 或法自體解脫故니라 九, 鮮白이니 謂相續解脫故며 設多刹那라도 亦解脫故며 能學之者도 亦解脫故니라 十, 梵行之相이니 謂八聖道支와 滅諦名梵이요 道諦名行이니 與滅爲因이라 此具八道일새 名梵行相이라 當知此道는 由純一道等과 四種妙相之所顯說이니라

● '나머지 일곱 가지'란 이른바 생략한 연고로 없지만 완전히 없는 것이 아니다. 지금은 유가사지론에 의지하여 갖추어 내보인 것이다. 논에 이르되, "넷째, 문장이 교묘함이니 이른바 베 짜고 꿰맴을 잘함은 이름난 몸 따위인 까닭이며, 여덟 가지 말씀을 구비함에 이른다. '여덟 가지 말씀을 구비함'이란 (1) 머리를 앞섬이요, (2) 아름답고 묘함이요, (3) 밝게 요달함이요, (4) 쉽게 이해함이요, (5) 즐겨 들음이요, (6) 의지함이 없음이요, (7) 위배됨이 없음이요, (8) 광대함이다.『유가사지론』제25권에 설한 내용과 같다. (5)는 이치가 묘함이니 이른바 이끌어 내는 주체가 이익되고 안락함이다. (6) 순일함이니 이른바 외도와 함께하지 않는 연고니 오직 불법에만 있고 외도에는 없는 부

분이다. (7) 원만함이니 한계의 분량이 없는 연고며, 가장 높고 뛰어나난 까닭이다. 이치가 풍부하고 또한 뛰어나므로 '원만하다'고 말하였다. (8) 청정함이니 이른바 자체 성품이 해탈한 연고며, 한 찰나 사이에 자체로 해탈한 연고며, 혹은 법의 자체가 해탈한 연고이니라. (9) 깨끗하고 밝음이니 이른바 계속해서 해탈한 연고며, 여러 찰나를 설정하여도 또한 해탈한 연고며, 배우는 주체인 자도 또한 해탈한 연고이다. (10) 범행의 모양이니 이른바 여덟 가지 성도와 멸제를 범(梵)이라 이름함이요, 도제를 행(行)이라 이름하나니 멸제와 함께 원인이 된다. 이렇게 여덟 가지 성도를 갖춤을 '범행의 모양'이라 말한다. 마땅히 알라. 이 도는 순일한 도를 말미암음과 네 가지 미묘한 양상으로 밝혀서 설한 내용이다.

i. 뛰어난 이치가 자재하다[勝義自在] (九離 36下9)

一切諸佛이 住淨法界하사 知一切法이 本無名字하여 無
過去名하며 無現在名하며 無未來名하며 無衆生名하며
無非衆生名하며 無國土名하며 無非國土名하며 無法名
하며 無非法名하며 無功德名하며 無非功德名하며 無菩
薩名하며 無佛名하며 無數名하며 無非數名하며 無生名
하며 無滅名하며 無有名하며 無無名하며 無一名하며 無
種種名하나니 何以故오 諸法體性이 不可說故라 一切諸
法이 無方無處하여 不可集說이며 不可散說이며 不可一
說이며 不可多說이라 音聲莫逮하여 言語悉斷이니 雖隨
世俗하여 種種言說이나 無所攀緣하며 無所造作하여 遠

離一切虛妄想着이니 如是究竟하여 到於彼岸이 是爲第九善巧方便이요

(9) 모든 부처님이 청정한 법계에 머물러서 ① 온갖 법이 본래부터 이름이 없음을 아나니, ② 과거의 이름도 없고 현재의 이름도 없고 미래의 이름도 없으며, ③ 중생의 이름도 없고 중생 아닌 이름도 없으며, ④ 국토의 이름도 없고 국토 아닌 이름도 없으며, ⑤ 법의 이름도 없고 법 아닌 이름도 없으며, ⑥ 공덕의 이름도 없고 공덕 아닌 이름도 없으며, ⑦ 보살 이름도 없고 부처님 이름도 없으며, ⑧ 수효의 이름도 없고 수효 아닌 이름도 없으며, ⑨ 나는 이름도 없고 사라지는 이름도 없으며, ⑩ 있는 이름도 없고 없는 이름도 없으며, ⑪ 한 가지 이름도 없고 여러 가지 이름도 없느니라. 왜냐하면 모든 법의 성품은 말할 수 없는 연고이니 온갖 법이 방향도 없고 처소도 없으며, 모아서 말할 수도 없고 흩어서 말할 수도 없으며, 하나로 말할 수도 없고 여럿으로 말할 수도 없으며, 음성으로 미칠 수 없어 말이 끊어졌으므로, 비록 세속을 따라서 여러 가지로 말하더라도 반연할 수 없고 지을 수 없으며, 온갖 허망한 생각과 집착을 여의어서 이렇게 필경에 저 언덕에 이르나니, 이것이 아홉째 교묘한 방편이니라.

[疏] 九, 離說而說일새 故無想着이니라
■ i. 말씀을 여의고 말한 연고로 생각에 집착함이 없다.

j. 고요와 작용이 자재하다[寂用自在] 2.

a) 본래 고요함을 알다[知本寂] 2.
(a) 바로 밝히다[正顯] (十了 37上10)
(b) 성취를 해석하다[釋成] (後然)

一切諸佛이 知一切法이 本性寂靜하여 無生故로 非色이
며 無戱論故로 非受며 無名數故로 非想이며 無造作故로
非行이며 無執取故로 非識이며 無入處故로 非處며 無所
得故로 非界나 然亦不壞一切諸法하나니 本性無起하여
如虛空故라 一切諸法이 皆悉空寂하여 無業果하며 無修
習하며 無成就하며 無出生하며 非數非不數며 非有非無
며 非生非滅이며 非垢非淨이며 非入非出이며 非住非不
住며 非調伏非不調伏이며 非衆生非無衆生이며 非壽命
非無壽命이며 非因緣非無因緣이로되 而能了知正定邪
定과 及不定聚一切衆生하사 爲說妙法하여 令到彼岸하
사 成就十力四無所畏하여 能師子吼하며 具一切智하여
住佛境界가 是爲第十善巧方便이니라
(10) 모든 부처님이 온갖 법의 근본 성품이 고요함을 아나
니, ① 나는 것이 없으므로 물질이 아니고, ② 희롱거리 말
이 없으므로 받아들임이 아니며 ③ 이름과 숫자가 없으므
로 생각이 아니고, ④ 지음이 없으므로 지어 감이 아니고,
⑤ 집착이 없으므로 의식이 아니며, ⑥ 들어갈 데가 없으므
로 처소가 아니고, ⑦ 얻을 것이 없으므로 경계가 아니니라.

⑧ 그러나 온갖 법을 파괴하지도 아니하나니 성품이 일어나지 아니하여 허공과 같으므로 모든 법이 다 공하고 고요하여, ⑨ 업과 과보도 없고 닦아 익힐 것도 없으며, ⑩ 성취함도 없고 내는 것도 없으며, ⑪ 수량도 아니고 수량 아님도 아니며, ⑫ 있음도 아니고 없음도 아니며, ⑬ 나는 것도 아니고 사라짐도 아니며, ⑭ 더럽지도 않고 깨끗하지도 않으며, ⑮ 들어감도 아니고 나옴도 아니며, ⑯ 머무름도 아니고 머물지 않음도 아니며, ⑰ 조복함도 아니고 조복하지 않음도 아니며, ⑱ 중생도 아니고 중생 없음도 아니며, ⑲ 목숨도 아니고 목숨이 없음도 아니며, ⑳ 인연도 아니고 인연이 없음도 아니지마는, 그래도 바로 결정한 중생과 잘못 결정한 중생과 결정하지 못한 중생을 분명히 알아서 묘한 법을 말하여 저 언덕에 이르게 하며, 열 가지 힘과 네 가지 두려움 없음을 성취하여 능히 사자후하며, 온갖 지혜를 갖추어 부처님 경계에 머물게 하나니, 이것이 열째 교묘한 방편이니라.

[疏] 十, 了寂起用이라 於中에 先, 知本寂이요 後, 而能下는 不廢起用이라 前中에 亦二니 先, 正顯이요 後, 然亦下는 釋成이니 謂色等이 性無요 非遣之使無일새 故로 不壞諸法이나 卽空無業等이라

■ j. 고요함을 알고 작용을 일으킴이다. 그중에 a) 본래 고요함을 아는 것이요, b) 而能 아래는 작용을 일으킴을 그만두지 않음이다. a) 중에도 역시 둘이니 (a) 바로 밝힘이요, (b) 然亦 아래는 성취를 해석함이다. 이른바 형색 등의 체성은 없고, 보내지 못하는 번뇌가 없으므

로 모든 법을 무너뜨리지 않지만 곧 공하여과 업이 없다는 등이다.

b) 작용하기 시작함을 알다[知起用] (後起 37下2)

[疏] 後, 起用을 可知니라
■ b) 작용을 일으킴을 알 수 있으리라.

(ㄷ) 명칭을 결론하다[結] (經/佛子 37下4)

佛子여 是爲諸佛의 成就十種善巧方便이니라
불자여, 이것을 말하여 부처님들의 열 가지 교묘한 방편을
성취함이라 하느니라."

大方廣佛華嚴經 제47권

大方廣佛華嚴經疏鈔 제47권 茱字卷下

제33 佛不思議法品 ②

제33. 불가사의한 불공덕을 말하는 품[佛不思議法品] ②

ㄹ) 열 가지 광대한 불사에 대한 경문에 云,

"불자여, 여러 부처님 세존께 열 가지 광대한 불사가 있으니, 한량없고 그지없고 헤아릴 수 없어서, 온갖 세 간의 하늘과 사람이 모두 알지 못하고, 과거·미래·현재에 있는 일체 성문과 연각들도 알지 못하거니와, 오직 부처님의 위신력은 제외하느니라. 무엇이 열인가? 이른바 모든 부처님이 온 허공과 법계에 가득한 세 계의 도솔천에 태어나서 보살의 행을 닦으며 불사를 짓나니, 한량없는 상호·한량없는 위덕·한량없는 광 명·한량없는 음성·한량없는 말씀·한량없는 삼매·한량없는 지혜와 행하는 경계로서, 모든 사람·하 늘·마왕·범천·사문·바라문·아수라들을 거두어 주는데, 그게 인자함이 걸림 없고 그게 가엾이 여김 이 필경에 이르러 일체중생을 평등하게 이익하되, 혹 천상에 나게 하고 혹 인간에 나게 하며, 혹 감관을 깨 끗이 하고 혹 마음을 조복하며, 혹 차별한 삼승을 말하며 혹 원만한 일승을 말하여 두루 제도하여 생사에서 뛰어나게 하나니, 이것이 첫째 광대한 불사니라."

제33. 불가사의한 불공덕을 말하는 품[佛不思議法品] ②

ㄹ) 열 가지 광대한 불사[廣大佛事] 3.

(ㄱ) 총상으로 표방하다[總] (第四 1上8)

佛子여 諸佛世尊이 有十種廣大佛事가 無量無邊하여 不
可思議라 一切世間에 諸天及人이 皆不能知며 去來現
在의 所有一切聲聞獨覺도 亦不能知요 唯除如來威神之
力이니

"불자여, 여러 부처님 세존께 열 가지 광대한 불사가 있으
니, 한량없고 그지없고 헤아릴 수 없어서 온갖 세간의 하늘
과 사람이 모두 알지 못하고, 과거·미래·현재에 있는 일
체 성문과 연각들도 알지 못하거니와, 오직 부처님의 위신
력은 제외하느니라.

[疏] 第四, 十種廣大佛事는 明神通自在하사 即答前二會의 神通問이라
先, 總標中에 謂八相等中에 皆有大用하여 微細相容故라 以此攝物
일새 故名佛事라 於中에 先, 標名이요 無量下는 顯勝이라

■ ㄹ) 열 가지 광대한 불사는 신통하고 자재함을 밝혀서 곧 앞의 제2
보광명전법회의 신통에 대한 질문에 대답함이다. (ㄱ) 총상으로 표

방함 중이니, 이른바 여덟 가지 모양 따위 중에서 모두 큰 작용이 있어서 미세하게 서로 용납하는 까닭이다. 이것으로 중생을 포섭하는 연고로 부처님 일이라 말하였다. 그중에 a. 명칭을 표방함이요, b. 無量 아래는 뛰어남을 밝힘이다.

(ㄴ) 별상으로 밝히다[別] 10.
a) 도솔천에 올라가 태어나는 불사[上生佛事] 4.

(a) 포섭하는 주체[別明能攝] (列中 1下10)
(b) 포섭할 대상이 넓고 많다[所攝廣多] (二攝)
(c) 포섭하는 주체가 뛰어나다[能攝殊勝] (三大)
(d) 포섭할 대상이 이룬 이익[所攝成益] (四或)

何等爲十고 所謂一切諸佛이 於盡虛空徧法界一切世界兜率陀天에 皆現受生하사 修菩薩行하여 作大佛事하시되 無量色相과 無量威德과 無量光明과 無量音聲과 無量言辭와 無量三昧와 無量智慧의 所行境界로 攝取一切人天魔梵沙門婆羅門阿修羅等하사 大慈無礙하며 大悲究竟하여 平等饒益一切衆生하되 或令生天하며 或令生人하며 或淨其根하며 或調其心하며 或時爲說差別三乘하며 或時爲說圓滿一乘하사 普皆濟度하여 令出生死하나니 是爲第一廣大佛事니라

무엇이 열인가? 이른바 (1) 모든 부처님이 온 허공과 법계에 가득한 세계의 도솔천에 태어나서 보살의 행을 닦으며

불사를 짓나니, 한량없는 상호·한량없는 위덕·한량없는
광명·한량없는 음성·한량없는 말씀·한량없는 삼매·
한량없는 지혜와 행하는 경계로써, 모든 사람·하늘·마
왕·범천·사문·바라문·아수라들을 거두어 주는데, 크
게 인자함이 걸림 없고 크게 가엾이 여김이 필경에 이르러
일체중생을 평등하고 이익하되, 혹 천상에 나게 하고 혹 인
간에 나게 하며, 혹 감관을 깨끗이 하고 혹 마음을 조복하
며, 혹 차별한 삼승을 말하며 혹 원만한 일승을 말하여 두루
제도하여 생사에서 뛰어나게 하나니, 이것이 첫째 광대한
불사이니라.

[疏] 別中에 先, 徵이요 後, 釋이라 釋中에 一, 明上生佛事라 於中에 四니
一, 別明能攝이요 二, 攝取下는 所攝廣多요 三, 大慈下는 能攝殊勝
이요 四, 或令下는 所攝成益이라

■ (ㄴ) 별상으로 밝힘 중에 a. 질문함이요, b. 해석함이다. b. 해석함
중에 a) 도솔천에 올라가 태어나는 불사를 밝힘이다. 그중에 넷이니
(a) 포섭하는 주체를 개별로 밝힘이요, (b) 攝取 아래는 포섭할 대상
이 넓고 많음이요, (c) 大慈 아래는 포섭하는 주체가 뛰어남이요, (d)
或令 아래는 포섭할 대상이 이룬 이익이다.

b) 도솔천에서 내려와 태어나는 불사[降神佛事] 2.

(a) 지혜와 공덕이 안으로 원만하다[智德內圓] (二降 2上7)

佛子여 一切諸佛이 從兜率天으로 降神母胎하시되 以究
竟三昧로 觀受生法이 如幻如化하며 如影如空하며 如熱
時焰하사 隨樂而受하여 無量無礙하여 入無諍法하고 起
無着智하여 離欲淸淨하여 成就廣大妙莊嚴藏하며

불자여, (2) 모든 부처님이 도솔천에서 내려와서 어머니 태
에 들어갈 적에 최고의 삼매로 태어나는 법을 관찰하되, 허
깨비와 같고 변화와 같고 그림자와 같고 허공과 같고 아지
랑이와 같이 하고, 좋은 대로 태어남이 한량없고 걸림이 없
으며, 다름이 없는 법에 들어가고 집착이 없는 지혜를 내어
탐욕을 여의고 청정하여 광대하고 미묘한 장엄의 광을 성
취하며,

[疏] 二, 降神處胎佛事中에 先, 明智德內圓하고

■ b) 도솔천에서 내려와 태중에 사는 불사 중에 (a) 지혜와 공덕이 안
으로 원만함을 밝힘이요,

(b) 신통력이 밖으로 작용하다[神通外用] 2.
㉠ 같은 장소 같은 시간에 불사를 짓다[明一處一時作佛事] (後受 2下3)
㉡ 시간과 장소를 총합 포섭하여 불사를 짓다[總攝時處作佛事] (後佛)

受最後身하사 住大寶莊嚴樓閣하여 而作佛事하시되 或
以神力으로 而作佛事하며 或以正念으로 而作佛事하며
或現神通하여 而作佛事하며 或現智日하여 而作佛事하
며 或現諸佛廣大境界하여 而作佛事하며 或現諸佛無量

光明하여 而作佛事하며 或入無數廣大三昧하여 而作佛
事하며 或現從彼諸三昧起하여 而作佛事하나니라

佛子여 如來爾時에 在母胎中하여 爲欲利益一切世間하
사 種種示現하여 而作佛事하되 所謂或現初生하며 或現
童子하며 或現在宮하며 或現出家하며 或復示現成等正
覺하며 或復示現轉妙法輪하며 或示現於入般涅槃하사
如是皆以種種方便으로 於一切方과 一切網과 一切旋과
一切種과 一切世界中에 而作佛事가 是爲第二廣大佛事
니라

가장 나중 몸을 받고 큰 보배로 장엄한 누각에 있으면서 불
사를 지을 적에, 신통력으로 불사를 짓기도 하고 바른 생각
으로 불사를 짓기도 하고 신통을 나투어 불사를 짓기도 하
고 지혜 해를 나타내어 불사를 짓기도 하고 부처님들의 광
대한 경계를 나타내어 불사를 짓기도 하고 부처님들의 한
량없는 광명을 나타내어 불사를 짓기도 하고 수없이 넓고
큰 삼매에 들어 불사를 짓기도 하고 저러한 여러 가지 삼매
에서 일어나 불사를 짓기도 하느니라.

불자여, 여래께서 그때 어머니의 태 안에 있으면서 모든 세
간을 이익하게 하려고 가지가지로 나투어 불사를 짓나니,
이른바 처음 탄생함을 나투고, 동자를 나투고, 궁전에 있음
을 나투고, 출가함을 나투며, 혹은 옳게 두루 깨달음을 나투
기도 하고, 미묘한 법륜 굴림을 나투기도 하고, 열반에 드심
을 나투기도 하느니라. 이렇게 가지가지 방편으로써 온갖
방위 · 온갖 그물 · 온갖 돎 · 온갖 종찰 · 온갖 세계 안에서

불사를 짓나니, 이것이 둘째 광대한 불사이니라.

[疏] 後, 受最後下는 明神通外用이라 於中에 先, 一處一時에 作佛事오
後, 佛子如來爾時下는 總攝時處하여 作佛事라 此中多處를 準下瞿
波하면 乃至十重이어니와 此略擧五하나니 皆後後가 廣前前이라 一, 一
切方者는 卽娑婆가 與能繞十三刹塵數刹과 十方으로 無間住故요
二, 彼上諸刹에 復有眷屬刹等圍繞하여 交絡成網故요 三, 繞中間
海인 十右旋海故요 四, 盡華藏刹海의 諸刹種故요 五, 一切世界者
는 盡法界故니라

■ (b) 受最後 아래는 신통력이 밖으로 작용함을 밝힘이다. 그중에 ㉠
같은 장소 같은 시간에 불사를 지음이요, ㉡ 佛子如來爾時 아래는
시간과 장소를 총합 포섭하여 불사를 지음이다. 이 가운데 여러 장
소를 아래의 구파(瞿波) 선지식에게 준하면 나아가 십중(重)까지였지
만 여기서는 생략하여 다섯만 거론하였다. 모두 뒤로 갈수록 앞과
앞보다 넓다. (1) 온갖 방위는 곧 사바세계가 둘레의 13개의 불찰미
진수 국토와 함께 시방으로 사이함 없이 머무른 연고요, (2) 저 위의
모든 국토에서 다시 권속과 국토와 같이 둘러섬이 있어서 교차하고
연결하여 그물을 이룬 연고요, (3) 둘레의 중간 바다인 열 개로 오른
쪽으로 바다를 도는 연고요, (4) 모든 화장찰해의 여러 국토종(國土
種)인 연고요, (5) 온갖 세계란 온 법계인 까닭이다.

c) 탄생을 나타내는 불사[現生佛事] 2.

(a) 생사 없이 태어남을 나타내다[無生現生] (三現 3上10)

佛子여 一切諸佛이 一切善業이 皆已淸淨하며 一切生智가 皆已明潔하시되 而以生法으로 誘導群迷하사 令其開悟하여 具行衆善하여 爲衆生故로 示誕王宮하며

(3) 불자여, 모든 부처님이 온갖 착한 업이 이미 청정하였고 온갖 나는 지혜가 이미 깨끗하여졌으나, 나는 법으로 여러 아득한 이들을 인도하여 깨닫게 하며 여러 가지 착한 일을 행하게 하며 중생을 위하여서 왕궁에 탄생함을 보이느니라.

[疏] 三, 現生處宮佛事라 分二니 初, 無生現生이니 是誕生相이요

■ c) 탄생을 나타내어 왕궁에 사는 불사이다. 둘로 나누리니 (a) 생사 없이 태어남을 나타냄은 곧 탄생하는 모양이요,

(b) 더러움 없이 더러운 곳에 살다[無染處染] 4.

㊀ 삼학을 스스로 원만하다[三學自圓] (後一 3下4)

㊁ 사무량심으로 중생을 어여삐 여기다[四心愍物] (二觀)

一切諸佛이 於諸色欲宮殿妓樂에 皆已捨離하사 無所貪染하며 常觀諸有가 空無體性하여 一切樂具가 悉不眞實하며 持佛淨戒하여 究竟圓滿하며 觀諸內宮의 妻妾侍從하고 生大悲愍하며 觀諸衆生의 虛妄不實하고 起大慈心하며 觀諸世間이 無一可樂하고 而生大喜하며 於一切法에 心得自在하여 而起大捨하며

모든 부처님이 모든 물질과 욕망과 궁전과 음악을 이미 여의어 탐하거나 물들지 아니하며, 모든 것이 공하여 자체의

성품이 없고 모든 향락의 기구가 진실치 않음을 항상 관찰하며, 부처님의 청정한 계율을 지니어 끝까지 원만하며, 내전의 처첩과 시종들을 보고는 크게 어여삐 여기는 마음을 내고, 중생들이 허망하여 진실치 아니함을 보고는 크게 사랑하는 마음을 내고, 모든 세간이 하나도 즐거울 것이 없음을 보고는 크게 기뻐하는 마음을 내고, 온갖 법에 마음이 자재함을 얻고는 크게 버리는 마음을 내느니라.

[疏] 後, 一切佛於諸色下는 無染處染이니 是處王宮相이라 於中에 四니
　一, 三學自圓이니 無染是定故라 二, 觀諸下는 四心愍物이요

■ (b) 一切佛於諸色 아래는 더러움 없이 더러운 곳에 삶이니 왕궁에 사는 모양이다. 그중에 넷이니 ㊀ 삼학을 스스로 원만하나니 더러움 없음이 바로 삼매인 까닭이다. ㊁ 觀諸 아래는 사무량심으로 중생을 어여삐 여김이요,

㊂ 공덕을 갖추고 중생을 섭수한 이익[具德攝益] (三具 4上6)
㊃ 섭수한 이익이 깊고 광대하다[攝益深廣] (四雖)

具佛功德하여 現生法界하여 身相圓滿하고 眷屬淸淨하되 而於一切에 皆無所着하며 以隨類音으로 爲衆演說하사 令於世法에 深生厭離하여 如其所行하여 示所得果하며 復以方便으로 隨應敎化하사 未成熟者로 令其成熟하고 已成熟者로 令得解脫하여 爲作佛事하여 令不退轉하며 復以廣大慈悲之心으로 恒爲衆生하여 說種種法하며

又爲示現三種自在하사 令其開悟하여 心得清淨케하나라
雖處內宮하여 衆所咸覩나 而於一切諸世界中에 施作佛
事하사 以大智慧와 以大精進으로 示現種種諸佛神通하
시되 無礙無盡하여 恒住三種巧方便業하나니 所謂身業이
究竟清淨하며 語業이 常隨智慧而行하며 意業이 甚深하
여 無有障礙니 以是方便으로 利益衆生이 是爲第三廣大
佛事니라

부처님의 공덕을 갖추고 일부러 법계에 태어나면 몸매가 원
만하고 권속이 청정하지마는 모든 것에 집착함이 없으며,
여러 종류를 따르는 음성으로 대중에게 연설하여 그로 하
여금 세상 법에 대하여 싫어하는 마음을 내게 하고, 행하는
대로 과보를 얻게 됨을 보이며, 다시 방편을 써서 근기에 맞
추어 교화하되, 성숙하지 못한 이는 성숙하게 하고, 이미 성
숙한 이는 해탈을 얻게 하며, 그들을 위하여 불사를 지어 퇴
전하지 않게 하며, 또 광대한 자비심으로 항상 중생을 위하
여 가지가지 법을 말하며, 또 세 가지 자유자재함을 나타내
어 그들을 깨닫게 하여 마음이 청정케 하느니라.

비록 궁전 내에 있음을 여러 사람이 다 보지마는 모든 세계
에서 불사를 지으며, 큰 지혜와 큰 정진으로 여러 부처님의
가지가지 신통을 나투기를 걸림 없고 그지없이 하며, 항상
세 가지 교묘한 방편의 업에 머무나니, 이른바 몸의 업은 끝
까지 청정하고 말의 업은 지혜를 따라 행하고 뜻으로 하는
업은 깊고 깊어 걸림이 없어서 이런 방편으로 중생을 이익
하게 하나니, 이것이 셋째 광대한 불사이니라.

[疏] 三, 具佛下는 具德攝益이요 四, 雖處下는 攝益廣深이라

■ ㊂ 具佛 아래는 공덕을 갖추고 중생을 섭수한 이익이요, ㊃ 雖處 아래는 섭수한 이익이 깊고 광대함이다.

d) 출가하는 불사[出家佛事] 2.

(a) 출가의 의미[出家意] (四出 5上1)

(b) 출가하는 모습[出家相] (後當)

佛子여 一切諸佛이 示處種種莊嚴宮殿하사 觀察厭離하여 捨而出家하사 欲使衆生으로 了知世法이 皆是妄想이라 無常敗壞하여 深起厭離하여 不生染着하여 永斷世間貪愛煩惱하고 修淸淨行하여 利益衆生하나니 當出家時하여 捨俗威儀하고 住無諍法하여 滿足本願無量功德하며 以大智光으로 滅世癡闇하여 爲諸世間無上福田하며 常爲衆生하여 讚佛功德하여 令於佛所에 植諸善本하며 以智慧眼으로 見眞實義하고 復爲衆生하여 讚說出家가 淸淨無過하여 永得出離하여 長爲世間智慧高幢이 是爲第四廣大佛事니라

(4) 불자여, 모든 부처님이 가지가지로 장엄한 궁전에 있으면서도 살펴보고는 싫은 생각을 내어서 버리고 출가하나니, 중생들로 하여금 세상 법이 모두 허망한 것이어서 무상하게 무너지는 것임을 알고 싫은 마음을 내어 물들지 않게 하며, 세간의 탐욕과 사랑과 번뇌를 아주 끊어 버리고 청정한

행을 닦아 중생을 이익하게 하고자 함이니라. 출가할 적에
는 세속의 위의를 버리고 다툼이 없는 법에 머물러 본래의
서원과 한량없는 공덕을 만족하며, 큰 지혜의 빛으로 세간
의 어둠을 소멸하고 세상의 가장 높은 복밭이 되며, 중생들
을 위하여 항상 부처님의 공덕을 찬탄하여 부처님 계신 데
서 착한 뿌리를 심게 하여 지혜의 눈으로 진실한 이치를 보
게 하며, 또 중생에게 출가하는 것이 깨끗하고 허물이 없음
을 찬탄하여 영원히 떠나서 세간의 우뚝한 지혜 당기가 되
게 하나니, 이것이 넷째 광대한 불사이니라.

[疏] 四, 出家佛事라 中에 二니 先, 明出家意요 後, 當出家時下는 明出
家相이니 三業二利故니라

■ d) 출가하는 불사이다. 그중에 둘이니 (a) 출가의 의미를 밝힘이요,
(b) 當出家時 아래는 출가하는 모습을 밝힘이니 세 가지 업과 2리행
인 까닭이다.

e) 불도를 이루는 불사[成道佛事] 3.

(a) 진각은 본래로 원만하다[眞覺舊圓] (五成 5下5)
(b) 응신은 지금 원만하다[應身今滿] (次菩)
(c) 법을 연설하여 중생을 이익하다[演法益生] (後其)

佛子여 一切諸佛이 具一切智하사 於無量法에 悉已知見
하시되 菩提樹下에 成最正覺하사 降伏衆魔에 威德特尊

하며 其身이 充滿一切世界하여 神力所作이 無邊無盡하
며 於一切智所行之義에 皆得自在하사 修諸功德하여 悉
已圓滿하며 其菩提座가 具足莊嚴하여 周徧十方一切世
界어든 佛處其上하사 轉妙法輪하여 說諸菩薩의 所有行
願하며 開示無量諸佛境界하사 令諸菩薩로 皆得悟入하
여 修行種種淸淨妙行하며 復能示導一切衆生하사 令種
善根하여 生於如來平等地中하며 住諸菩薩無邊妙行하
사 成就一切功德勝法하며 一切世界와 一切衆生과 一切
佛刹과 一切諸法과 一切菩薩과 一切敎化와 一切三世와
一切調伏과 一切神變과 一切衆生心之樂欲을 悉善了知
하여 而作佛事가 是爲第五廣大佛事니라

(5) 불자여, 모든 부처님이 온갖 지혜를 갖추어서 한량없는
법을 이미 알고 보았으며, 보리수 아래서 가장 바른 깨달음
을 이루어 여러 마군을 항복받고 위엄과 공덕이 특별하며,
그 몸은 일체 세계에 가득하고 신통한 힘으로 하시는 일이
그지없고 다함이 없으며, 온갖 지혜로 행하는 뜻이 모두 자
재하며, 모든 공덕을 닦아 이미 원만하였느니라. 그 보리좌
는 장엄을 갖추어 시방의 모든 세계에 가득하였는데, 부처
님이 그 위에 앉아서 묘한 법륜을 굴리면서 보살들의 행과
원을 말하며 한량없는 부처님의 경계를 말하며, 여러 보살
들로 하여금 깨달음을 얻고 가지가지 청정하고 미묘한 행
을 닦게 하며, 또 일체중생을 지도하여 착한 뿌리를 심고 여
래의 평등한 땅에 나게 하며, 보살의 그지없이 묘한 행에 머
물러 일체 공덕의 훌륭한 법을 성취하며, 일체 세계와 일체

중생과 일체 부처님 세계와 일체 법과 일체 보살과 일체 교화와 일체 삼세와 일체 조복과 일체 신통변화와 일체중생의 마음으로 좋아하는 것을 모두 잘 알아서 불사를 짓나니, 이것이 다섯째 광대한 불사이니라.

[疏] 五, 成道佛事라 中에 三이니 初, 明眞覺舊圓이요 次, 菩提樹下는 應身今滿이요 後, 其菩提下는 演法益生이니 此頓演華嚴이니라

■ e) 불도를 이루는 불사이다. 그중에 셋이니 (a) 진각은 본래로 원만함을 밝힘이요, (b) 菩提樹 아래는 응신은 지금 원만함이요, (c) 其菩提 아래는 법을 연설하여 중생을 이익함이니, 여기서 화엄경을 몰록 연설한다는 뜻이다.

f) 법륜을 굴리는 불사[轉法輪佛事] 2.

(a) 나열하다[列] (六轉 6上6)
(b) 명칭을 결론하다[結] (後一)

佛子여 一切諸佛이 轉不退法輪은 令諸菩薩로 不退轉故며 轉無量法輪은 令一切世間으로 咸了知故며 轉開悟一切法輪은 能大無畏師子吼故며 轉一切法智藏法輪은 開法藏門하여 除闇障故며 轉無礙法輪은 等虛空故며 轉無著法輪은 觀一切法이 非有無故며 轉照世法輪은 令一切衆生으로 淨法眼故며 轉開示一切智法輪은 悉徧一切三世法故며 轉一切佛同一法輪은 一切佛法이 不相違

故며 一切諸佛이 以如是等無量無數百千億那由他法輪
으로 隨諸衆生의 心行差別하사 而作佛事하여 不可思議
가 是爲第六廣大佛事니라

(6) 불자여, 모든 부처님이 물러나지 않는 법륜을 굴리니 보
살들을 퇴전하지 않게 하는 연고며, 한량없는 법륜을 굴리
니 모든 세간이 다 알게 하는 연고며, 모든 것을 깨닫게 하
는 법륜을 굴리니 두려움 없이 크게 사자후하는 연고며, 온
갖 법의 지혜 광 법륜을 굴리니 법장의 문을 열어 어둡고 막
힌 것을 없애는 연고며, 걸림 없는 법륜을 굴리니 허공과 같
은 연고며, 집착이 없는 법륜을 굴리니 온갖 법이 있는 것도
없는 것도 아님을 관하는 연고며, 세상을 비추는 법륜을 굴
리니 중생들로 하여금 법의 눈이 깨끗하게 하는 연고며, 온
갖 지혜를 열어 보이는 법륜을 굴리니 모든 세 세상 법에 두
루하는 연고며, 모든 부처님과 꼭 같은 법륜을 굴리니 모든
부처님의 법이 서로 어기지 않는 연고며, 모든 부처님이 이
렇게 한량없고 수없는 백천억 나유타 법륜으로 중생들의 마
음과 행이 차별함을 따라서 불사를 지음이 헤아릴 수 없나
니, 이것이 여섯째 광대한 불사이니라.

[疏] 六, 轉法輪佛事라 中에 義通權實이라 先, 列이요 後, 結이라 列中에
一, 唯菩薩乘이니 通四不退요 二, 通五乘이니 世咸了故요 三, 開權
顯實이니 令悟知見이 決定有故요 四, 通三藏이니 三藏이 除癡와 及
三障故오 五, 唯頓法이니 事理雙絶故요 六, 中道法이니 不着二邊故
오 七, 世諦法이니 淨所知故요 八, 唯佛法이니 智徧知故오 九, 唯圓

法이니 無異味故라 後, 一切諸佛[18]下는 總結이니 卽無量乘으로 爲第
十輪하여 隨機演故라 十皆圓融하여 爲不思議니라

■ f) 법륜을 굴리는 불사이다. 그중에 이치는 권교와 실법에 통하나니
(a) 나열함이요, (b) 명칭을 결론함이다. (a) 나열함 중에 (1) 오직
보살승뿐이니 네 가지 물러나지 않음과 통한다. (2) 오승(五乘)과 통
함이니 세상을 모두 아는 연고요, (3) 방편을 열고 실법을 밝힘이니
깨달아서 알고 보게 함이 결정코 있는 연고요, (4) 삼장(三藏)에 통함
이니 삼장은 어리석음과 세 가지 장애를 제거하는 연고요, (5) 오직
돈교(頓敎)의 법뿐이니 현상과 이치가 함께 끊어진 연고요, (6) 중도
의 법이니 두 변두리에 집착하지 않는 연고요, (7) 세간 진리의 법이
니 청정함으로 알 대상인 연고요, (8) 오직 불법뿐이니 지혜로 두루
아는 연고요, (9) 오직 원교(圓敎)의 법뿐이니 다른 맛이 없는 연고요,
(b) 一切諸佛 아래는 명칭을 결론함이니, 곧 무량한 승[無量乘]이 제
10 법륜이 되어 근기를 따라 연설하는 까닭이다. 열 가지가 모두 원
융하여 불가사의함이 된다는 뜻이다.

g) 거동하는 모습으로 하는 불사[威儀佛事] 4.

(a) 성에 들어가는 모습을 따로 거론하다[別擧入城] (七威 7下6)
(b) 거동하는 모습으로 중생을 이익하다[威儀益物] (二一)
(c) 말과 이야기로 나타내 보이다[言談示現] (三一)
(d) 깊고 광대함을 총합 결론하다[總結深廣] (四一)

---

18) 上四字는 南續金本作以如是라 하다.

佛子여 一切諸佛이 入於一切王都城邑하사 爲諸衆生하여 而作佛事하나니 所謂人王都邑과 天王都邑과 龍王과 夜叉王과 乾闥婆王과 阿修羅王과 迦樓羅王과 緊那羅王과 摩睺羅伽王과 羅刹王과 毘舍闍王인 如是等王의 一切都邑이라 入城門時에 大地震動하고 光明普照하여 盲者得眼하고 聾者得耳하고 狂者得心하고 裸者得衣하고 諸憂苦者가 悉得安樂하며 一切樂器가 不鼓自鳴하고 諸莊嚴具가 若著不着에 咸出妙音하여 衆生聞者가 無不欣樂하나니라 一切諸佛이 色身淸淨하고 相好具足하사 見者無厭하여 能爲衆生하여 作於佛事하나니 所謂若顧視와 若觀察과 若動轉과 若屈伸과 若行若住와 若坐若臥와 若黙若語와 若現神通과 若爲說法과 若有敎勅한 如是一切로 皆爲衆生하사 而作佛事하나니라

一切諸佛이 普於一切無數世界種種衆生心樂海中에 勸令念佛하여 常勤觀察하여 種諸善根하여 修菩薩行하며 歎佛色相이 微妙第一하되 一切衆生이 難可値遇니 若有得見하여 而興信心이면 則生一切無量善法하여 集佛功德하여 普皆淸淨이라하사 如是稱讚佛功德已에 分身普往十方世界하사 令諸衆生으로 悉得瞻奉하여 思惟觀察하며 承事供養하여 種諸善根하여 得佛歡喜하고 增長佛種하여 悉當成佛이니 以如是行으로 而作佛事하며 或爲衆生하여 示現色身하며 或出妙音하며 或但微笑하사 令其信樂하여 頭頂禮敬하며 曲躬合掌하며 稱揚讚歎하며 問訊起居하여 而作佛事하나니라 一切諸佛이 以如是等

無量無數不可言說不可思議種種佛事로 於一切世界中
에 隨諸衆生心之所樂하사 以本願力과 大慈悲力과 一切
智力으로 方便敎化하사 悉令調伏이 是爲第七廣大佛事
니라

(7) 불자여, 모든 부처님이 모든 왕의 도성에 들어가서 중생
들을 위하여 불사를 짓나니, 이른바 인간 왕의 도성·천왕
의 도성·용왕·야차왕·건달바왕·아수라왕·가루라
왕·마후라가왕·나찰왕·비사사왕들의 모든 도성들이니
라. 이런 성문에 들어갈 때에 땅이 진동하고 광명이 두루 비
치어 소경이 보게 되고 귀머거리가 듣게 되고 미친 사람이
정신을 차리고 헐벗은 이가 옷을 얻으며, 여러 근심하던 이
들이 평안하게 되고 모든 악기가 치지 않아도 저절로 울리
며, 모든 장엄거리가 쓰거나 안 쓰거나 모두 아름다운 소리
를 내어 듣는 이가 모두 기뻐하느니라. 모든 부처님의 육신
이 청정하고 상호가 구족하여 보는 이가 싫어할 줄을 모르
며 중생들을 위하여 불사를 짓나니, 이른바 돌아보거나 관
찰하거나 움직이거나 굽히고 펴거나 가거나 섰거나 앉았거
나 누웠거나 잠잠하거나 말하거나 신통을 나투거나 법을 말
하거나 가리쳐 이르거나 이런 것들이 모두 중생을 위하여
불사를 짓느니라. 모든 부처님이 수없는 모든 세계에 있는
갖가지 중생의 좋아하는 마음 바다에서, 그들을 권하여 염
불하고 부지런히 관찰하며 여러 가지 착한 뿌리를 심어 보
살의 행을 닦게 하며, 부처님의 몸매는 미묘하고 제일이어
서 일체중생이 만나기 어렵거니와, 만일 보기만 하면 신심

을 일으키고 한량없이 착한 법을 내어 부처님의 공덕을 모아 두루 청정하여진다고 찬탄하느니라. 이렇게 부처님의 공덕을 찬탄하고는 몸을 나투어서 시방세계로 가서 중생들로 하여금 앙모하고 받들며 생각하고 관찰하며, 받들어 섬기고 공양하며, 착한 뿌리를 심어 부처님을 환희케 하고 부처의 종자를 증장하여 부처를 이루게 하며, 이런 행으로써 불사를 지으며, 혹은 중생을 위하여 육신을 나타내기도 하고 묘한 음성을 내기도 하며, 혹은 미소를 짓기도 하며, 그들로 하여금 믿고 좋아하고 머리를 조아려 예경하고 허리 급혀 합장하며 드날리고 칭찬하고 문안하여 불사를 짓느니라. 모든 부처님이 이렇게 한량없고 수없고 말할 수 없고 헤아릴 수 없는 여러 가지 불사로써 모든 세계에서 중생들의 좋아함을 따르며, 본래의 원력과 자비한 힘과 온갖 지혜와 방편으로 교화하여 조복하게 하나니, 이것이 일곱째 광대한 불사이니라.

[疏] 七, 威儀佛事라 於中에 四니 一, 別擧入城益物이요 二, 一切諸佛色身下는 通顯威儀益物이요 三, 一切諸佛昔於下는 言談示現益物이라 其昔字는 晉本所無니 卽是現益이라 若言昔者인대 乃是擧因顯果니 必是普字니라 四, 一切諸佛以如是下는 總結深廣이니라

■ g) 거동하는 모습으로 하는 불사이다. 그중에 넷이니 (a) 성에 들어가서 중생을 이익하는 모습을 따로 거론함이요, (b) 一切諸佛色身 아래는 거동하는 모습으로 중생을 이익함을 통틀어 밝힘이요, (c) 一切諸佛昔於 아래는 말과 이야기로 나타내 보여서 중생을 이익함

이다. 그 석(昔) 자는 진경에는 없는 부분이니 곧 현재의 이익이다. 만일 옛날을 말한다면 비로소 원인을 거론하여 결과를 밝힘이니, 반드시 보(普) 자일 것이다. (d) 一切諸佛以如是 아래는 깊고 광대함을 총합 결론함이다.

h) 행법을 일으켜서 하는 불사[起行佛事] 4.

(a) 몸과 마음으로 안주하는 행법[身心安住行] (八起 8下8)
(b) 응하여 위로 구함을 일으키는 행법[起應上求行] (二或)
(c) 설법과 묵연함으로 중생 교화하는 행법[說黙下化行] (三或)
(d) 시분으로 정진하고 수행하는 행법[時分進修行] (四或)

佛子여 一切諸佛이 或住阿蘭若處하여 而作佛事하며 或住寂靜處하여 而作佛事하며 或住空閑處하여 而作佛事하며 或住佛住處하여 而作佛事하며 或住三昧하여 而作佛事하며 或獨處園林하여 而作佛事하며 或隱身不現하여 而作佛事하며 或住甚深智하여 而作佛事하며 或住諸佛無比境界하여 而作佛事하며 或住不可見種種身行하여 隨諸衆生의 心樂欲解하사 方便敎化하되 無有休息하여 而作佛事하며

或以天身으로 求一切智하여 而作佛事하며 或以龍身과 夜叉身과 乾闥婆身과 阿修羅身과 迦樓羅身과 緊那羅身과 摩睺羅伽와 人非人等身으로 求一切智하여 而作佛事하며 或以聲聞身과 獨覺身과 菩薩身으로 求一切智하여

而作佛事하며 或時說法하고 或時寂黙하여 而作佛事하며
或說一佛하고 或說多佛하여 而作佛事하며 或說諸菩薩
의 一切行一切願이 爲一行願하여 而作佛事하며 或說諸
菩薩의 一行一願이 爲無量行願하여 而作佛事하며 或說
佛境界가 卽世間境界하여 而作佛事하며 或說世間境界
가 卽佛境界하여 而作佛事하며 或說佛境界가 卽非境界
하여 而作佛事하며 或住一日하고 或住一夜하고 或住半
月하고 或住一月하고 或住一年하며 乃至住不可說劫하사
爲諸衆生하여 而作佛事하나니 是爲第八廣大佛事니라

(8) 불자여, 모든 부처님이 혹은 아란야에 있으면서 불사를
짓고, 혹은 고요한 곳에 머물러 불사를 짓고, 혹은 비고 한
가한 곳에 있어서 불사를 짓고, 혹은 부처님이 머무는 곳에
있으면서 불사를 짓고, 혹은 삼매에 들어서 불사를 짓고, 혹
은 숲 동산에 혼자 있어서 불사를 짓고, 혹은 몸을 감추고
나타나지 않으면서 불사를 짓고, 혹은 깊은 지혜에 머물러
불사를 짓고, 혹은 부처님들의 견줄 데 없는 경계에 있어서
불사를 짓고, 혹은 볼 수 없는 여러 가지 몸과 행에 머물러
서 중생들의 마음과 좋아함과 욕망과 지혜를 따라서 방편
으로 교화하기를 쉬지 아니하여 불사를 짓느니라.
혹은 하늘의 몸으로 온갖 지혜를 구하면서 불사를 짓고, 혹은
용의 몸·야차의 몸·건달바 몸·아수라 몸·가루라 몸·
긴나라 몸·마후라가 몸·사람인 듯 아닌 듯한 몸들로 온
갖 지혜를 구하면서 불사를 짓고, 혹은 성문의 몸·독각의
몸·보살의 몸으로 온갖 지혜를 구하면서 불사를 짓기도 하

느니라. 어떤 때는 법을 말하고 어떤 때는 잠잠하게 불사를 지으며, 혹은 한 부처님을 말하고 혹은 여러 부처님을 말하여 불사를 지으며, 혹은 여러 보살의 온갖 행과 온갖 원으로 한 행과 한 원을 삼는다 말하여 불사를 지으며, 혹은 보살의 한 행과 한 원으로 한량없는 행과 원을 삼는다 말하여 불사를 지으며, 혹은 부처님 경계가 곧 세간 경계라 말하여 불사를 지으며, 혹은 세간 경계가 곧 부처님 경계라 말하여 불사를 지으며, 혹은 부처님 경계가 옳은 경계가 아니라 말하여 불사를 짓느니라. 혹 한 날을 머물고, 혹 하룻밤을 머물고 혹 반달을 머물고, 한 달을 머물고, 일 년을 머물고, 내지 말할 수 없는 겁을 머물면서 중생을 위하여 불사를 짓나니, 이것이 여덟째 광대한 불사이니라.

[疏] 八, 起行佛事라 中에 有四니 一, 身心安住行이라 蘭若는 唯山林이요 寂靜은 通城邑이요 空閑은 在無物이라 二, 或以天身下는 起應上求 行이요 三, 或時說法下는 說黙下化行이요 四, 或住一日下는 時分進 修行이라

■ h) 행법을 일으켜서 하는 불사이다. 그중에 넷이 있으니 (a) 몸과 마음으로 안주하는 행법이니, 난야(蘭若)는 오직 산림뿐이고, 고요함은 성읍(城邑)에 통하고, '텅 비고 한가함'은 중생이 없는 곳이다. (b) 或 以天身 아래는 응하여 위로 구함을 일으키는 행법이요, (c) 或時說 法 아래는 설법과 묵연함으로 중생 교화하는 행법이요, (d) 或住一 日 아래는 시분으로 정진하고 수행하는 행법이다.

i) 일으켜 작용하는 불사[起用佛事] 2.

(a) 작용의 의지처를 밝히다[顯用所依] (九起 9下8)
(b) 작용 일으킴을 바로 밝히다[正明起用] (二或)

佛子여 一切諸佛이 是生淸淨善根之藏이라 令諸衆生으
로 於佛法中에 生淨信解하여 諸根調伏하여 永離世間하
며 令諸菩薩로 於菩提道에 具智慧明하여 不由他悟하며
或現涅槃하여 而作佛事하며 或現世間이 皆悉無常하여
而作佛事하며 或說佛身하여 而作佛事하며 或說所作이
皆悉已辦하여 而作佛事하며 或說功德이 圓滿無缺하여
而作佛事하며 或說永斷諸有根本하여 而作佛事하며 或
令衆生으로 厭離世間하고 隨順佛心하여 而作佛事하며
或說壽命이 終歸於盡하여 而作佛事하며 或說世間이 無
一可樂하여 而作佛事하며 或爲宣說盡未來際도록 供養
諸佛하여 而作佛事하며 或說諸佛이 轉淨法輪하사 令其
得聞하고 生大歡喜하여 而作佛事하며 或爲宣說諸佛境
界하사 令其發心하여 而修諸行하여 而作佛事하며 或爲
宣說念佛三昧하사 令其發心하여 常樂見佛하여 而作佛
事하며 或爲宣說諸根淸淨하사 勤求佛道하되 心無懈退
하여 而作佛事하며 或詣一切諸佛國土하사 觀諸境界種
種因緣하여 而作佛事하며 或攝一切諸衆生身하여 皆爲
佛身하사 令諸懈怠放逸衆生으로 悉住如來淸淨禁戒하
여 而作佛事하나니 是爲第九廣大佛事니라

(9) 불자여, 모든 부처님은 청정한 착한 뿌리를 내는 광이라, 중생들로 하여금 부처님 법에 대하여 깨끗한 믿음과 지혜를 내고 모든 감관을 조복하여 영원히 세간을 여의게 하여 보살들로 하여금 보리의 도에 밝은 지혜를 갖추되 남을 인하여 깨달음이 아니니라. 혹 열반을 나타내어 불사를 짓고, 혹 세상이 모두 무상함을 나타내어 불사를 짓고, 혹 부처의 몸을 말하여 불사를 짓고, 혹 지을 일을 모두 마치었다 말하여 불사를 짓고, 혹 공덕이 원만하고 모자람이 없다고 말하여 불사를 짓고, 혹 모두 존재의 근본을 아주 끊었다 말하여 불사를 짓고, 혹 중생으로 하여금 세간을 싫어하고 부처의 마음을 따르게 하여 불사를 짓고, 혹 목숨이 마침내 다한다 말하여 불사를 짓고, 혹 세간 일을 하나도 즐거울 것이 없다 말하여 불사를 짓고, 혹 오는 세월이 끝나도록 부처님께 공양하라 말하여 불사를 짓느니라.

혹 여러 부처님이 청정한 법륜을 굴린다 말하여 그들이 듣고 크게 환희하게 하여 불사를 짓고, 혹 부처님들의 경계를 말하여 그들로 하여금 마음을 내고 수행케 하여 불사를 짓고, 혹 염불하는 삼매를 말하여 그들로 하여금 항상 부처님을 뵈오려는 마음을 내게 하여 불사를 짓고, 혹 여러 감관이 청정함을 말하여 불도를 부지런히 구하고 게을러 물러나는 마음이 없게 하여 불사를 지으며, 혹 모든 부처님의 국토에 나아가서 여러 경계와 가지가지 인연을 보아 불사를 짓고, 혹 모든 중생의 몸으로 모두 부처의 몸을 만들어 게으르고 방탕한 중생으로 하여금 여래의 청정한 계율에 머물게 하여 불사를 짓나니, 이것이 아홉째 광대한 불사이니라.

[疏] 九, 起用佛事라 中에 二니 初, 顯起用所依니 以是能生功德藏故라 二, 或現涅槃下는 正明起用이라

■ i) 작용을 일으켜 하는 불사이다. 그중에 둘이니 (a) 작용의 의지처를 일으킴을 밝힘이니, 생기게 하는 주체의 공덕 창고인 연고요, (b) 或現涅槃 아래는 작용 일으킴을 바로 밝힘이다.

j) 열반을 보이는 불사[涅槃佛事] 3.

(a) 열반으로 중생을 연민하는 이익[涅槃悲戀益] (十涅 10下9)

(b) 사리로 유포하는 이익[舍利流布益] (次復)

(c) 이익이 충만함으로 결론하다[總結益滿] (後佛)

佛子여 一切諸佛이 入涅槃時에 無量衆生이 悲號涕泣하여 生大憂惱하여 遞相瞻顧하고 而作是言하되 如來世尊이 有大慈悲하사 哀愍饒益一切世間하여 與諸衆生으로 爲救爲歸니 如來出現이 難可値遇어늘 無上福田이 於今永滅이라하나니 卽以如是令諸衆生으로 悲號戀慕하여 而作佛事하며 復爲化度一切天人과 龍神과 夜叉와 乾闥婆와 阿修羅와 迦樓羅와 緊那羅와 摩睺羅伽와 人非人等故로 隨其樂欲하여 自碎其身하여 以爲舍利하되 無量無數하여 不可思議하여 令諸衆生으로 起淨信心하여 恭敬尊重하고 歡喜供養하여 修諸功德하여 具足圓滿하며 復

起於塔하여 種種嚴飾하여 於諸天宮과 龍宮과 夜叉宮과 乾闥婆와 阿修羅와 迦樓羅와 緊那羅와 摩睺羅伽와 人非人等諸宮殿中에 以爲供養하며 牙齒爪髮을 咸以起塔하여 令其見者로 皆悉念佛念法念僧하여 信樂不迴하며 誠敬尊重하여 在在處處에 布施供養하여 修諸功德하고 以是福故로 或生天上하며 或處人間하되 種族尊榮하고 財産備足하며 所有眷屬이 悉皆清淨하며 不入惡趣하고 常生善道하여 恒得見佛하여 具衆白法하며 於三有中에 速得出離하여 各隨所願하여 獲自乘果하며 於如來所에 知恩報恩하여 永與世間으로 作所歸依하나니 佛子여 諸佛世尊이 雖般涅槃이나 仍與衆生으로 作不思議清淨福田과 無盡功德最上福田하사 令諸衆生으로 善根具足하며 福德圓滿이니 是爲第十廣大佛事니라

(10) 불자여, 모든 부처님이 열반에 드실 적에 한량없는 중생이 슬피 울며 큰 근심을 내어 서로 쳐다보면서 말하기를, '여래 세존께서 큰 자비로써 일체 세간을 가엾이 여기고 이익하게 하여 여러 중생의 의지가 되고 구호할 이가 되는지라, 여래의 출현하심을 만나기 어렵거늘 더없는 복밭이 이제 영원히 가시도다.' 하나니, 이렇게 중생들로 하여금 슬피 울고 앙모하게 하여 불사를 짓느니라. 또 모든 하늘과 용과 야차·건달바·아수라·가루라·긴나라·마후라가·사람인 듯 아닌 듯한 이들을 교화하려고 그들의 욕망을 따라 당신의 몸을 부수어 한량없고 수없고 헤아릴 수 없는 사리를 만들어 중생들의 신심을 일으키게 하며, 공경하고 존중

하고 환희하게 공양하여 여러 가지 공덕을 닦아 원만하게 하느니라. 또 탑을 조성하고 여러 가지로 장엄하여 천궁과 용궁과 야차의 궁전과 건달바·아수라·가루라·긴나라·마후라가·사람인 듯 아닌 듯한 이들의 궁전에서 공양하며, 치아와 손톱과 머리카락으로 탑을 조성하여 보는 이로 하여금 부처님을 염하고 법을 염하고 스님을 염하며 신심을 돌이키지 않고 정성으로 존중하며, 가는 곳마다 보시하고 공양하여 공덕을 닦으며, 이러한 복덕으로 천상에도 나고 인간에도 나서 문벌이 훌륭하고 재산이 풍족하고 권속들이 청정하며, 나쁜 갈래에 떨어지지 않고 항상 좋은 갈래에 태어나서 부처님을 뵈옵고 선한 법을 구족하며, 세 가지 세계에서 빨리 뛰어나 제각기 소원대로 자기의 과보를 얻으며 여래의 은혜를 알고 은혜를 갚으며, 영원히 세간의 귀의할 데가 되느니라.

불자여, 여러 부처님 세존이 열반에 드시더라도 모든 중생의 헤아릴 수 없는 청정한 복밭이 되고 끝없는 공덕의 가장 높은 복밭이 되어 중생들의 착한 뿌리가 구족하고 복덕이 원만하게 하나니, 이것이 열째 광대한 불사이니라.

[疏] 十, 涅槃佛事니 別顯用中之一이라 於中에 三이니 初, 明涅槃悲戀益이요 次, 復爲化度下는 舍利流布益이요 後, 佛子下는 總結益滿이라 若配十問인대 一, 本願이요 二, 卽種性과 及國土요 三, 是無礙요 四, 十皆解脫이요 五, 出現이요 六, 音聲이요 七, 身이요 八, 智慧요 九, 自在니라

■ j) 열반을 보이는 불사이니, 작용 중의 하나를 별도로 밝힘이다. 그 중에 셋이니 (a) 열반을 연민하는 이익을 밝힘이요, (b) 復爲化度 아래는 사리로 유포하는 이익이요, (c) 佛子 아래는 이익이 충만함으로 결론함이다. 만일 열 가지 질문에 배대한다면 (1) 본래 서원이요, (2) 종성과 국토와 합치함이요, (3) 무애함이요, (4) 열 가지가 모두 해탈함이요, (5) 출현함이요, (6) 음성이요, (7) 몸이요, (8) 지혜요, (9) 자재함이다.

(ㄷ) 불사에 대한 결론[結] (三結 11上7)

佛子여 此諸佛事가 無量廣大하여 不可思議하여 一切世間에 諸天及人과 及去來今聲聞獨覺은 皆不能知요 唯除如來威神所加니라
불자여, 이 여러 가지 불사는 한량없고 광대하고 헤아릴 수 없어서, 온갖 세간의 하늘과 사람과 과거·미래·현재의 성문과 독각들도 알지 못하거니와 오직 여래의 위신으로 가피한 이는 제외할 것이니라.

[疏] 三, 結은 可知니라
■ (ㄷ) 불사에 대한 결론은 알 수 있으리라.

ㅁ) 두 가지 행이 없는 자재함[無二行自在] (第五 11下10)

佛子여 諸佛世尊이 有十種無二行自在法하시니 何等爲

十고 所謂一切諸佛이 悉能善說授記言辭하여 決定無二
하며 一切諸佛이 悉能隨順衆生心念하사 令其意滿하여
決定無二하며 一切諸佛이 悉能現覺一切諸法하사 演說
其義하여 決定無二하며 一切諸佛이 悉能具足去來今世
諸佛智慧하여 決定無二하며 一切諸佛이 悉知三世一切
刹那가 卽一刹那하여 決定無二하며 一切諸佛이 悉知三
世一切佛刹이 入一佛刹하여 決定無二하며 一切諸佛이
悉知三世一切佛語가 卽一佛語하여 決定無二하며 一切
諸佛이 悉知三世一切諸佛이 與其所化一切衆生으로 體
性平等하여 決定無二하며 一切諸佛이 悉知世法과 及諸
佛法이 性無差別하여 決定無二하며 一切諸佛이 悉知三
世一切諸佛의 所有善根이 同一善根하여 決定無二가 是
爲十이니라

불자여, 모든 부처님 세존께서는 열 가지 둘이 없는 행에 자
유자재한 법이 있으니, 무엇이 열 가지인가? 이른바 (1) 모
든 부처님은 다 수기하는 말씀을 잘 하시는 것이 결정하여
둘이 없고, (2) 모든 부처님은 다 중생들의 생각함을 따라
그 뜻을 만족하게 함이 결정하여 둘이 없고, (3) 모든 부처
님은 다 온갖 법을 분명히 깨닫고 그 뜻을 말씀함이 결정하
여 둘이 없고, (4) 모든 부처님은 다 과거·미래·현재에 계
신 부처님의 지혜를 구족함이 결정하여 둘이 없고, (5) 모든
부처님은 다 세 세상의 온갖 찰나가 곧 한 찰나인 줄을 아는
것이 결정하여 둘이 없느니라. (6) 모든 부처님은 다 세 세
상의 온갖 부처님의 세계가 한 부처님의 세계에 들어감을

아는 것이 결정하여 둘이 없고, (7) 모든 부처님은 다 세 세상의 온갖 부처님의 말씀이 곧 한 부처님의 말씀임을 아는 것이 결정하여 둘이 없고, (8) 모든 부처님은 다 세 세상의 온갖 부처님이 교화할 일체중생들과 성품이 평등함을 아는 것이 결정하여 둘이 없고, (9) 모든 부처님은 다 세상 법과 부처님 법이 성품이 차별이 없음을 아는 것이 결정하여 둘이 없고, (10) 모든 부처님은 다 세 세상 부처님들의 가지신 착한 뿌리가 다 같은 착한 뿌리임을 아는 것이 결정하여 둘이 없나니, 이것이 열이니라.

[疏] 第五, 無二行自在法者는 明無畏自在하사 兼答普光無畏之問이라 於事에 明審하여 決定無疑[19]일새 故云無二요 不畏他難일새 名爲自在라 別中에 初四는 可知요 次三은 通二義하니 一, 以理融相이요 二, 事事卽入이라 次二는 唯理요 後一은 有三義하니 一, 同性修故요 二, 互廻向故요 三, 互主伴故니라

■ ㅁ) 두 가지 행이 없는 자재로움이란 두려움 없는 자재함을 밝혀서 보광명전의 두려움 없음에 대한 질문에 겸하여 대답함이다. 현상에서 살핌을 밝혀서 결정코 무애한 연고로 '둘이 없다'고 말하고, 다른 이가 힐난함을 두려워하지 않음을 이름하여 '자재함'이라 말한다. 별상 중에 (ㄱ) 처음의 넷은 알 수 있으며, (ㄴ) 다음의 셋은 두 가지 이치에 통하나니, (1) 이치로 형상을 융섭함이요, (2) 현상과 현상이 합치하고 들어감이다. (ㄷ) 다음의 둘은 이치뿐이요, (ㄹ) 뒤의 하나는 세 가지 이치가 있나니, (1) 성품과 같이 닦는 연고요, (2) 번갈아 회

---

19) 疑는 南綱續金本作礙, 源原纂本作疑라 하다.

향하는 연고요, (3) 번갈아 주인과 반려가 되는 까닭이다.

ㅂ) 온갖 법에 머물다[住一切法] (第六 12下2)

佛子여 諸佛世尊이 有十種住의 住一切法하시니 何等爲
十고 所謂一切諸佛이 住覺悟一切法界하며 一切諸佛이
住大悲語하며 一切諸佛이 住本大願하며 一切諸佛이 住
不捨調伏衆生하며 一切諸佛이 住無自性法하며 一切諸
佛이 住平等利益하며 一切諸佛이 住無忘失法하며 一切
諸佛이 住無障礙心하며 一切諸佛이 住恒正定心하며 一
切諸佛이 住等入一切法하여 不違實際相이 是爲十이니라
불자여, 모든 부처님 세존은 열 가지 머무름이 있어 온갖 법
에 머무나니, 무엇이 열인가? 이른바 (1) 모든 부처님은 일
체 법계의 깨달음에 머물고, (2) 모든 부처님은 크게 가엾이
여기는 말에 머물고, (3) 모든 부처님은 본래의 큰 서원에 머
물고, (4) 모든 부처님은 중생들을 버리지 않고 조복함에 머
물고, (5) 모든 부처님은 제 성품이 없는 법에 머물고, (6) 모
든 부처님은 평등히 이익하게 하는 데 머물고, (7) 모든 부처
님은 잊어버림이 없는 법에 머물고, (8) 모든 부처님은 장애
가 없는 마음에 머물고, (9) 모든 부처님은 항상 바른 선정의
마음에 머물고, (10) 모든 부처님은 온갖 법에 평등하게 들
어가 실제를 어기지 않는 데 머무나니, 이것이 열이니라.

[疏] 第六, 明住一切法[20]者는 明三昧自在하사 兼答普光의 三昧問이라

如來所住가 無非三昧일새 故로 偏住一切라 文顯可知니라

■ ㅂ) '온갖 법에 머무름을 밝힘'이란 삼매에 자재함을 밝혀서 겸하여 제2. 보광명전법회의 삼매에 대한 질문에 대답함이다. 여래가 머물 대상은 삼매가 아님이 없는 연고로 모두에 두루 머무는 것이다. 경문이 뚜렷하니 알 수 있으리라.

ㅅ) 온갖 법이 남음이 없음을 알다[知一切法盡無有餘] (第七 13上4)

佛子여 諸佛世尊이 有十種知一切法盡無有餘하시니 何等爲十고 所謂知過去一切法하여 盡無有餘하며 知未來一切法하여 盡無有餘하며 知現在一切法하여 盡無有餘하며 知一切言語法하여 盡無有餘하며 知一切世間道하여 盡無有餘하며 知一切衆生心하여 盡無有餘하며 知一切菩薩善根의 上中下種種分位하여 盡無有餘하며 知一切佛圓滿智와 及諸善根의 不增不減하여 盡無有餘하며 知一切法이 皆從緣起하여 盡無有餘하며 知一切世界種하여 盡無有餘하며 知一切法界中에 如因陀羅網諸差別事하사 盡無有餘가 是爲十이니라

불자여, 모든 부처님 세존은 온갖 법을 알아 다하고 남음이 없는 것이 열 가지가 있으니, 무엇이 열인가? 이른바 (1) 과거의 온갖 법을 알아 다하고 남음이 없으며, (2) 미래의 온갖 법을 알아 다하고 남음이 없으며, (3) 현재의 온갖 법을 알아 다하고 남음이 없으며, (4) 온갖 말하는 법을 알아 다

20) 住下에 綱南續金本有住字, 源原本無라 하다.

하고 남음이 없으며, (5) 온갖 세간의 도리를 알아 다하고 남음이 없으며, (6) 온갖 중생의 마음을 알아 다하고 남음이 없으며, (7) 온갖 보살의 착한 뿌리가 상품·중품·하품으로 가지가지 나눈 자리를 알아 다하고 남음이 없으며, (8) 모든 부처님의 원만한 지혜와 착한 뿌리가 늘지도 않고 줄지도 않음을 알아 다하고 남음이 없으며, (9) 온갖 법이 모두 인연으로 일어난 줄을 알아 다하고 남음이 없으며, (10) 온갖 세계종을 알아 다하고 남음이 없으며, (11) 온갖 법계 가운데 인드라 그물과 같은 차별한 일을 알아 다하고 남음이 없나니, 이것이 열이니라.

[疏] 第七, 知一切法盡無有餘者는 明十力自在하사 兼答普光의 十力之問이니 十力智慧가 照境無遺故라 亦顯可知니라

■ ㅅ) '온갖 법이 남음이 없음을 안다'는 것은 십력이 자재함을 밝혀서 겸하여 보광명전법회의 십력에 대한 질문에 대답함이다. 십력의 지혜가 경계를 남김없이 비추는 까닭이다. 또한 (경문이) 뚜렷하니 알 수 있으리라.

ㅇ) 부처님 세존의 열 가지 광대한 힘[廣大力] 3.

(ㄱ) 표방하다[標] 6.
a. 총합하여 과목 나누다[總科] (第八 13上10)
b. 융섭하여 통하다[融通] (是則)

佛子여 諸佛世尊이 有十種力하시니 何等爲十고 所謂廣
大力과 最上力과 無量力과 大威德力과 難獲力과 不退
力과 堅固力과 不可壞力과 一切世間不思議力과 一切
衆生無能動力이 是爲十이라 佛子여 諸佛世尊이 有十種
大那羅延幢勇健法하시니라

불자여, 모든 부처님 세존은 열 가지 힘이 있나니, 무엇이
열인가? 이른바 광대한 힘과 가장 높은 힘과 한량없는 힘과
큰 위력의 힘과 얻기 어려운 힘과 물러나지 않는 힘과 견고
한 힘과 파괴할 수 없는 힘과 모든 세간이 헤아릴 수 없는
힘과 모든 중생이 흔들 수 없는 힘이니, 이것이 열이니라.
불자여, 모든 부처님 세존은 열 가지 큰 나라연 당기처럼 굳
건한 법이 있느니라.

[疏] 第八, 廣大力者는 明神力自在하시며 亦答普光의 十力之問이라 文
中에 亦三이니 初, 標요 次, 何者下는 徵釋이요 三, 結이라 今初라 十
力은 是別名이요 大那羅延等은 是總稱이라 故로 下列中에 但依總名
이라 是則標中의 十力이 一一徧下別中하고 別中의 十門이 一一具前
標中의 十力하여 則成百[21]門이니라

■ ㅇ) (부처님 세존의) 열 가지 광대한 힘이란 신통력이 자재함을 밝히며,
또한 보광명전법회의 십력에 대한 질문에 대답함이다. 경문 중에 또
한 셋이니 (ㄱ) 표방함이요, (ㄴ) 何者 아래는 묻고 해석함이요, (ㄷ)
결론함이다. 지금은 (ㄱ)이니 십력은 개별 명칭이요, '큰 나라연' 등
은 총합 명칭이다. 아래 나열함 중에 단지 총합 명칭만 의지하였다.

---

21) 百은 金本作十誤, 源原南綱纂續本作百이라 하다.

이것은 (ㄱ) 표방함 중의 십력이 낱낱 아래에 별상 중에 두루하고, 별상 중에 열 가지 문은 하나하나 앞의 표방함 중의 십력을 갖추어서 100가지 문을 이루게 된다.

c. 예전 해석[敍昔] (古德 13下5)
d. 위배됨을 밝히다[辨違] (則令)
e. 막고 구제하다[遮救] (設欲)

[疏] 古德이 將標中十力하여 次第로 配下十勇健法하니 謂初爲廣大力等이라하여 則令別中의 一門으로 不攝前十하여 不成百門이요 亦令餘門으로 無廣大義며 初門에 無最上等이라 設欲從勝配者인대 應逆次配之니라

■ 예전 대덕이 표방함 중의 십력을 가져서 순서대로 열 가지 용건법(勇健法)을 배대하였다. 이른바 (1) 열 가지 광대한 힘이 되는 등이다. 별상 중의 한 문으로 하여금 앞의 열 가지를 포섭하여 100문을 이루지 못하게 하고, 또한 나머지 문으로 하여금 광대한 이치가 없으며 첫째 문에 최상 등이 없다. 설사 뛰어난 것부터 배대하려 한다면 마땅히 순서를 거꾸로 배대한 내용이다.

[鈔] 亦令餘門者는 以廣大로 爲初門故라 言初門에 無最上等者는 初門에 唯有廣大일새 故無餘九라 最上은 在初일새 略擧其一하여 等於下八이니라

設欲下는 五, 遮救니 謂彼가 救云호대 雖則互有나 何妨從多立名고할새 故今答云호대 從多可爾나 不應順次요 以逆次配하면 與文相順일새 故로 下釋文[22]에 一一從多하여 逆次名釋이라 然이나 總名那羅

延幢者는 卽帝釋力士之名이니라

● '또한 나머지 문으로 하여금'이란 광대한 힘으로 첫째 문을 삼은 까닭이다. '첫째 문에 최상 등이 없음'이라 말한 것은 첫째 문에 오직 광대한 힘만 있으므로 나머지 아홉 가지 문이 없다. 가장 뛰어남은 처음에 있으므로 간략히 그 하나를 거론하여 아래 여덟 가지에도 똑같다.

e. 設欲 아래는 막고 구제함이다. 이른바 저기에서 구제하여 말하되, "비록 번갈아 있지만 많은 것부터 세운 이름과 어찌 방애되겠는가?"라 말한 연고로 지금 대답하여 말하되, "많은 것부터 하면 그렇게 되겠지만 순서에 응하지 않고 거꾸로 배대하면 경문과 서로 따르는 연고로 아래 경문 해석에 하나하나 많은 것부터 순서를 거꾸로 이름을 해석한다. 그러나 총합하여 '나라연 당기'라 이름한 것은 곧 제석천 금강역사의 이름이 되었다.

f. 바로 해석하다[正釋] (十中 14上5)

[疏] 十中에 一, 廣大者는 周法界故요 二, 最上者는 無加過故요 三, 無分量故요 四, 可敬畏故요 五, 唯佛得故요 六, 作無屈故요 七, 當體堅故요 八, 緣不壞故요 九, 超言念故요 十, 不可搖故니라

■ 열 가지 중에 (1) 광대함이란 법계에 두루한 연고요, (2) 가장 뛰어남이란 더하여 지나침이 없는 연고요, (3) 분량이 없는 연고요, (4) 공경하고 두려워할 만한 연고요, (5) 부처님만이 얻는 연고요, (6) 지어서 굴복함 없는 연고요, (7) 해당하는 체성이 견고한 연고요, (8) 인

---

22) 文은 南續金本作大라 하다.

연을 무너뜨리지 않는 연고요, (9) 말과 생각을 초월한 연고요, (10) 동요할 수 없는 연고이다.

(ㄴ) 묻고 해석하다[徵釋] 2.

a. 질문하다[徵] (次徵 14下9)

b. 해석하다[釋] 10.

a) 목숨을 무너뜨리지 못하는 능력[身命不可壞力] 2.

(a) 무너뜨리지 못함을 밝히다[正明不壞] (第一)

(b) 견줌을 거론하여 뛰어남을 밝히다[擧況顯勝] (後若)

何者爲十고 所謂一切諸佛이 身不可壞며 命不可斷이니 世間毒藥의 所不能中이며 一切世界水火風災가 皆於佛身에 不能爲害며 一切諸魔와 天龍과 夜叉와 乾闥婆와 阿修羅와 迦樓羅와 緊那羅와 摩睺羅伽와 人非人과 毘舍闍와 羅刹等이 盡其勢力하여 雨大金剛을 如須彌山과 及鐵圍山하여 徧於三千大千世界하여 一時俱下라도 不能令佛로 心有驚怖하며 乃至一毛도 亦不搖動하여 行住坐臥에 初無變易일새 佛所住處四方遠近에 不令其下하여 則不能雨하며 假使不制하여 而從雨之라도 終不爲損이니 若有衆生이 爲佛所持와 及佛所使라도 尙不可害어든 況如來身가 是爲諸佛의 第一大那羅延幢勇健法이니라

무엇이 열인가? 이른바 (1) 모든 부처님은 몸을 무너뜨릴 수 없고, (2) 목숨을 끊을 수 없고, (3) 세간의 독약으로 중

독시킬 수 없고, (4) 온갖 세계의 수재·화재·풍재가 부처의 몸을 해할 수 없고, (5) 모든 마군·하늘·용·야차·건달바·아수라·가루라·긴나라·마후라가·사람·사람아닌 것·비사사·나찰 따위가 그들의 힘을 다하여 수미산 같고 철위산 같은 큰 금강을 삼천대천세계에 한꺼번에 내리더라도 부처님의 마음을 놀라게 할 수 없고, (6) 내지 한 터럭도 건드릴 수 없어서 가거나 서거나 앉거나 누움이 변동되지 않으며, (7) 부처님 계신 곳에서 사방으로 멀거나 가깝거나 내리지 못하게 하면 내릴 수 없고, (8) 설사 막지 아니하여 내리더라도 손상시키지 못하며, (9) 어떤 중생이 부처님의 가지를 입었거나 심부름을 하더라도 해할 수 없거든, (10) 하물며 여래의 몸일까 보냐. 이것이 부처님들의 첫째 큰 나라연 당기처럼 굳센 법이니라.

[疏] 次, 徵釋中에 第一, 身命不可壞力이라 今逆次配하면 此卽不可動力이니 乃至一毛라도 不搖動故라 文中에 二니 先, 正明不可動壞니 謂情非情境이 俱不能壞니라 後, 若有衆生下는 擧況顯勝이니 如令耆婆로 入火取子하며 入獄問罪等이니라

- (ㄴ) 묻고 해석함 중에, a) 목숨을 무너뜨리지 못하는 능력이다. 지금은 순서를 거꾸로 배대하면 이것은 곧 동요할 수 없는 능력이니 나아가 한 터럭이라도 동요하지 않는 까닭이다. 경문 중에 둘이니 (a) 동요하거나 무너뜨리지 못함을 밝힘이다. 이른바 유정과 무정의 경계가 모두 능히 무너뜨리지 못함이요, (b) 若有衆生 아래는 견줌을 거론하여 뛰어남을 밝힘이니 마치 기파(耆婆)로 하여금 불에 들어가

아들을 취하며 지옥에 들어가 죄를 묻는 등과 같다.

[鈔] 如令耆婆入火者는 現相에 已引하니라 入獄問罪는 卽報恩經第四에
令耆婆로 往阿鼻地獄하여 問調達云호대 汝今受罪云何오 調達이 答
云호대 如第三禪樂이라하니라 今取入中問罪는 苦不能害耳니라

● '마치 기파로 하여금 불에 들어가 아들을 취하게 함과 같다'는 것은
여래현상품에 이미 인용하였다. 지옥에 들어가 죄를 물음은 곧『보
은경(報恩經)』제4권에 기파로 하여금 아비지옥에 가게 해서 제바달
다의 죄를 물어 이르되, "네가 지금 죄를 물음이 어떠한가?" 제바달
다가 대답해 말하되, "제3선의 즐거움과 같다"라고 하였다. 지금 중
간에 들어가 죄 물음을 취함은 괴로워서 능히 해치지 못했을 뿐이다.

b) 털구멍으로 용납하여 지탱하는 능력[毛孔容持力] (第二 15下5)

佛子여 一切諸佛이 以一切法界諸世界中須彌山王과 及
鐵圍山과 大鐵圍山과 大海山林과 宮殿尾宅으로 置一毛
孔하여 盡未來劫하되 而諸衆生이 不覺不知요 唯除如來
神力所被니 佛子여 爾時諸佛이 於一毛孔에 持於爾所
一切世界하여 盡未來劫토록 或行或住하며 或坐或臥하
되 不生一念勞倦之心하나니 佛子여 譬如虛空이 普持一
切偏法界中所有世界하되 而無勞倦인달하여 一切諸佛이
於一毛孔에 持諸世界도 亦復如是니 是爲諸佛의 第二
大那羅延幢勇健法이니라
불자여, 모든 부처님이 온갖 법계의 모든 세계 가운데 있는

수미산·철위산·큰 철위산·큰 바다·산림·궁전·집들을 한 털구멍에 넣고 오는 세월이 다하더라도 여러 중생은 깨닫지 못하고 알지 못하나니, 여래의 신통으로 가피한 이는 제하느니라. 불자여, 이때 부처님의 한 털구멍에 저러한 모든 세계를 지니고 오는 세월이 다하도록 가고 서고 앉고 눕더라도 잠깐도 고달픈 마음을 내지 않느니라. 불자여, 마치 허공이 온 법계에 가득한 모든 세계를 죄다 지니더라도 고달픔이 없는 것과 같이, 모든 부처님이 한 털구멍에 여러 세계를 지님도 그와 같나니, 이것이 부처님들의 둘째 큰 나라연 당기처럼 굳센 법이니라.

[疏] 第二, 毛孔容持力은 卽是不可思니 而諸衆生이 不覺知故[23]라

■ b) 털구멍으로 용납하여 지탱하는 능력은 곧 생각할 수 없음이니 모든 중생이 깨달아 알지 못하는 까닭이다.

c) 터럭으로 큰 산을 지탱하는 능력[毛持大山力] (第三 16上7)

佛子여 一切諸佛이 能於一念에 起不可說不可說世界微塵數步하고 一一步에 過不可說不可說佛刹微塵數國土하사 如是而行하여 經一切世界微塵數劫하나니 佛子여 假使有一大金剛山이 與上所經一切佛刹로 其量正等하여 如是量等大金剛山이 有不可說不可說佛刹微塵數어든 諸佛이 能以如是諸山으로 置一毛孔하며 佛身毛孔이

---

23) 故는 續纂金本作矣誤, 源原南綱本作故라 하다.

與法界中一切衆生毛孔數等이어든 一一毛孔에 悉置爾許大金剛山하여 持爾許山하고 遊行十方하여 入盡虛空一切世界하여 從於前際로 盡未來際토록 一切諸劫에 無有休息하되 佛身無損하며 亦不勞倦하여 心常在定하여無有散亂이니 是爲諸佛의 第三大那羅延幢勇健法이니라

불자여, 모든 부처님이 잠깐 동안에 말할 수 없이 말할 수 없는 세계의 티끌 수같이 많은 걸음을 걷고, 한 걸음마다 말할 수 없이 말할 수 없는 세계의 티끌 수 국토를 지나가며, 이렇게 걸어서 일체 세계의 티끌 수 겁을 경과하느니라. 불자여, 가령 큰 금강산이 있는데, 위에 지나온 모든 세계와 그 수량이 같으며, 이러한 수량의 큰 금강산이 말할 수 없이 말할 수 없는 세계의 티끌 수와 같거든, 부처님이 능히 이와 같은 모든 산을 한 털구멍에 넣으며, 부처님 몸의 털구멍이 법계에 있는 온갖 중생의 털구멍 수와 같은데, 낱낱 털구멍에 모두 저러한 큰 금강산을 넣었고, 저러한 산을 지니고 시방으로 다니면서 온 허공의 일체 세계에 들어가서 앞 세월로부터 오는 세월이 다하도록 모든 겁 동안에 쉬지 아니하건마는, 부처님 몸은 손상되지도 않고 고달프지도 않으며, 마음이 항상 선정에 있어 산란함이 없나니, 이것이 부처님들의 셋째 큰 나라연 당기처럼 굳센 법이니라.

[疏] 第三, 毛持大山力은 即當不壞니 以雖持多大山이나 身心이 無勞損故라 文中에 速行廣步와 多劫行刹로 爲一山之量하나니 此山도 已無邊矣온 況有多山을 在於一毛하며 況復多毛를 窮劫持住아 實難思

之境矣니라

■ c) 터럭으로 큰 산을 지탱하는 능력은 곧 무너뜨리지 못하는 능력에 해당하나니, 비록 많고 큰 산을 지탱하지만 몸과 마음이 수고롭고 손해남이 없는 까닭이다. 경문 중에 넓은 걸음으로 속히 가는 것과 많은 겁이 지나도록 국토를 다님으로 한 산의 분량이 되었으니, 이 산도 이미 끝이 없을 것인데 하물며 많은 산을 한 터럭에 두는 것과 비교할 것이며, 하물며 다시 많은 터럭을 겁이 다하도록 지탱하여 머무르겠는가? 진실로 불가사의한 경계이다.

d) 삼매의 작용이 자재한 능력[定用自在力] (第四 17上2)

佛子여 一切諸佛이 一坐食已에 結跏趺坐하여 經前後際 不可說劫도록 入佛所受不思議樂하사 其身安住하여 寂 然不動하되 亦不廢捨化衆生事하나니 佛子여 假使有人 이 於徧虛空――世界를 悉以毛端으로 次第度量이라도 諸佛이 能於一毛端處에 結跏趺坐하사 盡未來劫하며 如 一毛端處하여 一切毛端處도 悉亦如是니라 佛子여 假使 十方一切世界所有衆生에 ――衆生의 其身大小가 悉與 不可說佛刹微塵數世界로 量等하고 輕重도 亦爾하여 諸 佛이 能以爾所衆生으로 置一指端하여 盡於後際所有諸 劫하며 一切指端도 皆亦如是하여 盡持爾許一切衆生하 고 入徧虛空――世界하여 盡於法界하여 悉使無餘하되 而佛身心은 曾無勞倦이니 是爲諸佛의 第四大那羅延幢 勇健法이니라

불자여, 모든 부처님이 한번 앉아서 밥 먹고는 가부하고 앉아 앞 세상·뒷세상에 말할 수 없는 겁을 지나면서, 부처님들이 받는 부사의한 낙을 받되, 그 몸이 편안하게 머물러서 고요하게 동요하지 않지마는 중생 교화하는 일을 버리지 않느니라.

불자여, 가령 어떤 사람이 허공에 두루한 낱낱 세계를 모두 털끝으로 차례차례 재는데, 부처님들이 한 털끝만 한 곳에서 가부하고 앉아 오는 세월이 다하도록 하며, 한 털끝만 한 곳에서처럼 온갖 털끝만 한 곳에서도 모두 그러하니라.

불자여, 가령 시방의 온갖 세계에 있는 중생들이 낱낱 중생의 몸이 크기가 말할 수 없는 세계의 티끌 수 세계의 분량과 같고 무게도 역시 그러하거든, 부처님들이 저러한 중생들을 한 손가락 끝에 놓고 오는 세상의 모든 겁을 다하며, 온갖 손가락 끝에 모두 그와 같이 저러한 온갖 중생을 놓고 온 허공에 두루한 낱낱 세계에 들어가서 법계가 다하도록 남음이 없이 하되 부처님의 몸과 마음은 조금도 고달프지 않나니, 이것이 부처님들의 넷째 큰 나라연 당기처럼 굳센 법이니라.

[疏] 第四, 定用自在力은 卽是堅固니 定力安住故니라

■ d) 삼매의 작용이 자재한 능력은 곧 견고함이니 삼매의 능력으로 편안히 머무는 까닭이다.

e) 항상 두루 법을 연설하는 능력[常徧演法力] 2.

(a) 한 몸이 뒤바뀜을 밝히다[明一身轉] 3.

㊀ 설법이 많음을 밝히다[顯說多] (第五 18上4)

㊁ 설할 내용이 항상하다[所說常] (次如)

㊂ 설할 대상의 체성[所說體] (後所)

佛子여 一切諸佛이 能於一身에 化現不可說不可說佛刹
微塵數頭하며 一一頭에 化現不可說不可說佛刹微塵數
舌하며 一一舌에 化出不可說不可說佛刹微塵數差別音
聲하사 法界衆生이 靡不皆聞하며 一一音聲에 演不可說
不可說佛刹微塵數修多羅藏하며 一一修多羅藏에 演不
可說不可說佛刹微塵數法하며 一一法에 有不可說不可
說佛刹微塵數文字句義하니 如是演說하여 盡不可說不
可說佛刹微塵數劫하고 盡是劫已에 復更演說하여 盡不
可說不可說佛刹微塵數劫하며 如是次第乃至盡於一切
世界微塵數하고 盡一切衆生心念數어든 未來際劫은 猶
可窮盡이어니와 如來化身의 所轉法輪은 無有窮盡이니
所謂智慧演說法輪과 斷諸疑惑法輪과 照一切法法輪과
開無礙藏法輪과 令無量衆生으로 歡喜調伏法輪과 開示
一切諸菩薩行法輪과 高昇圓滿大智慧日法輪과 普然照
世智慧明燈法輪과 辯才無畏種種莊嚴法輪이라 如一佛
身이 以神通力으로 轉如是等差別法輪에 一切世法으로
無能爲喩하여 如是盡虛空界一一毛端分量之處에 有不
可說不可說佛刹微塵數世界어든 一一世界中에 念念現
不可說不可說佛刹微塵數化身하고 一一化身도 皆亦如

是하여 所說音聲文字句義가 一一充滿一切法界하여 其中衆生이 皆得解了하되 而佛言音은 無變無斷하며 無有窮盡이니 是爲諸佛의 第五大那羅延幢勇健法이니라

불자여, 모든 부처님이 (1) 한 몸에서 능히 말할 수 없이 말할 수 없는 부처 세계의 티끌 수 머리를 나타내고, (2) 낱낱 머리에서 말할 수 없이 말할 수 없는 부처 세계의 티끌 수 혀를 나타내고, (3) 낱낱 혀에서 말할 수 없이 말할 수 없는 부처 세계의 티끌 수 같은 차별한 음성을 내거든, (4) 법계의 중생들이 듣지 못하는 이가 없으며, (5) 낱낱 음성이 말할 수 없이 말할 수 없는 부처 세계의 티끌 수 수다라장을 연설하고, (6) 낱낱 수다라장에서 말할 수 없이 말할 수 없는 부처 세계의 티끌 수 법문을 말하고, (7) 낱낱 법마다 말할 수 없이 말할 수 없는 부처 세계의 티끌 수 글자와 구절과 이치가 있느니라. (8) 이와 같이 말할 수 없이 말할 수 없는 부처 세계의 티끌 수 겁이 다하도록 연설하며, (9) 이러한 겁을 다하고는 또 다시 말할 수 없이 말할 수 없는 부처 세계의 티끌 수 겁이 다하도록 연설하며, (10) 이와 같은 차례로 내지 일체 세계의 티끌 수가 다하고 일체중생의 생각의 수효가 다하되 오는 세월의 겁은 설사 다한다 하더라도, 여래의 나투신 몸이 굴리는 법륜은 다함이 없으리니, 이른바 지혜로 연설하는 법륜·모든 미혹을 끊는 법륜·온갖 법을 비추는 법륜·걸림 없는 광을 여는 법륜·한량없는 중생을 환희하여 조복하게 하는 법륜·모든 보살의 행을 열어 보이는 법륜·높이 떠오르는 원만한 지혜 해의 법륜·

세상을 비추는 지혜의 등불을 널리 켜는 법륜·두려움 없
는 변재로 가지가지 장엄하는 법륜들이니라. (11) 한 부처
님 몸이 신통한 힘으로 이렇게 차별한 법륜을 굴리는 것을
모든 세간 법으로 비유할 수 없듯이, 온 허공의 털끝만 한
곳마다 말할 수 없이 말할 수 없는 부처 세계 티끌 수의 세
계가 있고, 낱낱 세계 가운데 잠깐잠깐마다 말할 수 없이 말
할 수 없는 부처 세계 티끌 수의 나툰 몸이 있고, 낱낱 나툰
몸에서 이렇게 연설하는 음성과 글자와 구절과 이치가 모
두 일체 법계에 가득하여, 그 안에 있는 중생들이 다 분명히
이해하더라도 부처님의 말씀은 변하지 않고 끊이지 아니하
여 다함이 없나니, 이것이 부처님들의 다섯째 큰 나라연 당
기처럼 굳센 법이니라.

[疏] 第五, 常徧演法力이라 此卽不退니 言音이 無變無斷盡故라 文中에
二니 初, 明一身轉이요

■ e) 항상 두루 법을 연설하는 능력이니 이것은 곧 물러나지 않는 능력
이니, 말과 음성이 변함이 없어서 모두 단절함이 없는 까닭이다. 경
문 중에 둘이니 (a) 한 몸이 뒤바뀜을 밝힘이요,

(b) 여러 몸이 바뀜을 밝히다[明多身轉] (後如 18上5)

[疏] 後, 如一佛下는 明多身轉이라 前中에 三이니 初, 顯所說多요 次, 如
是演說下는 明所說常이요 後, 所謂下는 示所說體라 後多身은 可知
니라 是則常恒之說이 前後無涯어늘 生盲之徒가 對而莫覩하고 隨所

感見하여 說有始終이니라

■ (b) 如一佛 아래는 여러 몸이 바뀜을 밝힘이다. (a) 중에 셋이니 ㉠ 설법이 많음을 밝힘이요, ㉡ 如是演說 아래는 설한 내용이 항상함을 밝힘이요, ㉢ 所謂 아래는 설할 내용의 체성을 보임이다. ㉢ 많은 몸은 알 수 있으리라. 이것은 항상한 설법이 앞과 뒤가 끝이 없거늘 태어나면서 맹인인 무리는 상대해도 보지 못하고 느낄 대상을 따라 보아서 설법은 처음과 끝이 있다.

f) 덕스러운 모습으로 마군을 항복받는 능력[德相降魔力] (第六 18下9)

佛子여 一切諸佛이 皆以德相으로 莊嚴胸臆이 猶若金剛의 不可損壞하여 菩提樹下에 結跏趺坐하시니 魔王軍衆이 其數無邊하며 種種異形이 甚可怖畏하여 衆生見者가 靡不驚懾하여 悉發狂亂하고 或時致死하는 如是魔衆이 徧滿虛空이라도 如來見之에 心無恐怖하여 容色不變하며 一毛不竪하여 不動不亂하며 無所分別하여 離諸喜怒하며 寂然淸淨하여 住佛所住하며 具慈悲力하여 諸根調伏하며 心無所畏하여 非諸魔衆의 所能傾動이요 而能摧伏一切魔軍하여 皆使廻心하여 稽首歸依하고 然後에 復以三輪敎化하사 令其悉發阿耨多羅三藐三菩提意하여 永不退轉이니 是爲諸佛의 第六大那羅延幢勇健法이니라

불자여, 모든 부처님은 다 복덕스러운 형상으로 가슴을 장엄하심이 마치 금강과 같아서 깨뜨릴 수 없는 이가 보리수 아래서 가부하고 앉으셨으며, 마왕의 군중은 그 수가 그지

없는데 가지각색 흉악한 형상이 매우 무서워서 보는 중생이 모두 놀라서 발광하거나 혹은 죽게 되나니 그러한 마군들이 허공에 가득하였거든, 부처님이 보시고는 공포도 없고 얼굴도 변하지 않으며, 털끝 하나 곤두서거나 요동하지도 어지럽지도 않고 분별도 없고 기쁘고 노함을 여의시고 고요하고 청정하게 부처들의 머무는 데 머무시며, 자비한 힘을 갖추고 모든 감관이 조복되었고 두려운 마음이 조금도 없으시며, 마군중 따위로는 흔들 수 없고, 오히려 온갖 마군을 항복받아 마음을 돌이키고 머리를 조아려 귀의케 한 뒤에, 세 가지로 교화하여 그들로 하여금 아늣다라삼약삼보디심을 내고 영원히 물러나지 않게 하나니, 이것이 부처님의 여섯째 큰 나라연 당기처럼 굴센 법이니라.

[疏] 第六, 德相降魔力은 卽當難獲이라 然이나 十皆難獲이나 世多魔惑일새 偏[24]立難獲之名하니라

■ f) 덕스러운 모습으로 마군을 항복받는 능력은 곧 얻기 어려움에 해당한다. 그러나 열 가지가 모두 얻기 어렵지만 세상이 대부분 마군에 미혹되었으므로 얻기 어려운 이름을 치우쳐 세운 것이다.

g) 원음으로 두루 사무치는 능력[圓音徧徹力] (第七 19上8)

佛子여 一切諸佛이 有無礙音하사 其音이 普徧十方世界어든 衆生聞者가 自然調伏하나니 彼諸如來의 所出音聲

---

24) 偏은 續金本作徧誤, 源原南綱纂本作偏이라 하다.

을 須彌盧等一切諸山이 不能爲障이며 天宮과 龍宮과 夜
叉宮과 乾闥婆와 阿修羅와 迦樓羅와 緊那羅와 摩睺羅
伽와 人非人等一切諸宮의 所不能障이며 一切世界高大
音聲도 亦不能障이라 隨所應化하여 一切衆生이 靡不皆
聞하여 文字句義를 悉得解了하나니 是爲諸佛의 第七大
那羅延幢勇健法이니라

불자여, 모든 부처님은 걸림 없는 음성이 있어 시방세계에
두루하였으므로, 듣는 중생은 저절로 조복되며, 저 여래가
내는 음성은 수미산들도 장애하지 못하고, 천궁·용궁·야
차궁과 건달바·아수라·가루라·긴나라·마후라가·사
람인 듯 아닌 듯한 모든 궁전들이 장애하지도 못하고, 온갖
세계의 큰 소리도 능히 장애하지 못하며, 교화를 받을 만한
중생들은 모두 듣고 그 글자와 구절과 이치를 다 알게 되나
니, 이것이 부처님들의 일곱째 큰 나라연 당기처럼 굳센 법
이니라.

[疏] 第七, 圓音徧徹力은 卽是威德이니 聞皆調伏故라
■ g) 원음으로 두루 사무치는 능력은 곧 위덕이니 들으면 모두 조복되
기 때문이다.

h) 마음에 장애가 없는 능력[心無障礙力] 2.

(a) 육진의 번뇌로 인한 장애가 없다[無塵惑障礙] (第八 20上4)
(b) 작용을 일으킴에 장애가 없다[起用無障礙] (後於)

佛子여 一切諸佛이 心無障礙하여 於百千億那由他不可
說不可說劫에 恒善淸淨하여 去來現在一切諸佛로 同一
體性이라 無濁無翳하며 無我無我所하며 非內非外라 了
境空寂하여 不生妄想하며 無所依無所作하여 不住諸相
하며 永斷分別하여 本性淸淨하며 捨離一切攀緣憶念하
여 於一切法에 常無違諍하며 住於實際하여 離欲淸淨하
며 入眞法界하여 演說無盡하며 離量非量所有妄想하고
絶爲無爲一切言說하며 於不可說無邊境界에 悉已通達
하여 無礙無盡하며 智慧方便으로 成就十力하여 一切功
德이 莊嚴淸淨하며 演說種種無量諸法하되 皆與實相으
로 不相違背하며 於諸法界三世諸法에 悉等無異하여 究
竟自在하며 入一切法最勝之藏하여 一切法門에 正念不
惑하며 安住十方一切佛刹하여 而無動轉하며 得不斷智
하여 知一切法究竟無餘하며 盡諸有漏하여 心善解脫하
고 慧善解脫하며 住於實際하여 通達無礙하여 心常正定
하며 於三世法과 及以一切衆生心行에 一念了達하여 皆
無障礙하나니 是爲諸佛의 第八大那羅延幢勇健法이니라
불자여, (1) 모든 부처님의 마음은 걸림이 없어 백천억 나유
타 말할 수 없이 말할 수 없는 겁 동안에 항상 청정하며, (2)
과거·미래·현재의 모든 부처님이 꼭 같은 성품이어서 흐
림도 없고 가림도 없고 나도 없고 내 것도 없으며, (3) 안도
아니고 밖도 아니고 경계가 고요함을 알아 허망한 생각을
내지 아니하며, (4) 의지할 데도 없고 지을 것도 없고 모든
상에 머물지도 않고, (5) 아주 분별이 끊어져 성품이 청정하

며, (6) 온갖 반연하는 생각을 여의었으며, (7) 온갖 법에 어
김이 없으며, (8) 실제에 머물러서 탐욕을 떠나 청정하며,
(9) 참법계에 들어가 연설함이 다함이 없으며, (10) 요량할
수 있고 요량할 수 없는 모든 허망한 생각을 여의었고, (11)
함이 있고 함이 없는 온갖 말이 끊어졌느니라. (12) 말할 수
없고 그지없는 경계를 이미 통달하여 걸림이 없고 다함이
없으며, (13) 지혜와 방편으로 열 가지 힘을 성취하고, (14)
일체 공덕과 장엄이 청정하여 가지가지 한량없는 법을 연
설하되 실상과 어기지 아니하며, (15) 모든 법계의 세 세상
법이 모두 평등하여 끝까지 자유자재하며, (16) 온갖 법의
가장 훌륭한 법장에 들어가 모든 법문에 바른 생각이 미혹
하지 않으며, (17) 시방의 모든 부처님 세계에 편안히 머물
러 동요하지 않고, (18) 간단이 없는 지혜를 얻어 일체 법을
끝까지 알아 남음이 없으며, (19) 모든 번뇌를 다하여 마음
이 잘 해탈하였으며, (20) 실제에 머물러 걸림 없이 통달하
고 마음이 항상 바른 선정에 있어 세 세상 법과 일체중생의
마음과 행동을 한 생각에 통달하여 막힘이 없나니, 이것이
부처님들의 여덟째 큰 나라연 당기처럼 굳센 법이니라.

[疏] 第八, 心無障礙力은 卽無量力이니 離量非量故라 初, 無塵惑障礙요
後, 於不可說下는 起用無障礙라 心善解脫者는 由三種相이니 一,
於諸行에 徧了知故요 二, 於彼相應諸煩惱斷에 得作證故요 三, 煩
惱斷已에 於一切處에 離愛住故니라

■ h) 마음에 장애가 없는 능력은 곧 한량없는 능력이니 헤아림과 헤아

림이 아님을 여읜 까닭이다. (a) 육진 번뇌로 인한 장애가 없음이요, (b) 於不可說 아래는 작용을 일으킴에 장애가 없음이다. '마음으로 잘 해탈함'이란 세 가지 모양으로 말미암았으니 (1) 모든 행에서 두루 요달하여 아는 연고요, (2) 저기에서 서로 응하여 모든 번뇌를 단절할 적에 지어서 증득함을 얻은 연고요, (3) 번뇌를 단절한 뒤에 온갖 곳에서 사랑을 여의고 머무는 연고이다.

[鈔] 心善解脫者는 瑜伽八十五에 說이니라
● '마음으로 잘 해탈함'은 『유가사지론』 제85권에 말한 내용이다.

i) 법신이 미묘하고 은밀한 능력[法身微密力] (第九 21上1)

佛子여 一切諸佛이 同一法身이며 境界無量身이며 功德無邊身이며 世間無盡身이며 三界不染身이며 隨念示現身이며 非實非虛한 平等淸淨身이며 無來無去한 無爲不壞身이며 一相無相한 法自性身이며 無處無方한 偏一切身이며 神變自在한 無邊色相身이며 種種示現하여 普入一切身이며 妙法方便身이며 智藏普照身이며 示法平等身이며 普徧法界身이며 無動無分別하고 非有非無한 常淸淨身이며 非方便非不方便이며 非滅非不滅이로되 隨所應化一切衆生의 種種信解하여 而示現身이며 從一切功德寶所生身이며 具一切諸佛法眞如身이며 本性寂靜無障礙身이며 成就一切無礙法身이며 徧住一切淸淨法界身이며 分形普徧一切世間身이며 無攀緣無退轉永解

脫하여 具一切智普了達身이며 是爲諸佛의 第九大那羅
延幢勇健法이니라

불자여, 모든 부처님은 꼭 같은 법의 몸이니, 경계가 한량없
는 몸 · 공덕이 그지없는 몸 · 세간에 다함없는 몸 · 삼계에
물들지 않는 몸 · 생각대로 나타내는 몸 · 진실도 아니고 허
망함도 아니어서 평등하고 청정한 몸 · 옴도 없고 감도 없
이 함이 없어 무너지지 않는 몸 · 한 모양이며 모양이 없어
법의 성품인 몸 · 곳도 없고 방향도 없어 온갖 것에 두루한
몸 · (11) 신통변화가 자유자재하여 그지없는 몸매를 가진
몸 · 가지가지로 나타나서 일체에 들어가는 몸 · 묘한 법의
방편인 몸 · 지혜 광이 널리 비치는 몸 · 법을 평등하게 나
타내는 몸 · 법계에 두루한 몸 · 동함도 없고 분별도 없고 있
지도 않고 없지도 않아 항상 청정한 몸 · 방편도 아니고 방
편 아님도 아니며 열반도 아니고 열반 아님도 아니어서 교
화할 바 중생의 믿고 이해함을 따라 나타내는 몸 · 온갖 공
덕 보배로 생긴 몸 · 모든 부처님의 법을 갖춘 진여의 몸 ·
성품이 고요하여 장애가 없는 몸 · 온갖 걸림 없는 법을 성
취한 몸 · 온갖 청정한 법계에 널리 머무는 몸 · 형상을 나
투어 일체 세간에 두루하는 몸 · 반연함도 없고 물러남도 없
고 아주 해탈하고 온갖 지혜를 갖추어 두루 통달하는 몸이
니, 이것이 부처님들의 아홉째 큰 나라연 당기처럼 굳센 법
이니라.

[疏] 第九, 法身微密力은 卽是最上이라 此는 總收前八과 後一이니 更無

加故라 文列二十五身은 或卽應之眞이며 卽眞之應이며 卽性之相이
며 卽理之智라 十身圓融하여 同一法界之身이니 不可配於報化라 故
로 云最上微密[25]이니라

- i) 법신이 미묘하고 은밀한 능력은 곧 가장 뛰어난 능력이다. 이것은
앞의 여덟 가지와 뒤의 하나를 총합하여 거두나니 다시 더할 것이 없
는 까닭이요, 경문에 열거한 25가지 몸은 혹은 응신과 합치한 진신
이며, 진신과 합치한 응신이며, 체성과 합치한 모양이며, 이치와 합치
한 지혜이다. 열 가지 몸이 원융하여 법계와 동일한 몸이니 보신과 화
신에 배대할 수 없었다. 그러므로 말하되, "가장 뛰어나고 미묘하고
비밀스럽다"고 말하였다.

j) 행법과 지혜를 구족한 능력[具足行智力] 4.

(a) 만행이 원만 청정하다[萬行圓淨] (第十 22上7)
(b) 지혜의 작용이 두루 원만하다[智用周圓] (二住)
(c) 동요와 고요함에 자재하다[動寂自在] (三雖)
(d) 작용함이 끝이 없다[用無涯畔] (四佛)

佛子여 一切諸佛이 等悟一切諸如來法하며 等修一切諸
菩薩行하며 若願若智가 淸淨平等이 猶如大海하여 悉得
滿足하며 行力尊勝하여 未曾退怯하며 住諸三昧無量境
界하여 示一切道하여 勸善誡惡하며 智力第一로 演法無
畏하며 隨有所問하여 悉能善答하며 智慧說法이 平等淸

---

25) 密은 金本作細, 源原南綱纂續本作密이라 하다.

淨하며 身語意行이 悉皆無雜하며 住佛所住諸佛種性하
여 以佛智慧로 而作佛事하며 住一切智하여 演無量法이
無有根本하고 無有邊際하며 神通智慧가 不可思議하여
一切世間이 無能解了하며 智慧深入하여 見一切法이 微
妙廣大하여 無量無邊하며 三世法門을 咸善通達하며 一
切世界를 悉能開曉하며 以出世智로 於諸世間에 作不可
說種種佛事하며 成不退智하여 入諸佛數하며 雖已證得
不可言說離文字法이나 而能開示種種言辭하여 以普賢
智로 集諸善行하며 成就一念相應妙慧하여 於一切法에
悉能覺了하며 如先所念一切衆生에 皆依自乘하여 而施
其法하며 一切諸法과 一切世界와 一切衆生과 一切三世
의 於法界內에 如是境界가 其量無邊을 以無礙智로 悉
能知見이니라

佛子여 一切諸佛이 於一念頃에 隨所應化하사 出興於世
하며 住淸淨土하사 成等正覺하며 現神通力하사 開悟三
世一切衆生의 心意及識하되 不失於時니라

佛子여 衆生이 無邊하며 世界가 無邊하며 法界가 無邊하
며 三世가 無邊이어든 諸佛最勝도 亦無有邊하여 悉現於
中하여 成等正覺하사 以佛智慧로 方便開悟하되 無有休
息이니라

佛子여 一切諸佛이 以神通力으로 現最妙身하여 住無邊
處하며 大悲方便으로 心無障礙하사 於一切時에 常爲衆
生하여 演說妙法하나니 是爲諸佛의 第十大那羅延幢勇
健法이니라

불자여, (1) 모든 부처님이 일체 여래의 법을 평등하게 깨닫고 일체 보살의 행을 평등하게 닦으며, (2) 서원과 지혜가 청정하고 평등함이 마치 큰 바다가 모두 가득한 듯하며, (3) 수행과 힘이 높고 훌륭하여 잠깐도 물러나거나 겁약하지 아니하며, (4) 여러 삼매의 한량없는 경계에 머물고 온갖 도리를 보여 착한 일을 권하고 악한 짓을 경계하며, (5) 지혜가 제일이어서 법을 연설함이 두렵지 않고 묻는 대로 따라서 잘 대답하며, (6) 지혜로 법문을 말함이 평등하고 청정하여 몸과 말과 뜻으로 하는 행이 조금도 잡란함이 없느니라. (7) 부처님이 머무시는 부처의 종자인 성품에 머물러서 부처의 지혜로 불사를 지으며, (8) 온갖 지혜에 머물러 한량없는 법을 연설하되 근본도 없고 가장자리도 없으며, (9) 신통과 지혜는 헤아릴 수 없어 모든 세간들이 능히 알지 못하며, (10) 지혜가 깊이 들어가서 온갖 법을 보되 미묘하고 광대하여 한량없고 그지없으며, (11) 세 세상의 법문을 잘 통달하여 모든 세계를 모두 깨우치며, (12) 출세간의 지혜로 여러 세간에서 말할 수 없는 여러 가지 불사를 짓되 물러나지 않는 지혜를 이루어 부처님들의 수호에 들어가느니라. (13) 비록 말할 수 없고 글자를 떠난 법을 증득하였지마는 가지가지 말을 열어 보이며, (14) 보현보살의 지혜로 착한 행을 모아서 한 생각에 서로 응하는 미묘한 지혜를 성취하여 온갖 법을 능히 깨닫고 먼저 생각하던 일체중생들을 다 그들의 법에 의지하여 법을 베풀며, (15) 법계 안에 있는 모든 법과 모든 세계와 모든 중생과 모든 세 세상의 경계들이 한량없고 그지없지마는 걸림 없는 지혜로 모두 다 알고 보느니라.

불자여, (16) 모든 부처님이 잠깐 동안에 교화를 받을 중생을 따라 세상에 나타나서, 청정한 국토에서 바른 깨달음을 이루고 신통한 힘으로 세 세상 중생들을 깨우치되 마음과 뜻과 의식이 때를 놓치지 않느니라.

불자여, (17) 중생이 그지없고 세계가 그지없고 법계가 그지없고 세 세상이 그지없고 부처님들의 훌륭함도 그지없어서 그 가운데 나타나 바른 깨달음을 이루고, (18) 부처의 지혜로써 방편으로 깨우침이 쉴 새가 없느니라.

불자여, (19) 모든 부처님이 신통한 힘으로 가장 묘한 몸을 나타내고 끝없는 곳에 머무르고, (20) 대비하는 방편이 걸림이 없어서 모든 시간에 중생들을 위하여 묘한 법을 항상 연설하나니, 이것이 부처님들의 열째 큰 나라연 당기처럼 굳센 법이니라.

[疏] 第十, 具足行智力은 卽是廣大力이니 因行如海하고 果智普周하여 五無邊界며 大用無涯故라 文中에 四니 一, 萬行圓淨이요 二, 住佛所住下는 智用圓周요 三, 雖已證下는 動寂自在²⁶⁾요 四, 佛子一切諸佛下는 用無涯畔이라 上之十力이 不出三業하니 可以思準이니라

■ j) 행법과 지혜를 구족한 능력은 곧 광대한 능력이니, 인행은 바다와 같고 과덕의 지혜는 넓고 두루하여 다섯 가지 그지없는 세계이며, 큰 작용이 끝없는 까닭이다. 경문 중에 넷이니 (a) 만행이 원만하고 청정함이요, (b) 住佛所住 아래는 지혜의 작용이 원만하고 두루함이

---

26) 寂은 纂金本作靜, 源原南綱續本作寂이라 하다.

요, (c) 雖已證 아래는 동요와 고요함에 자재함이요, (d) 佛子一切諸佛 아래는 작용함이 끝이 없음이다. 위의 열 가지 능력은 세 가지 업을 벗어나지 않나니 생각으로 준할 수 있다.

(ㄷ) 총합하여 결론하다[總結] (第三 22下5)

佛子여 此一切諸佛의 大那羅延幢勇健法이 無量無邊하여 不可思議라 去來現在一切衆生과 及以二乘은 不能解了요 唯除如來神力所加니라

불자여, 이 모든 부처님의 큰 나라연 당기처럼 굳센 법은 한량없고 그지없고 헤아릴 수 없어, 과거·미래·현재의 모든 중생이나 이승들이 능히 알지 못하거니와, 오직 여래에 신통으로 가피하심은 제할 것이니라.

[疏] 第三, 佛子此一切下는 總結을 可知니라
■ (ㄷ) 佛子此一切 아래는 총합하여 결론함이니 알 수 있으리라.

ㅈ. 세 문은 장애 없다는 질문에 대답하다[有三門答無礙問] 3.

ㄱ) 짓는 대상이 장애가 없다[所作無礙] (第九 23上5)

佛子여 諸佛世尊이 有十種決定法하시니 何等이 爲十고 所謂一切諸佛이 定從兜率로 壽盡下生하며 一切諸佛이 定示受生하여 處胎十月하며 一切諸佛이 定厭世俗하여

樂求出家하며 一切諸佛이 決定坐於菩提樹下하사 成等正覺하여 悟諸佛法하며 一切諸佛이 定於一念에 悟一切法하야 一切世界에 示現神力하며 一切諸佛이 定能應時하여 轉妙法輪하며 一切諸佛이 定能隨彼所種善根하사 應時說法하여 而爲授記하며 一切諸佛이 定能應時하여 爲作佛事하며 一切諸佛이 定能爲諸成就菩薩하여 而授記莂하며 一切諸佛이 定能一念에 普答一切衆生所問이 是爲十이니라

불자여, 부처님 세존들이 열 가지 결정한 법이 있나니, 무엇이 열 가지인가? 이른바 (1) 모든 부처님이 도솔천에서 수명이 다하면 결정코 내려오는 것이며, (2) 모든 부처님이 결정코 태어나실 적에 열 달 동안 태에 있으며, (3) 모든 부처님이 결정코 세속을 싫어하고 출가하는 것이며, (4) 모든 부처님이 결정코 보리수 아래 앉아서 평등한 바른 깨달음을 이루어 불법을 깨닫는 것이며, (5) 모든 부처님이 결정코 한 생각에 온갖 법을 깨닫고 모든 세계에서 신통한 힘을 나타내며, (6) 모든 부처님이 결정코 때를 따라 묘한 법륜을 굴리며, (7) 모든 부처님이 결정코 저들의 심은 착한 뿌리를 따라서 때에 맞추어 법을 말하고 수기를 주는 것이며, (8) 모든 부처님이 결정코 때를 따라 불사를 지으며, (9) 모든 부처님이 결정코 보살을 성취하기 위하여 수기를 주는 것이며, (10) 모든 부처님이 결정코 잠깐 동안에 일체중생의 묻는 일을 대답하나니, 이것이 열이니라.

[疏] 第九, 決定法下의 三門은 答無礙問이라 一, 明所作決定無能爲礙니
此約一類世界일새 故云決定이요 於異類界에 未必定然이라 又約佛
定能爲일새 故云決定耳니라

■ ㅈ. 決定法 아래의 세 문은 (짓는 대상이) 장애 없다는 질문에 대답함이
다. ㄱ) 짓는 대상이 결정되어 능히 장애됨이 없음을 밝힌 내용이다.
이것은 한 부류의 세계를 잡은 연고로 '결정된다'고 말하였다. 저 다
른 부류의 세계에는 아직 반드시 정해지지 않음이요, 또한 부처님의
삼매로 능히 할 수 있음을 잡은 연고로 결정된다고 했을 뿐이다.

ㄴ) 다른 이로 하여금 장애가 없게 하다[令他無礙] (二速 23下10)

佛子여 諸佛世尊이 有十種速疾法하시니 何等爲十고 所
謂一切諸佛을 若有見者면 速得遠離一切惡趣하며 一切
諸佛을 若有見者면 速得圓滿殊勝功德하며 一切諸佛을
若有見者면 速能成就廣大善根하며 一切諸佛을 若有見
者면 速得往生淨妙天上하며 一切諸佛을 若有見者면 速
能除斷一切疑惑하며 一切諸佛을 若已發菩提心하여 而
得見者면 速得成就廣大信解하여 永不退轉하고 能隨所
應하여 敎化衆生이어니와 若未發心이면 卽能速發阿耨多
羅三藐三菩提心하며 一切諸佛을 若未入正位하고 而得
見者면 速入正位하며 一切諸佛을 若有見者면 速能淸淨
世出世間一切諸根하며 一切諸佛을 若有見者면 速得除
滅一切障礙하며 一切諸佛을 若有見者면 速能獲得無畏
辯才가 是爲十이니라

불자여, 부처님 세존들이 열 가지 빠른 법이 있으니, 무엇이 열인가? 이른바 (1) 모든 부처님을 보는 이는 빨리 온갖 나쁜 길을 멀리 여의게 되고, (2) 모든 부처님을 보는 이는 빨리 훌륭한 공덕을 원만하고, (3) 모든 부처님을 보는 이는 빨리 넓고 큰 착한 뿌리를 성취하고, (4) 모든 부처님을 보는 이는 빨리 청정하고 묘한 천상에 가서 나고, (5) 모든 부처님을 보는 이는 빨리 모든 의혹을 끊는 것이니라. (6) 모든 부처님을 이미 발심한 이가 보면 빨리 광대한 신심과 지혜를 성취하고 영원히 물러나지 아니하며 마땅하게 중생을 교화하고, 발심하지 못한 이가 보면 빨리 아눗다라삼약삼보디심을 발하며, (7) 모든 부처님을 바른 지위에 들어가지 못한 이가 보면 빨리 바른 지위에 들어가고, (8) 모든 부처님을 보는 이는 빨리 세간과 출세간의 온갖 근기를 깨끗이 하고, (9) 모든 부처님을 보는 이는 빨리 온갖 장애를 멸제하고, (10) 모든 부처님을 보는 이는 빨리 두려움 없는 변재를 얻을 것이니, 이것이 열이니라.

[疏] 二, 速疾法者는 明令他無礙니 如如意寶을 見速獲得이어니와 而薄福은 不覩라 十句五對니 一, 離惡趣하고 圓勝德이요 二, 成善因하여 感樂果요 三, 除疑惑하고 滿大心이요 四, 始入位하여 終淸淨이요 五, 淨二礙하여 具四辯이니라

■ ㄴ) '빠른 법'이란 다른 이로 하여금 장애가 없게 함을 밝힘이다. 뜻대로 되는 보배를 보면 속히 획득하거니와 복이 엷은 이는 보지 못함과 같나니 열 구절이 다섯 대구이다. (1) 나쁜 갈래를 여의고 원만하

고 뛰어난 공덕이요, (2) 착한 원인을 성취하여 즐거운 결과를 감득함이요, (3) 의혹을 제거하고 큰 마음을 만족함이요, (4) 비로소 지위에 들어가서 마침내 청정함이요, (5) 두 가지 장애를 정화하여 네 가지 변재를 구족함이다.

ㄷ) 생각하여 간직함이 장애가 없다[念持無礙] (三應 24下4)

佛子여 諸佛世尊이 有十種應常憶念淸淨法하시니 何等爲十고 所謂一切諸佛의 過去因緣을 一切菩薩이 應常憶念하며 一切諸佛의 淸淨勝行을 一切菩薩이 應常憶念하며 一切諸佛의 滿足諸度를 一切菩薩이 應常憶念하며 一切諸佛의 成就大願을 一切菩薩이 應常憶念하며 一切諸佛의 積集善根을 一切菩薩이 應常憶念하며 一切諸佛의 已具梵行을 一切菩薩이 應常憶念하며 一切諸佛의 現成正覺을 一切菩薩이 應常憶念하며 一切諸佛의 色身無量을 一切菩薩이 應常憶念하며 一切諸佛의 神通無量을 一切菩薩이 應常憶念하며 一切諸佛의 十力無畏를 一切菩薩이 應常憶念이 是爲十이니라

불자여, 부처님 세존들은 마땅히 항상 생각해야 할 열 가지 청정한 법이 있나니, 무엇이 열 가지인가? 이른바 (1) 모든 부처님의 지나간 인연을 일체 보살이 항상 생각해야 하고, (2) 모든 부처님의 청정하고 훌륭한 행을 일체 보살이 항상 생각해야 하고, (3) 모든 부처님의 만족한 바라밀다를 일체 보살이 항상 생각해야 하고, (4) 모든 부처님의 성취한 큰

서원을 일체 보살이 항상 생각해야 하고, (5) 모든 부처님의 쌓은 착한 뿌리를 일체 보살이 항상 생각해야 하고, (6) 모든 부처님의 구족한 범행을 일체 보살이 항상 생각해야 하고, (7) 모든 부처님의 바른 깨달음 이룬 것을 일체 보살이 항상 생각해야 하고, (8) 모든 부처님의 육신이 한량없음을 일체 보살이 항상 생각해야 하고, (9) 모든 부처님의 한량없는 신통을 일체 보살이 항상 생각해야 하고, (10) 모든 부처님의 열 가지 힘과 두려움이 없음을 일체 보살이 항상 생각해야 하나니, 이것이 열이니라.

[疏] 三, 應憶念淸淨者는 擧佛無二礙하여 勸物念持니라

■　ㄷ) 응당히 생각하여 기억함이 청정함이란 부처님이 두 가지 장애가 없음을 거론하여 중생들에게 권하여 기억하고 간직하는 내용이다.

ㅊ. 세 문은 해탈에 대한 질문에 대답하다[有三門答解脫問] 3.

ㄱ) 지적 장애에서 해탈하다[智障解脫] (第十 26下4)

佛子여 諸佛世尊이 有十種一切智住하시니 何等爲十고
所謂一切諸佛이 於一念中에 悉知三世一切衆生의 心心
所行하며 一切諸佛이 於一念中에 悉知三世一切衆生의
所集諸業과 及業果報하며 一切諸佛이 於一念中에 悉知
一切衆生의 所宜하사 以三種輪으로 敎化調伏하며 一切
諸佛이 於一念中에 盡知法界一切衆生의 所有心相하사

於一切處에 普現佛興하사 令其得見하여 方便攝受하며
一切諸佛이 於一念中에 普隨法界一切衆生의 心樂欲解
하사 示現說法하여 令其調伏하며 一切諸佛이 於一念中
에 悉知法界一切衆生心之所樂하사 爲現神力하며 一切
諸佛이 於一念中에 徧一切處하사 隨所應化一切衆生하
여 示現出興하사 爲說佛身의 不可取着하며 一切諸佛이
於一念中에 普至法界一切處一切衆生의 彼彼諸道하며
一切諸佛이 於一念中에 隨諸衆生의 有憶念者하사 在在
處處에 無不往應하며 一切諸佛이 於一念中에 悉知一切
衆生解欲하사 爲其示現無量色相이 是爲十이니라

불자여, 부처님 세존들이 열 가지 온갖 지혜에 머무름이 있
나니, 무엇이 열 가지인가? 이른바 (1) 모든 부처님이 한 생
각에 세 세상 일체중생의 마음과 마음으로 행하는 것을 다
알고, (2) 모든 부처님이 한 생각에 세 세상 일체중생의 모
은 모든 업과 업의 과보를 다 알고, (3) 모든 부처님이 한 생
각에 일체중생의 마땅함을 알고 세 가지 바퀴로 교화하여
조복하며, (4) 모든 부처님이 한 생각에 온 법계 일체중생의
마음씨를 다 알고, 온갖 곳에서 태어남을 나타내어 그들이
보게 하여 방편으로 거두어 주며, (5) 모든 부처님이 한 생
각에 온 법계 일체중생의 마음으로 좋아함과 이해를 따라
서 법을 말하여 조복하느니라. (6) 모든 부처님이 한 생각에
온 법계 일체중생의 마음으로 좋아함을 따라서 신통한 힘
을 나타내고, (7) 모든 부처님이 한 생각에 온갖 곳에 두루
하여 교화할 중생을 따라서 일부러 나타나서 부처의 몸은

집착할 수 없음을 말하고, (8) 모든 부처님이 한 생각에 법계의 모든 곳에 있는 일체중생의 각각 태어난 길에 두루 이르고, (9) 모든 부처님이 한 생각에 중생들의 생각하는 이를 따라서 있는 곳마다 가서 응하고, (10) 모든 부처님이 한 생각에 일체중생의 욕망과 지혜를 알고 그들에게 한량없는 몸매를 보이나니, 이것이 열이니라.

[疏] 第十, 一切智住下의 三門은 答解脫問이니 初門은 明智障解脫이라 智安事理일새 故名爲住요 由離障故로 一切能知니라

■ ㅊ. 一切智住 아래의 세 문은 해탈에 대한 질문에 대답함이다. ㄱ) 첫째 문은 지적 장애에서 해탈함이니 지혜로 현상과 이치가 편안한 연고로 머문다고 이름하고, 장애를 여읨을 말미암은 연고로 온갖 것을 능히 안다는 내용이다.

ㄴ) 선정의 장애에서 해탈하다[定障解脫] (二無 26下5)

佛子여 諸佛世尊이 有十種無量不可思議佛三昧하시니 何等爲十고 所謂一切諸佛이 恒在正定하사 於一念中에 徧一切處하사 普爲衆生하여 廣說妙法하며 一切諸佛이 恒在正定하사 於一念中에 徧一切處하사 普爲衆生하여 說無我際하며 一切諸佛이 恒住正定하사 於一念中에 徧一切處하사 普入三世하며 一切諸佛이 恒在正定하사 於一念中에 徧一切處하사 普入十方廣大佛刹하며 一切諸佛이 恒在正定하사 於一念中에 徧一切處하사 普現無量

種種佛身하며 一切諸佛이 恒在正定하사 於一念中에 徧
一切處하사 隨諸衆生의 種種心解하여 現身語意하며 一
切諸佛이 恒在正定하사 於一念中에 徧一切處하사 說一
切法의 離欲眞際하며 一切諸佛이 恒住正定하사 於一念
中에 徧一切處하사 演說一切緣起自性하며 一切諸佛이
恒住正定하사 於一念中에 徧一切處하사 示現無量世出
世間廣大莊嚴하여 令諸衆生으로 常得見佛하며 一切諸
佛이 恒住正定하사 於一念中에 徧一切處하사 令諸衆生
으로 悉得通達一切佛法의 無量解脫하여 究竟到於無上
彼岸이 是爲十이니라

불자여, 부처님 세존들이 열 가지 한량없고 헤아릴 수 없는
부처님 삼매가 있으니, 무엇이 열 가지인가? 이른바 (1) 모
든 부처님이 항상 바른 선정에 있으면서 한 생각 동안에 온
갖 곳에 두루하여 중생들에게 묘한 법을 널리 말하며, (2)
모든 부처님이 항상 바른 선정에 있으면서 한 생각 동안에
온갖 곳에 두루하여 중생들에게 <나>가 없는 경계를 말하
며, (3) 모든 부처님이 항상 바른 선정에 머물면서 한 생각
동안에 온갖 곳에 두루하여 세 세상에 두루 들어가며, (4)
모든 부처님이 항상 바른 선정에 있으면서 한 생각 동안에
시방의 넓고 큰 부처 세계에 들어가며, (5) 모든 부처님이
항상 바른 선정에 있으면서 한 생각 동안에 온갖 곳에 두루
하여 한량없는 갖가지 부처 몸을 나타내느니라. (6) 모든 부
처님이 항상 바른 선정에 있으면서 한 생각 동안에 온갖 곳
에 두루하여 중생들의 가지가지 마음을 따라 몸과 말과 뜻

을 나타내며, (7) 모든 부처님이 항상 바른 선정에 있으면서 한 생각 동안에 온갖 곳에 두루하여 모든 법의 욕심을 여읜 참된 자리를 말하며, (8) 모든 부처님이 항상 바른 선정에 머물면서 한 생각 동안에 온갖 곳에 두루하여 모든 인연의 제 성품을 연설하며, (9) 모든 부처님이 항상 바른 선정에 머물면서 한 생각 동안에 온갖 곳에 두루하여 한량없는 세간과 출세간의 광대한 장엄을 나타내어 중생들이 부처님을 항상 보게 하며, (10) 모든 부처님이 항상 바른 선정에 머물면서 한 생각 동안에 온갖 곳에 두루하여 중생들로 하여금 모든 불법의 한량없는 해탈을 통달하여 필경에 위가 없는 저 언덕에 이르게 하나니, 이것이 열이니라.

[疏] 二, 無量不思議三昧者는 明定解脫이니 由離障故라 用廣爲無量이요 體深이 不可思議라 故로 十種之中에 各先, 明在定이요 後, 一念偏用이니라

■ ㄴ) '한량없고 헤아릴 수 없는 부처님 삼매'는 선정의 장애에서 해탈함이니, 장애를 여읨을 말미암은 까닭이다. 작용이 광대함은 한량없음이 되고, 체성이 깊고 불가사의함이다. 그러므로 열 가지 중에 각기 (1) 밝음은 삼매에 있고, (2) 한 생각에 두루 작용함이다.

ㄷ) 업과 작용에서 해탈하다[業用解脫] (後一 26下8)

佛子여 諸佛世尊이 有十種無礙解脫하시니 何等爲十고
所謂一切諸佛이 能於一塵에 現不可說不可說諸佛이 出

興於世하며 一切諸佛이 能於一塵에 現不可說不可說諸
佛이 轉淨法輪하며 一切諸佛이 能於一塵에 現不可說不
可說衆生이 受化調伏하며 一切諸佛이 能於一塵에 現不
可說不可說諸佛國土하며 一切諸佛이 能於一塵에 現不
可說不可說菩薩授記하며 一切諸佛이 能於一塵에 現去
來今一切諸佛하며 一切諸佛이 能於一塵에 現去來今諸
世界種하며 一切諸佛이 能於一塵에 現去來今一切神通
하며 一切諸佛이 能於一塵에 現去來今一切衆生하며 一
切諸佛이 能於一塵에 現去來今一切佛事가 是爲十이니라

불자여, 부처님 세존들이 열 가지 걸림 없는 해탈이 있나니,
무엇이 열 가지인가? 이른바 (1) 모든 부처님이 능히 한 티
끌에 말할 수 없이 말할 수 없는 부처님이 세상에 나심을 나
타내며, (2) 모든 부처님이 능히 한 티끌에 말할 수 없이 말
할 수 없는 부처님이 청정한 법륜 굴림을 나타내며, (3) 모
든 부처님이 능히 한 티끌에 말할 수 없이 말할 수 없는 중
생이 교화를 받고 조복함을 나타내며, (4) 모든 부처님이 능
히 한 티끌에 말할 수 없이 말할 수 없는 부처의 국토를 나
타내며, (5) 모든 부처님이 능히 한 티끌에 말할 수 없이 말
할 수 없는 보살의 수기 받음을 나타내느니라. (6) 모든 부
처님이 능히 한 티끌에 과거·미래·현재의 모든 부처님을
나타내며, (7) 모든 부처님이 능히 한 티끌에 과거·미래·
현재의 세계종들을 나타내며, (8) 모든 부처님이 능히 한 티
끌에 과거·미래·현재의 온갖 신통을 나타내며, (9) 모든
부처님이 능히 한 티끌에 과거·미래·현재의 온갖 중생을

나타내며, (10) 모든 부처님이 능히 한 티끌에 과거·미래·현재의 온갖 불사를 나타내나니, 이것이 열이니라."

[疏] 三, 無礙解脫者는 明業用解脫이라 智論에 云, 菩薩은 有不思議解脫하고 諸佛은 有無礙解脫하나니 所作無障하여 脫拘礙故라하니라 故各於一塵에 頓爲微細作用이니라 若別答十問者인대 一, 答出現이요 二, 音聲이요 三, 本願이니 願化盡故라 四, 國土요 五, 卽智慧니 能授菩薩之記니라 六, 佛身이요 七, 卽種性이라 云世界種은 入世化物之種이요 應非世界海中之種이니 以前에 有國土竟故라 八, 自在요 九, 是無礙니 利生無礙故라 十, 卽解脫이니 無不爲故라 旣隨一門하여 皆答十問이니 則包含該攝이라 是以로 名不思議라 然이나 文少結束하니 似經來未盡이며 或顯佛德이 無盡故라 相海等은 猶答前問故니라

■ ㄷ) '걸림 없는 해탈'이란 업과 작용에서 해탈함을 밝힘이다. 『대지도론』에 이르되, "보살은 불가사의한 해탈이 있고, 모든 부처님은 걸림 없이 해탈함이 있나니 짓는 대상에 장애가 없어서 잡아서 걸림에서 벗어나는 까닭이다"라고 하였다. 그러므로 각기 한 티끌에 단박에 미세한 작용이 된다. 만일 개별로 열 가지 질문에 대답한다면 (1) 출현함에 대해 대답함이요, (2) 음성이요, (3) 본래 서원이니, 원으로 모두 변화한 까닭이다. (4) 국토요, (5) 지혜와 합치함이니 보살의 수기를 잘 받음이다. (6) 부처님 몸이요, (7) 종성과 합치함이다. 이르되, '세계종'이라 말함은 세상에 들어가 중생을 교화하는 종성이요, 응당히 세계해 중의 종성이 아님이니, 앞에 국토가 끝남이 있는 까닭이다. (8) 자재함이요, (9) 장애 없음이니, 중생을 이롭게 함에 장애

가 없는 까닭이다. (10) 해탈과 합치함이니, 하지 못할 것이 없는 까닭이다. 이미 한 문을 따라 모두 열 가지 질문에 대답하였으니 포함하여 모두 포섭한 것이다. 이런 연고로 '불가사의하다'고 이름하였다. 그러나 경문은 조금은 맺어서 묶었으니, '경문이 다 오지 못함[經來未盡]'과 같으며, 혹은 부처님 공덕이 그지없음을 밝힌 까닭이다. 십신상해품 등은 앞의 질문에 대답함과 같은 까닭이다.

제33. 불부사의법품(佛不思議法品) 終

大方廣佛華嚴經 제48권

大方廣佛華嚴經疏鈔 제48권의 ① 重字卷上

제34 如來十身相海品

제34. 여래의 열 가지 몸과 상호를 말하는 품[如來十身相海品]

(1) 정수리에 있는 32가지 상과 (4) 발에 있는 13가지 상까지 모두 97가지 거룩한 상호가 있으니, 經에 云,

"불자여, 여래의 정수리에 보배로 장엄한 서른두 가지 거룩한 모습이 있느니라. 그 가운데 거룩한 모습이 있으니 이름이 모든 방위에 비치는 한량없는 큰 광명 그물을 두루 놓음이라. 온갖 기묘한 보배로 장엄하였고, 보배로운 머리카락이 두루하여 보드랍고 치밀한데, 낱낱이 마니보배 광명을 놓아 그지없는 모든 세계에 가득하여 빛깔이 원만한 부처님 몸을 나타내나니, 이것이 하나이니라. ⋯ 여래의 왼 발가락 끝에 거룩한 모습이 있으니 이름이 모든 부처의 신통변화를 나타내는 구름이라. 부사의한 부처 광명과 달 불꽃 넓은 향기와 마니보배 불꽃 바퀴로 장엄하였고, 여러 보배 빛 청정한 광명을 놓아 모든 세계해에 가득하며, 그 가운데 모든 부처님과 보살들이 온갖 불법 바다 설함을 나타내나니, 이것이 아흔일곱이니라. 불자여, 비로자나 여래는 이러한 열 화장세계해의 티끌 수 거룩한 모습이 있으니 낱낱 몸에 여러 보배 묘한 모양으로 장엄하였느니라."

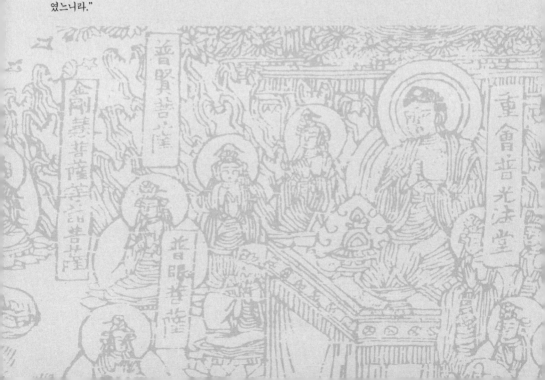

제34. 여래의 열 가지 몸과 상호를 말하는 품[如來十身相海品]

一. 여래 정수리의 32가지 상호

二) 여래의 97종 뛰어난 공덕의 모습[別顯勝德之相] 4.
(一) 오게 된 뜻[來意] (初來 1上5)

[疏] 初, 來意者는 前品은 總明果法하고 此品은 別顯相德하사 近答前品
　　의 身問하고 遠答普光의 眼等六根이라 非唯眼等이 徧於法界라 而各
　　具多相用하나니 難思議故니라

■ (一) 오게 된 뜻은 앞의 불부사의법품은 과덕의 법을 총합하여 밝힘
이요, 이 여래십신상해품은 32상(相)의 공덕을 개별로 밝힘이니 가까
이는 앞의 품에서 몸에 대한 질문에 대답하고, 멀게는 보광명전법회
의 눈 따위 육근(六根)에 대해 대답한 내용이다. 오직 눈 따위가 법계
에 두루함은 아니지만 각기 많은 32가지 대인상의 작용을 갖추어 사
의하기 어려운 까닭이다.

(二) 명칭 해석[釋名] 4.

1. 명칭을 표방하다[標名] (二釋 1上8)

[疏] 二, 釋名者는 如來十身은 標人顯德이요 言相海者는 依人顯相이라
如來十身은 並如前釋이라 福報奇狀이 炳着을 名相이요 相德이 深廣
일새 故稱爲海라 故로 文에 云, 有十蓮華藏微塵數相이라하니 相體廣
矣요 一一用徧하나니 相用廣矣요 一一難思하여 互相融入하나니 體
用深矣라 若此之相은 唯屬圓敎니 標以十身故니라

■ (二) 명칭 해석은 여래의 열 가지 몸이 사람을 표방하여 공덕을 나타
냄이다. '상(相)의 바다'라 말한 것은 사람에 의지해 상을 밝힘이다.
여래의 열 가지 몸도 아울러 앞에서 해석한 바와 같다. 복스러운 과
보는 기이한 모습이고, 이름과 형상을 집착함을 잡아서 상과 공덕이
깊고 광대한 연고로 바다라 칭하였다. 그러므로 경문에 이르되, "열
개의 연화장(蓮華藏)의 티끌 수 상이 있다"고 하였으니 상의 체성이 넓
은 것이요, 낱낱이 작용함이 두루하나니 상과 작용이 넓으며, 낱낱이
사의하기 어려워서 서로 번갈아 융섭하여 들어가나니 체성과 작용이
깊은 것이다. 만일 이런 상은 오직 원교(圓敎)에만 속하나니 열 가지
몸으로 표방한 까닭이다.

[鈔] 如來十身者는 疏文有四하니 一, 釋名[27]이요 二, 辨類요 三, 出體요
四, 辨因이라 若準探玄하면 宗中에 有佛相章하고 八門分別하니 一,
釋名이요 二, 體性이요 三, 種類요 四, 出因이요 五, 積成이요 六, 修
時요 七, 建立이요 八, 業用이라 今四門中에 已具其要하니라

● '여래의 열 가지 몸'이란 소의 문장에 넷이 있으니 1. 명칭을 표방함이
요, 2. 종류를 밝힘이요, 3. 체성을 내보임이요, 4. 원인을 밝힘이다.
만일 『탐현기(探玄記)』에 준하면 종지 가운데 부처 형상의 가름[장(章)]

---

27) 釋은 金本作標라 하다.

이 있는데 여덟 문으로 분별하였으니 (1) 명칭 해석이요, (2) 자체의
성품이요, (3) 종류요, (4) 원인을 내보임이요, (5) 쌓아서 이룸이요,
(6) 수행하는 시간이요, (7) 건립함이요, (8) 업과 작용이다. 지금은
네 문 중에 이미 그 요점을 갖추었다.

2. 종류를 밝히다[辨類] 2.
1) 바로 설명하다[正明] (觀佛 1下7)

[疏] 觀佛三昧海經에 辨相에 有三類하니 一, 略中에 略說하면 有三十二
相이요 二, 略說하면 八萬四千相이요 三, 廣說하면 有無量相이니 如
雜華經中에 爲普賢과 賢首等說이라하나니 雜華는 卽此經異名이니라

■ 『관불삼매해경(觀佛三昧經)』에서 상(相)을 밝혔으니 세 종류가 있다.
(1) 간략함 중에 대략 설명하면 32가지 상(相)이 있고, (2) 대략 설명
하면 8만4천 가지 상(相)이요, (3) 자세히 설명하면 한량없는 상(相)
이 있나니,『잡화경(雜華經)』중에서 '보현보살과 현수보살 등을 위하
여 설명한다'고 하였으니 잡화(雜華)는 곧 본경의 다른 명칭이다.

[鈔] 觀佛三昧下는 第二, 辨類니 卽引證以辨이라 於中에 二니 先, 正明이
요 二, 料揀이라 前中[28]에는 卽第九經의 菩薩本行品第八에 佛告阿
難하사대 如來는 有三十二大人相과 八十隨形好金色光明하니 一一
光明에 無量化佛이요 身諸毛孔에 一切變化와 及一切色이라하니라 略
中에 略說者는 我今爲此時會大衆과 及淨飯王하여 略說相好하리라
佛生人間하여 示同人相일새 故說三十二相이요 勝諸天故로 說八十

---

28) 上五字는 南金本無라 하다.

種好하고 爲諸菩薩하여 說八萬四千諸妙相好어니와 佛實相好는 我
初成道하여 摩竭提國의 寂滅道場에 爲普賢賢首等의 諸大菩薩하여
於雜華經中에 已廣分別이라하니라 釋曰, 略中의 略言은 卽是經文이
요 二, 略三廣은 乃疏가 取意釋之니 以前에 有略中略일새 則必有略
矣니라 又彼에 先說八萬四千하시고 今有十蓮華藏하시니 故로 對彼에
爲廣이라 則彼經文이 從爲諸菩薩하여 說八萬四千諸妙相好[29]는 爲
第二段이요 從佛實相好로 我初成道下는 爲第三段이라 文亦分明하
니라

● 2. 觀佛三昧 아래는 종류를 밝힘이니 곧 인용하여 증명하여 밝힘이
다. 그중에 둘이니 1) 바로 설명함이요 2) 구분함이다. 1) 중에 곧
『관불삼매해경』제9권의 보살본행품(菩薩本行品) 제8에, "부처님이 아
난존자에게 말씀하시되 '여래는 32가지 대인상과 80가지 따르는 좋
은 몸매와 금색광명이 있으니, 낱낱 광명에 한량없는 화신 부처님이
계시고, 몸의 모든 털구멍에 온갖 변화와 온갖 색상을 나툰다'"고 하
였다. (1) 간략함 중에 '간략히 설명함'이란 "내가 이제 여기에 그때
모인 대중과 정반왕을 위하여 간략히 32상과 80종호를 말하리라.
부처님이 인간에 태어나서 사람의 모습과 같음을 보인 연고로 32가
지 상을 말하였고, 모든 천상보다 뛰어난 연고로 80가지 좋은 몸매
를 말하였고, 모든 보살을 위하여 8만4천 가지 모든 미묘한 상과 몸
매를 설명하였는데, 부처님의 실제 상과 몸매는 내가 처음 도를 이루
어 마갈제국의 적멸도량에서 성도하여 보현과 현수 등 대보살을 위
하여 잡화경 중에 이미 널리 분별하였다"라고 하였다. 해석하자면 간
략함 중의 간략한 말이 곧 경문이다. (2) 간략히 설명함이요 (3) 자

---

29) 相好는 南續金本作好相이라 하나 誤植이다.

세히 분별함은 비로소 소가가 의미를 취하여 해석하였다. 앞에 있는
간략함 중의 간략함이면 반드시 간략한 설명이 있다. 또한 저기에 먼
저는 8만4천 가지를 설명하고 지금은 열 개의 연화장이 있다고 한 연
고로 저것과 상대할 적에 자세히 분별한 것이다. 저 경문은 爲諸菩薩
로부터 8만4천 가지를 설명함은 둘째 문단이 되었고, 佛實相好我初
成道 아래로부터는 셋째 문단이 되었으니 경문도 또한 분명하다.

2) 구분하다[料揀] 3.
(1) 교법을 잡아 구분하다[約乘料揀] (三中 2下4)
(2) 부처님 몸을 잡아 구분하다[約身料揀] (又初)
(3) 근기를 잡아 구분하다[約機料揀] (又初)

[疏] 三中에 初는 通權小니 示同於人하사 端正不亂故요 次, 唯大乘이니
菩薩이 修八萬四千波羅密故요 後, 唯一乘이니 一乘에 修無盡行故
니라 又初는 化요 次는 報요 後는 屬十身이라 十身之相海는 依主釋也
니라 又初는 凡聖同見이요 次는 唯地上이요 後는 唯圓機라 然通五位
니라

■ 3) 중에 가. 권교와 소승에 통함이니 사람과 같음을 보여서 단정하
고 혼란하지 않은 연고요, 나. 오직 대승뿐이니 보살은 8만4천 가
지 바라밀을 닦은 연고요, 다. 일승뿐이니 일승에서 그지없는 행법
을 수행하기 때문이다. 또한 가)는 화신이요, 나) 보신이요, 다) 열
가지 몸에 속한다. 열 가지 몸의 상호의 바다는 주인에 의지한 해석
[依主釋]이다. 또한 가) 범부와 성인이 동일하게 봄이요, 나) 오직 십
지 이상뿐이요, 다) 오직 원교의 근기뿐이다. 그러나 다섯 가지 지위

에 통한다.

[鈔] 三中下는 第二, 料揀이라 依前三類하여 三重料揀이니 一, 約乘이요 兼含五敎니 初一은 小乘과 及始敎요 二는 卽終敎요 三은 卽圓敎라 其頓敎는 以無相으로 爲宗이라 後二는 兼擧因顯果라 言示同於人하사 端正不亂者는 俱舍에 說輪王相云호대 相이 不正圓明일새 故로 與佛非等이라하니 此明[30]輪王이 有三十二相호대 有三義가 不及如來하니 一, 處不正이요 二, 相不圓이요 三, 不明了라 今正不亂은 卽處異輪王이요 其端正二字는 是明是圓이라 故로 示同人而勝人矣니라

次, 唯大乘等者는 卽明果相이니 如因中에 斷八萬四千煩惱하고 成八萬四千波羅蜜하여 獲八萬四千相好니라 無量壽觀經에 云, 阿彌陀佛이 有八萬四千相하고 一一相에 有八萬四千隨[31]好하고 一一好에 復有八萬四千光明하사 一一光明이 徧照法界하사 念佛衆生을 攝取不捨라하시니 卽此中等相也니라

● 2) 三中 아래는 (근기를 잡아) 구분함이다. 앞의 세 부류에 의지하여 삼중(三重)으로 구분하였으니 (1) 교법을 잡으면 겸하여 오교(五敎)를 포함하나니, 처음 하나는 소승과 대승시교(大乘始敎)요, 둘은 곧 대승종교(大乘終敎)요, 셋은 곧 원교(圓敎)이다. 그 돈교(頓敎)는 모양 없음으로 종(宗)을 삼는다. 뒤의 둘은 겸하여 원인을 거론하여 결과를 밝힘이다. '사람과 같음을 보여서 단정하고 혼란하지 않다'고 말한 것은 『구사론』에는 전륜왕의 상호를 설해 가로되, "형상은 바르지 않고 두렷이 밝은 연고로 부처님과 같지 않다"고 하였으니, 여기서 전륜왕에게 32가지 상호가 있음을 밝히되, 세 가지 뜻은 여래에 미치지

---

30) 明은 甲南續金本作名이라 하나 誤植이다.
31) 隨는 南金本無, 經作隨形이라 하다.

못한다. (1) 처소가 바르지 못함이요, (2) 형상이 원만하지 못함이요, (3) 밝게 알지 못함이다. 지금의 '바르고 혼란스럽지 않음'은 곧 다른 전륜왕으로 사는 것이요, 그 단정(端正)이란 두 글자는 밝고 원만함을 밝혔다. 그러므로 사람은 같지만 뛰어난 사람인 것을 보인 내용이다.

(2) '오직 대승보살뿐' 등이란 곧 과덕의 모양을 설명함이니, 인행 중에서 8만4천 가지 번뇌를 단절하고 8만4천 가지 바라밀을 이루어 8만4천 가지 상호를 얻은 것이다. 『관무량수경(觀無量壽經)』에 이르되, "아미타불은 8만4천 가지 대인상이 있고, 낱낱 상에 8만4천 가지 따르는 몸매[好]가 있으며, 낱낱 따르는 몸매에 다시 8만4천 가지 광명이 있어서 낱낱 광명이 법계를 두루 비추어 부처님 생각하는 중생을 섭수하여 취하고 버리지 않는다"라 하였나니, 곧 이 가운데 똑같은 상이다.

又初化[32]下는 二, 約三身十身하여 料揀이라 若配三身인대 二는 是報身이요 三은 是法身이라 若約四身인대 二는 由屬他受用報니 有分限故요 後는 卽自受用報며 及法이라 又法身은 無相이니라 今前二는 屬三身하고 後一은 屬十身이니 十身은 必融三身故로 後具前二니라
又初[33]凡下는 三, 約機見料揀이라 次, 唯地上者는 他受用故라 上의 報化不同이요 後, 唯圓機니 卽屬圓融이라 不分地前과 地上일새 故云然通五位라 此五位者는 卽三賢와 十聖과 等妙二覺이니 六位之中에 除果位耳니라 若開十信하면 卽除等覺이니라

---

32) 化는 南續金本作約化라 하다.
33) 初는 南續金本作初約이라 하다.

● (2) 又初化 아래는 세 가지 몸과 열 가지 몸을 잡아 구분함이다. 만일 세 가지 몸에 배대한다면 둘은 보신이요, 셋은 법신이다. 만일 네 가지 몸을 잡으면 둘은 타수용보신(他受用報身)에 속함으로 말미암나니 분한이 있는 까닭이다. 뒤는 곧 자수용보신(自受用報身)과 법신이요, 또한 법신은 상이 없다. 지금 앞의 둘은 세 가지 몸에 속하고, 뒤의 하나는 열 가지 몸에 속하나니, 열 가지 몸은 반드시 세 가지 몸을 융섭하는 연고로 뒤는 앞의 둘을 구비한다는 뜻이다.

(3) 又初凡 아래는 근기를 잡아 구분함이요, (4) 오직 십지 이상뿐이란 타수용신인 까닭이다. 위의 보신과 화신이 같지 않으며 뒤는 원교의 근기뿐이니 곧 원융문에 속한다. 십지 이전과 십지 이상으로 구분하지 못하므로 말하되, '그러나 다섯 가지 지위에 통한다'라고 하였다. 이런 다섯 가지 지위는 곧 삼현(三賢)과 십지(十地) 성인과 등각(等覺) 묘각(妙覺)의 두 가지 깨달음이니 여섯 지위 중에서 과덕 지위만 제외했을 뿐이다. 만일 십신(十信)을 전개하면 곧 등각이 제외된다.

3) 체성을 내보이다[出體] (若語 3下8)

[疏] 若語其體인대 初, 以形色이요 次, 卽定慧요 後, 以無盡法界니라
■ 만일 그 체성을 말한다면 (1) 형색 때문이요, (2) 삼매와 지혜요, (3) 그지없는 법계 때문이다.

[鈔] 若語其體下는 第三, 出體라 二卽定慧者는 以法門으로 爲相故니라
● 3) 若語其體 아래는 체성을 내보임이다. (2) 삼매와 지혜뿐은 법문

으로 모양을 삼은 까닭이다.

4) 원인을 밝히다[辨因] (若語)

[疏] 若語其因인대 後는 通純雜이니 如初會說이라 故로 一一相果가 皆周
法界니라 前二, 相因은 如瑜伽와 智度等論과 涅槃과 大集等經이니
廣如章說하니라

■ 만일 그 원인을 밝힌다면 뒤는 순일하고 섞임과 통하나니, 제1. 적멸
도량법회에서 설명한 내용과 같다. 그러므로 낱낱 상과 과덕은 모두
법계에 두루한 것이다. 앞의 둘은 상호의 원인이니 『유가사지론』과
『대지도론』, 『열반경』과 『대집경』 등과 같나니, 자세한 것은 가름에
설한 내용과 같다.

[鈔] 若語其因下는 第四, 辨因이라 通純雜者는 卽是圓融相因이니 如前
主水神處에 已明이니라 前二相因者는 指廣有源이니 瑜伽四十九에
云, 一切菩薩의 資糧이 皆感相好作業者는 宣說種種業이 各各感等
이라 如是三十二相이 無有差別하니 當知皆由淨戒爲因이라 若犯戒
하면 尙不得下賤人身이온 況佛相好아하니 若言各各業感하면 如契
經說이니 卽是別因이니라 就中에 有一行이 感一相하니 如云, 若諸有
情이 有所希冀[34]에 隨其所樂하여 正捨珍財하면 感得頰如師子是니
라 或一行感多相은 如能施悅意發喜한 飮食嚴具等하면 感身皮金
色과 常光一尋과 一毛孔에 一毛生과 身皮細滑等이니라 或多行이 感
一相은 如言於其父母에 種種供養하며 於諸有情의 諸苦惱事에 種種

---

34) 冀는 續本作異라 하나 誤植이다.

救護하며 由往來等動轉業故로 得足下千輻輪相이라 又由四種修事業하여 感一切相이니 謂決定修하여 感足下善安住하며 由委悉修하여 感千輻輪等하며 由恒常修하여 感纖長指等하며 由無罪修하여 感餘相皮金色等이요 又諸佛加行感異라하니라 釋曰, 此卽一行品類로 所感不同이니라

● 4) 若語其因 아래는 원인을 밝힘이다. '순일하고 섞임과 통함'이란 곧 원융한 모양의 원인이니 앞의 주수신(主水神) 처소에서 이미 밝힌 내용과 같다. '앞의 둘은 상호의 원인'이란 자세한 것은 근원에 있음을 지적하였으니,『유가사지론』제49권에 이르되, "온갖 보살의 자량이 모두 상호로 업을 지음을 감득한 것은 갖가지 업으로 각각 감득함을 베풀어 설한 등이다. 이와 같이 32가지 상(相)이 차별 없나니 마땅히 알라, 모두 청정한 계율로 인해 원인이 된 것이다. 만일 계를 범하면 오히려 하천한 사람의 몸도 얻지 못할 텐데 하물며 부처님 상호이겠는가?"라 하였으니, 만일 각각 업으로 감득함을 말하면 계경에 설한 내용과 같나니, 곧 개별 원인이다. 중간에 입각하면 한 가지 행법이 한 가지 상을 감득하게 되나니 마치 말하되, "만일 모든 유정이 바라는 바가 있을 적에 그 즐거워하는 것을 따라 바로 진보와 재물을 버리면 뺨이 사자와 같음을 감득한다"고 함과 같음이 이것이다. 혹은 한 가지 행으로 많은 상을 감득함은 마치 기쁜 생각으로 기쁨을 발한 음식과 장엄 도구 따위를 능히 보시하면, 몸 가죽이 금색임과 항상한 광명이 한 길[여덟 자]인 것과 한 털구멍에 한 터럭이 생김과 몸 가죽이 미세하고 미끄러운 등을 감득함과 같다. 혹은 많은 행법이 한 가지 상을 감득함은 마치 말하되, "그 부모에게 갖가지로 공양하며 모든 유정의 모든 고뇌하는 일에 갖가지로 구호하며 왕래하는

등의 업을 동요하고 바꿈을 말미암는 연고로 발아래에 '천 개의 수레 바퀴살 모양[千輻輪相]'을 얻음과 같다. 또한 네 가지로 사업을 수행함을 말미암아 온갖 상(相)을 감득하나니, 이른바 결정코 수행하여 발 아래에 잘 안주함을 감득하며, 자세하게 모두 수행함으로 말미암아 천 개의 수레 바퀴살 모양과 같음을 감득하며, 항상 수행함을 말미암아 섬세하고 긴 손가락 등을 감득하며, 죄 없는 수행을 말미암아 나머지 상(相)과 가죽이 금색인 등을 감득하였다. 또한 모든 부처님이 가행으로 다른 것을 감득한다"고 하였다. 해석하자면 이것은 곧 한 가지 행법의 품류로 감득한 바가 같지 않다는 뜻이다.

論에 云, 此相好가 種性地에 有種子하고 勝解行地에 修方便淸淨하며 增上意樂地에는 名得이요 餘上地에는 轉勝淸淨하며 佛地에는 善淨無上이라 即此相이 由所依性하여 能任[35]持故며 由極殊妙하여 令端嚴故로 說名隨好라하니라 釋曰, 從即此相由所依下는 釋好義라 好義는 後品에 方用이어니와 因便하여 此引하니라 其智論과 涅槃等經은 初會의 主水神處에 已引하니라 若觀佛三昧海經인대 次前에 明三品相하시고 後에 云, 佛告阿難하사대 如來가 往昔에 無量無邊阿僧祇劫에 以智慧火로 燒煩惱薪하고 修無相定하여 不作非時證하시니 是故로 獲得如是相好라 一一相中에 無量化佛이어니 何況多耶아하니라 釋曰, 此는 通後二相因이니라

● 논문에 이르되, "이런 상호가 종성지에 종자가 있고 뛰어나게 이해하는 행의 지위[勝解行地]에서 방편이 청정함을 수행하며, 더없는 의요의 지위[增上意樂地]에서 얻음이라 이름한다. 나머지 위의 지위에는 더욱

---

35) 任은 南續金本作住, 論麗本作任, 宋元明宮本作住라 하다.

뛰어나고 청정하며, 부처님 지위에서 착하고 깨끗하여 위가 없다. 곧 이런 상은 의지할 대상인 성품으로 말미암아 능히 맡겨 가지는 연고며, 지극히 뛰어나고 묘함으로 말미암아 단정하고 장엄하게 하는 연고로 '따르는 좋은 몸매[隨好]'라고 이름한다"라고 하였다. 해석하자면 卽此相由所依부터 아래는 좋은 몸매의 뜻을 해석하였다. 좋은 몸매의 뜻은 뒤의 여래수호광명공덕품에 비로소 사용하거니와 편함으로 인하여 여기서 인용하였다. 그『대지도론』과『열반경』등에서 제1. 적멸도량법회의 주수신(主水神) 처소에서 이미 인용하였다. 만일 『관불삼매해경』이라면 다음 앞에서 세 품의 양상을 밝히시고 뒤에 말하되, "부처님이 아난에게 말씀하시되, '여래가 과거에 한량없고 그지없는 아승지겁에 지혜의 불로 번뇌의 섶을 태우고 모양 없는 삼매를 닦아서 시간 아닌 때에 증득함을 짓지 못하셨나니, 이런 연고로 이런 상호를 얻은 것이다. 낱낱 상 중에 한량없는 화신 부처님이 나투셨는데 어찌 하물며 많다고 하겠는가?'"해석하자면 이것은 뒤의 두 가지 상의 원인과 통한다.

(三) 근본 가르침[宗趣] (三宗 5上9)

[疏] 三, 宗趣者는 顯無盡相海로 爲宗이요 令修無盡之行하여 顯成으로 爲趣니라

■ (三) 근본 가르침은 그지없는 상호의 바다로 근본을 삼고, 그지없는 행법을 수행하게 하여 성취함을 밝히는 것으로 가르침을 삼는다.

[鈔] 令修無盡之行顯成爲趣者는 顯은 約本有요 成은 約修生이니라

● '그지없는 행법을 수행하게 하여 성취함을 밝히는 것으로 가르침을 삼는다'는 것에서 '밝힘'은 '본래 있음[本有]'을 잡은 해석이고, '성취함' 은 '수행으로 생김[修生]'을 잡은 해석이다.

(四) 경문 해석[釋文] 3.

1. 경계하며 설법을 허락하다[誡聽許說] (後正 5下4)

爾時에 普賢菩薩摩訶薩이 告諸菩薩言하시되 佛子여 今
當爲汝하여 演說如來의 所有相海하리라
그때 보현보살마하살이 여러 보살에게 말하였다. "불자여,
이제 당신들에게 여래께서 가지신 몸매 바다를 말하리라.

[疏] 後, 正釋文이라 文有三別하니 第一, 誡聽許說이요 二, 正陳相狀이요
三, 結略顯廣이라 今初니 所以普賢說者는 相海普周故며 令行普行
하여 獲普相故라 普賢은 本是會主라 前說已窮일새 此便說故라 或前
品末에 經來未盡이니 更應別答國土等問故니라

■ (四) 경문 해석이다. 경문에 세 가지 구별함이 있으니 1. 경계하며 설
법을 허락함이요, 2. 양상의 모습을 바로 진술함이요, 3. 간략함을
결론하여 자세히 밝힘이다. 지금은 1.이니 보현보살이 설하는 이유
는 상(相)의 바다가 넓고 두루한 연고며, 보편적인 행법을 행하여 보
편적인 상[普相]을 얻게 하려는 까닭이다. 보현은 본래 모임의 주인이
니 앞에서 설명함이 이미 다하였고, 여기서는 문득 설하기 때문이요,
혹은 앞의 불부사의법품의 끝에 '경문이 다 오지 않았다[經來未盡]'고

하였으니, 다시 응당히 국토 따위의 질문에 대답한 까닭이다.

[鈔] 普賢本是會主者는 此下에 通不請之妨이라 有二意通하니 初意는 可
知요 二, 或前品末下는 二, 約五品하여 答問通이니 謂先列國土等十
問이라 前品에 答種性問이요 此下四品에 更答四問이요 餘之五問은
或在此品之前하여 已答이어니와 經來未盡일새 所以略無라 別屬問答
은 前品에 已明하니라

● '보현은 본래 모임의 주인'이란 이 아래에 청하지 않았다는 비방을 해
명한 것이다. 두 가지 의미가 있다고 해명하였으니, (1) 첫째 의미[보
현은 모임의 주인이므로]는 알 수 있으리라. (2) 或前品末 아래는 다섯 품
을 잡아서 질문에 대답함으로 해명하였다. 이른바 먼저 국토 등의 열
가지 질문을 열거하였고, 앞의 불부사의법품에서 종성(種性)에 대한
질문에 대답하였고, 이 아래 네 품[여래십신상해품, 여래수호공덕품, 보현행
품, 여래출현품]은 다시 네 가지 질문에 대답하였고, 나머지 다섯 가지
질문은 혹은 이 품의 앞에 있어서 이미 대답하였지만 경문이 다 오지
않았으므로 생략하여 없다. 별상은 질문과 대답에 속한 것이니, 앞의
품에서 이미 설명하였다.

2. 양상의 모습을 바로 진술하다[正陳相狀] 3.

1) 과목 나누기[科判] 3.
(1) 총합하여 과목 나누다[總科] (第二 6上3)
(2) 구분하다[料揀] (或略)

[疏] 第二, 佛子如來頂上下는 正陳相狀이니 略擧九十七相이라 文通有
五하니 一, 依處요 二, 列名이요 三, 體嚴이요 四, 業用이요 五, 結數라
或略不具하니 至文當知니라 或加成益하니 業用中에 攝이라 然이나 名
依體用以立일새 皆以體用으로 釋名이라 或單從體用하고 或雙從二하
니 隨文思之하라 或名與體用이 義不相似者는 則是文略義含耳니라

■ 2. 佛子如來頂上 아래는 상(相)의 모습을 바로 진술함이다. 간략히
97가지 상(相)을 거론하였으니 경문은 다섯 가지에 통한다. (1) 처소
를 의지함이요, (2) 명칭을 열거함이요, (3) 체성으로 장엄함이요, (4)
업과 작용이요, (5) 숫자로 결론함이다. 혹은 생략하여 구비하지 않
았으니 경문에 가서 알게 되리라. 혹은 성취한 이익을 더하니 업과 작
용 중에 포섭한다. 그러나 명칭은 체성과 작용을 의지하여 건립하였
으므로 모두 체성과 작용으로 명칭을 해석하였다. 혹은 단순하게 체
성으로부터 작용하고, 혹은 동시에 둘로부터 (나왔으니), 경문을 따라
생각해 보라. 혹은 명칭과 체성과 작용의 뜻이 같지 않은 것은 곧 경
문은 간략한데 뜻이 포함되었을 뿐이다.

(3) 큰 과목으로 나누다[大科] 2.
가. 경문의 순서를 이루다[成經次] (細論 6上8)
나. 큰 과목으로 밝히다[明大科] (今以)

[疏] 論一相이 各依一處하면 則爲九十七段이니 經自標次어니와 今以類로
例相從컨대 依十九處니 卽爲十九段36)이라 始自於頂하여 終至於足
하나니 斯卽順觀相海니라

---

36) 上兩九字는 源纂本作八, 源南綱續金本作九, 案第十七 腦有三相中 其第三腦毛疏云 若準晋經 直云毛端
則通身一切毛也 義應如昔則處成十九라 하다.

■ 한 가지 상(相)이 각기 한 곳에 의지함을 자세하게 논하면 97문단이 되었으니, 경문에 자연히 순서를 표방하였지만 지금은 부류로 유례하여 서로 따르건대 19가지 처소에 의지하였으니 곧 19문단이 된다. 정수리로부터 시작하여 발에 이르러 끝났으니 이것은 32상(相)의 바다를 수순하여 관찰하였다.

[鈔] 斯卽順觀者는 觀佛三昧海經[37]에 觀佛相海가 有二하니 一, 總觀有三十二等이요 二, 別觀一一諸相이라 就別觀中하여 復有二義하니 一, 從頂至足[38]은 名爲順觀이요 二, 從足輪至頂은 名逆觀이니 故로 云, 今是順觀이라 據普賢言컨대 應言順說이나 爲欲成觀이 是本意故로 名爲順觀이니 卽彼의 第九經觀像品爲九니라

● '이것은 32상의 바다를 수순하여 관찰함'이란 『관불삼매해경』에 부처님의 상의 바다는 둘이 있으니 (1) 32가지가 있음을 총합하여 관찰한 등이요, (2) 하나하나 모든 상을 개별로 관찰함이다. 별상으로 관찰함에 입각하여 다시 두 가지 뜻이 있으니 가. 정수리에서 발까지는 수순한 관찰이라 이름하고, 나. 발바닥부터 정수리까지를 거꾸로 관찰함이라 이름하나니, 그래서 "지금은 수순한 관찰함"이라 이름한다. 보현보살에 의거하여 말하건대 말함에 응하여 수순하여 말했지만 관법을 이루려고 함이 본래 의미이므로 '수순한 관찰'이라 이름하나니, 곧 저 제9권 경문에는 관상품(觀像品)으로 아홉째를 삼았다.

2) 경문을 해석하다[釋文] 18.
(1) 정수리에 있는 32가지 상호[依頂有三十二相] 3.

---

37) 經下에 南續金本有說字라 하다.
38) 足은 南續金本作足輪이라 하다.

가. 장소를 잡아 총합하여 표방하다[約處總標] (今初 6下7)

佛子여 如來頂上에 有三十二寶莊嚴大人相이어든
불자여, 여래의 정수리에 보배로 장엄한 서른두 가지 거룩
한 모습이 있느니라.

[疏] 今初에 依頂中三이니 初, 約處總標요 次, 其中下는 別列名相이요
後, 佛子下는 總結爲嚴이라 今初에 寶莊嚴者는 通顯體嚴事寶니 則
云皆摩尼等으로 爲莊嚴故라 亦顯智寶가 圓淨嚴故라 一一相中에
皆有事理二嚴하나니 隨宜解釋이라 大人相者는 大人之相故니라

■ 지금은 (1)이니 정수리를 의지한 중에 셋이니, 가. 장소를 잡아 총합
하여 표방함이요, 나. 其中 아래는 명칭과 모양을 개별로 나열함이
요, 다. 佛子 아래는 총합 결론하여 장엄함이다. 지금은 가.이니 '보
배로 장엄함'이란 일의 보배를 체성으로 장엄함을 통틀어 밝히면 이
르되, "모두 마니 등으로 장엄한다"고 한 까닭이다. 또한 지혜 보배
가 원만하고 청정하게 장엄함을 밝힌 까닭이다. 낱낱 상(相) 중에서
모두 현상과 이치의 두 가지로 장엄함이 있나니, 마땅함을 따라 해석
하였다. 대인상(大人相)이란 큰 사람의 상(相)인 까닭이다.

나. 명칭과 모양을 개별로 나열하다[別列名相] 3.
가) 원융문을 바로 설명하다[正明圓融] (二別 7上1)

[疏] 二, 別列中에 三十二相이 文各有四니 以依處一種은 已總標故라 此
處에 獨有三十二者는 理實應多어니와 爲顯圓融의 一卽一切일새 故

로 一頂中에 便具權敎의 三十二數니라

■ 나. (명칭과 양상을) 개별로 나열함 중에 32가지 상은 경문이 각기 넷이
있으니, 의지하는 장소인 한 종류는 이미 총합하여 표방한 까닭이다.
이런 장소에서 유독 32가지만 있는 것은 이치가 진실로 응함이 많거
니와 원융문의 하나가 곧 온갖 것임을 밝히려는 연고로 하나의 정수
리 중에서 문득 권교의 32가지 숫자를 갖춘 것이다.

나) 비방을 해명함에 대해 밝히다[辨其通妨] 2.
(가) 질문하다[問] (若爾 7上5)
(나) 대답하다[答] 3.

ㄱ. 바로 대답하다[正答] (顯頂)
ㄴ. 인용하여 증명하다[引證] (善生)
ㄷ. 힐난을 해명하다[通難] (此約)

[疏] 若爾인대 餘何不然고 顯頂尊勝故라 善生經에 云, 一切世間福은 不
及如來一毛功德이요 一切毛功德은 不及一好功德이요 一切好功德
은 不及一相이요 一切相은 不及白毫요 白毫는 復不及無見頂相이라하
나니 故로 知勝也로다 此約相好하여 相對明之어니와 若約人具有인댄
好爲勝故니 相伏於人이요 好勝諸天故라 餘處에는 說好爲微細니라

■ 만일 그렇다면 나머지는 어찌하여 그렇지 않은가? 정수리는 존귀하
고 뛰어남을 밝히기 위함이다. 『선생경(善生經)』에 이르되, "온갖 세간
의 복은 여래의 한 터럭 공덕에 미치지 못하며, 온갖 터럭의 공덕은 한
가지 좋은 몸매의 공덕에 미치지 못하고, 온갖 몸매의 공덕은 한 가

지 상에 미치지 못하며, 온갖 상은 백호(白毫) 공덕에 미치지 못하고, 백호상은 다시 정수리를 볼 수 없는 상[無見頂相]에 미치지 못한다"라 하였으니 그래서 뛰어난 줄 알았다. 여기는 상호를 잡아서 상대하여 밝혔거니와, 만일 사람이 갖추어 있음을 잡는다면 몸매로 뛰어남이 되기 때문이니, 상으로 사람을 굴복함이요, 몸매가 모든 천상보다 뛰어난 까닭이다. 나머지 처소에는 몸매가 미세함이 된다고 말하였다.

[鈔] 若爾等者는 上은 正圓融이요 此下는 通妨이니 謂有問言호대 若表圓 融인대 何不諸相이 皆具三十二耶아하니 答意는 可知니라 此約相好 下는 亦是通難이라 難云호대 諸經論에 說호대 伏於人故로 說三十二 相이요 伏諸天故로 說八十種好라하니 故로 人中輪王이 許有三十二 相호대 而無八十種好하니 則好勝矣라할새 故爲此通이니라 謂此는 約 相體하여 以對好體일새 相勝於好어니와 彼約人具하면 則具好爲勝이 라 亦如世人의 一尺之面이 不及三寸之鼻요 三寸之鼻가 不及一寸 之目이니 則相相相望하여 以辨勝劣이어니와 若有人이 有三寸之鼻와 一寸之目하고 更無餘相하면 則不及身總具多相하여 爲貴人矣니라

● '만일 그렇다면' 등에서 위는 바로 원융함이요, 이 아래는 비방을 해 명함이다. 이른바 어떤 이가 물어 가로되, "만일 원융함을 표한다면 어째서 여러 상에 모두 32가지를 갖추었는가?" 대답한 의미는 알 수 있으리라. ㄷ) 此約相好 아래는 힐난을 해명함이다. 힐난하여 이르 되, "여러 경과 논에서 설하되, 사람을 조복하는 연고로 32가지 상을 말한 것이요, 여러 하늘을 조복하는 연고로 80가지 몸매를 설하였 다"라 하니, 그러므로 사람 가운데 전륜왕이 32가지 상을 허용하였 지만 80가지 몸매가 없으니 몸매가 뛰어난 연고로 여기서 해명하였

다. 이른바 이것은 상의 체성을 잡아서 몸매의 체성과 상대하였으니, 상이 몸매보다 뛰어나거니와 저것이 사람이 갖춤을 잡으면 몸매를 갖춤이 뛰어남이 되었다. 또한 세상 사람의 1척(尺)의 얼굴은 3촌(寸)의 코에 미치지 못하며, 3촌의 코는 1촌의 눈에 미치지 못하나니, 상과 상을 서로 바라보아서 뛰어남과 하열함을 밝혔지만 만일 어떤 사람이 3촌의 코와 1촌의 눈이 있고 다시 나머지 상이 없나니, 몸이 총합하여 많은 상을 구족함에 미치지 못하여 귀한 사람이 되었다.

다) 경문을 바로 해석하다[正釋本文] 32.
(1) 광명이 온갖 방소를 비추다[光照一切方] 4.

ㄱ. 명칭을 나열하다[列名] (第一 8上4)
ㄴ. 체성으로 장엄하다[體嚴] (二一)
ㄷ. 업과 작용[業用] (三一)
ㄹ. 숫자를 결론하다[結數] (四是)

其中에 有大人相하니 名光照一切方이라 普放無量大光
明網하여 一切妙寶로 以爲莊嚴하고 寶髮周徧하여 柔軟
密緻하며 一一咸放摩尼寶光하여 充滿一切無邊世界하
여 悉現佛身의 色相圓滿이 是爲一이니라
그 가운데 (1) 거룩한 모습이 있으니 이름이 모든 방위에 비
치는 한량없는 큰 광명 그물을 두루 놓음이라, 온갖 기묘한
보배로 장엄하였고, 보배로운 머리카락이 두루하여 보드랍
고 치밀한데, 낱낱이 마니보배 광명을 놓아 그지없는 모든

세계에 가득하여 빛깔이 원만한 부처님 몸을 나타내나니,
이것이 하나이니라.

[疏] 第一相中에 四者는 一, 列名이니 名從用立이요 二, 一切妙寶下는 體
嚴이요 三, 一一下는 業用이요 四, 是爲一者는 結數라 他皆倣此니라
■ (1) 첫째 광명이 온갖 방소를 비추는 상(相) 중에 넷이다. ㄱ. 명칭을
나열함이니, 이름은 작용을 따라 건립함이요, ㄴ. 一切妙寶 아래는
체성으로 장엄함이요, ㄷ. 一一 아래는 업과 작용이요, ㄹ. '이것이
하나'란 숫자를 결론함이니 다른 것은 모두 이것과 비슷하다.

[鈔] 一列名者는 謂此名光照一切方等이라 下에 辨業用云호대 一一咸放
摩尼寶光等이라하나니 明知從用하여 以立光名이라 下諸文勢가 皆悉
如是라 或從用立하며 或從體得39)하니 可以意求니라
● ㄱ. 명칭을 나열함이란 이른바 이런 명칭의 광명이 온갖 방소를 비추
는 등이다. 아래에 업과 작용을 밝히면서 이르되, "하나하나에 모두
마니보배 광명을 놓는다"라 한 등이니, 작용으로부터 광명의 명칭을
세운 것을 분명하게 알았다. 아래 모든 경문의 세력은 모두 다 이와
같다. 혹은 작용으로부터 세우며, 혹은 체성으로부터 얻었으니, 의미
로 구할 수 있다.

(2) 부처 눈 광명 구름[佛眼光明雲] (二中 8下3)

次有大人相하니 名佛眼光明雲이라 以摩尼王으로 種種

---

39) 得은 甲南續金本作德이라 하다.

莊嚴하여 出金色光하되 如眉間毫相의 所放光明하여 其光이 普照一切世界가 是爲二니라

(2) 다음에 거룩한 모습이 있으니 이름이 부처 눈 광명 구름이라, 마니왕으로 가지가지 장엄하였고, 금빛을 내는 것이 미간 백호상에서 놓은 광명과 같아서 일체 세계에 비추나니, 이것이 둘이니라.

[疏] 二中에 以摩尼下는 體嚴이니 卽釋光明義라 其光下는 業用이니 釋佛眼義니 佛眼은 無不照故라 餘並準思니라 毫相放光은 如現相品說이요 雲義도 亦如初會니라

■ (2) 부처 눈 광명 구름 중에 ㄱ. 以摩尼 아래는 자체로 장엄함이니 곧 광명의 뜻을 해석함이다. ㄴ. 其光 아래는 업과 작용이니, 부처 눈의 이치를 해석함이다. 부처 눈은 비추지 못함이 없는 까닭이다. 나머지는 생각과 아울러 준하였다. '백호상에서 광명을 놓음'은 여래현상품에서 설함과 같으며, 구름의 이치도 또한 제1. 적멸도량법회와 같다.

(3) 법계에 가득한 구름[充滿法界雲] (八中 9下6)
(4) 나타내어 널리 비추는 구름[示現普照雲] (經/次有)
(5) 보배 광명 놓는 구름[放寶光明雲] (經/次有)

次有大人相하니 名充滿法界雲이라 上妙寶輪으로 以爲莊嚴하고 放於如來福智燈明하여 普照十方一切法界諸世界海하며 於中에 普現一切諸佛과 及諸菩薩이 是爲三이니라 次有大人相하니 名示現普照雲이라 眞金摩尼로

種種莊嚴하고 其諸妙寶가 咸放光明하여 照不思議諸佛
國土어든 一切諸佛이 於中出現이 是爲四니라 次有大人
相하니 名放寶光明雲이라 摩尼寶王으로 淸淨莊嚴하고
毘瑠璃寶로 以爲華藥하여 光照十方一切法界어든 於中
에 普現種種神變하여 讚歎如來往昔所行智慧功德이 是
爲五니라

(3) 다음에 거룩한 모습이 있으니 이름이 법계에 가득한 구
름이라, 가장 묘한 보배 바퀴로 장엄하였으며, 여래의 복과
지혜 등불 광명을 놓아 시방 일체 법계의 세계 바다에 두루
비추며 그 가운데 모든 부처님과 보살들을 두루 나타내나
니, 이것이 셋이니라. (4) 다음에 거룩한 모습이 있으니 이
름이 나타내어 널리 비추는 구름이라, 진금 마니로 가지가
지 장엄하였고, 그 묘한 보배들이 모두 광명을 놓아 부사의
한 여러 부처의 국토에 비추고, 모든 부처님이 그 속에 나타
나나니, 이것이 넷이니라. (5) 다음에 거룩한 모습이 있으니
이름이 보배 광명 놓는 구름이라, 마니보배 왕으로 청정하
게 장엄하였고, 비유리 보배로 꽃술이 되었는데, 빛이 시방
의 모든 법계에 비추고 그 속에서 가지가지 신통변화를 나
타내어 여래의 옛적에 행하시던 지혜와 공덕을 찬탄하나니
이것이 다섯이니라.

(6) 여래를 나타내어 법계에 두루하는 크게 자유자재한 구름
 [示現如來徧法界大自在雲] (經/次有 9上2)
(7) 여래의 넓은 등불 구름[如來普燈雲] (經/次有)

(8) 부처님들을 두루 비추는 광대한 구름[普照諸佛廣大雲] (經/次有)

次有大人相하니 名示現如來偏法界大自在雲이라 菩薩
神變寶焰摩尼로 以爲其冠하고 具如來力하여 覺悟一切
하며 寶焰光輪으로 以爲其鬘하여 其光이 普照十方世界
어든 於中에 示現一切如來가 坐於道場에 一切智雲이 充
滿虛空無量法界가 是爲六이니라 次有大人相하니 名如
來普燈雲이라 以能震動法界國土大自在寶海로 而爲莊
嚴하고 放淨光明하여 充滿法界어든 於中에 普現十方諸
菩薩功德海와 過現未來佛智慧幢海가 是爲七이니라 次
有大人相하니 名普照諸佛廣大雲이라 因陀羅寶와 如意
王寶와 摩尼王寶로 以爲莊嚴하고 常放菩薩焰燈光明하
여 普照十方一切世界어든 於中에 顯現一切諸佛의 衆色
相海와 大音聲海와 淸淨力海가 是爲八이니라

(6) 다음에 거룩한 모습이 있으니 이름이 여래를 나타내어
법계에 두루하는 크게 자유자재한 구름이라. 보살이 신통
변화하는 보배 불꽃 마니로 관이 되고, 여래의 힘을 갖추어
모든 것을 깨닫는 보배 불꽃 광명 바퀴로 화만이 되었는데,
그 빛이 시방세계에 비추며, 그 속에 모든 여래가 도량에 앉
으시매 온갖 지혜 구름이 허공과 한량없는 법계에 가득함
을 나타내나니, 이것이 여섯이니라. (7) 다음에 거룩한 모습
이 있으니 이름이 여래의 넓은 등불 구름이라. 법계의 국토
를 진동하는 크게 자유자재한 보배 바다로 장엄하였고, 깨
끗한 광명을 놓아 법계에 가득하며, 그 속에 시방 보살들의

공덕 바다와 과거 · 현재 · 미래 부처님의 지혜 당기 바다를 널리 나타내나니, 이것이 일곱이니라. (8) 다음에 거룩한 모습이 있으니 이름이 부처님들을 두루 비추는 광대한 구름이라, 인드라 보배 · 여의왕 보배 · 마니왕 보배로 장엄하였고, 보살의 불꽃 등불 광명을 놓아 시방의 일체 세계에 비추며, 그 속에 모든 부처님의 여러 빛깔 바다와 큰 음성 바다와 청정한 힘의 바다를 나타내나니, 이것이 여덟이니라.

[疏] 八中嚴內에 摩尼는 名意故니 不同如意니라

■ (8) (부처님들을 두루 비추는 광대한 구름) 중에 안을 장엄할 적에 마니(摩尼)는 생각이라 이름한 연고니 '생각한 대로'와는 같지 않다.

(9) 원만한 광명 구름[圓滿光明雲] (十一 10上8)

(10) 모든 보살행의 창고를 널리 비추는 광명 구름

　　[普照一切菩薩行藏光明雲] (經/次有)

(11) 넓은 광명으로 비추는 구름[普光照耀雲] (經/次有)

次有大人相하니 名圓滿光明雲이라 上妙瑠璃摩尼王種
種寶華로 以爲莊嚴하고 一切衆寶가 舒大焰網하여 充滿
十方一切世界어든 一切衆生이 悉見如來가 現坐其前하
사 讚歎諸佛과 及諸菩薩의 法身功德하여 令入如來淸淨
境界가 是爲九니라 次有大人相하니 名普照一切菩薩行
藏光明雲이라 衆寶妙華로 以爲莊嚴하고 寶光普照無量
世界하며 寶焰普覆一切國土하여 十方法界에 通達無礙

하여 震動佛音하여 宣暢法海가 是爲十이니라 次有大人
相하니 名普光照耀雲이라 毘瑠璃因陀羅金剛摩尼寶로
以爲莊嚴하고 瑠璃寶光이 色相明徹하여 普照一切諸世
界海하여 出妙音聲하여 充滿法界하니 如是皆從諸佛智
慧大功德海之所化現이 是爲十一이니라

(9) 다음에 거룩한 모습이 있으니 이름이 원만한 광명 구름
이라, 가장 묘한 유리와 마니왕으로 된 가지가지 보배 꽃으
로 장엄하였고, 모든 보배에서 내는 큰 불꽃 그물이 시방세
계에 가득하였는데, 모든 중생이 여래가 그 앞에 앉아서 부
처님과 보살들의 법신의 공덕을 찬탄함을 보고 여래의 청
정한 경계에 들게 하나니, 이것이 아홉이니라. (10) 다음에
거룩한 모습이 있으니 이름이 모든 보살의 수행의 창고를
비추는 광명 구름이라, 여러 보배로 된 묘한 꽃으로 장엄하
였고, 보배 광명이 한량없는 세계에 비추고 보배 불꽃이 모
든 국토에 덮이어 시방의 법계가 걸림 없이 통달하며 부처
의 음성을 진동하여 법을 연설하나니, 이것이 열이니라.
(11) 다음에 거룩한 모습이 있으니 이름이 넓은 광명 비추
는 구름이라, 비유리 인드라 금강 마니보배로 장엄하였고,
유리 보배 광명의 빛깔이 밝게 사무쳐 모든 세계 바다에 널
리 비추며 묘한 음성을 내어 법계에 가득하니 이런 것이 다
부처님들의 지혜와 큰 공덕 바다로부터 나타나는 것이니 이
것이 열하나이니라.

[疏] 十一中에 如是皆從下는 辨業用因이니 亦業用攝이니라

■ (11) (넓은 광명으로 비추는 구름) 중에 如是皆從 아래는 업과 작용의 원인을 밝힘이니, 또한 업과 작용에 포섭된다.

(12) 바로 깨달은 구름[正覺雲] (十四 11上1)
(13) 광명이 빛나게 비추는 구름[光明照耀雲] (經/次有)
(14) 장엄이 널리 비추는 구름[莊嚴普照雲] (經/次有)

次有大人相하니 名正覺雲이라 以雜寶華로 而爲莊嚴하고 其諸寶華가 悉放光明하니 皆有如來가 坐於道場하여 充滿一切無邊世界하사 令諸世界로 普得淸淨하여 永斷一切妄想分別이 是爲十二니라 次有大人相하니 名光明照耀雲이라 以寶焰藏海心王摩尼로 而爲莊嚴하고 放大光明하여 光中에 顯現無量菩薩과 及諸菩薩의 所行之行과 一切如來의 智身法身諸色相海하여 充滿法界가 是爲十三이니라 次有大人相하니 名莊嚴普照雲이라 以金剛華毘瑠璃寶로 而爲莊嚴하고 放大光明하여 光中에 有大寶蓮華座하되 具足莊嚴하여 彌覆法界하여 自然演說四菩薩行이어든 其音이 普徧諸法界海가 是爲十四니라
(12) 다음에 거룩한 모습이 있으니 이름이 바로 깨달은 구름이니, 여러 가지 보배 꽃으로 장엄하였고, 그 보배 꽃들이 광명을 놓는데, 광명마다 여래가 도량에 앉아서 그지없는 세계에 가득하였으며, 여러 세계가 모두 청정하여 온갖 허망한 생각과 분별을 영원히 끊게 하나니, 이것이 열둘이니라. (13) 다음에 거룩한 모습이 있으니 이름이 광명이 빛나

게 비추는 구름이라, 보배 꽃 광명 바다 십왕 마니로 장엄하였고, 큰 광명을 놓으며 광명 가운데는 한량없는 보살과 보살들의 행하던 행을 나타내며, 일체 여래의 지혜 몸과 법신과 여러 빛깔 바다가 법계에 가득하니, 이것이 열셋이니라.
(14) 다음에 거룩한 모습이 있으니 이름이 장엄이 널리 비추는 구름이라, 금강 꽃 비유리 보배로 장엄하였고, 큰 광명을 놓으니 광명 속에는 큰 보배 연꽃 사자좌가 있어 구족하게 장엄하여 법계를 두루 덮었으며, 저절로 보살의 네 가지 행을 연설하여 그 음성이 법계 바다에 두루하나니 이것이 열넷이니라.

[疏] 十四, 用中에 云四菩薩行者는 瑜伽菩薩地에 云, 一切菩薩은 略有四行하니 一, 波羅密行이요 二, 菩提分法行이요 三, 神通行이요 四, 成熟有情行이라하니라

■ (14) (장엄이 널리 비추는 구름)의 작용하는 중에 이르되, '네 가지 보살행'이라 말한 것은 『유가사지론』보살지(菩薩地)에 이르되, "모든 보살은 대략 네 가지 행이 있으니 ① 바라밀행이요 ② 보리 부분법의 행이요 ③ 신통한 행이요 ④ 중생을 성숙하는 행이다"라고 하였다.

(15) 부처의 삼매 바다의 행을 나타내는 구름[現佛三昧海行雲]

(十九 11下10)

(16) 변화 바다가 두루 비추는 구름[變化海普照雲] (經/次有)

(17) 일체 여래의 해탈한 구름[一切如來解脫雲] (經/次有)

(18) 자유자재한 방편으로 두루 비추는 구름[自在方便普照雲] (經/次有)

(19) 부처의 종성을 깨달은 구름[覺佛種性雲] (經/次有)

次有大人相하니 名現佛三昧海行雲이라 於一念中에 示
現如來無量莊嚴하여 普徧莊嚴一切法界不思議法界海
가 是爲十五니라 次有大人相하니 名變化海普照雲이라
妙寶蓮華如須彌山으로 以爲莊嚴하고 衆寶光明이 從佛
願生하여 現諸變化하여 無有窮盡이 是爲十六이니라 次
有大人相하니 名一切如來解脫雲이라 淸淨妙寶로 以爲
莊嚴하고 放大光明하여 莊嚴一切佛師子座하여 示現一
切諸佛色像과 及無量佛法과 諸佛刹海가 是爲十七이니
라 次有大人相하니 名自在方便普照雲이라 毘瑠璃華와
眞金蓮華와 摩尼王燈과 妙法焰雲으로 以爲莊嚴하고 放
一切諸佛寶焰密雲淸淨光明하여 充滿法界하여 於中에
普現一切妙好莊嚴之具가 是爲十八이니라 次有大人相
하니 名覺佛種性雲이라 無量寶光으로 以爲莊嚴하고 具
足千輪하여 內外淸淨하니 從於往昔善根所生이라 其光
이 徧照十方世界하여 發明智日하여 宣布法海가 是爲十
九니라

(15) 다음에 거룩한 모습이 있으니 이름이 부처의 삼매 바
다의 행을 나타내는 구름이라, 한 생각 동안에 여래의 한량
없는 장엄을 나타내어 일체 법계의 부사의한 법계 바다를
두루 장엄하나니, 이것이 열다섯이니라.

(16) 다음에 거룩한 모습이 있으니 이름이 변화 바다가 두
루 비추는 구름이라, 수미산 같은 묘한 보배 연꽃으로 장엄

하였고, 여러 보배 광명이 부처의 서원으로부터 나서 모든 변화를 나타냄이 다하지 않나니, 이것이 열여섯이니라. (17) 다음에 거룩한 모습이 있으니 이름이 일체 여래의 해탈한 구름이라, 청정하고 묘한 보배로 장엄하였고, 큰 광명을 놓아 모든 부처의 사자좌를 장엄하며, 온갖 부처님의 형상과 한량없는 불법과 부처의 세계 바다를 나타내나니, 이것이 열일곱이니라. (18) 다음에 거룩한 모습이 있으니 이름이 자유자재한 방편으로 두루 비추는 구름이라, 비유리 꽃과 진금 연화와 마니왕 등과 묘한 법 불꽃 구름으로 장엄하였고, 모든 부처의 보배 불꽃 빽빽한 구름의 청정한 광명이 법계에 가득 찼는데, 그 가운데 모든 묘하고 훌륭한 장엄거리를 나타내나니, 이것이 열여덟이니라. (19) 다음에 거룩한 모습이 있으니 이름이 부처의 종성을 깨달은 구름이라, 한량없는 보배 광명으로 장엄하였고, 천 폭 바퀴를 갖추어 안팎이 청정하니, 옛날의 착한 뿌리로 난 것이며, 그 빛이 시방세계에 두루 비추어 지혜해를 발명하고 법 바다를 선포하나니, 이것이 열아홉이니라.

[疏] 十九, 云具足千輪者는 梵本에 云具千輻輪也라하니라

■ (19) (부처의 종성을 깨달은 구름)에서 '천 폭 바퀴를 갖춘다'고 말한 것은 범본에 '천 개의 바퀴살을 구비한 바퀴'라 말하였다.

(20) 모든 여래의 모양을 나타내는 자재한 구름[現一切如來相自在雲]

(二十一 12上8)

(21) 일체 법계를 두루 비추는 구름[偏照一切法界雲] (經/次有)

(22) 비로자나여래의 형상 구름[毘盧遮那如來相雲] (經/次有)

(23) 모든 부처를 두루 비추는 광명 구름[普照一切佛光明雲] (經/次有)

次有大人相하니 名現一切如來相自在雲이라 衆寶瓔珞
瑠璃寶華로 以爲莊嚴하고 舒大寶焰하여 充滿法界하여
於中에 普現等一切佛刹微塵數去來現在無量諸佛하되
如師子王勇猛無畏하여 色相智慧가 皆悉具足이 是爲二
十이니라 次有大人相하니 名偏照一切法界雲이라 如來
寶相으로 淸淨莊嚴하고 放大光明하여 普照法界하여 顯
現一切無量無邊諸佛菩薩의 智慧妙藏이 是爲二十一이
니라 次有大人相하니 名毘盧遮那如來相雲이라 上妙寶
華와 及毘瑠璃淸淨妙月로 以爲莊嚴하고 悉放無量百千
萬億摩尼寶光하여 充滿一切虛空法界어든 於中에 示現
無量佛刹에 皆有如來結跏趺坐가 是爲二十二니라 次有
大人相하니 名普照一切佛光明雲이라 衆寶妙燈으로 以
爲莊嚴하고 放淨光明하여 偏照十方一切世界하여 悉現
諸佛轉於法輪이 是爲二十三이니라

(20) 다음에 거룩한 모습이 있으니 이름이 모든 여래의 모
양을 나타내는 자재한 구름이라, 뭇 보배 영락과 유리 보배
꽃으로 장엄하였고, 큰 보배 불꽃을 내어 법계에 가득하며
그 속에 온갖 부처 세계 티끌 수 같은 과거·미래·현재의
한량없는 부처님을 나타내는데, 사자 왕같이 용맹하여 두
려움이 없으며 빛깔과 지혜가 모두 구족하나니, 이것이 스

물이니라. (21) 다음에 거룩한 모습이 있으니 이름이 일체 법계를 두루 비추는 구름이라, 여래의 보배 형상으로 청정하게 장엄하였고, 큰 광명을 놓아 법계에 널리 비추며, 한량없고 그지없는 모든 부처와 보살의 지혜광을 나타내나니, 이것이 스물하나이니라. (22) 다음에 거룩한 모습이 있으니 이름이 비로자나여래의 형상 구름이라, 묘한 보배 꽃과 비유리의 청정한 달로 장엄하였고, 모두 한량없는 백천만억 마니 광명을 놓아 온갖 허공과 법계에 비추며, 그 가운데 한량없는 부처 세계를 나타내는데 다 여래께서 가부를 맺고 앉았으니, 이것이 스물둘이니라. (23) 다음에 거룩한 모습이 있으니 이름이 모든 부처를 두루 비추는 광명 구름이라, 여러 보배로 된 묘한 등불로 장엄하였고, 깨끗한 광명을 놓아 시방의 온갖 세계에 비추어 부처님들의 법륜 굴리는 일을 나타내나니, 이것이 스물셋이니라.

[疏] 二十一, 示身智二光하사 俱顯智慧니라

■ (21) (일체 법계를 두루 비추는 구름)에서 몸의 광명과 지혜의 광명을 보여서 지혜를 함께 밝힌다.

(24) 모든 장엄을 두루 나타내는 구름[普現一切莊嚴雲] (二十六 13上6)

(25) 온갖 법계의 음성을 내는 구름[出一切法界音聲雲] (經/次有)

(26) 여러 부처님의 변화하는 바퀴를 두루 비추는 구름

[普照諸佛變化輪雲] (經/次有)

次有大人相하니 名普現一切莊嚴雲이라 種種寶焰으로
以爲莊嚴하고 放淨光明하여 充滿法界하여 念念常現不
可說不可說一切諸佛이 與諸菩薩로 坐於道場이 是爲二
十四니라 次有大人相하니 名出一切法界音聲雲이라 摩
尼寶海와 上妙栴檀으로 以爲莊嚴하고 舒大焰網하여 充
滿法界어든 其中에 普演微妙音聲하여 示諸衆生의 一切
業海가 是爲二十五니라 次有大人相하니 名普照諸佛變
化輪雲이라 如來淨眼으로 以爲莊嚴하고 光照十方一切
世界하여 於中에 普現去來今佛의 所有一切莊嚴之具하
며 復出妙音하여 演不思議廣大法海가 是爲二十六이니라

(24) 다음에 거룩한 모습이 있으니 이름이 모든 장엄을 두
루 나타내는 구름이라, 여러 가지 보배 불꽃으로 장엄하였
고, 깨끗한 광명을 놓아 법계에 가득하며, 잠깐잠깐마다 말
할 수 없이 말할 수 없는 모든 부처님이 여러 보살과 함께
도량에 앉았음을 나타내나니, 이것이 스물넷이니라. (25)
다음에 거룩한 모습이 있으니 이름이 온갖 법계의 음성을
내는 구름이라, 마니보배 바다의 가장 묘한 전단으로 장엄
하였고, 큰 불꽃 그물을 펴서 법계에 가득하며, 그 속에서
미묘한 음성을 내어 중생들의 모든 업의 바다를 보이나니,
이것이 스물다섯이니라. (26) 다음에 거룩한 모습이 있으니
이름이 여러 부처님의 변화하는 바퀴를 두루 비추는 구름
이라, 여래의 청정한 눈으로 장엄하였고, 빛이 시방의 모든
세계에 비추며, 그 속에 과거·미래·현재 부처님이 가지
신 온갖 장엄거리를 나타내고, 또 묘한 음성을 내어 헤아릴

수 없는 광대한 법 바다를 연설하나니, 이것이 스물여섯이
니라.

[疏] 二十六中에 莊嚴에 云如來淨眼으로 爲莊嚴者는 此通十眼이요 光照
下는 顯業用이니 亦通身智二光이라 淨眼과 及光은 釋前普照요 現於
嚴具는 是上輪義니 卽法輪故니라

■ (26) (여러 부처님의 변화하는 바퀴를 두루 비추는 구름) 중에 장엄함을 '여래
의 깨끗한 눈으로 장엄한다'고 말한 것은 여기에 열 가지 눈과 통한
다. ㄴ. 光照 아래는 업과 작용을 밝힘이니, 또한 몸과 지혜의 두 가
지 광명과 통한다. 깨끗한 눈과 광명은 앞의 널리 비춤이요, '장엄 구
를 나타냄'은 위의 바퀴의 뜻이니 곧 법의 바퀴인 까닭이다.

(27) 빛으로 부처 바다를 비추는 구름[光照佛海雲] (從二 14上5)
(28) 보배 등불 구름[寶燈雲] (經/次有)
(29) 법계의 차별 없는 구름[法界無差別雲] (經/次有)
(30) 일체 세계해에 편안히 머물러 널리 비추는 구름
  [安住一切世界海普照雲] (經/次有)

次有大人相하니 名光照佛海雲이라 其光이 普照一切世
界하되 盡于法界하여 無所障礙어든 悉有如來結跏趺坐
가 是爲二十七이니라 次有大人相하니 名寶燈雲이라 放
於如來廣大光明하여 普照十方一切法界하고 於中에 普
現一切諸佛과 及諸菩薩과 不可思議諸衆生海가 是爲二
十八이니라 次有大人相하니 名法界無差別雲이라 放於

如來大智光明하여 普照十方諸佛國土一切菩薩道場衆
會無量法海하고 於中에 普現種種神通하며 復出妙音하
여 隨諸衆生心之所樂하여 演說普賢菩薩行願하여 令其
廻向이 是爲二十九니라 次有大人相하니 名安住一切世
界海普照雲이라 放寶光明하여 充滿一切虛空法界하고
於中에 普現淨妙道場과 及佛菩薩의 莊嚴身相하여 令其
見者로 得無所見이 是爲三十이니라

(27) 다음에 거룩한 모습이 있으니 이름이 빛으로 부처 바
다를 비추는 구름이라. 그 광명이 일체 세계에 두루 비추어
법계가 끝나도록 장애함이 없거든, 다 여래가 있어 가부를
맺고 앉았나니, 이것이 스물일곱이니라. (28) 다음에 거룩
한 모습이 있으니 이름이 보배 등불 구름이라. 여래의 광대
한 광명을 놓아 시방의 일체 법계를 비추며, 그 가운데 모든
부처님과 보살과 부사의한 중생 바다를 두루 나타내나니,
이것이 스물여덟이니라. (29) 다음에 거룩한 모습이 있으니
이름이 법계의 차별 없는 구름이라. 여래의 큰 지혜 광명을
놓아 시방의 모든 부처님 국토와 일체 보살의 도량에 모인
대중과 한량없는 법 바다에 두루 비치며, 그 가운데 가지가
지 신통을 두루 나타내고, 또 아름다운 소리를 내어 중생들
의 좋아하는 마음을 따라 보현보살의 행과 원을 연설하여
회향케 하나니, 이것이 스물아홉이니라. (30) 다음에 거룩
한 모습이 있으니 이름이 일체 세계해에 편안히 머물러 널
리 비추는 구름이라. 보배 광명을 놓아 모든 허공과 법계에
가득하며, 그 가운데 깨끗하고 묘한 도량과 부처와 보살의

장엄한 몸을 나타내어 보는 이로 하여금 볼 것이 없게 하나
니, 이것이 서른이니라.

[疏] 從二十七로 至三十一은 並略無莊嚴이요 亦由名中에 已含有故라

■ (27) (빛으로 부처 바다를 비추는 구름)에서 (31) (온갖 보배 깨끗한 빛 불꽃 구
름)까지는 아울러 장엄이 생략되어 없으며, 또한 명칭 속에 이미 포함
되어 있음으로 인한 까닭이다.

(31) 온갖 보배 깨끗한 빛 불꽃 구름[一切寶淸淨光焰雲] (三十 14下1)
(32) 일체 법계에 두루 비추는 장엄 구름[普照一切法界莊嚴雲] (經/次有)

次有大人相하니 名一切寶淸淨光焰雲이라 放於無量諸
佛菩薩摩尼妙寶淸淨光明하여 普照十方一切法界하고
於中에 普現諸菩薩海하되 莫不具足如來神力하여 常遊
十方盡虛空界一切刹網이 是爲三十一이니라 次有大人
相하니 名普照一切法界莊嚴雲이라 最處於中하여 漸次
隆起하여 閻浮檀金因陀羅網으로 以爲莊嚴하고 放淨光
雲하여 充滿法界하여 念念常現一切世界諸佛菩薩道場
衆會가 是爲三十二니라

(31) 다음에 거룩한 모습이 있으니 이름이 온갖 보배 깨끗
한 빛 불꽃 구름이라, 한량없는 부처와 보살의 마니보배 청
정한 광명을 놓아 시방의 모든 법계에 널리 비추며 그 가운
데 여러 보살 바다를 나타내는데, 모두 여래의 신통한 힘을
갖추고 온 시방 허공과 온갖 세계에 다니나니, 이것이 서른

하나이니라. (32) 다음에 거룩한 모습이 있으니 이름이 일체 법계에 두루 비추는 장엄 구름이라, 가장 복판에 있어서 차례차례로 솟아올라서 염부단금 인드라 그물로 장엄하였고, 깨끗한 광명 구름을 놓아 법계에 가득하였으며, 잠깐잠깐 동안에 모든 세계에 있는 부처와 보살의 도량에 모인 대중을 항상 나타내나니, 이것이 서른둘이니라.

[疏] 三十二, 先은 名이요 次, 最處下는 體嚴이니 此居頂極이요 特顯別處일새 故云處中이라 則知所餘가 皆繞此相이언마는 略不明耳니라 漸次隆起者는 正顯其相이라 智論第五에 云, 如來頂에 有骨髻如拳이라하고 觀佛三昧經에 云, 如合掌이라하시고 卽隆起之相也니라

■ (32) (일체 법계에 두루 비추는 장엄 구름)에서 ㄱ. 앞은 명칭을 나열함이요, ㄴ. 最處 아래는 자체로 장엄함이니, 여기는 정수리 끝에 머무름이요, 특별한 처소를 특히 밝힌 연고로 '중간에 처한다'고 하였다. 남은 대상이 모두 이런 모양으로 도는 줄 알았지만 생략하고 설명하지 않았을 뿐이다. '차례차례로 솟아올라서'는 그 양상을 바로 밝힘이다. 『대지도론』제5권에 이르되, "여래의 정수리에 주먹 같은 뼈 상투가 있다"고 하였고, 『관불삼매해경』에 이르되, "손바닥을 합한 것과 같다"고 하였고, 곧 솟아오르는 형상이다.

[鈔] 觀佛三昧者는 卽第四經이니 引此하여 成上如拳이라 拳言은 尚隱이요 合拳은 卽覆拳於頂上이니 有隆起之相也라 然이나 此相이 能滅一切罪하고 長一切福하나니 故로 佛頂尊勝이 正明於此니 卽鳥瑟尼沙를 暫念暫觀에 延善住之壽하고 滅地獄之苦하며 不受七反畜生하고 永

離人間殘報니라

● '관불삼매해경'이란 곧 제4권 경문이니, 이것을 인용하여 위의 '주먹과 같음'을 이루었다. '주먹'이란 말은 숨음을 숭상함이요, '주먹을 합함'은 곧 주먹을 정수리 위로 덮는 모습이니, 솟아오르는 형상이 있다. 그러나 이런 상(相)은 능히 온갖 죄를 없애고 온갖 복덕을 길렀으니, 그러므로 부처님 정수리는 존귀하고 뛰어남이 이것을 바로 밝힘이니 곧 조슬니사(烏瑟尼沙)를 잠깐 생각하고 잠깐 관찰할 적에 수명에 잘 머무는 것을 연장하고 지옥의 고통을 없애며, 일곱 번 축생으로 돌아옴을 받지 않고 인간의 남은 과보를 길이 여의는 것이다.

다. 장엄으로 총합 결론하다[總結爲嚴] (三總 15上1)

佛子여 如來頂上에 有如是三十二種大人相하여 以爲嚴好하시니라
불자여, 여래의 정수리에 이러한 서른두 가지 거룩한 모습이 있어 훌륭하게 장엄하였느니라.

[疏] 三, 總結爲嚴이니라
■ 다. 장엄으로 총합 결론함이다.

(2) 미간에 있는 한 가지 상호[眉間有一相] (第二 15上6)

佛子여 如來眉間에 有大人相하니 名徧法界光明雲이라
摩尼寶華로 以爲莊嚴하고 放大光明하여 具衆寶色하되

猶如日月이 洞徹淸淨하여 其光이 普照十方國土어든 於
中에 顯現一切佛身하며 復出妙音하여 宣暢法海가 是爲
三十三이니라

불자여, (33) 여래의 미간에 거룩한 모습이 있으니 이름이
법계에 두루한 광명 구름이라, 마니보배 꽃으로 장엄하였
고, 큰 광명을 놓으니 여러 보배 빛을 갖춘 것이 해와 달과
같아서 환히 사무쳐 청정하며, 그 빛이 시방세계에 두루 비
추고, 그 속에 모든 부처의 몸을 나타내며, 또 아름다운 음
성을 내어 법 바다를 연설하나니, 이것이 서른셋이니라.

[疏] 第二, 眉間에 有一相이라 自下는 並有依處故라 文皆有五하니 初, 依
處요 二, 顯名이요 三, 摩尼下는 體嚴이라 謂此相을 若收則右旋이 如
覆琉璃椀이요 若展하면 則具十楞하여 有大光明이라 嚴唯一寶나 光
具多色하고 中表가 皆空이 卽是洞徹이라 四, 其光下는 業用이요 復
出已下는 卽是法光이니 故此光名을 從用而立이라 五, 結數를 可知
니라

■ (2) 미간에 있는 한 가지 상(相)이다. 아래부터는 아울러 의지한 처소
가 있으므로 경문이 모두 다섯이 있다. 가. 의지한 처소요, 나. 명칭
을 밝힘이요, 다. 摩尼 아래는 체성으로 장엄함이다. 이른바 이 상
(相)을 만일 거두면 오른쪽으로 도는 것이 유리그릇을 덮음과 같고,
만일 전개하면 열 가지 모퉁이를 갖추어서 큰 광명이 있다. 유일한
보배를 장엄하지만 광명이 많은 형색을 갖추고 중간과 겉이 모두 공
함이 곧 훤하게 사무친다. 라. 其光 아래는 업과 작용이요, 復出 아
래는 곧 법의 광명이니, 그러므로 이 광명의 명칭을 작용에서부터 건

립한 것이다. 마. 숫자로 결론함을 알 수 있으리라.

[鈔] 則具十楞等者는 亦觀佛三昧經第二에 廣說觀白毫相[40]하나니 彼經
에 先說白毫之因云하사대 從捨心不慳하여 不見前相하고 不憶財物
하여 無所封着하고 而行布施하며 下取意引 持戒忍辱하면 六度十力
과 四無所畏의 諸妙功德生이라하고 次에 云, 我滅度後에 有諸弟子가
晝夜六時가 能於一時中少分과 少分之中과 能須臾間에 念佛白毫
하여 令心了了하여 無謬亂想코 分明止住하여 注意不息하여 念白毫
者는 若見相好하며 若不得見이라도 如是等人은 除九十六億那由他
恒河沙微塵數劫生死之罪니라 佛告父王하사대 如來에 有無量相好
하고 一一相中에 有八萬四千諸小相好하시니 如是相好가 不及白毫
의 少分功德이라하니라 釋曰, 故應觀察이니라 況依此經하여 如是而觀
인가

● '열 가지 모퉁이를 갖춤' 등은 또한『관불삼매해경』제2권에 백호상
을 관찰함에 대해 널리 설명하나니, 저 경문에 먼저 백호상의 원인을
말하였으니 이르되, "버리는 마음은 아끼지 않음으로부터 앞의 모습
을 보지 못하고 재물을 기억하지 못하여 봉합하여 집착하는 바 없이
보시를 행하며(아래는 의미를 취하여 인용한다.) 지계와 인욕을 행하면 육
바라밀과 십력과 네 가지 두려움 없음의 여러 묘한 공덕이 생긴다"라
고 하였다. 다음에 이르되, "내가 멸도한 뒤에 여러 제자가 밤낮으로
여섯 시기를 한 시간 중에 조금 능함과 조금 중에도 능히 잠시 동안
부처님 백호상을 생각하여 마음으로 하여금 요달하고 요달해서 잘
못되거나 혼란한 생각이 없고 분명하게 그치고 머물러서 주의하여 쉬

---

40) 相은 金本作之相이라 하다.

지 못한다"라 하였다. '백호상을 생각하는 것'은 만일 상과 몸매를 보거나 만일 보지 못하더라도 이러한 등 사람은 96억 나유타 항하 모래 같은 티끌 수 겁토록 나고 죽는 죄를 제한다. 부처님이 부왕에게 말씀하시되, "여래에게 한량없는 상과 몸매가 있고 낱낱 상 중에 8만4천 가지 모든 작은 상과 몸매가 있으니, 이런 상호가 백호상 소분의 공덕에도 미치지 못한다"라고 하였다. 해석하자면 그러므로 응당히 관찰할지니 하물며 이런 경문에 의지하여 이렇게 관찰함이겠는가?

(3) 눈에 있는 한 가지 상호[眼有一相] (第三 16上9)
(4) 코에 있는 한 가지 상호[鼻有一相] (第四)

如來眼에 有大人相하니 名自在普見雲이라 以衆妙寶로 而爲莊嚴하고 摩尼寶光이 淸淨暎徹하여 普見一切하되 皆無障礙가 是爲三十四니라 如來鼻에 有大人相하니 名一切神通智慧雲이라 淸淨妙寶로 以爲莊嚴하고 衆寶色光이 彌覆其上이어든 於中에 出現無量化佛이 坐寶蓮華하여 往諸世界하사 爲一切菩薩과 一切衆生하여 演不思議諸佛法海가 是爲三十五니라

(34) 여래의 눈에 거룩한 모습이 있으니 이름이 자유자재하게 두루 보는 구름이라, 여러 가지 묘한 보배로 장엄하였고, 마니보배 광명이 청정하게 사무쳐 온갖 것을 널리 보는 데 장애가 없나니, 이것이 서른넷이니라. (35) 여래의 코에 거룩한 모습이 있으니 이름이 온갖 신통한 지혜 구름이라, 청

정한 보배로 장엄하였고, 여러 보배 빛이 그 위에 덮였으며, 그 속에서 한량없는 화신 부처님을 나타내는데, 보배 연꽃에 앉아 여러 세계에 이르러서 일체 보살과 일체중생에게 부사의한 불법 바다를 연설하나니, 이것이 서른다섯이니라.

[疏] 第三, 眼과 第四, 鼻에 各有一相이라

■ (3) 눈의 한 가지 모습과 (4) 코의 한 가지 상호 중에 각기 한 가지 상(相)이 있다.

(5) 혀에 있는 네 가지 상호[舌有四相] 3.

가. 넓고 긴 혀의 상호[廣長舌相] (第五 16下10)

如來舌에 有大人相하니 名示現音聲影像雲이라 衆色妙寶로 以爲莊嚴하니 宿世善根之所成就라 其舌이 廣長하여 徧覆一切諸世界海하나니 如來가 若或熙怡微笑에 必放一切摩尼寶光하사 其光이 普照十方法界하여 能令一切로 心得淸淨하며 去來現在所有諸佛이 皆於光中에 炳然顯現하사 悉演廣大微妙之音하사 徧一切刹하여 住無量劫이 是爲三十六이니라 如來舌에 復有大人相하니 名法界雲이라 其掌이 安平하여 衆寶爲嚴하고 放妙寶光하니 色相圓滿이 猶如眉間所放光明이라 其光이 普照一切佛刹이 唯塵所成이라 無有自性하고 光中에 復現無量諸佛이 咸發妙音하여 說一切法이 是爲三十七이니라

(36) 여래의 혀에 거룩한 모습이 있으니 이름이 음성과 영상을 나타내는 구름이라, 여러 가지 빛 보배로 장엄하였으니, 지난 세상의 착한 뿌리로 이루어진 것이며, 그 혀가 넓고 커서 세계해에 두루 덮이었느니라. 여래가 빙긋이 웃으실 적에는 반드시 온갖 마니보배 광명을 놓으며, 그 광명이 시방 법계에 널리 비추어 모든 사람의 마음을 청량케 하고, 과거·현재·미래의 부처님들이 그 광명 속에 찬란하게 나타나 광대하고 미묘한 음성을 내어 모든 세계에 가득하여 한량없는 겁을 지내나니, 이것이 서른여섯이니라. (37) 여래의 혀에 또 거룩한 모습이 있으니 이름이 법계 구름이라, 혓바닥이 반듯하고 여러 보배로 장엄하였으며, 묘한 보배 광명을 놓으니 빛깔과 모양이 원만하여 미간에서 놓는 광명 같아서 그 빛이 온갖 세계에 비추며, 오직 가는 티끌로 되어 제 성품이 없고, 광명 속에 다시 한량없는 부처님이 나타나 미묘한 음성으로 모든 법을 연설하나니, 이것이 서른일곱이니라.

[疏] 第五, 舌有四相하니 初一은 卽舌廣長相이라 於體嚴中에 宿善成者는 此擧因嚴이니 偏此說因者는 令讚演一乘故라 其舌廣長[41)]은 卽語其體니 福德人은 至鼻하고 權佛은 至髮際라 餘大乘中에 明現神足하야사 方至梵世하며 或覆三千어니와 今直語體하사 便覆一切라 後, 如來下는 辨其業用이니 演法은 釋音聲이요 現佛은 釋影像이라

■ (5) 혀에 있는 네 가지 상호이다. 가. 하나는 넓고 긴 혀의 모습이요,

---

41) 廣長은 原南續本作長廣, 纂金本作廣長이라 하다.

체성으로 장엄함 중에 숙세의 선근으로 이룬 것은 여기서는 인행으로 장엄함을 거론하였고, 여기서 치우쳐 인행을 설한 것은 일승을 찬탄하려는 까닭이다. 그 혀가 넓고 긴 것은 그 체성을 말함이요, 복덕이 있는 사람은 (혀가) 코에 이르고, 방편의 부처님[權佛]은 머리카락 끝까지 이른다. 나머지 대승 중에서 신족통으로 분명하게 나타나야만 비로소 범천 세상에 이르며, 혹은 삼천세계를 덮은 것은 지금은 바로 체성을 말하며, 문득 온갖 것을 덮는다. 나. 如來 아래는 그 업과 작용을 밝힘이니, '법을 연설함'은 음성에 대한 해석이요, '부처님이 나타남'은 영상을 해석한 내용이다.

[鈔] 福德人者는 卽智度論文이요 或至梵世는 卽法華經의 如來神力品이니 爾時에 如來가 出廣長舌相하사 上至梵世라 或覆三千은 卽阿彌陀에 云, 出廣長舌하사 徧覆三千大千世界하사 說誠實言等이라

● '복덕 있는 사람'이란 곧 『대지도론』의 논문이요, '혹은 범천 세상에 이름'은 곧 『법화경』 여래신력품이니, "그때 여래가 넓고 긴 혀를 내어서 위로는 범천까지 이른다." '혹은 삼천세계를 덮음'은 곧 『아미타경』에 이르되, "넓고 긴 혀를 내어서 삼천세계를 두루 덮어서 성실한 말씀을 설하신다"라고 말한 등이다.

나. 혓바닥의 상호[舌掌之相] (二舌 17上9)

[疏] 二, 舌掌之相은 掌은 謂近根이요 其光下는 顯業用이니 光照諸刹하사 令應度者로 無俟觀破搏聚하고 自曉但合塵커니 成何性之有리요

■ 나. 혓바닥의 상호에서 '바닥'은 혀뿌리에 가깝다는 뜻이요, 其光 아

래는 업과 작용을 밝힘이니, 광명이 여러 국토를 비추어 응하여 제도할 자로 하여금 기다림 없이 잡아 모은 것을 보고 타파하였고, 스스로 밝혀서 단지 티끌과만 합하였는데 무슨 성품이 있음을 이루겠는가?

[鈔] 無俟觀破者는 金剛經에 云, 須菩提여 於意云何오 三千大千世界의 所有微塵이 是爲多不아 須菩提言호대 甚多世尊하 須菩提여 諸微塵을 如來說非微塵이며 是名微塵이요 如來說世界가 非世界며 是名世界라하니라 釋曰, 此段은 論에 名第十色과 及衆生身의 搏取中에 觀破相應行住處하니 大意에 云, 衆生과 世界는 但攬塵成이라 今從麤至細하여 乃至極微히 皆無實體일새 故云世界가 卽非世界라 今云無俟觀破者는 觀破는 但是假想이니 爲未了者어니와 若了法本空하면 不待觀破라 又彼에 云搏取라하고 今云搏聚라하니 是義引耳라 什公이 云, 欲破極微라하고 覺賢이 云, 以一故로 衆이요 以衆故로 一이니 微自無性하여 則爲空矣라하니라 餘如前說하니라

● '기다림 없이 ~를 보고 타파한다'는 것은 『금강경』에 이르되, " '수보리여, 네 생각에 어떠하냐? 삼천대천세계에 있는 가는 티끌을 많다고 하겠느냐?' 수보리가 말하되, '매우 많습니다. 세존이시여! 모든 가는 티끌은 여래가 말하기를 가는 티끌이 아니요, 그 이름이 가는 티끌입니다. 여래가 말하기를 세계도 세계가 아니요, 그 이름이 세계입니다'라고 하였다." 해석하자면 이 문단은 논[中觀論]에서 열 번째 형색이라 이름함과 중생의 몸의 잡아 취함 중에 상응하는 행법이 머무는 처소를 관찰하여 타파하나니, 큰 의미에 이르되, "중생의 세계는 단지 티끌만으로 이룸을 잡은 것이다. 지금은 거친 것부터 미세함까

지 나아가 지극히 미세한 것까지 모두 진실한 체성이 없으므로 이르되, '세계(世界)가 곧 세계가 아니다'라 말한다." 지금에 '기다림 없이 보고 타파한다'고 말한 것에서 관찰하여 타파함은 단지 생각을 빌린 것이니, '알지 못함'이라 말하였거니와 만일 법이 본래 공함을 알면 관찰하여 타파함을 기다리지 않는다. 또한 저기에는 '잡아 취한다'고 말하였고, 지금은 '잡아 모은다'고 말하였으니, 이것은 이치로 인용했을 뿐이다. 라집(羅什)법사가 이르되, "지극히 미세한 것을 타파하려 한다"라 하였고, 불타발타라(佛陀跋陀羅, 此云覺賢 : 359-429)가 이르되, "하나 때문에 많은 것이요, 많은 것 때문에 하나이니, 미세하여 자체가 성품이 없으면 공함이 된다"라고 하였다. 나머지는 앞에 설명한 내용과 같다.

다. 혀끝의 두 가지 상호[舌端之相] 2.
가) 첫째 거두는 상호[一卷相] (後二 18上10)
나) 둘째 펼치는 상호[二展相] (後則)

如來舌端에 有大人相하니 名照法界光明雲이라 如意寶
王으로 以爲莊嚴하고 自然恒出金色寶焰하여 於中에 影
現一切佛海하며 復震妙音하여 充滿一切無邊世界하되
一一音中에 具一切音하여 悉演妙法하니 聽者心悅하여
經無量劫토록 玩味不忘이 是爲三十八이니라 如來舌端
에 復有大人相하니 名照耀法界雲이라 摩尼寶王으로 以
爲嚴飾하고 演衆色相微妙光明하여 充滿十方無量國土
하되 盡於法界하여 靡不淸淨이어든 於中에 悉有無量諸

佛과 及諸菩薩이 各吐妙音하여 種種開示에 一切菩薩이
現前聽受가 是爲三十九니라

(38) 여래의 혀끝에 거룩한 모습이 있으니 이름이 법계에
비추는 광명 구름이라 여의 보배 왕으로 장엄하였고, 금빛
보배 불꽃이 자연히 나며 그 속에 모든 부처 바다가 그림자
처럼 나타나고, 또 묘한 음성을 내어 모든 그지없는 세계에
가득하며, 낱낱 음성 가운데 온갖 음성을 구족하여 묘한 법
을 연설하니 듣는 이의 마음이 기뻐 한량없는 세월을 지나
도록 잘 받아들여 잊지 아니하나니, 이것이 서른여덟이니
라. (39) 여래의 혀끝에 또 거룩한 모습이 있으니 이름이 법
계를 찬란하게 비추는 구름이라 마니보배 왕으로 잘 꾸미
었고, 여러 빛깔과 미묘한 광명을 내어 시방의 한량없는 국
토에 가득하였는데, 온 법계가 모두 청정하며 그 속에 한량
없는 부처와 보살들이 있어 묘한 음성으로 여러 가지로 열
어 보이매 모든 보살이 앞에서 듣나니, 이것이 서른아홉이
니라.

[疏] 後二, 同在舌端이라 或居左右하고 或在上下라 觀文業用에 但有展
卷不同이니 前은 則卷佛海於舌端이요 後는 則展諸佛於法界니라

■ 다. 두 가지 상호는 혀끝에 함께 있다. 혹은 오른쪽 왼쪽에 있고, 혹
은 위아래에 있다. 경문의 업과 작용을 살펴보면 단지 펼치고 거두는
것이 같지 않을 뿐이니, 앞은 부처님 바다를 혀끝에 거두었고, 뒤는
모든 부처님을 법계에 펼친 모습이다.

(6) 윗잇몸에 있는 한 가지 상호[上齶有一相] (第六 18下7)

如來口上齶에 有大人相하니 名示現不思議法界雲이라
因陀羅寶와 毘瑠璃寶로 以爲莊嚴하고 放香燈焰 淸淨
光雲하여 充滿十方一切法界하며 示現種種神通方便하
여 普於一切諸世界海에 開演甚深不思議法이 是爲四十
이니라

(40) 여래의 입 윗잇몸에 거룩한 모습이 있으니 이름이 부
사의한 법계를 나타내는 구름이라 인드라 보배와 비유리 보
배로 장엄하였고, 향기로운 등 불꽃 청정한 광명 구름을 내
어 시방 모든 법계에 가득하여 가지각색 신통과 방편을 나
타내며, 모든 세계해에서 매우 깊이 헤아릴 수 없는 법을 연
설하나니, 이것이 마흔이니라.

[疏] 第六, 上齶一相이라 上齶에 旣有하니 下亦宜然이라 或是梵本이 脫漏라
■ (6) 윗잇몸의 한 가지 상호이니 윗잇몸에 이미 있으니 아래도 마땅히
   그러하다. 혹은 범본에는 빠지고 없다.

(7) 어금니에 있는 네 가지 상호[牙有四相] 2.

가. 오른쪽 어금니의 상호[右輔] 2.
가) 아래 어금니[下牙] (第七 19上2)

如來口右輔下牙에 有大人相하니 名佛牙雲이라 衆寶摩

尼卍字相輪으로 以爲莊嚴하고 放大光明하여 普照法界
어든 於中에 普現一切佛身이 周流十方하여 開悟群生이
是爲四十一이니라

(41) 여래의 입 오른뺨 아랫니에 거룩한 모습이 있으니 이
름이 부처 어금니 구름이라, 뭇 보배 마니로 된 만(卍) 자 바
퀴로 장엄하였고, 큰 광명을 놓아 법계에 두루 비추며, 그
속에 모든 부처의 몸을 나타내어 시방에 두루 퍼져 중생을
깨우치나니, 이것이 마흔하나이니라.

[疏] 第七, 牙有四相하니 謂左右上下의 四大牙故라 故로 佛涅槃하시되
四牙不碎라가 輔頰也라 亦云, 頰車骨也니라

■ (7) 어금니에 있는 네 가지 상호이다. 이른바 왼쪽 오른쪽과 위와 아
래에 네 가지 큰 어금니가 있는 까닭이다. 그러므로 부처님이 열반하
실 적에 네 어금니가 부서지지 않았더니, 뺨을 받쳐 준다는 뜻이요,
또한 '뺨의 수레 같은 뼈'라 말한다.

[鈔] 故佛涅槃者는 卽後分經의 聖軀廓潤品이니라

● '그러므로 부처님이 열반하실 적'이란 곧 『관불삼매해경』의 뒷부분에
있는 성구확윤품(聖軀廓潤品)의 내용이다.

나) 위 어금니의 상호[上牙] (二右 19上9)

如來口右輔上牙에 有大人相하니 名寶焰彌盧藏雲이라
摩尼寶藏으로 以爲莊嚴하고 放金剛香焰淸淨光明하여

一一光明이 充滿法界하여 示現一切諸佛神力하며 復現
一切十方世界淨妙道場이 是爲四十二니라

(42) 여래의 입 오른뺨 윗니에 거룩한 모습이 있으니 이름
이 보배 불꽃 미로장 구름이라, 마니보배 광으로 장엄하였
고, 금강 같은 향기 불꽃과 청정한 광명을 놓으니 낱낱 광명
이 법계에 가득하여 모든 부처의 신통한 힘을 나타내고, 또
모든 시방세계의 깨끗한 도량을 나타내나니, 이것이 마흔
둘이니라.

[疏] 二, 右輔上牙를 名彌盧者는 顯妙高故라

■ 나) 오른쪽 위 어금니를 미로(彌盧)라 이름한 것은 묘하게 높음을 나
타내기 때문이다.

나. 왼쪽 어금니의 상호[左輔] 2.
가) 아래 어금니[下牙] (經/如來 19上10)
나) 위 어금니[上牙] (四中)

如來口左輔下牙에 有大人相하니 名寶燈普照雲이라 一
切妙寶舒華發香으로 以爲莊嚴하고 放燈焰雲淸淨光明
하여 充滿一切諸世界海어든 於中에 顯現一切諸佛이 坐
蓮華藏師子之座하사 諸菩薩衆의 所共圍遶가 是爲四十
三이니라 如來口左輔上牙에 有大人相하니 名照現如來
雲이라 淸淨光明閻浮檀金寶網寶華로 以爲莊嚴하고 放
大焰輪하여 充滿法界어든 於中에 普現一切諸佛이 以神

通力으로 於虛空中에 流布法乳法燈法寶하사 敎化一切
諸菩薩衆이 是爲四十四니라

(43) 여래의 입 왼뺨 아랫니에 거룩한 모습이 있으니 이름
이 보배 등불 두루 비추는 구름이라, 모든 보배 꽃을 피우고
향을 풍기는 것으로 장엄하였고, 등 불꽃 구름의 청정한 광
명을 놓아 모든 세계해에 가득하며, 그 속에 연화장 사자좌
에 앉으신 모든 부처님을 여러 보살 대중이 둘러 모신 것을
나타내나니, 이것이 마흔셋이니라. (44) 여래의 입 왼뺨 윗
니에 거룩한 모습이 있으니 이름이 여래를 비춰 나타내는
구름이라 청정한 광명과 염부단금과 보배 그물·보배 꽃으
로 장엄하였고, 큰 불꽃바퀴를 놓아 법계에 가득하며, 그 가
운데 모든 부처님이 나타나서 신통한 힘으로 허공에서 법
젖·법 등불·법 보배를 선포하여 일체 보살 대중을 교화
하나니, 이것이 마흔넷이니라.

[疏] 四中에 有法乳等三이 同一演法이라 約資法身하여 名乳요 照了萬境
을 稱燈이요 令其로 圓淨이 爲寶니 卽演三德涅槃之法이며 亦成三德
涅槃之益也니라

■ 네 가지 중에서 법의 젖 따위가 셋이 있으니, 법을 동일하게 연설한다
는 뜻이다. 법신을 도움을 잡으면 '젖'이라 이름하고, 만 가지 경계를
비추어 아는 것을 '등불'이라 칭함이요, 그로 하여금 둥글고 청정하게
함을 '보배'라 하나니, 곧 세 가지 덕의 열반하는 법을 연설하며 또한
세 가지 덕의 열반하는 이익을 성취함을 뜻한다.

[鈔] 四中有法乳者는 論第三十八에 云, 五想聽法이니 一, 如寶요 二, 如眼이요 三, 如明이요 四, 大果功德이요 五, 無罪想이라하니라 今云法燈은 含明眼二義요 大果는 卽資法身이요 無罪는 總明離過니라

● '네 가지 중에 있는 법의 젖'이란『중관론』제38권에 이르되, "다섯 가지 생각으로 법을 들음이니 (1) 보배와 같은 생각 (2) 눈과 같은 생각 (3) 밝음과 같은 생각 (4) 큰 과덕의 공덕이란 생각 (5) 죄가 없다는 생각이다. 지금에 '법의 등불'이라 함은 눈의 두 가지 이치를 포함하여 밝혔다. 큰 과덕은 곧 법신을 도와줌의 뜻이요, 죄 없음은 '허물을 여읨'의 뜻으로 총합하여 설명하였다.

(8) 치아에 있는 한 가지 상호[齒有一相] (第八 20上8)

如來齒에 有大人相하니 名普現光明雲이라 一一齒間에 相海莊嚴하여 若微笑時엔 悉放光明하되 具衆寶色하여 摩尼寶焰이 右旋宛轉하여 流布法界하여 靡不充滿하며 演佛言音하여 說普賢行이 是爲四十五니라

(45) 여래의 이에 거룩한 모습이 있으니 이름이 광명을 널리 나타내는 구름이라, 낱낱 치아 사이를 상호 바다로 장엄하였고, 미소 지을 때에는 모두 광명을 놓는데 여러 가지 보배 빛과 마니 불꽃을 갖추고 오른쪽으로 돌면서 법계에 널리 퍼져서 가득 차지 않은 데가 없이 부처님의 음성을 내어 보현의 행을 말하나니, 이것이 마흔다섯이니라.

[疏] 第八, 齒有一相이라

■   (8) 치아에 있는 한 가지 상이요,

(9) 입술에 있는 한 가지 상호[脣有一相] (第九 20下2)

如來脣에 有大人相하니 名影現一切寶光雲이라 放閻浮
檀眞金色과 蓮華色과 一切寶色의 廣大光明하여 照於法
界하여 悉令淸淨이 是爲四十六[42]이니라
(46) 여래의 입술에 거룩한 모습이 있으니 이름이 온갖 보
배 빛 그림자를 나타내는 구름이라, 염부단 금빛 · 연꽃빛 ·
온갖 보배 빛이 나는 광대한 광명을 놓아 법계에 비추어 모
두 청정케 하나니, 이것이 마흔여섯이니라.

[疏] 第九, 脣有一相이나 上二에 各應分出上下니라 放閻浮下는 體嚴이니
以脣色赤好가 如日初出과 紅蓮葉故라 後, 照於下는 業用이라
■   (9) 입술에 있는 한 가지 상호이니, 위의 둘은 각기 응당히 위아래를
구분하여 내보였다. 가. 放閻浮 아래는 체성으로 장엄함이요, 입술
의 색깔이 붉고 좋은 것이 마치 태양이 처음 나와서 붉은 연꽃잎과 같
은 까닭이요, 나. 照於 아래는 업과 작용이다.

(10) 목덜미에 있는 한 가지 상호[頸有一相] (第十 20下9)

如來頸에 有大人相하니 名普照一切世界雲이라 摩尼寶
王으로 以爲莊嚴하되 紺蒲成就하여 柔軟細滑하며 放毘

---

42) 於는 金本作千이라 하나 誤植이다.

盧遮那淸淨光明하여 充滿十方一切世界어든 於中에 普
現一切諸佛이 是爲四十七이니라

(47) 여래의 목에 거룩한 모습이 있으니 이름이 일체 세계
에 널리 비추는 구름이라, 마니 보배 왕으로 장엄하였고, 감
포를 성취하여 보드랍고 매끄러우며, 비로자나의 청정한 광
명을 놓아 시방세계에 가득하고, 그 가운데 모든 부처님을
나타내나니, 이것이 마흔일곱이니라.

[疏] 第十, 頸有一相이라

■ (10) 목덜미에 한 가지 상호가 있다.

(11) 어깨에 있는 다섯 가지 상호[肩有五相] 2.

가. 오른쪽 어깨의 두 가지 상호[右] 2.

가) 첫째 상호[第一] (經/如來 20下10)

나) 둘째 상호[第二] (經/如來)

如來右肩에 有大人相하니 名佛廣大一切寶雲이라 放一
切寶色眞金色蓮華色光明하여 成寶焰網하여 普照法界
하고 於中에 普現一切菩薩이 是爲四十八이니라 如來右
肩에 復有大人相하니 名最勝寶普照雲이라 其色이 淸淨
하여 如閻浮金하고 放摩尼光하여 充滿法界어든 於中에
普現一切菩薩이 是爲四十九니라

(48) 여래의 오른 어깨에 거룩한 모습이 있으니 이름이 부

처님의 광대한 온갖 보배 구름이라, 온갖 보배 빛·진금 빛·연꽃 빛 광명을 놓아 보배 불꽃 그물을 이루어 법계에 두루 비추고, 그 속에 모든 보살을 나타내나니, 이것이 마흔여덟이니라. (49) 여래의 오른 어깨에 또 거룩한 모습이 있으니 이름이 가장 훌륭한 보배 두루 비추는 구름이라, 그 빛이 청정하여 염부단금과 같고, 마니 광명을 놓아 법계에 가득하며, 그 속에 모든 보살을 나타내나니, 이것이 마흔아홉이니라.

나. 왼쪽의 세 가지 상호[左] (第十一 21下7)

如來左肩에 有大人相하니 名最勝光照法界雲이라 猶如
頂上과 及以眉間種種莊嚴하고 放閻浮檀金과 及蓮華色
衆寶光明하여 成大焰網하여 充滿法界어든 於中에 示現
一切神力이 是爲五十이니라 如來左肩에 復有大人相하
니 名光明徧照雲이라 其相이 右旋하여 閻浮檀金色摩尼
寶王으로 以爲莊嚴하고 放衆寶華香焰光明하여 充滿法
界어든 於中에 普現一切諸佛과 及以一切嚴淨國土가 是
爲五十一이니라 如來左肩에 復有大人相하니 名普照耀
雲이라 其相이 右旋하여 微密莊嚴하고 放佛燈焰雲淸淨
光明하여 充徧法界어든 於中에 顯現一切菩薩의 種種莊
嚴이 悉皆妙好가 是爲五十二니라
(50) 여래의 왼 어깨에 거룩한 모습이 있으니 이름이 가장 훌륭한 빛으로 법계에 비추는 구름이라, 정수리와 미간과

같이 가지각색으로 장엄하였고, 염부단 금빛·연꽃 빛인 여러 보배 광명을 놓으니 큰 불꽃 그물을 이루어 법계에 가득하며 그 속에 모든 신통한 힘을 나타내나니, 이것이 쉰이니라. (51) 여래의 왼 어깨에 또 거룩한 모습이 있으니 이름이 광명이 두루 비추는 구름이라, 그 모양이 오른쪽으로 돌았으며 염부단 금빛 마니보배로 장엄하였고, 여러 보배 꽃과 향기 불꽃 광명을 놓아 법계에 가득하였으며, 그 가운데 모든 부처님과 깨끗이 장엄한 온갖 국토를 나타내나니, 이것이 쉰하나이니라. (52) 여래의 왼 어깨에 또 거룩한 모습이 있으니 이름이 널리 비추는 구름이라, 그 모양이 오른쪽으로 돌아 비밀하게 장엄하였고, 부처 등 불꽃 구름과 청정한 광명을 놓아 법계에 가득하였으며, 그 가운데 모든 보살의 가지각색 장엄을 나타내어 모두 훌륭하나니, 이것이 쉰둘이니라.

[疏] 第十一, 肩有五相하여 右二와 左三하니 或亦脫也라

■ (11) 어깨에 있는 다섯 가지 상호이니 오른쪽에 두 가지와 왼쪽에 세 가지이니 혹은 역시 빠지기도 한다.

(12) 가슴에 있는 11가지 상호[胸有十一相] 3.

가. 중간의 한 가지 상호[當中一相] (第十二 23下5)
나. 오른쪽의 다섯 가지 상호[右五] (經/吉祥)
다. 왼쪽의 다섯 가지 상호[左五] (經/吉祥)

如來胸臆에 有大人相하여 形如卍字하니 名吉祥海雲摩尼寶華로 以爲莊嚴하고 放一切寶色種種光焰輪하여 充滿法界하여 普令淸淨하며 復出妙音하여 宣暢法海가 是爲五十三이니라

吉祥相右邊에 有大人相하니 名示現光照雲이라 因陀羅網으로 以爲莊嚴하여 放大光輪하고 充滿法界어든 於中에 普現無量諸佛이 是爲五十四니라 吉祥相右邊에 復有大人相하니 名普現如來雲이라 以諸菩薩摩尼寶冠으로 而爲莊嚴하고 放大光明하여 普照十方一切世界하여 悉令淸淨하며 於中에 示現去來今佛이 坐於道場하사 普現神力하여 廣宣法海가 是爲五十五니라 吉祥相右邊에 復有大人相하니 名開敷華雲이라 摩尼寶華로 以爲莊嚴하고 放寶香焰燈淸淨光明하되 狀如蓮華하여 充滿世界가 是爲五十六이니라 吉祥相右邊에 復有大人相하니 名可悅樂金色雲이라 以一切寶心王藏摩尼王으로 而爲莊嚴하고 放淨光明하여 照于法界하여 於中普現이 猶如佛眼의 廣大光明摩尼寶藏이 是爲五十七이니라 吉祥相右邊에 復有大人相하니 名佛海雲이라 毘瑠璃寶香燈華鬘으로 以爲莊嚴하고 放滿虛空摩尼寶王香燈大焰淸淨光明하여 充滿十方一切國土어든 於中에 普現道場衆會가 是爲五十八이니라 吉祥相左邊에 有大人相하니 名示現光明雲이라 無數菩薩坐寶蓮華로 以爲莊嚴하고 放摩尼王種種間錯寶焰光明하여 普淨一切諸法界海어든 於中에 示現無量諸佛과 及佛妙音으로 演說諸法이 是爲五十九

니라 吉祥相左邊에 復有大人相하니 名示現徧法界光明
雲이라 摩尼寶海로 以爲莊嚴하고 放大光明하여 徧一切
刹이어든 於中에 普現諸菩薩衆이 是爲六十이니라 吉祥
相左邊에 復有大人相하니 名普勝雲이라 日光明摩尼王
寶輪髻으로 而爲莊嚴하고 放大光焰하여 充滿法界諸世
界海어든 於中에 示現一切世界와 一切如來와 一切衆生
이 是爲六十一이니라 吉祥相左邊에 復有大人相하니 名
轉法輪妙音雲이라 一切法燈淸淨香藥로 以爲莊嚴하고
放大光明하여 充滿法界어든 於中에 普現一切諸佛의 所
有相海와 及以心海가 是爲六十二니라 吉祥相左邊에 復
有大人相하니 名莊嚴雲이라 以去來今一切佛海로 而爲
莊嚴하고 放淨光明하여 嚴淨一切諸佛國土어든 於中에
普現十方一切諸佛菩薩과 及佛菩薩所行之行이 是爲六
十三이니라

(53) 여래의 가슴에 또 거룩한 모습이 있으니 형상이 卍 자
와 같고 이름은 길상 바다 구름이라 마니보배 꽃으로 장엄
하였고, 온갖 보배 빛 갖가지 광명 불꽃 바퀴를 놓아 법계에
가득하여 두루 청정케 하고, 또 묘한 음성을 내어 법 바다를
선양하나니, 이것이 쉰셋이니라.

(54) 길상한 형상 오른편에 거룩한 모습이 있으니 이름이
광명을 나타내어 비추는 구름이라 인드라 그물로 장엄하였
고, 큰 광명 바퀴를 놓아 법계에 가득하며, 그 속에 한량없
는 부처를 나타내나니, 이것이 쉰넷이니라. (55) 길상한 형
상 오른편에 또 거룩한 모습이 있으니 이름이 여래를 두루

나타내는 구름이라, 여러 보살의 마니보배 관으로 장엄하였고, 큰 광명을 놓아 시방의 모든 세계를 비추어 다 청정케 하며, 그 속에서 과거·미래·현재의 부처님들이 도량에 앉아서 신통한 힘을 나타내어 법 바다를 널리 선포하나니, 이것이 쉰다섯이니라. (56) 길상한 형상 오른편에 또 거룩한 모습이 있으니 이름이 꽃 피는 구름이라 마니보배 꽃으로 장엄하였고, 보배 향 불꽃 등불의 청정한 광명을 놓으매 모양이 연꽃 같아 세계에 가득하나니, 이것이 쉰여섯이니라. (57) 길상한 형상 오른편에 또 거룩한 모습이 있으니 이름이 즐거운 금빛 구름이라, 온갖 보배 마음 광 마니왕으로 장엄하였고, 깨끗한 광명을 놓아 법계에 비추며, 그 가운데 부처 눈같이 넓고 큰 광명인 마니보배 광을 나타내나니, 이것이 쉰일곱이니라. (58) 길상한 형상 오른편에 또 거룩한 모습이 있으니 이름이 부처 바다 구름이라, 비유리 보배, 향기로운 등불 꽃타래로 장엄하였고, 허공에 가득한 마니보배 향기로운 등불의 큰 불꽃 청정한 광명을 놓아 시방의 모든 국토에 가득하며, 그 가운데 도량에 모인 대중을 나타내나니, 이것이 쉰여덟이니라. (59) 길상한 형상 왼편에 거룩한 모습이 있으니 이름이 광명을 나타내는 구름이라, 수없는 보살이 보배 연꽃에 앉은 것으로 장엄하였고, 마니왕이 사이사이 섞인 보배 불꽃 광명을 놓아 모든 법계 바다를 깨끗이 하며, 그 가운데 한량없는 부처와 부처의 묘한 음성을 나타내어 모든 법을 연설하나니, 이것이 쉰아홉이니라. (60) 길상한 형상 왼편에 또 거룩한 모습이 있으니 이름이 법계에 가득한 광명을 나타내는 구름이라, 마니보배 바다로 장엄하였고, 큰 광명을 놓아 모든 세계에 두루하며, 그 가운데 보살 대중을 나타내나니, 이것이 예순이니라. (61) 길상한 형상 왼편에 또 거룩한 모습이 있으니 이름이 두루 훌륭한 구름이라, 햇빛 마니왕 보배 바퀴와 화만으로 장엄하였고, 크게 빛난 불꽃을 놓아 법계의 모든 세계해에 가득하며, 그 속에 일체 세계·일체 여래·일체중생을 나타내나니, 이것이 예순하나이니라. (62) 길상한 형상 왼편에 또 거룩한 모습이 있으니 이름이 법륜 굴리는 묘한 음성 구름이라, 온갖 법 등불과 청정한 향기 꽃술로 장엄하였고, 큰 광명을 놓아 법계에 가득하며, 그 속에 모든 부처님의 몸매 바다와 마음 바다를 나타내나니, 이것이 예순둘이니라. (63) 길상한 형상 왼편에 또 거룩한 모습이 있으니 이름이 장엄한 구름이라, 과거·미래·현재의 모든 부처 바다로 장엄하였고, 깨끗한 광명을 놓아 모든 부처님 국토를 깨끗하게 장엄하며, 그 가운데 시방의 모든 부처님과 보살과 부처와 보살의 행하던 행을 나타내나니, 이것이 예순셋이니라.

[疏] 第十二, 胸有十一相이라 初一은 當中이요 左右는 各五라 今初卍字는 正翻爲吉祥海雲이라 以依形立名일새 故로 先標形相이어니와 應廻安名下하여 以屬體攝하면 無違前後라 左右는 可知니라

■ (12) 가슴에 있는 11가지 상이다. 가. 하나는 중간에 해당되고, 나. 오른쪽과 다. 왼쪽이 각기 다섯 가지 상호이다. 지금은 가.에 卍 자는 바로 번역하면 '길상한 바다 구름'이라 한다. 형상에 의지해 명칭

을 세운 연고로 먼저 형상을 표방함이지만 돌림에 응하여 명칭을 아래에 두어서 체성에 소속하여 포섭하면 앞뒤와 어김이 없고, 왼쪽과 오른쪽은 알 수 있으리라.

(13) 손에 있는 13가지 상호[手有十三相] 3.

가. 아홉 가지는 바로 손의 상호를 말하다[初九直語手相] 2.
가) 앞의 다섯 가지는 오른손의 상호[前五明右] (第十三 24下5)

如來右手에 有大人相하니 名海照雲이라 衆寶莊嚴하고
恒放月焰淸淨光明하여 充滿虛空一切世界어든 發大音
聲하여 歎美一切諸菩薩行이 是爲六十四니라 如來右手
에 復有大人相하니 名影現照耀雲이라 以毘瑠璃帝靑摩
尼寶華로 而爲莊嚴하고 放大光明하여 普照十方菩薩所
住蓮華藏摩尼藏等一切世界어든 於中에 悉現無量諸佛
이 以淨法身으로 坐菩提樹하사 震動一切十方國土가 是
爲六十五니라 如來右手에 復有大人相하니 名燈焰鬘普
嚴淨雲이라 毘盧遮那寶로 以爲莊嚴하고 放大光明하여
成變化網이어든 於中에 普現諸菩薩衆이 咸戴寶冠하고
演諸行海가 是爲六十六이니라 如來右手에 復有大人相
하니 名普現一切摩尼雲이라 蓮華焰燈으로 而爲莊嚴하
고 放海藏光하여 充滿法界어든 於中에 普現無量諸佛이
坐蓮華座가 是爲六十七이니라 如來右手에 復有大人相
하니 名光明雲이라 摩尼焰海로 以爲莊嚴하고 放衆寶焰

香焰華焰清淨光明하여 充滿一切諸世界網이어든 於中
에 普現諸佛道場이 是爲六十八이니라

(64) 여래의 오른손에 거룩한 모습이 있으니 이름이 바다
비추는 구름이라, 여러 보배로 장엄하였고, 달의 불꽃 청정
한 광명을 항상 놓아 허공과 모든 세계에 가득하며, 큰 음성
을 내어 온갖 보살의 행을 찬탄하나니, 이것이 예순넷이니
라. (65) 여래의 오른손에 또 거룩한 모습이 있으니 이름이
그림자로 나타나 비추는 구름이라, 비유리 제청 마니보배
꽃으로 장엄하였고, 큰 광명을 놓아 시방의 보살들이 머물
러 있는 연화장·마니장 등 모든 세계를 비추며, 그 가운데
한량없는 부처님들이 청정한 법신으로 보리수 아래 앉아서
모든 시방의 국토를 진동함을 나타내나니, 이것이 예순다
섯이니라. (66) 여래의 오른손에 또 거룩한 모습이 있으니
이름이 등 불꽃 화만으로 두루 장엄한 구름이라, 비로자나
보배로 장엄하였고, 큰 광명이 그물로 변화한 것을 놓으며,
그 속에 보살 대중들이 보배 관을 쓰고 모든 행을 실행함을
나타내나니, 이것이 예순여섯이니라. (67) 여래의 오른손에
또 거룩한 모습이 있으니 이름이 온갖 마니를 나타내는 구
름이라, 연화 불꽃 등으로 장엄하였고, 바다 같은 광명을 놓
아 법계에 가득하며, 그 속에 한량없는 부처님이 연화좌에
앉은 것을 나타내나니, 이것이 예순일곱이니라. (68) 여래
의 오른손에 또 거룩한 모습이 있으니 이름이 광명 구름이
라, 마니 불꽃 바다로 장엄하였고, 모든 보배 불꽃·향 불
꽃·꽃 불꽃 청정광명을 놓아 온갖 세계 그물에 가득하며,

그 가운데 부처님들의 도량을 나타내나니, 이것이 예순여 덟이니라.

[疏] 第十三, 手有十三相이라 分三이니 初九는 直語手相이라 右五左四者
는 或左脫一이며 或表右常用故라 而前肩則右二左三으로 相通正等
이라 右中에 六十六에 云, 成變化網者는 光化爲網也라

■ (13) 손에 있는 13가지 상호이다. 셋으로 나누리니 가. 아홉 가지는
바로 손의 상을 말함이요, '가) 앞의 다섯 가지는 오른손의 상호요,
나) 뒤의 네 가지는 왼손의 상호'란 혹은 좌측은 하나가 빠지고 혹은
오른쪽은 항상 작용함을 표하는 연고로 앞의 어깨는 오른쪽이 둘이
고 왼쪽이 셋이니 바르고 평등함과 서로 통한다. 오른손의 상호 중
에서 (66)에 이르되, '변화하는 그물'을 이룬 것은 광명으로 변화하
여 그물이 된 것이다.

나) 뒤의 네 가지는 왼손의 상호[後四明左] (左中 25下2)

如來左手에 有大人相하니 名毘瑠璃淸淨燈雲이라 寶地
妙色으로 以爲莊嚴하고 放於如來金色光明하여 念念常
現一切上妙莊嚴之具가 是爲六十九니라 如來左手에 復
有大人相하니 名一切刹智慧燈音聲雲이라 以因陀羅網
金剛華로 而爲莊嚴하고 放閻浮檀金淸淨光明하여 普照
十方一切世界가 是爲七十이니라 如來左手에 復有大人
相하니 名安住寶蓮華光明雲이라 衆寶妙華로 以爲莊嚴
하고 放大光明하되 如須彌燈하여 普照十方一切世界가

是爲七十一이니라 如來左手에 復有大人相하니 名偏照法界雲이라 以妙寶瓔寶輪寶瓶과 因陀羅網과 及衆妙相으로 以爲莊嚴하고 放大光明하여 普照十方一切國土어든 於中에 示現一切法界와 一切世界海에 一切如來가 坐蓮華座가 是爲七十二니라

(69) 여래의 왼손에 거룩한 모습이 있으니 이름이 비유리 청정한 등불 구름이라, 보배 땅의 묘한 빛으로 장엄하였고, 여래의 금빛 광명을 놓아 잠깐잠깐마다 가장 묘한 모든 장엄거리를 나타내나니, 이것이 예순아홉이니라. (70) 여래의 왼손에 또 거룩한 모습이 있으니 이름이 모든 세계 지혜 등불 음성 구름이라, 인드라 그물 금강 꽃으로 장엄하였고, 염부단금의 청정한 광명을 놓아 시방의 모든 세계에 두루 비추나니, 이것이 일흔이니라. (71) 여래의 왼손에 또 거룩한 모습이 있으니 이름이 보배 연꽃에 머무는 광명 구름이라, 여러 보배 묘한 꽃으로 장엄하였고, 수미등처럼 큰 광명을 놓아 시방의 모든 세계에 비추나니, 이것이 일흔하나이니라. (72) 여래의 왼손에 또 거룩한 모습이 있으니 이름이 법계에 두루 비추는 구름이라, 묘한 보배 화만·보배 바퀴·보배 병·인드라 그물과 여러 묘한 모양으로 장엄하였고, 큰 광명을 놓아 시방의 모든 국토에 비추며, 그 가운데 일체 법계의 일체 세계해에 모든 여래가 연화좌에 앉은 것을 나타내나니, 이것이 일흔둘이니라.

[疏] 左中七十二에 云, 因陀羅網爲嚴者는 即是網輗之相이니 互涉入故니라

■ 나) 왼손의 상호 중에 (72)에 이르되 '인드라망으로 장엄한다'고 말한 것은 곧 그물과 끄는 수레의 모양이니 서로 번갈아 건너고 들어가기 때문이다.

나. 왼쪽과 오른쪽 손가락의 두 가지 상호[次二左右指] (次二 25下10)

如來右手指에 有大人相하니 名現諸劫刹海旋雲이라 水月焰藏摩尼王一切寶華로 以爲莊嚴하고 放大光明하여 充滿法界어든 其中에 恒出微妙音聲하여 滿十方刹이 是爲七十三이니라

如來左手指에 有大人相하니 名安住一切寶雲이라 以帝靑金剛寶로 而爲莊嚴하고 放摩尼王衆寶光明하여 充滿法界어든 其中에 普現一切諸佛과 及諸菩薩이 是爲七十四니라

(73) 여래의 오른 손가락에 거룩한 모습이 있으니 이름이 모든 겁과 세계 바다를 나타내는 돌림 구름이라, 수월 불꽃 광 마니왕으로 된 온갖 보배꽃으로 장엄하였고, 큰 광명을 놓아 법계에 가득하며, 그 가운데서 미묘한 음성을 항상 내어 시방세계에 가득하나니, 이것이 일흔셋이니라. (74) 여래의 왼쪽 손가락에 거룩한 모습이 있으니 이름이 온갖 보배에 편안히 머무르는 구름이라, 제청 금강 보배로 장엄하였고, 마니왕 뭇 보배 광명을 놓아 법계에 가득하며 그 속에 모든 부처와 보살들을 나타내나니, 이것이 일흔넷이니라.

[疏] 次二, 左右指니 可知니라

■ 나. 왼쪽과 오른쪽 손가락의 두 가지 상호는 알 수 있으리라.

다. 왼쪽 오른쪽 손바닥의 두 가지 상호[後二左右掌] (後二 26上10)

如來右手掌에 有大人相하니 名照耀雲이라 以摩尼王千輻寶輪으로 而爲莊嚴하고 放寶光明에 其光이 右旋하여 充滿法界어든 於中에 普現一切諸佛의 一一佛身이 光焰熾然하여 說法度人하여 淨諸世界가 是爲七十五니라 如來左手掌에 有大人相하니 名焰輪普增長化現法界道場雲이라 以日光摩尼王千輻輪으로 而爲莊嚴하고 放大光明하여 充滿一切諸世界海어든 於中에 示現一切菩薩이 演說普賢所有行海하여 普入一切諸佛國土하여 各各開悟無量衆生이 是爲七十六이니라

(75) 여래의 오른 손바닥에 거룩한 모습이 있으니 이름이 밝게 비추는 구름이라, 마니왕으로 된 천살 보배 바퀴로 장엄하였고, 보배 광명을 놓으니 그 광명이 오른쪽으로 돌아 법계에 가득하며, 그 속에 모든 부처님이 나타나고, 낱낱 부처님 몸에 빛난 불꽃이 치성하고, 법을 말하고 사람을 제도하여 세계를 깨끗하게 하나니, 이것이 일흔다섯이니라.

(76) 여래의 왼 손바닥에 거룩한 모습이 있으니 이름이 불꽃 바퀴가 두루 증장하여 법계의 도량을 변화하여 나타내는 구름이라, 햇빛 마니왕 천살 바퀴로 장엄하였고, 큰 광명을 놓아 모든 세계해에 가득하였으며, 그 가운데 일체 보살

을 나타내어 보현보살의 닦던 행을 연설하며, 모든 부처님 국토에 두루 들어가서 한량없는 중생을 각각 깨우치나니, 이것이 일흔여섯이니라.

[疏] 後二, 左右掌에 皆有千輪者는 輪轂輻輞의 三事具足하여 自然成就오 不待人功이니라

■ 다. 왼쪽 오른쪽 손바닥의 두 가지 상호에서 '모두 천 살[千輻] 보배 바퀴가 있다'는 것은 바퀴 통과 천 살과 바퀴 테의 세 가지 일을 갖추어서 자연히 성취함이요, 사람의 공을 기다리지 않는다.

(14) 음장상에 있는 한 가지 상호[陰藏有一相] (第十四 26下6)

如來陰藏에 有大人相하니 名普流出佛音聲雲이라 一切妙寶로 以爲莊嚴하고 放摩尼燈華焰光明에 其光熾盛하여 具眾寶色하여 普照一切虛空法界어든 其中에 普現一切諸佛이 遊行往來하여 處處周徧이 是爲七十七이니라
(77) 여래의 부자지에 거룩한 모습이 있으니 이름이 부처 음성을 두루 내는 구름이라, 온갖 묘한 보배로 장엄하였고, 마니 등불 꽃 불꽃 광명을 놓으니 그 빛이 치성하여 여러 보배 빛을 갖추어 모든 허공과 법계에 두루 비추며, 그 가운데 모든 부처님이 왕래하여 다니며 곳곳마다 두루함을 나타내나니, 이것이 일흔일곱이니라.

[疏] 第十四, 陰藏一相이 猶如馬王이라

■ (14) 음장상(陰藏相)에 있는 한 가지 상호는 말의 왕과 같다.

(15) 볼기에 있는 두 가지 상호[坐處有二相] (第十五 27上4)

如來右臀에 有大人相하니 名寶燈鬘普照雲이라 諸摩尼
寶로 以爲莊嚴하고 放不思議寶焰光明하여 彌布十方一
切法界하여 與虛空法界로 同爲一相하되 而能出生一切
諸相하여 一一相中에 悉現諸佛自在神變이 是爲七十八
이니라 如來左臀에 有大人相하니 名示現一切法界海光
明彌覆虛空雲이라 猶如蓮華淸淨妙寶로 以爲嚴飾하고
放光明網하여 徧照十方一切法界어든 於中에 普現種種
相雲이 是爲七十九니라

(78) 여래의 오른 볼기에 거룩한 모습이 있으니 이름이 보
배 등불 화만의 널리 비추는 구름이라, 여러 마니보배로 장
엄하였고, 부사의한 보배 불꽃 광명을 놓아 시방의 온갖 법
계에 가득히 퍼져 허공 법계와 한 모양이 되면서도 모든 모
양을 내고, 낱낱 모양 속에 부처님들의 자유자재한 신통변
화를 나타내나니, 이것이 일흔여덟이니라. (79) 여래의 왼
볼기에 거룩한 모습이 있으니 이름이 온갖 법계 바다의 광
명을 나타내어 허공을 뒤덮는 구름이라, 연꽃처럼 청정한
보배로 장엄하였고, 광명 그물을 놓아 시방의 모든 법계에
두루 비추며 그 속에 가지가지 몸매 구름을 나타내나니, 이
것이 일흔아홉이니라.

[疏] 第十五, 坐處二相이라

■ (15) 볼기에 있는 두 가지 상호이다.

(16) 넓적다리에 있는 두 가지 상호[腆有二相] (第十六 27下1)

如來右腆에 有大人相하니 名普現雲이라 以衆色摩尼로
而爲莊嚴하고 其腆與腨이 上下相稱하여 放摩尼焰妙法
光明하여 於一念中에 能普示現一切寶王의 遊步相海가
是爲八十이니라[43] 如來左腆에 有大人相하니 名現一切
佛無量相海雲이라 一切寶海隨順安住로 以爲莊嚴하고
廣大遊行에 放淨光明하여 普照衆生하여 悉使希求無上
佛法이 是爲八十一이니라

(80) 여래의 오른 넓적다리에 거룩한 모습이 있으니 이름이
두루 나타내는 구름이라, 여러 빛 마니로 장엄하였고, 넓적
다리와 장딴지가 위아래가 서로 어울리며, 마니 불꽃 묘한
법 광명을 놓아 한 생각에 일체 보배 왕이 노니는 몸매 바다
를 두루 나타내나니, 이것이 여든이니라. (81) 여래의 왼쪽
넓적다리에 거룩한 모습이 있으니 이름이 모든 부처의 한
량없는 몸매 바다를 나타내는 구름이라, 온갖 보배 바다가
따라서 편안히 머무르는 것으로 장엄하였고, 광대하게 다
니면서 깨끗한 광명을 놓아 중생에게 비추어 모두 가장 높
은 부처의 법을 구하게 하나니, 이것이 여든하나이니라.

---

43) 腆는 宋元明淸合綱本續金本作腆, 麗本作腓, 慧苑音義云 腆字正宜作腓 古文作踵 今腆未詳所出 案慧琳
音義卷三十云 說文腓 股外也 從骨卑聲 經作腆 俗字也라 하다.

[疏] 第十六, 髀有二相이라 左云隨順安住者는 髀[44]多行動일새 故로 須
多寶로 隨順而嚴이니라

■ (16) 넓적다리에 있는 두 가지 상호이다. 좌측에 '따라서 편안히 머
무르는 것'이라 말한 것은 넓적다리에 행동이 많은 연고로 많은 보배
를 구하여 따라서 장엄한다는 뜻이다.

(17) 장딴지에 있는 세 가지 상호[腨有三相] (第十七 28上5)

如來右邊伊尼延鹿王腨에 有大人相하니 名一切虛空法
界雲이라 光明妙寶로 以爲莊嚴하니 其相圓直하여 善能
遊步하며 放閻浮金色淸淨光明하여 徧照一切諸佛世界
하며 發大音聲하여 普皆震動하며 復現一切諸佛國土가
住於虛空하여 寶焰莊嚴이어든 無量菩薩이 從中化現이
是爲八十二니라 如來左邊伊尼延鹿王腨에 有大人相하
니 名莊嚴海雲이라 色如眞金하여 能徧遊行一切佛刹하
며 放一切寶淸淨光明하여 充滿法界하여 施作佛事가 是
爲八十三이니라 如來寶腨上毛에 有大人相하니 名普現
法界影像雲이라 其毛가 右旋하고 一一毛端에 放寶光明
하여 充滿十方一切法界하여 示現一切諸佛神力하며 其
諸毛孔에 悉放光明하여 一切佛刹이 於中顯現이 是爲八
十四니라

(82) 여래의 오른편 이니연 사슴왕 장딴지에 거룩한 모습이
있으니 이름이 일체 허공 법계 구름이라, 빛나고 묘한 보배

---

44) 上二髀字는 嘉弘南續本作骨坒, 金本作朏 大作髀라 하다.

로 장엄하였고, 그 모양이 둥글고 곧아 잘 걸어 다니며, 염부단 금빛 청정한 광명을 놓아 모든 부처님의 세계에 두루 비추고, 큰 음성을 내어 널리 진동하며, 또 모든 부처의 국토가 허공에 머무른 것을 나타내어 보배 불꽃으로 장엄하였고, 한량없는 보살이 몸으로부터 변화하여 나타나나니, 이것이 여든둘이니라. (83) 여래의 왼편 이니연 사슴왕 장딴지에 거룩한 모습이 있으니 이름이 장엄 바다 구름이라, 빛이 진금과 같고 능히 모든 부처 세계에 두루 다니며, 온갖 보배의 청정한 광명을 놓아 법계에 가득하여 불사를 짓나니, 이것이 여든셋이니라. (84) 여래의 보배로 된 장딴지 털에 거룩한 모습이 있으니 이름이 법계의 영상을 두루 나타내는 구름이라, 그 털이 오른쪽으로 돌았으며, 낱낱 털끝에서 보배 광명을 놓아 시방의 모든 법계에 가득하여 여러 부처님의 신통한 힘을 나타내며, 털구멍마다 광명을 놓는데 모든 부처의 세계가 그 가운데 나타나나니, 이것이 여든넷이니라.

[疏] 第十七, 腨有三相이라 第三에 腨毛가 通於二腨이니라 若準晉經인대 直云毛端하나니 則通身一切毛也라 義應如昔이니 則處成十九니라

■ (17) 장딴지에 있는 세 가지 상호이다. (84) 셋째 장딴지 털은 두 개의 장딴지에 통한다. 만일 진경(晉經)에 준하면 바로 터럭 끝이라 말하였으니 몸의 온갖 터럭에 통하나니 이치는 응당히 예전과 같나니 처소는 19가지를 이룬다.

(18) 발에 있는 13가지 상호[足有十三相] 7.

가. 발 아래의 한 가지 상호[足下一相] (第十八 28下2)

如來足下에 有大人相하니 名一切菩薩海安住雲이라 色
如金剛閻浮檀金淸淨蓮華하고 放寶光明하여 普照十方
諸世界海어든 寶香焰雲이 處處周徧하여 擧足將步에 香
氣周流하여 具衆寶色하여 充滿法界가 是爲八十五니라
(85) 여래의 발 아래에 거룩한 모습이 있으니 이름이 일체
보살 바다의 편안히 머무르는 구름이라, 빛은 금강 염부단
금인 청정한 연꽃과 같고, 보배 광명을 놓아 시방의 세계해
에 비추니 보배향 불꽃 구름이 간 데마다 두루하여 발을 들
어 걸을 적에 향기가 풍겨 흐르며 모든 보배 빛이 법계에 가
득하나니, 이것이 여든다섯이니라.

[疏] 第十八, 足有十三相을 通分爲七이니 初, 足下一相에 略無左右나
而晉經에는 足跌之後에 別有足下千輻輪相하니 此必合有라 故로 後
品에 明足下輪相하나니 名普照王이라 今經의 千輪之言은 乃在指間
이니라 或以常明易知나 指間은 有異일새 故로 擧之耳니라 名安住者는
以足下가 安平하여 一切着地에 不容針故라

■ (18) 발에 있는 13가지 상호를 통틀어 일곱으로 나누리니 가. 발 아래
한 가지 상호에서 좌우는 생략하여 없다. 그러나 진경에는 발뒤꿈치
뒤에 별도로 발 아래 천 개 바퀴살 모습이 있나니, 여기는 반드시 합쳐
서 있다. 그러므로 뒤 품에 발 아래 발바닥 모습을 '널리 비추는 왕[普

照王]'이라 이름하였다. 본경의 천 개 바퀴라는 말은 비로소 손가락 사이에 있다. 혹은 항상 밝음은 알기 쉽지만 손가락 사이에 다른 것이 있으므로 거론했을 뿐이다. '편안히 머문다'고 말한 것은 발 아래 편안하고 평평하여 온갖 땅에 닿아서 바늘도 용납하지 않기 때문이다.

나. 발 위의 두 가지 상호[足上相] (二足 29上4)

如來右足上에 有大人相하니 名普照一切光明雲이라 一切衆寶로 以爲莊嚴하고 放大光明하여 充滿法界하여 示現一切諸佛菩薩이 是爲八十六이니라 如來左足上에 有大人相하니 名普現一切諸佛雲이라 寶藏摩尼로 以爲莊嚴하고 放寶光明하여 於念念中에 現一切佛神通變化와 及其法海所坐道場하여 盡未來際劫도록 無有間斷이 是爲八十七이니라

(86) 여래의 오른발 위에 거룩한 모습이 있으니 이름이 모든 것에 두루 비추는 광명 구름이라, 온갖 보배로 장엄하였고, 큰 광명을 놓아 법계에 가득하여 모든 부처님과 보살들을 나타내나니, 이것이 여든여섯이니라. (87) 여래의 왼발 위에 거룩한 모습이 있으니 이름이 모든 부처님을 나타내는 구름이라, 보배 광 마니로 장엄하였고 보배 광명을 놓아 잠깐잠깐 동안에 모든 부처님의 신통변화와 법 바다를 나타내며, 그 앉았던 도량이 오는 세월이 끝나도록 간단함이 없나니, 이것이 여든일곱이니라.

■ 나. 발 위의 두 가지 상호요,

다. 발가락 사이의 두 가지 상호[足指間相] (三足 29下4)

如來右足指間에 有大人相하니 名光照一切法界海雲이
라 須彌燈摩尼王千輻焰輪으로 種種莊嚴하고 放大光明
하여 充滿十方一切法界諸世界海어든 於中에 普現一切
諸佛의 所有種種寶莊嚴相이 是爲八十八이니라 如來左
足指間에 有大人相하니 名現一切佛海雲이라 摩尼寶華
香焰燈鬘一切寶輪으로 以爲莊嚴하고 恒放寶海淸淨光
明하여 充滿虛空하여 普及十方一切世界어든 於中에 示
現一切諸佛과 及諸菩薩의 圓滿音聲卍字等相하여 利益
無量一切衆生이 是爲八十九니라

(88) 여래의 오른 발가락 사이에 거룩한 모습이 있으니 이
름이 빛이 일체 법계 바다에 비추는 구름이라, 수미산 같은
마니왕 천살 불꽃 바퀴로 가지가지 장엄하였고, 큰 광명을
놓아 시방 일체 법계의 세계해에 가득하며, 그 가운데 모든
부처님의 소유하신 갖가지 보배로 장엄한 모양을 나타내나
니, 이것이 여든여덟이니라. (89) 여래의 왼 발가락 사이에
거룩한 모습이 있으니 이름이 온갖 부처 바다를 나타내는
구름이라, 마니보배 꽃·향기 불꽃 등불 화만과 온갖 보배
바퀴로 장엄하였고, 보배 바다의 청정한 광명을 항상 놓아
허공에 가득하고 시방의 모든 세계에 두루 미치며, 그 가운

데서 모든 부처님과 보살들을 나타내어 원만한 음성과 卍
자 모양들로 한량없는 중생을 이익하게 하나니, 이것이 여
든아홉이니라.

[疏] 三, 足指間이요
■ 다. 발가락 사이의 두 가지 상호요,

라. 발꿈치의 두 가지 상호[足跟相] (四足 30上3)

如來右足跟에 有大人相하니 名自在照耀雲이라 帝青寶
末로 以爲莊嚴하고 常放如來妙寶光明에 其光이 妙好하
여 充滿法界하여 皆同一相이라 無有差別이어든 於中에
示現一切諸佛이 坐於道場하사 演說妙法이 是爲九十이
니라 如來左足跟에 有大人相하니 名示現妙音演說諸法
海雲이라 以變化海摩尼寶와 香焰海須彌華摩尼寶와 及
毘琉璃로 而爲莊嚴하고 放大光明하여 充滿法界어든 於
中에 普現諸佛神力이 是爲九十一이니라
(90) 여래의 오른 발꿈치에 거룩한 모습이 있으니 이름이
자유자재하게 비추는 구름이라, 제청 보배 가루로 장엄하
였고, 여래의 묘한 보배 광명을 항상 내어 법계에 가득하
니 다 한 모양이요 차별이 없으며, 그 속에 모든 부처님이 도량
에 앉아서 묘한 법을 연설함을 나타내나니, 이것이 아흔이
니라. (91) 여래의 왼 발꿈치에 거룩한 모습이 있으니 이름
이 묘한 음성을 나타내어 법 바다를 연설하는 구름이라, 변

화하는 바다와 마니보배 향 불꽃 바다와 수미꽃 마니보배와 비유리로 장엄하였고, 큰 광명을 놓아 법계에 가득하며, 그 속에 부처님들의 신통한 힘을 나타내나니, 이것이 아흔하나이니라.

[疏] 四, 足跟이요
■ 라. 발꿈치의 두 가지 상호요,

마. 발등의 두 가지 상호[足趺相] (五足 30下2)

如來右足趺에 有大人相하니 名示現一切莊嚴光明雲이라 衆寶所成으로 極妙莊嚴하고 放閻浮檀金色淸淨光明하여 普照十方一切法界하니 其光明相이 猶如大雲하여 普覆一切諸佛道場이 是爲九十二니라 如來左足趺에 有大人相하니 名現衆色相雲이라 以一切月焰藏毘盧遮那寶와 因陀羅尼羅寶로 而爲莊嚴하고 念念遊行諸法界海하여 放摩尼燈香焰光明하니 其光이 徧滿一切法界가 是爲九十三이니라

(92) 여래의 오른 발등에 거룩한 모습이 있으니 이름이 모든 장엄을 나타내는 광명 구름이라, 뭇 보배로 이루어 매우 묘하게 장엄하였고, 염부단 금빛 청정한 광명을 놓아 시방의 일체 법계에 비추며, 광명의 모양이 큰 구름 같아서 모든 부처님의 도량을 덮나니, 이것이 아흔둘이니라. (93) 여래의 왼 발등에 거룩한 모습이 있으니 이름이 모든 빛깔 나타

내는 구름이라, 온갖 달의 불꽃 광인 비로자나 보배와 인드
라니라 보배로 장엄하였고, 잠깐잠깐마다 법계 바다에 노
닐며, 마니등 향 불꽃 광명을 놓아 모든 법계에 가득하나니,
이것이 아흔셋이니라.

[疏] 五, 足趺요
■ 마. 발등의 두 가지 상호요,

바. 발 둘레의 두 가지 상호[足四周相] (六足 30下10)

如來右足四周에 有大人相하니 名普藏雲이라 因陀羅尼
羅金剛寶로 以爲莊嚴하고 放寶光明하여 充滿虛空이어
든 於中에 示現一切諸佛이 坐於道場摩尼寶王師子之座
가 是爲九十四니라 如來左足四周에 有大人相하니 名光
明徧照法界雲이라 摩尼寶華로 以爲莊嚴하고 放大光明
하여 充滿法界하니 平等一相이라 於中에 示現一切諸佛
과 及諸菩薩의 自在神力하여 以大妙音으로 演說法界無
盡法門이 是爲九十五니라
(94) 여래의 오른발 네 둘레에 거룩한 모습이 있으니 이름
이 두루 갈무리한 구름이라, 인드라니라 금강 보배로 장엄
하였고, 보배 광명을 놓아 허공에 가득하였으며, 그 속에 모
든 부처님이 도량에서 마니보배 사자좌에 앉음을 나타내나
니, 이것이 아흔넷이니라. (95) 여래의 왼발 네 둘레에 거룩
한 모습이 있으니 이름이 광명이 법계에 두루 비추는 구름

이라, 마니보배 꽃으로 장엄하였고, 큰 광명을 놓아 법계에
가득하니 평등하여 한 모양이며, 그 가운데 모든 부처님과
보살들의 자유자재한 신통한 힘을 나타내어 크고 묘한 음
성으로 법계의 다하지 않는 법문을 연설하나니, 이것이 아
흔다섯이니라.

[疏] 六, 足四周니라 因陀羅尼羅者는 此云帝靑이라

■ 바. 발 둘레의 두 가지 상호이다. '인드라니라(因陀羅尼羅)'는 제청(帝
靑)이라 번역한다.

사. 발가락 끝의 두 가지 상호[足指端相] (七足 31上9)

如來右足指端에 有大人相하니 名示現莊嚴雲이라 甚可
愛樂閣浮檀淸淨眞金으로 以爲莊嚴하고 放大光明하여
充滿十方一切法界어든 於中에 示現一切諸佛과 及諸菩
薩의 無盡法海와 種種功德과 神通變化가 是爲九十六이
니라 如來左足指端에 有大人相하니 名現一切佛神變雲
이라 不思議佛光明月焰普香摩尼寶焰輪으로 以爲莊嚴
하고 放衆寶色淸淨光明하여 充滿一切諸世界海어든 於
中에 示現一切諸佛과 及諸菩薩이 演說一切諸佛法海가
是爲九十七이니라

(96) 여래의 오른 발가락 끝에 거룩한 모습이 있으니 이름
이 장엄을 나타내는 구름이라, 매우 사랑스럽고 청정한 염
부단 진금으로 장엄하였고, 큰 광명을 놓아 시방 일체 법계

에 가득하며, 그 가운데 모든 부처님과 보살들이 가진 다함 없는 법 바다의 가지가지 공덕과 신통변화를 나타내나니, 이것이 아흔여섯이니라. (97) 여래의 왼 발가락 끝에 거룩한 모습이 있으니 이름이 모든 부처의 신통변화를 나타내는 구름이라, 부사의한 부처 광명과 달 불꽃 넓은 향기와 마니보배 불꽃 바퀴로 장엄하였고, 여러 보배 빛 청정한 광명을 놓아 모든 세계해에 가득하며, 그 가운데 모든 부처님과 보살들이 온갖 불법 바다 설함을 나타내나니, 이것이 아흔일곱이니라.

[疏] 七, 足指端이라 上六은 各左右爲二니 文顯可知니라

■ 사. 발가락 끝의 두 가지 상호이다. 위의 여섯은 각기 왼쪽 오른쪽이 둘이 되었으니 경문이 뚜렷하니 알 수 있으리라.

3) 결론적으로 해석하여 구분하다[料揀] 4.
(1) 명칭의 숫자를 총합하여 밝히다[總辨名數] (上來 31上10)
(2) 세운 이치를 밝히다[正明立理] (旣不)
(3) 거듭하여 이치로 성립하다[重以理成] (況此)

[疏] 上來에 略列九十七相인 次第數名은 譯者安置라 旣不說盡하니 豈不盈百이리요 足下에 闕一하니 脣齶에 不開라 設合此二나 六根皆辨이어니 耳何獨闕가 如[45)若加兩耳와 及足下一하면 則圓百數하여 以顯無盡이니 豈不妙哉아 況此中所列이 於三十二에도 尙有未盡하니

---

45) 如는 金本作殊라 하다.

豈普賢力이 不及百耶아

■ 여기까지 97가지 상(相)을 간략히 나열함이니, 순서대로 명칭을 헤아리는 것을 번역한 이가 그냥 둔 것이다. 이미 다 말하지 않으니 어찌 백 가지를 채우지 못하겠는가? 발 아래에 하나를 빠뜨리니 입술과 잇몸을 전개하지 않았다. 설사 이 둘을 합치더라도 여섯 감관을 다 밝혔을 텐데 어찌 유독 귀만 빠뜨렸는가? 마치 만일 두 귀와 발 아래 하나를 더하면 백의 숫자를 원만하여 그지없음을 밝혔으니, 어찌 묘함이 아니겠는가? 하물며 이 가운데 나열한 것이 32가지에도 오히려 다하지 못한 것이 있으니, 어찌 보현보살의 힘이 백 가지에 미치지 못하겠는가?

(4) 그 곁으로 구제함을 막다[遮其傍救] (晉經 31下4)

[疏] 晉經에는 有遺하여 但九十四요 亦無次第之數하니 故知九十七數는 不在生情하여 配屬諸法이니라

■ 진경에 남은 것이 있어서 단지 94뿐이요, 역시 순서대로인 숫자가 아니니, 그러므로 97이란 숫자는 생각이 생겨남에 있지 않은 줄 알아서 여러 법에 배대하여 소속하였다.

[鈔] 上來略列下는 結釋料揀이라 於中에 有四하니 初, 總辨名數라 言譯者安置者는 以晉經에 無數故라 二, 旣不說盡下는 明立理이니 欲合盈百故라 言旣不說盡者는 十蓮華藏塵을 不可說盡故라 三, 況此中下는 重以理成하면 合成百義니라 四, 晉經有遺下는 遮其傍救라 恐有救云호대 如大慧百八을 豈要圓數리요 凡立名數가 多有所表故

라할새 故로 今通難云호대 此有九十七이 卽有所表인대 晉有九十四는 復何所表아 昔表爲是인대 今表는 卽非리니 是故로 不應生情配屬이라 若表인대 亦須成九十八이니라

● 3) 上來略列 아래는 결론적으로 해석하여 구분함이다. 그중에 넷이 있으니 (1) 명칭의 숫자를 총합하여 밝힘이다. '번역한 이가 그냥 둔 것'이라 말한 것은 진경에는 숫자가 없는 까닭이다. (2) 旣不說盡 아래는 세운 이치를 밝힘이니, 합하여 백 가지를 채우려는 까닭이다. '이미 다 말하지 않으면'이라 말한 것은 열 개 연화장(蓮華藏)의 티끌을 모두 말할 수 없는 까닭이다. (3) 況此中 아래는 거듭하여 이치로 성립하면 합하여 백의 뜻을 이루었다. (4) 晉經有遺 아래는 그 곁을 막고 구제함이다. 어떤 이가 구제함을 두려워하여 말하되, "대혜가 108가지와 같음을 어찌 원만한 숫자를 요구하리오! 대개 이름과 숫자를 세운 것이 다분히 표한 내용이 있기 때문이다"라고 하므로 지금 힐난을 해명하여 말하되, "여기에 있는 97가지가 곧 표할 대상이 있다면 진경에 있는 94가지는 다시 무엇이 표할 대상이겠는가? 예전에 표함이 옳다면 지금 표함이 곧 아닐 것이리니, 이런 연고로 응당히 생각을 내어서 배대하여 소속함이 아니다. 만일 표한다면 또한 구하여 98가지를 이루게 된다.

3. 간략함을 결론하고 광대함을 밝히다[結略顯廣] (第三 32上6)

佛子여 毘盧遮那如來가 有如是等十華藏世界海微塵數
大人相하사 一一身分에 衆寶妙相으로 以爲莊嚴하시니라
불자여, 비로자나여래는 이러한 열 화장세계해의 티끌 수

거룩한 모습이 있으니 낱낱 몸에 여러 보배 묘한 모양으로
장엄하였느니라.

[疏] 第三, 佛子下는 結略顯廣이라 別說難周일새 故須結略이요 非略能盡
일새 故須顯廣이라 一華藏塵도 相已無邊이어든 況十華藏이 則無盡
無盡하니 非普眼者면 安能覩歟아 旣三十二相이 權實不同하여 互有
互無하니 故不會釋하노라

■ 3. 佛子 아래는 간략함을 결론하고 광대함을 밝힘이다. 힐난이 두
루함을 별도로 말한 연고로 모름지기 간략함을 결론함이요, 간략함
이 아니면 능히 다하지 않으므로 모름지기 자세함을 밝혔다. 하나의
화장세계 티끌도 상이 이미 그지없는데 하물며 열 개의 연화장이면
그지없이 그지없으리니 넓은 눈이 아니라면 어찌 능히 볼 수 있겠는
가? 이미 32가지 상(相)은 권교와 실교가 같지 않아서 번갈아 있고
번갈아 없으니 그래서 모아서 해석하지 않았다.

제34. 여래십신상해품(如來十身相海品) 終

제35 如來隨好光明功德品

제35. 여래 80종호의 광명과 공덕품[如來隨好光明功德品]

(三) 부처님의 잘생긴 모습에는 뛰어난 덕과 작용의 이익이 있다고 말하였다. 經에 云,

"그때 세존께서 보수(寶手)보살에게 말씀하셨다. '불자여, 여래ㆍ응공ㆍ정등각에게 따라서 잘생긴 모습이 있으니, 이름은 원만왕(圓滿王)이요, 이 잘생긴 모습에서 큰 광명이 나오니 이름이 치성(熾盛)이라, 7백만 아승지 광명으로 권속이 되었느니라. 불자여, 내가 보살이었을 때에 도솔천궁에서 큰 광명을 놓았으니 이름이 광명 당기왕이라. 열 부처 세계의 티끌 수 세계를 비추었느니라. 그 세계의 지옥 중생으로서 이 광명을 만난 이는 모든 고통이 쉬고 열 가지 청정한 눈을 얻었으며, 귀ㆍ코ㆍ혀ㆍ몸ㆍ뜻도 그와 같아서 즐거운 마음으로 뛰놀며 좋아하였느니라. 거기서 목숨을 마치고는 도솔천에 태어났는데, 그 하늘에 북이 있으니 이름이 매우 사랑스러움이라. 저 천자가 태어난 뒤에 이 북이 소리를 내어 말하였다. '여러 천자들아, 네가 마음이 방일하지 않고, 여래 계신 데서 착한 뿌리를 심었으며, 옛적에 여러 선지식을 친근히 하였으므로 비로자나의 큰 위신력으로 저기서 목숨을 마치고 이 하늘에 태어났느니라.'"

제35. 여래 80종호의 광명과 공덕품[如來隨好光明功德品]

(三) 뛰어난 덕과 작용의 이익을 개별로 밝히다[別顯勝德用益] 4.

1. 오게 된 뜻[來意] (初來 1上5)

[疏] 初, 來意者는 前品은 明相하고 此品은 辨好라 相好雖殊나 俱用嚴身
이니 以答前의 身과 及眼等이요 兼自在問이라 好依相有하여 德劣於
相일새 故次明之라 劣德之用이나 用成頓益하니 翻顯大相의 德難思
矣니라

■ 1. 오게 된 뜻은 앞의 제34. 여래의 십신상해품은 32가지 대인상(相)을
밝힘이요, 이 제35. 여래의 수호공덕품은 80가지 몸매[好]를 밝힘이다.
상(相)과 몸매가 비록 다르지만 함께 사용하여 몸을 장엄하는 것이니,
앞의 몸과 눈 따위와 겸하여 자재함에 대한 질문에 대답한 내용이다.
몸매는 상(相)을 의지하여 있으며 공덕은 모습보다 하열하므로 다음
에 밝힌 것이다. 하열한 공덕의 작용이지만 사용하면 몰록 이익됨을
이루나니 대인상의 공덕이 불가사의함을 바꾸어 밝힌 까닭이다.

2. 명칭 해석[釋名] 2.

1) 얻은 이름[得名] (二釋 1上9)

2) 명칭을 해석하다[釋名] (如來)

[疏] 二, 釋名者는 如來는 標人表德이요 隨好等은 顯德依人이라 隨好是
體니 隨逐大相하여 益姿好故요 光明者는 用이요 功德者는 德이니 謂
從好發光하여 光能益物이니 顯好之德일새 故以爲名이라 如來之隨
好等이며 亦如來에 有隨好等이니 通二釋也니라

■ 2. 명칭 해석이란 여래가 사람을 내세워 공덕을 표하였고, 상(相)과
몸매 등은 공덕이 사람에 의지함을 밝혔다. 따르는 몸매는 체성이니
대인상을 따라 좇아와서 몸매가 더욱 우아해지는 연고요, 광명이란
작용이요, 공덕은 덕스러움이다. 이른바 몸매로부터 광명을 내어서
광명은 능히 중생을 이익하나니 몸매의 덕을 밝히려는 연고로 명칭을
삼은 것이다. 여래의 따르는 몸매 따위라 하며, 또한 여래에게 따르
는 몸매가 있다는 등이니 두 가지 해석과 통한다.

[鈔] 隨逐大相者는 卽觀佛經意니 前品에 已引하니라

● '대인상을 따라 좇아온다'는 것은 곧 『관불삼매해경』의 주장이니, 앞
의 제34. 여래십신상해품에서 이미 인용하였다.

3. 근본 가르침[宗趣] (三宗 1下4)

[疏] 三, 宗趣者는 明好勝德으로 爲宗이요 令物敬修로 爲趣니라

■ 3. 근본 가르침은 몸매가 뛰어난 공덕을 밝힘으로 근본을 삼고, 중
생으로 하여금 공경히 수행하게 함으로 가르침을 삼는다.

4. 경문 해석[釋文] 2.

1) 과목 나누기[分科] (次釋 1下8)
2) 과목에 따라 해석하다[隨釋] 2.

(1) 간략히 해석하다[略] 2.
가. 부처님의 80종호를 표방하다[正標果好] (今初)

爾時에 世尊이 告寶手菩薩言하시되 佛子여 如來應正等
覺이 有隨好하니 名圓滿王이요 此隨好中에 出大光明하
니 名爲熾盛이라 七百萬阿僧祇光明으로 而爲眷屬하니라
그때 세존께서 보수보살에게 말씀하셨다. "불자여, 여래 ·
응공 · 정등각에게 따라서 잘생긴 모습이 있으니, 이름은 원
만왕이요, 이 잘생긴 모습에서 큰 광명이 나오니 이름이 치
성이라, 칠백만 아승지 광명으로 권속이 되었느니라.

[疏] 次, 釋文中에 二니 先, 略이요 後, 廣이라 略中에 二니 先, 標果好요
二, 佛子我爲下는 擧因對顯이라 今初에 佛自說者는 有二意故니 一,
僧祇는 因終이요 此品은 果極일새 故二를 皆佛說하니라 二, 好用이 劣
相이나 而用이 難思니 恐物不信일새 故佛自說이라 告寶手者는 亦有
二義하니 一, 說手隨好에 彼가 主此門故요 二, 令當寶重하여 起信手
故라 有隨好者는 總相擧也라 卽足下好46)니 與後名으로 同故라 德
用周備일새 故云圓滿이요 攝益이 自在最勝일새 名王이라 光名熾盛

---

46) 護는 甲南續金本作之好라 하다.

者는 如日具德이요 由此하여 復能攝諸眷屬이라 百萬等은 顯多오 復
云七者는 淨七支하며 修七覺하며 照七地故니라

■ 4. 경문 해석 중에 둘이니 (1) 간략히 해석함이요, (2) 자세히 해석함
이다. (1) 간략히 해석함 중에 둘이니 가. 부처님의 과덕의 몸매를 표
방함이요, 나. 佛子我爲 아래는 인행을 거론하여 상대하여 밝힘이
다. 지금은 가.에서 '부처님이 스스로 설함'이란 두 가지 의미가 있는
까닭이니, (1) 아승지품은 인행이 끝남이요, 이 여래수호공덕품은 과
덕이 지극한 연고로 둘이 모두 부처님의 설법이요, (2) 몸매의 작용은
상(相)보다 하열하지만 작용은 사의하기 어렵나니, 중생이 믿지 않을
까 두려운 연고로 부처님이 스스로 설하였다. '보수(寶手)보살에게 고
함'이란 또한 두 가지 뜻이 있으니, ① 손이 몸매를 따름을 말할 적에
저 손[手]이 이 문을 주도하는 연고요, ② 해당하는 보배를 소중하게
여기게 하여 '믿음의 손[信手]'이 생겨나는 까닭이다. 따르는 몸매가
있는 것은 총상으로 거론함이다. 곧 발 아래의 몸매이니 뒤의 이름과
같은 까닭이다. 공덕과 작용을 두루 갖춘 연고로 '원만하다'고 말하
고, 포섭한 이익이 자재하고 가장 뛰어남을 왕이라 이름한다. '광명
의 이름이 치성함'이란 태양처럼 공덕을 갖추었다는 뜻이니, 이로 말
미암아 다시 능히 모든 권속을 포섭하였다. '백만 가지' 등은 많은 것
을 밝힘이요, 다시 '일곱'이라 말한 것은 칠각지(七覺支)를 정화하며,
일곱 가지 깨달음을 닦으며, 제7. 원행지(遠行地)를 비추는 까닭이다.

[鈔] 照七地者는 一, 種性地요 二, 勝解行地요 三, 淨勝意樂地요卽是初
地 四, 行正行地요從二地至七地 五, 決定地요八地 六, 決定行地요九地
七, 到究竟地니라從十地至如來地

● '제7. 원행지를 비추는 까닭'이란 (1) 종성의 지위요 (2) 뛰어나게 알고 수행하는 지위요 (3) 깨끗하고 뛰어난 의요(意樂)의 지위요(곧 초지이다) (4) 바른 행법을 닦는 지위요(제2지로부터 제7지까지) (5) 결정된 지위요(제8. 부동지) (6) 결정된 행법의 지위요(제9. 선혜지) (7) 구경에 이른 지위(제10. 법운지부터 여래의 지위까지)이다.

나. 인행을 거론하여 상대하여 밝히다[擧因對顯] 2.
가) 이치를 밝히다[顯義] (第二 2下2)

> 佛子여 我爲菩薩時에 於兜率天宮에 放大光明하니 名光幢王이라 照十佛剎微塵數世界하니라
> 불자여, 내가 보살이었을 때에 도솔천궁에서 큰 광명을 놓았으니 이름이 광명 당기왕이라, 열 부처 세계의 티끌 수 세계를 비추었느니라.

[疏] 第二, 擧因對顯者는 爲顯勝故라 此有數重하니 一, 以相德深廣이라 言不能備일새 故置之코 說好오 二, 好德復多하나니 以三十二相에 旣有八十隨好하니 十蓮華藏之相에 好彌多矣일새 且擧其一이니라 三, 一中에 置勝하고 但說劣者일새 故明足下니라 四, 足下一好에 復有多光일새 但說一光이니라 五, 果位一光도 亦不可說일새 故寄因顯이라 因光成益이 三重頓圓이온 況果一光가 如是展轉이온 況於諸相이며 況復總說如來諸德가 果海는 絶言이 亦斯義矣니라

■ 나. 인행을 거론하여 상대하여 밝힘이란 뛰어남을 밝히기 위한 까닭이다. 여기에 여러 번 중첩함이 있으니 (1) 상(相)의 덕이 깊고 광대하

므로 말로는 능히 갖추지 못하는 연고로 (여기에) 두고 몸매를 말하였고, (2) 몸매의 공덕이 더욱 많나니, 32가지 상(相)에 이미 80가지 따르는 몸매가 있으니, 열 개의 연화장세계의 모양에 몸매가 더욱 많으므로 우선 그 하나를 거론하였다. (3) 하나 중에 뛰어남을 두고 단지 하열한 것만 말하는 연고로 '발 아래'라고 밝혔다. (4) 발 아래의 한 가지 몸매에서 다시 많은 광명이 있으므로 단지 한 가지 광명만 말하였다. (5) 과덕 지위의 한 광명도 또한 말할 수 없으므로 인행에 의탁해서 밝혔다. 인행 광명이 이룬 이익이 삼중(三重)으로 몰록 원만한데 하물며 과덕 지위의 한 광명이겠는가? 이렇게 전개하여 뒤바뀌는데 하물며 여러 모습과 비교하며 하물며 다시 여래의 모든 공덕을 총합하여 말한 것이겠는가? 과덕의 바다는 언사가 끊어짐도 또한 이런 이치이다.

[鈔] 如是展轉者는 上有五重이어늘 今越中間일새 故云展轉이라 然其擧況이 亦合五重이니 一, 以因一光으로 況果一光所越이라 應云, 二, 果一光도 尙爾온 況果多光가 三, 足下好光도 尙爾온 況餘好光가 四, 好光도 尙爾온 況於一相가 五, 一相도 尙爾온 況於多相이라 疏文에 但有初及後句하니 餘可例耳니라 復應更有二重하니 謂六, 外相도 尙爾온 況於內德가 七, 一德도 尙爾온 況於多德이라 故로 瑜伽四十九에 廣說擧況하여 因說相好因竟하고 云, 又於此中에 以要言之컨대 一切有情의 福聚量等인 爾所福聚가 能感如來의 一毛孔處하며 乃至一切所有毛孔에 隨入福聚가 能感如來의 一種隨好하며 乃至所有一切隨好의 隨入福聚를 增至百倍한 爾所福聚가 能感如來相中一相하며 乃至一切所有諸相의 隨入福聚가 除白毫와 烏瑟膩沙하

고 增至千⁴⁷⁾倍한 爾所福聚가 能感如來의 眉間白毫하며 乃至白毫를 增至百千倍한 爾所福聚가 能感如來其頂上現인 烏瑟膩沙와 無見 頂相하며 乃至白毫의 隨入⁴⁸⁾福聚를 增至俱胝百千倍인 爾所福聚가 能感如來의 諸相隨好所⁴⁹⁾호대 不攝餘大法螺相하며 由此法螺하여 隨如來欲하여 發大音聲하여 普能徧告無邊無際諸世界中의 所化有 情하야는 如是無量福聚資糧을 修證圓滿하야사 能感如來의 不可思 議며 無上無等이며 徧一切種인 極⁵⁰⁾圓滿所攝自體라하니라 下取意 引하리라

● '이렇게 전개하여 바꾸면'은 위에 다섯 번 중첩함이 있는데, 지금은 중간을 넘었으므로 '전개하여 바꾸고'라고 하였다. 그러나 그 거론하여 비교함도 또한 다섯 번 중첩함과 합하였으니, (1) 한 광명으로 인하여 과덕의 한 광명으로 뛰어넘음을 대상과 비교함이다. 응당히 말하되, (2) 과덕의 한 광명도 오히려 그러한데 하물며 과덕의 많은 광명이겠는가? (3) 발 아래 몸매의 광명도 오히려 그러한데 하물며 나머지 몸매의 광명이겠는가? (4) 몸매의 광명도 오히려 그러한데 하물며 한 가지 상(相)이겠는가? (5) 한 모습도 오히려 그러한데 하물며 많은 상(相)이겠는가? 소문에는 단지 처음과 뒤의 구절만 있으니 나머지는 유례할 수 있을 뿐이다. 다시 응당히 다시 두 겹이 있으니 이른바 (6) 바깥 상(相)도 오히려 그러한데 하물며 안의 공덕이겠는가? (7) 한 가지 공덕도 오히려 그러한데 하물며 많은 공덕이겠는가? 그러므로 『유가사지론』 제49권에 자세히 말하여 거론하여 비교하여 (그로) 인하여 상(相)과 몸매의 원인을 말하여 마치고서 이르되, "또한 이

---

47) 千은 續金本作十誤, 論原南本作千이라 하다.
48) 入은 甲南續金本作爾라 하나 誤植이다.
49) 所는 各本作而, 論作所라 하다.
50) 極은 論作最極, 南續金本無라 하다.

가운데 중요한 것을 말한다면 온갖 유정의 복 무더기의 분량 등인 그러한 복의 무더기인가? 능히 여래의 한 털구멍의 처소를 감득하며 나아가 모든 가지고 있는 털구멍에까지 따라 들어간 복무더기가 능히 여래의 한 종류 따르는 몸매를 감득하며, 나아가 가진 바 온갖 따르는 몸매의 따라 들어간 복무더기를 백 배까지 더한 그러한 복무더기이겠는가? 능히 여래 상(相) 중의 한 가지 상(相)을 감득하며, 나아가 모든 가지고 있는 모든 상(相)에까지 따라 들어간 복무더기를 감득함인가? 백호상 오슬니사(鳥瑟膩沙)[51]를 제하고 천 배까지 더한 그러한 복무더기이겠는가? 능히 여래 미간의 백호를 감득하며 나아가 백호를 백천 배까지 더한 그러한 복무더기가 능히 여래의 그 정수리 위에 나타난 오슬니사와 정수리를 보지 못하는 상(相)을 감득하며, 나아가 백호에까지 따라 들어간 복무더기를 구지의 백천 배까지 더한 그러한 복무더기를 감득함이겠는가? 능히 여래의 모든 상(相)과 따르는 몸매를 감득하되 나머지 큰 법 소라의 상(相)을 섭수하지 못하며, 이런 법 소라로 인하여 여래의 욕구를 따라 큰 음성을 내어서 널리 능히 그지없고 끝없는 모든 세계 중의 교화할 중생에게 두루하고는 이렇게 한량없는 복무더기의 자량으로 닦고 증득함이 원만해야만 능히 여래의 불가사의한 위없고 같을 것 없음을 감득하며, 온갖 종류인 지극히 원만하게 섭수한 자체에 두루하다"라고 하였다. 아래는 의미를 취하여 인용하리라.

又此相隨好를 略由三因하여 說爲無量이니 一, 時無量이니 三僧祇修

---

51) 오슬니사(鳥瑟膩沙) : 【범】uṇīa 육계(肉髻)라고 번역한다. 부처님의 정수리에 솟은 상투 모양의 살덩이다. 부처님의 32상(相)의 하나. 또는 올슬니사(嗢瑟尼沙)·울슬니사(鬱瑟尼沙). 줄여서 오슬(鳥瑟). 계(髻)·정계(頂髻)·불정(佛頂)·무견정상(無見頂相)이라 번역.

故요 二, 意樂無量이니 緣無量衆生하여 利益安樂故요 三, 品類無量
이니 無量善業差別故라 故云, 無量福聚가 能起如來의 諸相隨好라
하나라 釋曰, 經中에는 說所感之相하시고 論擧能感之因이라 而因果
相成此文하여 證知佛德難思며 可證前後數節之文이니라 疏文의 從
諸相不及法螺로 可證出現圓音之義라 前妙嚴品에 已略指耳니라

● 또한 이런 상(相)과 따르는 몸매를 간략히 세 가지 원인으로 인해 무
량함을 말하나니, (1) 시간이 무량함이니 3아승지겁을 수행하는 연
고요, (2) 의요가 무량함이니 한량없는 중생을 인연하여 이익하고 안
락한 연고요, (3) 품류가 무량함이니 한량없는 선업(善業)으로 차별
하는 까닭이다. 그러므로 말하되, "한량없는 복무더기는 능히 여래
의 모든 상(相)과 따르는 몸매를 일으킨다"라고 하였다. 해석하자면
경문 중에 감득할 대상의 상(相)을 말하고 논에서 감득하는 주체의
원인을 거론하였다. 그러나 원인과 결과로 이 경문을 서로 성립하여
부처님 공덕이 사의하기 어려움을 증득하여 알며, 앞뒤의 여러 구절
의 문장을 증득할 수 있다. 소문의 여러 모습과 법 소라에 미치지 못
한 데서부터 원음으로 출현한 이치를 증득할 수 있다. (이 부분은) 앞
의 세주묘엄품에서 이미 간략히 지적한 내용이다.

나) 경문을 해석하다[釋文] 2.
(가) 광명이 비치는 영역[光照分齊] (文中 4上5)

[疏] 文中에 二니 先, 光照分齊라 卽前圓滿好中의 放光일새 故不別標放
處요 而非前光이니 好具多光故니라

■ 나) 경문을 해석함 중에 둘이니 (가) 광명이 비치는 영역이다. 곧 앞

의 원만한 몸매 중에 광명을 방출하는 연고로 방광한 처소를 따로 표방하지 않았고 앞의 광명은 아니니 몸매에 많은 광명을 구비한 까닭이다.

(나) 여래 광명으로 이룬 이익[光所成益] 2.
ㄱ. 먼저 고통을 여의고 숙세 선근을 얻게 하는 이익[先令離苦淨宿善益]

(後彼 4上9)

彼世界中에 地獄衆生이 遇斯光者는 衆苦休息하여 得十種清淨眼하고 耳鼻舌身意도 亦復如是하여 咸生歡喜하여 踊躍稱慶하며
그 세계의 지옥 중생으로서 이 광명을 만난 이는 모든 고통이 쉬고 열 가지 청정한 눈을 얻었으며, 귀 · 코 · 혀 · 몸 · 뜻도 그와 같아서 즐거운 마음으로 뛰놀며 좋아하였느니라.

[疏] 後, 彼世界下는 光所成益이라 於中에 二니 先, 令離苦淨宿善益이요
■ (나) 彼世界 아래는 여래 광명으로 이룬 이익이다. 그중에 둘이니 ㄱ. 먼저 고통을 여의고 숙세 선근을 청정케 하는 이익이요,

ㄴ. 과보를 바꾸어 도솔천에 태어나 법을 듣는 이익[轉報生天得聞法益] 3.
ㄱ) 숙세의 인행을 보이다[示其宿因] (後從 4下5)

從彼命終하여 生兜率天하니 天中에 有鼓하되 名甚可愛樂이라 彼天生已에 此鼓發音하여 而告之言하되 諸天子

여 汝以心不放逸하여 於如來所에 種諸善根하며 往昔에
親近衆善知識하며 毘盧遮那의 大威神力으로 於彼命終
하여 來生此天하나라

거기서 목숨을 마치고는 도솔천에 태어났는데, 그 하늘에
북이 있으니 이름이 매우 사랑스러움이라, 저 천자가 태어
난 뒤에 이 북이 소리를 내어 말하였다. '여러 천자들아! 네
가 마음이 방일하지 않고, 여래 계신 데서 착한 뿌리를 심었
으며, 옛적에 여러 선지식을 친근히 하였으므로 비로자나
의 큰 위신력으로 저기서 목숨을 마치고 이 하늘에 태어났
느니라.'

[疏] 後, 從彼命下는 轉報生天하여 得聞法益이라 於中에 初, 示宿因이니
    謂昔近善友는 必聞普法하여 成金剛種이요 心不放逸은 顯曾修行이
    요 種諸善根은 通見聞等이요

■ ㄴ. 從彼命 아래는 과보를 바꾸어 도솔천에 태어나서 법문을 듣는
    이익을 얻는다. 그중에 ㄱ) 숙세의 인행을 보임이다. 말하자면 예전
    에 선우(善友)를 친근함은 반드시 넓은 법을 들어서 금강종자를 이룸
    이요, 마음으로 방일하지 않음은 일찍이 수행함을 밝힌 것이요, 모든
    착한 뿌리를 심는 것은 보고 들음과 통한다는 등이다.

ㄴ) 그 현생의 인연을 밝히다[顯其現緣] (次毘 4下7)
ㄷ) 인행은 과덕에 속함으로 결론하다[結因屬果] (後於)

[疏] 次, 毘盧下는 顯其現緣이요 後, 於彼下는 結因屬果라 文從略故로

結屬生天이나 理實息苦와 及淨眼等이 皆由此因緣也라 是知佛光이
等照나 不種善因이면 無斯勝益이라 何以一光이 頓成斯益고 無盡功
德之所顯故며 純淨法界之所流故라 非如權教의 八十隨好가 但嚴
於形하여 生信而已라 此中에 略無墮獄之因하니 謂雖修乘이나 戒行
寬故니라

■ ㄴ) 毘盧 아래는 그 현생의 인연을 밝힘이요, ㄷ) 於彼 아래는 인행
이 과덕에 속함으로 결론함이다. 경문은 간략함을 따르는 연고로 하
늘에 태어남에 속함으로 결론하지만 이치는 진실로 고통을 쉼과 눈
따위를 정화함이 모두 이런 인연으로 말미암은 것이다. 이로써 부처
광명이 똑같이 비춤을 알지만 선한 원인을 씨 뿌리지 않으면 이런 뛰
어난 이익이 없었을 텐데. 어째서 한 광명으로 몰록 이런 이익을 성취
하겠는가? 그지없는 공덕으로 밝힐 대상인 연고며, 순수하게 청정한
법계에서 흐를 대상인 까닭이다. 방편교의 80가지 따르는 몸매와 같
지 않음이 단지 형상만을 장엄하여 믿음이 생겨났을 뿐이다. 이 가운
데 지옥에 떨어질 원인은 생략하여 없나니, 이른바 비록 교법을 수행
하지만 계행이 관대한 까닭이다.

[鈔] 謂雖修乘者는 初地에 已引이라 此下에 別有一解하여 以全悟意에는
往昔에 親近衆善知識은 親近法華와 涅槃經等의 衆善知識이요 心不
放逸은 顯曾修行이니 依諸經修行이라가 後聞此經의 因該果海며 果
徹因源하여 便生毁謗일새 故墮地獄이요 由聞歷耳하여 種金剛種하여
以爲宿因일새 毘盧遮那의 大威神力이 以爲現緣하여 因緣相資하여
頓升十地等이니라 據此에 卽非是戒緩하여 墮於地獄이니라 故로 十地
品에 云, 雖此衆淨廣智慧며 甚深明利能決擇하여 其心不動如山王

하고 不可傾覆가 逾大海나 有行未久에十生五生 解未得일새未有華嚴圓融
之解 隨識而行不隨智라 聞此生疑墮惡道일새 我愍是等故不說이라하
나니 此卽是生疑墮地獄이니라 又偈讚品에 云, 如來廣大身에 究竟於
法界일새 不離於此座하시고 而徧一切處라 若有聞此法하고 恭敬信
樂者는 永離三惡道와 一切諸苦難이라하니라 釋曰, 定知不是戒緩이
니라 又出現品에 云, 如乾草積이 等須彌나 投芥子火에 必燒盡이라
供養如來少功德이 必令滅苦至涅槃이라 何以故오 性究竟故라하니라
全悟가 雖是後輩나 不忍見疏失於經意일새 所以로 扶同拯敎가 異
於古人이니라 緣疏已行일새 不可改疏라 請後賢은 審詳이어다

● '이른바 비록 교법을 수행함'이란 제1. 환희지에 이미 인용하였다. 이
아래에 별도로 한 가지 이해가 있어서 완전히 깨달은 의미에는 과거
에 여러 선지식을 친근함은『법화경』과『열반경』따위의 많은 선지식
을 친근함이요, 마음으로 방일하지 않음은 일찍이 수행함을 밝혔으
니, 모든 경전의 수행을 의지하다가 뒤에 이 경문의 인행은 과덕의 바
다를 포괄하며, 과덕은 인행의 근원과 사무쳐서 문득 훼방함이 생기
는 연고로 지옥에 떨어짐이요, 들음으로 인해 귀를 거쳐서 금강의 종
자를 심어서 숙세 원인으로 삼았으므로 비로자나의 큰 위신력이 현재
인연이 되어서 인과 연이 서로 도와서 몰록 십지 등에 오름 등이다. 이
를 의거할 적에 곧 계행이 느슨함이 아니고 지옥에 떨어짐이다. 그러
므로 십지품에 이르되, "이 대중은 청정하고 지혜가 많고 영리하고 총
명하여 결택 잘하며 요동하지 않는 그 마음 수미산 같고 바다 같아
기울일 수 없다. 하지만 수행이 오래 잖고(10생과 5생) 지혜가 얕아(화
엄의 원용한 이해는 없다) 의식만 따라가고 지혜가 없어 이 법 듣고 의심하
면 악도에 타락 그들이 불쌍하여 해석 않노라"라고 하였으니, 이것은

곧 의심이 생겨 지옥에 떨어진다는 뜻이다. 또한 야마궁중게찬품에 이르되, "여래의 넓고 크신 몸 끝없는 법계에 가득하매 이 자리에서 떠나지 않고 온갖 곳에 두루하도다. 만일 이러한 법을 듣고 공경하여 믿고 좋아하는 이는 세 가지 나쁜 갈래와 모든 고난(苦難)을 길이 여의리"라고 하였다. 해석하자면 계행이 느린 것이 아님을 결정코 알라. 또한 여래출현품에 이르되, "마른풀이 쌓여서 수미산 같다 하여도 겨자씨 같은 불로 다 태우나니 부처님께 공양한 작은 공덕이 반드시 번뇌를 모두 끊게 해야 열반 얻으리. 왜냐하면 성품이 마지막인 까닭이다"라고 하였다. 완전히 깨달아도 비록 후배이나 차마 소를 보지 않으면 경문의 의미를 놓치리니 이런 연고로 도와서 교를 건지면 고인과 무엇이 다르겠는가? 소가가 이미 행한 것을 인연하므로 소를 고칠 수 없다. 청컨대 뒤의 현명한 이가 자세히 살펴볼지어다.

(2) 자세히 밝히다[廣] 2.

가. 청정한 숙세 선근의 이익을 자세히 밝히다[廣淨宿善益] (第二 6上6)

佛子여 菩薩足下에 千輻輪이 名光明普照王이요 此有隨好하니 名圓滿王이라 常放四十種光明이어든 中有一光하니 名淸淨功德이라 能照億那由他佛刹微塵數世界하여 隨諸衆生의 種種業行과 種種欲樂하여 皆令成熟하며 阿鼻地獄極苦衆生이 遇斯光者는 皆悉命終하여 生兜率天하나니

불자여, 보살의 발 아래 천 살 바퀴는 이름이 광명 두루 비추는 왕이요, 여기에 따라 잘생긴 모습이 있으니 이름이 원

만왕이라, 항상 마흔 가지 광명을 놓으며 그 가운데 한 광명
의 이름은 청정한 공덕이라, 능히 억 나유타 부처 세계의 티
끌 수 세계에 비추며 중생들의 가지가지 업의 행과 가지가
지 좋아함을 따라 모두 성취케 하며, 아비지옥에서 극심한
고통을 받는 중생이 이 광명을 만나면 모두 목숨을 마치고
는 도솔천에 태어나느니라.

[疏] 第二, 佛子菩薩足下는 廣辨이라 但廣於因은 果難說故라 文中에 亦
二니 先, 廣淨宿善益이요 後, 旣生天下는 廣聞法益이라 今初에 摧下
惡趣之苦일새 放足下輪光이라 四十光者는 表四十位를 無不照故라
中有一者는 置廣說略이라 能照已下는 分齊過前이요 隨諸已下는 淨
惑成德이라 故로 前光受淸淨等名이라 以重으로 況輕하여 擧阿鼻耳
니라

■ (2) 佛子菩薩足 아래는 자세히 밝힘이다. 단지 인행만 자세히 해석
한 것은 과덕은 설하기 어려운 까닭이다. 경문 중에 또한 둘이니 가.
청정한 숙세 선근의 이익을 자세히 밝힘이요, 나. 旣生天 아래는 법
문 들은 이익을 자세히 밝힘이다. 지금은 가.에 악한 갈래의 고통을
꺾어 내리려고 발바닥 아래 광명을 놓은 것이다. 40가지 광명은 40
가지 지위를 표한 것을 비추지 않은 곳이 없는 까닭이다. '가운데 한
광명'이란 자세한 것을 두고 간략함을 말하였다. 能照 아래는 영역
이 앞보다 나음이요, 隨諸 아래는 미혹을 정화하여 공덕을 이루었
다. 그러므로 앞의 광명이 청정함 등의 명칭을 받았다. 무거움을 가
벼움과 비교하여 아비(阿鼻)지옥을 거론했을 뿐이다.

나. 법문 들은 이익을 자세히 밝히다[廣聞法之益] 6.

가) 권유하는 가르침을 간략히 표방하다[略標勸誨] (第二 6下7)

나) 법문 듣고도 의심이 생겨나다[聞已生疑] (二爾)

다) 원인을 총합하여 보이다[總示所因] (三是)

　　旣生天已에 聞天鼓音하니 而告之言하되 善哉善哉라 諸
　　天子여 毘盧遮那菩薩이 入離垢三昧하시니 汝當敬禮니
　　라 爾時에 諸天子가 聞天鼓音이 如是勸誨하고 咸生是念
　　하되 奇哉希有여 何因發此微妙之音고 是時天鼓가 告諸
　　天子言하되 我所發聲은 諸善根力之所成就니라
　　이미 그 하늘에 태어나서는 이러한 하늘 북 소리를 듣느니
　　라. '착하다 여러 천자들이여, 비로자나보살이 때를 여읜 삼
　　매에 들었으니 너는 마땅히 경례하라.' 이때 천자들은 하늘
　　북이 이렇게 권하는 소리를 듣고 모두 이런 생각을 하였다.
　　'기특하고 희유하다. 무슨 인연으로 이렇게 미묘한 소리를
　　내는가?' 그때 하늘 북은 여러 천자들에게 말하였다. '내가
　　내는 소리는 여러 착한 뿌리로 이루어지는 것이니라.

[疏] 第二, 廣聞法中에 長分爲六이니 一, 略標勸誨요 二, 爾時諸天子下
　　는 聞已生疑요 三, 是時天鼓下는 總是所因이요 四, 諸天子如我說
　　下는 正明勸敎요 五, 時諸天子聞是音下는 依勸詣佛이요 六, 說是
　　法時下는 見聞益深이라 前三은 可知니라

■ 나. 법문 들은 이익을 자세히 밝힘 중에 길게 나누어 여섯이 된다. 가)

권유하는 가르침을 간략히 표방함이요, 나) 爾時諸天子 아래는 법문 듣고도 의심이 생겨남이요, 다) 是時天鼓 아래는 총합하여 원인을 보임이요, 라) 諸天子如我說 아래는 권유하는 가르침을 밝힘이요, 마) 時諸天子聞是音 아래는 권유에 의지하여 부처님을 뵈옴이요, 바) 說是法時 아래는 보고 듣는 이익이 깊음이니, 앞의 셋은 알 수 있으리라.

라) 권유하는 가르침을 밝히다[正明勸教] 4.

(가) 자신으로 부처님의 무아, 무래와 비유하다[以己喩佛無我無來]

(四中 7上5)

諸天子여 如我說我하되 而不著我하며 不著我所인달하여 一切諸佛도 亦復如是하여 自說是佛하되 不著於我하며 不著我所시니라 諸天子여 如我音聲이 不從東方來며 不從南西北方四維上下來인달하여 業報成佛도 亦復如是하여 非十方來니라
여러 천자여, 내가 나라고 말하여도 나에 집착하지도 않고 내 것에 집착하지도 않는 것같이, 모든 부처님들도 그와 같아서, 스스로 부처라 말하여도 나에 집착하지도 않고 <내 것>에 집착하지도 않느니라.
여러 천자들이여, 마치 내 음성이 동방에서 오는 것도 아니고, 남방·서방·북방과 네 간방과 위와 아래서 오는 것도 아니듯이, 업과 과보와 성불하는 것도 그와 같아서 시방에서 오는 것이 아니니라.

[疏] 四中에 有四하니 一, 以己로 喻佛의 無我無來라

■ 라) (권유하는 가르침을 밝힘) 중에 넷이 있으니 (가) 자신으로 부처님의 무아(無我), 무래(無來)와 비유함이요,

(나) 다른 이로 자신을 비유하여 오는 것이 곧 오지 않음임을 밝히다
　　[以他喻己顯來卽無來] (二諸 7下4)

諸天子여 譬如汝等이 昔在地獄에 地獄及身이 非十方來요 但由於汝의 顚倒惡業과 愚癡纏縛하여 生地獄身이니 此無根本하여 無有來處하며 諸天子여 毘盧遮那菩薩이 威德力故로 放大光明이나 而此光明이 非十方來인달하여 諸天子여 我天鼓音도 亦復如是하여 非十方來요 但以三昧善根力故며 般若波羅蜜威德力故로 出生如是淸淨音聲하여 示現如是種種自在니라 諸天子여 譬如須彌山王에 有三十三天의 上妙宮殿種種樂具나 而此樂具가 非十方來인달하여 我天鼓音도 亦復如是하여 非十方來니라

천자들이여, 마치 너희들이 예전에 지옥에 있었을 적에, 그 지옥과 몸이 시방에서 온 것이 아니고, 다만 너의 뒤바뀐 나쁜 업과 어리석음에 얽매여서 지옥과 몸이 생겼으므로, 그것은 근본도 없고 온 데도 없느니라. 여러 천자여, 비로자나 보살이 위엄과 공덕의 힘으로 큰 광명을 놓거니와 이 광명이 시방에서 오는 것이 아니니라. 천자들이여, 나의 하늘 북 소리도 그와 같아서 시방에서 오는 것이 아니고, 다만 삼매

란 착한 뿌리의 힘으로 반야바라밀다의 위엄과 공덕의 힘
으로 이렇게 청정한 음성을 내며 이렇게 가지가지 자유자
재함을 나타내느니라. 천자들이여, 마치 수미산왕에 삼십
삼천과 가장 묘한 궁전과 갖가지 오락거리가 있거니와, 이
오락거리가 시방에서 온 것이 아니듯이, 나의 하늘 북 소리
도 그와 같아서 시방에서 오는 것이 아니니라.

[疏] 二, 諸天子譬如汝下는 以他로 喩己하여 顯來即無來라 文有三喩하
여 並顯하니 可知니라 然이나 惡業과 善根이 是來因緣이나 因緣無性이
니 故來即無來요 非先有法이 在十方中하여 從彼來也라 故因緣者는
即是智慧요 智慧之法은 本非因緣이니 云何念言有何因緣이리요

■ (나) 諸天子譬如汝 아래는 다른 이로 자신을 비유하여 오는 것이 곧
오지 않음임을 밝힘이다. 경문에 세 가지 비유가 있어서 아울러 (함께)
밝힘이니 알 수 있으리라. 그러나 악업과 착한 뿌리가 오는 인연이지
만 인연은 체성이 없나니 그래서 오는 것이 곧 오지 않음이요, 먼저 있
던 법은 시방 중에 있는 것이 아니라서 저기로부터 온 것이다. 그러므
로 인연이란 곧 지혜이며, 지혜로운 법은 본래 인연도 아님이니 어찌
하여 생각으로 말할 적에 어떤 인연이 있겠는가?

[鈔] 然惡業下는 遮難釋文이라 恐有難言호대 地獄과 及身이 旣由惡業인
대 即從惡業中來요 前業報成佛은 即從善根中來니 何以並言非十
方來오할새 故今釋云호대 正由從業인대 即是從緣無性이니 來即無來
요 若不從緣하면 則有定性이라 不得無來니라 中論에 云, 若法從緣
生인대 是即無定性이요 若無定性者인대 云何有是法이리요하니 即因

緣故로 空義耳니라 疏[52]因緣者는 卽略暗引涅槃二十一하여 爲證이라 前疏에 已引이어니와 彼經에 云, 智慧之法이 不從因緣인대 云何問於因緣고하니라 今取此勢니 汝諸天子가 何因으로 向疑며 何因으로 發此微妙之音고

● 然惡業 아래는 힐난을 막고 경문을 해석함이다. 어떤 이가 힐난할까 두려워서 말하되, "지옥과 몸이 이미 악업으로 인한다면 곧 악업 가운데서 온 것이요, 앞의 업과 과보로 부처를 이룬 것은 곧 착한 뿌리로부터 온 것이니, 어떻게 아울러 '시방에서 온 것이 아니다'라고 말하겠는가?"라 하였다. 그러므로 지금 해석하여 말하되, "바로 업으로 말미암았다면 곧 인연은 체성이 없음을 따르나니, 옴이 곧 오지 않는 것이요, 만일 인연 때문이 아니라면 정한 성품이 있으리니, 얻지도 못하고 옴도 없다"라고 하였다. 『중론』(관인연품)에 이르되, "만일 법이 인연에서 나왔다면 이것은 정한 성품이 없으며, 만일 정한 성품이 없다면 어떻게 이런 법이 나올 수 있으랴!"라고 하였으니, 곧 인연인 연고로 공한 이치일 뿐이다. 소에서 인연이란 곧 『열반경』제21권을 간략히 모르게 인용하여 증명하였다. 앞의 소에서 이미 인용하였지만 저 경문에 이르되, "지혜로운 법은 인연으로부터 나온 것이 아니라면 어떻게 인연을 묻겠는가?"라고 하였다. 지금은 이런 형세를 취하나니, 너희 여러 천자들은 무슨 원인으로 과거에 의심하였고, 무슨 원인으로 이런 미묘한 소리를 내었겠는가?

(다) 자신으로 부처님의 불가사의한 경계와 견주다[以己況佛難思之境]

(三諸 8下3)

---

52) 疏는 南金本作故라 하다.

諸天子여 譬如億那由他佛刹微塵數世界를 盡末爲塵이
어든 我爲如是塵數衆生하여 隨其所樂하여 而演說法하
여 令大歡喜나 然我於彼에 不生疲厭하며 不生退怯하며
不生憍慢하며 不生放逸인달하여 諸天子여 毘盧遮那菩
薩이 住離垢三昧도 亦復如是하여 於右手掌一隨好中에
放一光明하여 出現無量自在神力하나니 一切聲聞辟支
佛도 尙不能知어든 況諸衆生가

천자들이여, 저 억 나유타 부처 세계의 티끌 수 세계를 모두
부수어 티끌을 만들었거든, 내가 티끌 수 같은 중생들을 위
하여 법을 연설하여 매우 즐겁게 하거니와, 나는 저들에 대
하여 고달픈 생각도 내지 않고 겁나서 물러날 생각도 내지
않고 교만한 생각도 내지 않고 방일한 생각도 내지 않느니
라. 천자들이여, 비로자나보살이 때를 여읜 삼매에 머무는
것도 그와 같아서, 오른 손바닥에 있는 한 잘생긴 모습에서
한 광명을 놓아 한량없이 자유자재한 신통을 나타내는 것
을, 일체 성문과 벽지불도 능히 알지 못하거든 하물며 중생
일까 보냐?

[疏] 三, 諸天子譬如億那由下는 以己로 況佛難思之境이라 合中에 擧手
隨好者는 別擧顯勝이니 上救下趣일새 故擧足光이요 今約現通일새 故
說手也니라

■ (다) 諸天子譬如億那由 아래는 자신으로 부처님의 불가사의한 경계
와 비교함이다. 합함 중에 손에 따르는 몸매를 거론한 것은 별도로
거론하여 뛰어남을 밝힘이다. 위는 아래 갈래를 구제하려는 연고로

발의 광명을 거론하였고, 지금은 현재의 신통을 잡은 연고로 손을 말하였다.

(라) 가서 참예하여 훈계하고 응당히 머물지 않도록 권유하다
　　[正勸往詣誡不應留] 2.
ㄱ. 총합하여 훈계하고 권유하다[總誡勸] (四諸 8下8)
ㄴ. 훈계하고 권유함을 자세히 해석하다[廣釋誡勸] 2.
ㄱ) 앞의 훈계함에 대한 해석[釋前誡] (後着)

諸天子여 汝當往詣彼菩薩所하여 親近供養하고 勿復貪
著五欲樂具니 著五欲樂이면 障諸善根이니라 諸天子여
譬如劫火가 燒須彌山에 悉令除盡하여 無餘可得인달하
여 貪欲纏心도 亦復如是하여 終不能生念佛之意니라
여러 천자들이여, 너희들은 저 보살에게 가서 가까이 모시
고 공양할지언정 다시 다섯 가지 욕락에 탐착하지 말라. 다
섯 가지 욕락에 탐착하면 착한 뿌리를 장애하느니라. 천자
들이여, 마치 겁말의 화재가 수미산을 태울 적에 모두 태워
버리고 남는 것이 없나니, 탐욕이 마음을 얽는 것도 그와 같
아서 마침내 염불할 뜻을 내지 못하느니라.

[疏] 四, 諸天子汝當下는 正勸往詣며 誡不應留라 於中에 二니 先, 總誡
　　勸이요 後, 着五欲下는 廣釋이라 於中에 亦二니 先, 釋前誡니 有法과
　　喻와 合이라
■ (라) 諸天子汝當 아래는 가서 참예하며 훈계하여 응당히 머물지 않

도록 권유함이다. 그중에 둘이니 ㄱ. 총합하여 훈계하고 권유함이
요, ㄴ. 着五欲 아래는 (훈계하고 권유함을) 자세히 해석함이다. 그중에
또한 둘이니 ㄱ) 앞의 훈계함에 대한 해석이니, 법으로 설함과 비유
로 밝힘과 법과 비유를 합함이 있다.

ㄴ) 앞의 권유함에 대한 해석[釋前勸] 6.
(ㄱ) 순리로 해석하다[順釋] (後諸 9下3)
(ㄴ) 반대로 해석하다[反釋] (二諸)
(ㄷ) 그 은덕 입은 양상을 보이다[示其恩相] (三諸)

諸天子여 汝等은 應當知恩報恩이니 諸天子여 其有衆生
이 不知報恩이면 多遭橫死하여 生於地獄이니라 諸天子
여 汝等이 昔在地獄之中이라가 蒙光照身하여 捨彼生此
하니
천자들이여, 너희들이 마땅히 은혜를 알고 은혜를 갚아야
하느니라. 천자들이여, 어떤 중생이나 은혜 갚을 줄을 알지
못하면 흔히 횡사를 만나서 지옥에 태어나느니라. 천자들
이여, 너희들이 예전에 지옥에 있다가 광명이 몸에 비침을
받고 그곳을 버리고 여기 났으니,

[疏] 後, 諸天子下는 釋勸이라 於中에 有六하니 一, 順釋이니 爲報恩故요
　二, 諸天子其有下는 反釋이요 三, 諸天子汝等下는 示其恩相이요
■　ㄴ) 諸天子 아래는 (앞의) 권유함에 대한 해석이다. 그중에 여섯이 있
　으니 (ㄱ) 순리로 해석함이니 은혜에 보답하기 위한 연고요, (ㄴ) 諸

天子其有 아래는 반대로 해석함이요, (ㄷ) 諸天子汝等 아래는 그
은덕 입은 양상을 보임이다.

(ㄹ) 왕년에 선근을 늘게 하기를 권유하다[勸往增善] (四汝 9下5)
(ㅁ) 법을 보여 수행하게 하다[示法令修] (五諸)
(ㅂ) 수행하기 권유하여 이룬 이익[勸修成益] (六汝)

汝等은 今者에 宜疾廻向하여 增長善根이니라 諸天子여
如我天鼓가 非男非女로되 而能出生無量無邊不思議事
인달하여 汝天子天女도 亦復如是하여 非男非女로되 而
能受用種種上妙宮殿園林이니라 如我天鼓가 不生不滅
인달하여 色受想行識도 亦復如是하여 不生不滅이니 汝
等이 若能於此에 悟解하면 應知則入無依印三昧니라
너희들은 빨리 회향하여 착한 뿌리를 늘게 할 것이니라. 천
자들이여, 나의 하늘 북이 남자도 아니고 여자도 아니지마
는 능히 한량없고 그지없는 부사의한 일을 내나니 너희 천
자 · 천녀들도 그와 같아서, 남자도 아니고 여자도 아니지
마는 가지가지 훌륭한 궁전과 동산을 갖고 쓰게 되었느니
라. 나의 하늘 북이 나지도 않고 사라지지도 않듯이 물질 ·
느낌 · 생각 · 지어 감 · 인식도 그와 같아서 나지도 않고 사
라지지도 않느니라. 너희들이 만일 이것을 깨달으면 의지
할 데 없는 지혜의 인장인 삼매에 들어가리라.'

[疏] 四, 汝等今者下는 勸往增善이요 五, 諸天子如我下는 示法令修라

謂說二空이니 非男女喩로 以顯人空하고 不生滅喩로 以顯法空이라
六, 汝等若能下는 勸修成益이라 言無依印者는 旣解悟無生에 則能
所雙絶하여 儻然靡據일새 故曰無依니 以斯智印으로 印定萬法하여
不收不攝하여 任心自安일새 故稱三昧니라

■ (ㄹ) 汝等今者 아래는 왕년에 선근을 늘게 하기를 권유함이요, (ㅁ)
諸天子如我 아래는 법을 보이고 수행하게 함이다. 이른바 두 가지
공함을 말하나니 남자도 여자도 아님에 비유함으로 사람이 공함을
밝히고, 생멸하지 않는 비유로 법이 공함을 밝혔다. (ㅂ) 汝等若能
아래는 수행하기를 권유하여 이룬 이익이다. '의지할 데 없는 지혜의
인장'이라 말한 것은 이미 생사 없음을 알고 깨달으면 주체와 대상이
함께 끊어져서 만일 그렇게 의거함이 아니므로 '의지할 데 없다'고 말
하나니, 이런 지혜의 인장으로 만 가지 법을 정함을 인쳐서 거두지도
섭수하지도 못하여 마음에 맡겨 스스로 편안한 연고로 '삼매'라고 칭
하였다.

마) 권유에 의지하여 부처님을 뵙다[依勸詣佛] 5.

(가) 공양 올림을 만나지 못하다[獻供不遇] (第五 10上5)
(나) 보살이 계신 곳을 천자로부터 듣다[聞其所在] (二時)

時에 諸天子가 聞是音已하고 得未曾有하여 卽皆化作一
萬華雲과 一萬香雲과 一萬音樂雲과 一萬幢雲과 一萬
蓋雲과 一萬歌讚雲하여 作是化已에 卽共往詣毘盧遮那
菩薩所住宮殿하여 合掌恭敬하고 於一面立하여 欲申瞻

觀하되 而不得見이러니라

時에 有天子가 作如是言하되 毘盧遮那菩薩이 已從此沒하
사 生於人間淨飯王家하사 乘栴檀樓閣하고 處摩耶夫人胎
라하여늘

이때 천자들이 이 소리를 듣고 처음 있는 일이라 하고 즉시
에 1만의 꽃 구름, 1만의 향 구름, 1만의 음악 구름, 1만의
당기 구름, 1만의 일산 구름, 1만의 찬송하는 구름을 변화하
여 만들었다. 그러고는 함께 비로자나보살이 있는 궁전에
가서 합장하고 공경하고 한 곁에 서서 문안 여쭈려 하였으
나 뵈올 수가 없었다.

그때 어떤 천자가 이렇게 말하였다. '비로자나보살은 여기
서 떠나서 인간에 있는 정반왕의 집에 나는데, 전단 누각을
타고 마야부인의 태에 계시느니라.

[疏] 第五, 依勸詣佛이라 中에 分五니 一, 獻供不遇라 二, 時有下는 聞其
所在라

■ 마) 권유에 의지하여 부처님을 뵈옴이다. 그중에 다섯으로 나누리니
(가) 공양 올려도 만나지 못함이요, (나) 時有 아래는 보살이 계신
곳을 천자로부터 들음이요,

(다) 사바세계에 내려와 태어남을 관찰하여 보다[觀見下生] (三時 10下1)
(라) 발심하여 가려고 하다[發心欲往] (四諸)

時에 諸天子가 以天眼으로 觀見菩薩身이 處在人間淨飯

王家어든 梵天欲天이 承事供養하고 諸天子衆이 咸作是
念하되 我等이 若不往菩薩所하여 問訊起居하며 乃至一
念이라도 於此天宮에 而生愛著이면 則爲不可라하고 時에
一一天子가 與十那由他眷屬으로 欲下閻浮提러니라
이때 천자들이 하늘 눈으로 보니, 보살이 인간의 정반왕의
집에 있는데 범천과 욕심 세계 하늘들이 받자와 섬기며 공
양하고 있었다. 여러 천자들은 이렇게 생각하였다. '우리들
이 만일 보살의 계신 데 가서 문안하지 않고 잠깐이라도 이
천궁에 애착을 낸다면 옳지 못하리라.' 그리고 낱낱 천자가
열 나유타 권속과 함께 염부제로 내려가려 하였다.

[疏] 三, 時諸天下는 觀見下生이라 四, 諸天子衆下는 發心欲往이라
■ (다) 時諸天 아래는 사바세계에 내려와 태어남을 관찰하여 봄이요,
(라) 諸天子衆 아래는 발심하여 가려고 함이다.

(마) 부처님의 거동하는 모습을 보게 하다[敎見佛儀] 2.

ㄱ. 생을 받아서 자세히 봄을 버리게 함을 알게 하다
[敎識受生令捨曲見] 3.
ㄱ) 법으로 설하다[法] 2.
(ㄱ) 하늘 북이 자세히 보라고 훈계하다[誡其曲見] (五時 10下8)
(ㄴ) 그 바른 견해를 보이다[示其正見] (後但)

時에 天鼓中에 出聲告言하되 諸天子여 菩薩摩訶薩이 非

此命終하고 而生彼間이라 但以神通으로 隨諸衆生心之
所宜하사 令其得見이니라

이때 하늘 북에서 소리를 내었다. '천자들이여, 보살마하살
이 여기서 죽어서 저 인간에 난 것이 아니다. 다만 신통으
로써 중생들의 마음을 따라서 그들로 하여금 보게 한 것이
니라.

[疏] 五, 時天鼓中出聲告下는 教見佛儀라 於中에 二니 先, 教識受生하여
令捨曲見이요 後, 教發心悔過하여 令其必見이라 今初에 由前不遇하
여 後觀下生이요 不離有無하여 情存彼此일새 故示體用하여 顯無生
現生이라 文中에 有法과 喩와 合이라 法中에 先, 誡其曲見이요 後, 但
以下는 示其正見이라 是知佛化所生이요 非歿生也니라

■ (마) 時天鼓中出聲告 아래는 부처님의 거동하는 모습을 보게 함이
다. 그중에 둘이니, ㄱ. 식으로 생을 받게 하여 버리고 자세히 보게
함을 가르침이요, ㄴ. 발심하여 잘못을 뉘우쳐서 그가 반드시 보게
함을 명함이다. 지금은 ㄱ.에 앞으로 인해 만나지 못하여 뒤에 내려
와 태어남을 봄이요, 유와 무를 여의지 않아서 생각을 저기와 여기에
두었으므로 체성과 작용을 보여서 무생(無生)으로 생을 나타냄을 밝
힘이다. 경문 중에 ㄱ) 법으로 설함과 ㄴ) 비유로 밝힘과 ㄷ) 법과 비
유를 합함이 있다. ㄱ) 법으로 설함 중에 (ㄱ) 하늘 북이 자세히 보
라고 훈계함이요, (ㄴ) 但以 아래는 그 바른 견해를 보임이니, 이로
써 부처님의 교화로 태어남을 아는 것이지, 죽어서 태어남이 아니다.

[鈔] 先教識者는 涅槃二十一에 說하사대 若見如來가 實王宮生하사 納妃

生子하시고 雙林滅等하면 是二乘曲見이라하니라 是知已下는 即淨名
經觀衆生品에 舍利弗이 問天女호대 汝於此沒하여 當生何所오 天이
曰, 佛化所生하여 吾如彼生이니라 曰, 佛化所生인대 非沒生也아 天
이 曰, 衆生도 猶然이요 非沒生也라하니라

● ㄱ. 가르쳐서 버리게 함을 아는 것은 『열반경』 제21권에 말하되, "만
일 여래가 실제로 왕궁에 태어나셔서 비(妃)를 맞이하여 태자를 낳고
쌍림에서 멸도하심을 본다면 바로 이승의 굽어진 소견이다"라고 하
였다. 是知 아래는 곧 『유마경』의 관중생품에, "사리불이 천녀에게 묻
되, '네가 여기서 죽어서 당래에 어느 곳에 태어나는가?' 천녀가 말하
되, '부처님의 교화로 태어난 바여서 내가 저기서 태어남과 같으리오.'
이르되, '부처님 교화로 태어난 바라면 죽어서 태어남이 아니다'라 하
나니, 천녀가 말하되, '중생도 그러함과 같이 죽어서 태어남이 아니
다'"라고 하였다.

ㄴ) 비유로 밝히다[喩] (二諸 11下1)
ㄷ) 법과 비유를 합하다[合] (三菩)

諸天子여 如我今者에 非眼所見이로되 而能出聲인달하여
菩薩摩訶薩이 入離垢三昧도 亦復如是하여 非眼所見이
로되 而能處處에 示現受生하여 離分別하며 除憍慢하며
無染著이니라
천자들이여, 내가 지금 눈으로 보는 것이 아니지마는 능히
소리를 내듯이, 보살마하살이 때를 여읜 삼매에 든 것도 그
와 같아서 눈으로 보는 것 아니지마는, 능히 간 데마다 태어

나서 분별을 여의고 교만을 제하여 물들지 않음을 보이느
니라.

[疏] 二, 諸天子如我下는 喩요 三, 菩薩下는 合이라 於中에 先, 明法身은
無生하사 徧而叵見이요 後, 而能下는 應無不生이니 卽處處皆有라 有
感하면 此中에 亦見이니 何須更下閣浮리요 離分別下는 顯應生之德
하여 拂其諸見이니 以無分別智而生이요 非謂有選生處라 雖處王宮
이나 而無憍慢이요 諸天圍繞나 而無染着이니라

■ ㄴ) 諸天子如我 아래는 비유로 밝힘이요, ㄷ) 菩薩 아래는 법과 비
유를 합함이다. 그중에 (ㄱ) 법신은 태어남 없어서 두루하여 볼 수
없음을 밝힘이요, (ㄴ) 而能 아래는 응당히 태어나지 않음이 없음이
니 곧 곳곳에 모두 있다. 감득함이 있으면 이 가운데서도 또한 보는
것이니 어찌 다시 아래 염부제에 태어나기를 구하리오. 離分別 아래
는 응하여 태어나는 덕을 밝혀서 그 모든 견해를 떨어내나니, 분별없
는 지혜로 태어난 것이요, 어떤 이는 태어난 곳을 선정함을 말한 것이
아니라 비록 왕궁에서 살더라도 교만함이 없음이요, 여러 천상이 둘
러쌌지만 물들고 집착함이 없다.

[鈔] 先, 明法身者는 叵不可也라 故로 出現品에 云, 譬如法界徧一切나
不可見取爲一切니 諸佛境界亦復然하사 徧於一切非一切라하니라
非謂有者는 本行經에 說, 如來將欲下生에 以淨天眼으로 觀閣浮提
하사대 何處가 堪我下生고 乃至云, 唯有淨飯王家가 堪이요 餘家는
不堪이라하니 則似有選生處나 無分別智라 實無選擇이니 卽智之悲로
應物然耳언정 則選無所選이니라

● (ㄱ) 법신을 밝힘은 어쩔 수 없이 가능함의 뜻이다. 그러므로 여래출현품에 이르되, "법계가 일체 것에 두루했지만 그를 보고 일체라고 할 수 없나니 열 가지 힘 경계도 그와 같아서 일체에 두루하나 일체 아니며"라고 하였다. '어떤 이가 말함이 아님'은 『보살본행경』에 설하되, "여래가 장차 아래에 태어나려 할 적에 청정한 천안으로 염부제를 관찰하는데 어느 곳이 내가 내려가 태어남을 감당하리오." 나아가 말하되, "오직 정반왕의 집안만이 태어남을 감당하지만 다른 집안은 감당하지 못한다"라고 하였으니, 어떤 이가 태어날 곳을 선택할 수 있을 것 같지만 분별없는 지혜라 진실로 선택할 수 없나니, 지혜와 합치한 자비로 중생에 응함도 그러할 뿐이니 선택할 수 없음을 선택한다는 뜻이다.

ㄴ. 발심하여 잘못을 뉘우치고 그가 반드시 보게 하다
[教發心悔過令其必見] 2.
ㄱ) 과목 나눈 의미를 표방하다[標科意] 2.
(ㄱ) 가름으로 총합하여 표방하다[標章] (第二 12上2)

[疏] 第二, 諸天子汝等應發下는 教發心悔過라 中에 三이니 先, 標教誨요 次, 徵問其方이요 後, 如法正教라
■ ㄴ. 諸天子汝等應發 아래는 발심하여 잘못을 뉘우칠 것을 교칙함이다. 그중에 셋이니 (ㄱ) 교법으로 가르침을 표방함이요, (ㄴ) 그 방편에 대해 질문함이요, (ㄷ) 여법하고 올바른 가르침이다.

(ㄴ) 양상을 해석하다[釋相] 2.

a. 치료할 병을 밝히다[明所治之病] (夫欲 12上3)

[疏] 夫欲悔過인대 須識逆順十心이니 謂先識十種順生死心하여 以爲所
治니라 一, 妄計人我하여 起於身見이요 二, 內具煩惱하고 外遇惡緣
하여 我心隆盛이요 三, 內外旣具에 滅善心事하여 不喜他善이요 四,
縱恣三業하여 無惡不爲요 五, 事雖不廣이나 惡心徧布요 六, 惡心相
續하여 晝夜不斷이요 七, 覆諱過失하여 不欲人知요 八, 虜扈抵突하
여 不畏惡道요 九, 無慚無愧하여 不懼凡聖이요 十, 撥無因果하여 作
一闡提니라

■ 대저 잘못을 뉘우치려 한다면 모름지기 거꾸로와 순리인 열 가지 마
음을 알기를 구함이니, 이른바 열 종류의 나고 죽음을 따르는 마음
을 먼저 알아서 치료할 대상으로 삼는다. (1) 나와 남을 망령되게 계
탁하여 몸이란 견해를 일으킴이요, (2) 안으로 번뇌를 갖추고 밖으
로 악한 인연을 만나서 나의 마음을 융성시킴이요, (3) 안과 밖에 이
미 갖출 적에 착한 마음의 일을 없애고 다른 이의 착한 일에 기뻐하지
않음이요, (4) 삼업을 놓고 방종하여 악을 하지 못함이 없음이요,
(5) 일이 비록 넓지는 않지만 악한 마음을 두루 펼침이요, (6) 악한
마음이 상속하여 밤낮으로 끊지 못함이요, (7) 과실을 덮고 숨겨서
사람들이 알려고 하지 않음이요, (8) 사로잡아 저돌적으로 뒤따르면
악한 갈래도 두려워하지 않음이요, (9) 부끄러워하거나 창피해하지
도 않아서 범부와 성인을 두려워하지 않음이요, (10) 인과를 무시하
면 일천제가 됨이다.

[鈔] 夫欲悔過下는 先, 明所治之病이요 此卽天台止觀之意라 今初에는

但略彼名이니 若具云하면 一, 自從無始로 暗識昏迷하여 煩惱所醉로 妄計我人하고 計我人故로 起於身見하며 由身見故로 妄想顚倒하고 由顚倒故로 起貪瞋癡하며 癡故로 廣造諸業하시니 業則流轉生死니라 二者, 內具煩惱하고 外値惡友하여 扇動邪法하고 勸惑我心하여 倍加 隆盛이니라 三者, 內外惡緣이 旣具에 能53)內滅善心하고 外滅善事하 며 又於他善에 都無隨喜니라 四者, 縱恣三業하여 無惡不爲며 下七 은 全同이라 但八에 言虜扈者는 亦云跋扈니 皆不尊敬貌라 下에 結 云, 是爲十種順生死流하여 昏倒造惡이니 如厠蟲樂厠하여 不覺不 知하여 積集重累를 不可稱計라 四重五逆으로 極至闡提하여 生死浩 然하여 而無際畔이라하나라

● a. 夫欲悔過 아래는 치료할 병을 밝힘이요, 이것은 곧 『천태지관(天 台止觀)』의 주장이다. 지금 a)에는 단지 저 명칭만 생략했을 뿐이니, 만일 구비하여 말하되, "첫째, 비롯함 없음으로부터 몰래 혼미함을 알아서 번뇌에 취한 바로 망령되게 나와 남을 계탁하고, 나와 남을 계탁한 연고로 '몸이란 견해[身見]'를 일으키며, 몸이란 견해로 말미암 아 망상으로 뒤바뀌고, 뒤바뀜으로 말미암아 탐욕과 진에, 우치를 일 으키며, 어리석은 연고로 널리 모든 업을 지었으니, 업으로 생사에 유 전한다. 둘째, 안으로 번뇌를 갖추고 밖으로 악한 벗을 만나서 삿된 법을 부채질하여 나의 마음을 미혹하라고 권하여 배를 더하여 융성 한다. 셋째, 안과 밖의 악한 인연이 이미 갖추어질 적에 능히 안으로 착한 마음을 없애고 밖으로 착한 일을 없애며, 또한 다른 이의 착함 에 도무지 따라 기뻐함이 없다. 넷째, 삼업을 방종하게 하여 악함을 하지 못함이 없으며, 아래 일곱 가지는 완전히 같다. 단지 '(8) 사로

---

53) 能은 南續金本作則能이라 하다.

잡아서[虜扈]'라고만 말한 것은 또한 '뒤를 밟음[跋扈]'이라 하나니 모두 존경하지 않는 모양이다. 아래 결론함에 이르되, "이것은 열 종류로 생사를 따르는 흐름이 되어서 혼미하여 넘어져서 악을 짓나니 마치 측간의 벌레가 측간을 좋아함과 같아서 몰란 결에 아는 것이다. 거듭된 허물 쌓고 모음을 알맞게 계탁할 수 없겠는가? 네 가지 무거운 죄와 오역(五逆)의 죄로 끝내는 천제에 이르기까지 생사가 넓어서 끝이 없다"라고 하였다.

b. 치료하는 주체의 약을 밝히다[明能治之藥] (次起 13上1)

[疏] 次, 起十種逆生死心하여 從後翻破니 一, 明信因果요 二, 自愧剋責이요 三, 怖畏惡道요 四, 不覆瑕疵요 五, 斷相續心이요 六, 發菩提心이요 七, 修功補過요 八, 隨喜他善이요 九, 念十方佛이요 十, 觀罪性空이니라 今此三段이 文皆具有호대 而爲次가 不同하니 向以起心之次第요 此以勝劣로 言故니라

■ b. 열 종류의 나고 죽음을 거스르는 마음을 일으켜서 뒤로부터 거꾸로 타파함이니, (1) 인과를 분명하게 믿음이요, (2) 스스로 뉘우치고 꾸짖음을 이겨 냄이요, (3) 악한 갈래를 두려워함이요, (4) 흠결을 덮지 않음이요, (5) 상속하는 마음을 끊음이요, (6) 보리심을 발함이요, (7) 공을 닦아 잘못을 보완함이요, (8) 다른 이의 착함을 따라 기뻐함이요, (9) 시방의 부처님을 생각함이요, (10) 죄의 본성이 공함을 관찰함이다. 지금 여기의 세 문단은 경문에 모두 갖추어 있지만 순서가 같지 않나니, 전에는 마음 일으키는 순서였고, 여기는 뛰어나고 하열함으로 말한 까닭이다.

[鈔] 次, 起十種下는 二, 顯能治之藥이라 彼云호대 今欲懺悔인대 應當逆
此罪流호대 用十種心하여 翻除惡法이라 先, 正信因果가 決定昭然하
여 業種雖久나 久不敗亡이라 終無自作하여 他人受果니 精識善惡하
여 不生疑惑이 是爲深信이니 翻破一, 闡提心이니라 二, 自愧剋責호대
鄙極罪人이 無羞無恥하여 習畜生法하고 棄捨白淨인 第一莊嚴이로다
咄哉無鉤커늘 造斯重罪하니 天見我屏罪일새 是故로 慚天이요 人見
我顯罪하니 是故로 愧人이라하여 以此로 翻破無慚無愧心이니라 三,
怖畏惡道호대 人命無常하여 一息不追오 千載長往에 幽途縣邈라 無
有資糧하고 苦海悠深하니 船筏安寄며 聖賢訶棄하니 無所恃怙로다
年事稍去에 風刀不奢커니 豈可晏然하며 坐待酸痛이리요 譬如野干이
失耳尾牙하여 詐眠望脫이라가 忽聞斷頭코 心大驚怖라 遭生老病하
야는 尙不爲急이나 死事不奢커니 那得不怖리요 怖心起時에 如履湯
火하여 六塵과 五欲을 不暇貪染이 如阿育王弟가 坐於御牀하여 希大
帝王이라가 聞旃陀羅가 朝朝振鈴호대 一日已盡하니 六日에 當死라하
면 雖有五欲이나 無一念愛⁵⁴⁾라 行者怖畏하여 苦到懺悔호대 不惜身
命을 如野干決死하며 絶無思念을 如彼怖王하여 以此로 翻破不畏惡
道心이니라 四, 當發露하여 不覆瑕疵호대 賊毒惡草를 急須除之하면
根露條枯며 源乾流竭이라 若覆藏罪하면 是不良人이라 迦葉頭陀가
令大衆中에 發露케하시며 方等에 令向一人하여 發露라 其餘行法을
但以實心으로 向佛像前하여 自求改革이니라 如隱處에 有癰를 覆諱
不治라가 則致於死니 以此로 翻破覆藏罪心也니라 五, 斷相續心者
는 一懺已後에 更不復作이라 若懺悔已코 更作者는 如王法에 初犯
得輕이어니와 若更作則重이라 初入道場하야는 罪則易滅이어니와 更作

---

54) 愛는 甲南續金本作受, 原及止觀作愛라 하다.

하면 難除라 若能吐之하면 云何更噉이리요 以此로 翻破常念惡事心이
니라

● b. 次起十種 아래는 치료하는 주체의 약을 밝힘이다. 저기[『천태지관』]
에 말하되, "지금 참회하려면 응당히 이런 죄의 흐름을 거꾸로 하되
열 가지 마음을 써서 악한 법을 바꾸어 제거한다. (1) 바로 인과를
믿음이 결정코 잔잔해져서 업의 종자가 비록 오래되었지만 패망하지
않은 지 오래이니, 마침내 스스로 지음이 없어서 다른 사람이 과보를
받나니, 정미롭게 착하고 악함을 알아서 의혹이 생겨나지 않는 것이
이것이 깊은 믿음이 되나니 일천제의 마음을 바꾸어 타파한 것이다.
(2) 스스로 부끄러워하고 꾸짖음을 이겨내되 더러움이 지극한 죄인
이 부끄러움도 없고 창피함도 없어서 축생의 법을 익히고 밝고 깨끗
한 첫째 장엄을 버릴 것이로다. 쯧쯧, 얽힘이 없거늘 이런 무거운 죄
를 지었으니 천안으로 나의 숨긴 죄를 보았으니, 이런 연고로 하늘에
부끄러워하고, 남이 나를 보고 죄를 밝히니, 이런 연고로 사람에게
부끄럽다"라 말하여 이것으로 부끄러움도 없고 창피함도 없는 마음
을 바꾸어 타파한다. (3) 악한 갈래를 두려워하되 사람의 목숨이 무
상하여 한번 숨 쉬고 따르지 않으며, 천년을 길게 가도 저승길이 현
저히 멀다. 자량이 없고 고통의 바다는 멀고 깊으니 뗏목 배에 어찌
의탁할 것이며, 성현들이 꾸짖고 버리니 믿고 의지할 데도 없다. 해마
다 일이 점점 지나갈 적에 바람의 칼로 사치하지 않는데 어찌 편안할
수 있으며 앉아서 시고 아픔을 기다리겠는가? 비유컨대 여우가 귀 꼬
리와 어금니를 잃어서 거짓으로 잠자면서 벗어나기를 바라다가 홀연
히 머리 잘림을 듣고 마음으로 크게 놀라 공포한다. 나고 늙는 병듦
을 만나서는 오히려 급함이 되지 않지만 죽는 일이 사치하지 않는데

어찌 두렵지 않겠는가? 두려운 마음이 일어날 적에 끓는 물을 밟는 것과 같이 하여 육진과 오욕경계를 겨를 이 없으니 탐내고 물듦이 '마치 아육왕의 동생이 왕의 침상에 앉아서 대제왕(大帝王)을 희망하다가 전다라(旃陀羅)가 아침마다 요령 흔듦을 들어서 하루가 다 지나가니 6일 후에 죽음을 당함과 같이 하면,' 비록 오욕이 있지만 찰나 간도 마음으로 사랑함이 없다. 수행자가 두려워하여 괴로워하다가 참회함에 이르되 몸과 목숨을 아끼지 않음을 마치 여우가 결정코 죽게 됨과 같으며 생각하고 기억함을 끊어 없는 것을 저와 같이 왕을 두려워함과 같아서 이것으로 악한 갈래를 두려워하지 않는 마음을 바꾸어 타파한 것이다. (4) 마땅히 드러내어 흠결을 덮지 않되 독하고 악한 풀을 도적질하기를 급히 구하여 제거하면 뿌리가 드러나 가지가 마르게 되며 근원이 마르면 물이 고갈되리라. 만일 죄를 덮어 숨기면 선량하지 않은 사람이니, 가섭(迦葉) 두타는 대중 속에서 드러내게 하며, 『방등경(方等經)』에는 한 사람을 향하여 하여금 드러내게 한다. 그 나머지 행법은 단지 실다운 마음으로 불상 앞을 향하여 스스로 개혁을 구하는 것이 마치 은밀한 곳에 악창(惡瘡)이 있는 것을 덮고 숨겨서 다스리지 못하다가 죽음에 이르게 됨과 같나니, 이것으로 죄를 덮고 숨기려는 마음을 바꾸어 타파한 것이다. (5) 상속하는 마음을 끊는 것은 한번 참회한 뒤에 고쳐서 다시 짓지 않는 것이다. 만일 참회한 뒤에 다시 짓는 것은 마치 왕의 법에 처음 범하면 가벼운 죄를 얻지만 만일 다시 지으면 무거움이 되는 것과 같다. 처음 도량에 들어가서는 죄는 없애기 쉽거니와 다시 지으면 없애기 어렵게 된다. 만일 능히 토하면 어떻게 다시 먹겠는가? 이것으로 항상 악한 일을 생각하는 마음을 바꾸어 타파해야 한다."

六, 發菩提心者는 昔에 自安危人하여 徧惱一切境이러니 今廣起兼濟
하여 徧至虛空界하여 利益於他하면 以此로 翻破於一切處에 起惡心
也니라 七, 修功補過者는 昔에 三業造罪를 不計晝夜러니 今善身口
意하여 策勵不休호대 匪移山岳이며 安塡江海리요 以此로 翻破縱恣
三業之心이니라 八, 守護正法者는 昔에 自滅善하고 亦滅他善하여 不
自隨喜하고 亦不喜他러니 今에 守護諸善하여 方便增廣하여 不令斷
絶이라 勝鬘經에 云, 守護正法하고 攝受正法이 最爲第一이라하나니
翻破無隨喜心이니라 今疏에 但云隨喜他善者는 取意對上耳니라 九,
念十方佛者는 昔에 親狎惡友하여 信受其言이러니 今에 念十方佛호대
念無等慈하여 作不請友하며 念無等智하여 作大導師하여 翻破順惡
友心이니라 十, 觀罪性空者는 了達貪欲瞋癡之心이 皆是寂靜門이라
何以故오 貪瞋이 若起하면 在何處住아 知此貪瞋이 住於妄念이요 妄
念은 住於顚倒요 顚倒는 住於身見이요 身見은 住於我見이라 我見은
則無住處니 十方諦求하여도 我不可得이라 我心自空하고 罪福無主니
深達罪福相하며 徧照於十方하여 令此空慧로 與心相應에 如日出時
에 朝露皆失이라 一切諸心이 皆是寂靜門이라 樂寂靜故로 以此로 翻
破無明昏暗이니라 是爲十種懺悔니 順涅槃道하고 逆生死流하여 能
滅四重五逆之過니라 若不解此十心하고 全不識是非하면 云何懺悔
리요 設入道場하여도 徒爲苦行이요 終無大益이니라 涅槃에 云, 若言
勤修苦行이 是大涅槃近因緣者는 無有是處가 卽斯意也라 是名懺
悔事中에 除滅重罪니라

彼止觀中에 更有別懺悔見罪하고 亦有十心으로 翻破前十호대 而皆
約觀行하여 別歷十心이라 大意는 觀罪性空中意가 與下經文同일새
不能繁引하여 其中釋文을 此疏에 不廣하고 及下釋經하야는 皆已暗

用이러니 今皆倂引하여 使知來處하며 亦分疏中의 主客之言이니라

向以起心者는 從微至著일새 故로 翻破則從麤至細니 謂先起信心이
요 次生慚愧等이라 如垢衣受垢에 先微後著오 若洗濯[55]時에는 先去
麤垢하고 後除細垢라 言此中則以勝劣로 言故者는 謂菩提[56]最勝
等故니라

● "(6) 보리심을 발한다는 것은 예전에 스스로 위험한 사람을 두어서
온갖 경계로 두루 번뇌하다가 지금은 (생각을) 넓게 일으키고 겸하여
구제하려고 허공계까지 두루하여 다른 이를 이익하면 이것으로 온갖
곳에서 일으킨 악한 마음을 바꾸어 타파한 것이다. (7) 공을 닦고 잘
못을 보완함이란 예전에 삼업으로 죄 짓기를 밤낮을 계탁하지 않더
니 지금은 신구의의 업을 잘하여 꾸짖고 격려함을 쉬지 않되 산을 옮
기지 않으며 강과 바다를 어찌 메우겠는가? 이것으로 삼업을 방종하
는 마음을 바꾸어 타파하였다. (8) 정법을 수호한다는 것은 예전에
스스로 착함을 없애고 또한 다른 이의 착함도 없애며 스스로 따라 기
뻐하지 않고 또한 다른 이도 기쁘게 하지 못하더니, 지금은 모든 착
함을 수호하여 방편을 더욱 넓혀서 하여금 단절케 하지 못하리오!
『승만경』에 이르되, "정법을 수호하고 정법을 섭수함이 가장 제일이
된다"고 하였으니, 따라 기뻐하지 않는 마음을 바꾸어 타파하였다.
지금 소에서 단지 말하되, 다른 이의 착함을 따라 기뻐함은 의미를
취하여 위를 상대했을 뿐이다. (9) 시방의 부처님을 생각함이란 예전
에는 악한 친구를 친하여 익숙하여 그 말을 믿고 받더니 지금에 시방
의 부처님을 생각하되 평등함 없는 자비를 생각하여 청하지 않는 벗
이 되며 짝할 것 없는 지혜를 생각하여 대도사(大導師)가 되어 악한 벗

---

55) 若洗濯은 南續金本作洗濯之라 하다.
56) 提는 南續金本作薩이라 하나 誤植이다.

을 따르는 마음을 바꾸어 타파하였다. (10) 죄의 본성이 공함을 관찰함이란 탐욕과 성내고 어리석은 마음을 깨닫는 것이 모두 적정한 문이다. 왜냐하면 탐욕과 성냄을 만일 일으키면 어느 곳에 머물겠는가? 이런 탐욕과 성냄이 망념에 머묾을 아는 것이요, 망념은 전도함에 머무름이요, 뒤바뀐 마음은 몸이란 견해에 머무름이요, 몸이란 소견은 나라는 소견[我見]에 머문다. 나라는 소견이라면 머무는 곳이 없나니 시방에 청하여 구하더라도 나는 찾을 수 없다. 나란 마음을 스스로 비우고 죄와 복은 주인이 없나니, 죄와 복의 모양을 깊이 깨달으며 시방을 두루 비추어서 내가 공한 지혜로 하여금 마음과 상응케 할 적에 마치 해가 떴을 때에 아침 이슬을 모두 없앰과 같다. 온갖 모든 마음은 모두 적정한 문이니 고요함을 좋아하는 연고로 이것으로 무명의 어둠을 바꾸어 타파한다. 이것이 열 종류의 참회이니, 열반의 길을 따르고 생사의 흐름을 거슬러서 능히 네 가지 중죄(重罪)와 오역(五逆)의 과실을 없애었다. 만일 이런 열 가지 마음을 이해하지 못하고 완전히 옳고 그름을 알지 못하면 어떻게 참회하겠는가? 설사 도량에 들어가서도 한갓 고행(苦行)을 함이요, 마침내 큰 이익이 없다. 『열반경』에 이르되, "만일 부지런히 닦고 고행함이 대열반(大涅槃)과 가까운 인연이라 말함은 옳은 곳이 없음이 곧 이런 의미이니, 이것을 참회하는 중에 중한 죄를 없앰이라 이름한다."

저 『천태지관(天台止觀)』 중에 다시 개별로 참회하고 죄를 보는 것이 있고 또한 열 가지 마음으로 앞의 열 가지를 바꾸어 타파함이 있어도 모두 관행(觀行)을 잡아서 개별로 열 가지 마음을 거친 것이다. 큰 의미는 죄의 본성이 공함을 관찰한 중의 의미가 아래 경문과 같으므로 능히 자주 인용하지는 않아서 그 가운데 경문 해석을 이 소에서 자세하지 않고 및 아래 경문 해석에 가서는 모두 이미 모르게 사용하더니 지금은 함께 인용하여 온 곳을 알게 하며, 또한 소문 중에 주인과 나 그네의 말을 구분하였다.

'전에는 마음 일으키는 순서 때문'이란 미세함으로부터 현저함에 이르는 연고로 바꾸어 타파함은 거친 것으로부터 미세함까지이니, 이른바 먼저 믿는 마음을 일으키고, 다음으로 참괴(慚愧)하는 마음이 생기는 등이다. 마치 더러운 옷에 더러움을 받을 적에 앞은 미세하고 뒤는 현저함과 같다. 만일 씻고 세탁할 때에는 먼저 거친 때를 없애고 뒤에 미세한 때를 없앤다. 이 속을 말한다면 뛰어나고 하열함으로 말한 까닭이란 이른바 보리가 가장 뛰어남 등인 까닭이다.

ㄴ) 과목에 의지하여 해석하다[依科釋] 3.

(ㄱ) 가르침을 총합하여 표방하다[總標教誨] 4.
a. 참회의 의지처를 밝히다[明懺依] (今初 16上1)
b. 참회의 체성을 밝히다[明懺體] (二淨)

諸天子여 汝等이 應發阿耨多羅三藐三菩提心하여 淨治
其意하고 住善威儀하여
천자들이여, 너희들은 마땅히 아눗다라삼약삼보디의 마음
을 내고 뜻을 깨끗이 하여 좋은 위의에 머무르며,

[疏] 今初, 標教誨中에 文有四節하여 治其六[57]失하니 一, 發菩提心은 爲

---

57) 其六은 源本作前六種順生死라 하다.

懺所依니 以是行本이며 攝衆德故로 首而明之하니 翻昔惡心이 徧布하여 自安危人이라 今悲覆法界하여 廣利有情이니라 二, 淨治下는 令淨三業이 爲能懺體라 淨治其意는 是意止行이요 住善威儀는 義通止作이니 謂當發露하여 不覆瑕疵하며 及斷相續心하여 翻前六七이니라

■ 지금은 (ㄱ)에 가르침을 총합하여 표방함이니 경문에 네 문절이 있어서 그 여섯 가지 과실을 다스렸다. a. 보리심을 발함은 참회의 의지처가 되나니, 행법의 근본이며 여러 덕을 포섭한 연고로 가장 우두머리에 밝혔으니, 예전의 악한 마음이 두루 펼침을 뒤바꾸어 스스로 위급한 사람을 편안하게 한다. 지금은 대비로 법계를 덮어서 중생을 널리 이롭게 함이다. b. 淨治 아래는 삼업을 청정케 함이 참회하는 주체의 체성이다. '그 생각을 깨끗이 함'은 곧 생각을 그치는 행법이다. 좋은 위의에 머무름은 이치가 그치고 지음과 통한다. 이른바 마땅히 드러내어 흠결을 덮지 않고 상속하는 마음을 끊어서 앞의 6식과 7식을 뒤바꾼다는 뜻이다.

[鈔] 一發菩提心者는 依菩提心懺하야사 方爲眞懺이요 不發心懺하면 非是眞善故라 五十八經에 云, 忘失菩提心하고 修諸善根이 是爲魔業故라하니라 從以是行本下는 通不次妨이니 義如前說이니라

● a. 보리심을 발함이란 보리심에 의지하여 참회하여야 비로소 진실한 참회가 되며, 마음을 내어 참회하지 않으면 진실로 선함이 아닌 까닭이다. 본경 제58권(이세간품)의 경문에 이르되, "보리심을 잊고 착한 뿌리를 닦음이 마의 업이니라"고 하였다. 以是行本 아래는 차례로 비방하지 않음에 대해 해명함이다. 이치는 앞에서 말한 내용과 같다.

c. 없앨 대상인 잘못[所滅非] (三悔 16下2)
d. 모두 다 참회하게 하다[令皆盡] (四以)

悔除一切業障煩惱障하되 報障見障하며 以盡法界衆生
數等身하며 以盡法界衆生數等頭하며 以盡法界衆生數
等舌하며 以盡法界衆生數等善身業과 善語業과 善意業
하여 悔除所有諸障過惡이니라
모든 업의 장애와 번뇌의 장애와 과보의 장애와 소견의 장
애를 뉘우쳐야 하리니, 온 법계 중생의 수와 같은 몸과 온
법계 중생의 수와 같은 머리와 온 법계 중생의 수와 같은 혀
와 온 법계 중생의 수와 같은 착한 몸의 업 · 착한 말의 업 ·
착한 뜻의 업으로 여러 가지 장애되는 허물을 참회하라.'

[疏] 三, 悔除一切下는 令懺四障이라 卽所滅之非니 謂惑業苦라 業報二
障은 約因果分異라 旣懺報障에 則怖畏惡道하여 以翻不畏라 天子가
新從彼來일새 故不廣明이라 於煩惱中에 利鈍分二니 邪見은 斷善이
라 最可畏故로 別明見障이니라 又障所知도 亦見障故라 餘如別說이
니라

四, 以盡法界下는 運心普徧하여 令無不盡이라 由昔起過가 旣徧諸
境일새 今悔昔非에 故普運三業호대 等衆生界하여 一一佛前과 及衆
生前에 皆發露懺悔라 旣人天凡聖에 皆對懺悔하니 則自愧剋責하여
翻無慚愧라 由意徧運하여 令身口徧이라 頭卽頂禮니 兼身하면 爲總이
니 五輪을 着地라 此言徧者는 爲以何徧고 故로 下에 次言, 善三業徧
이라 此卽修功補過하여 翻縱恣三業이니라

■ c. 悔除一切 아래는 (없앨 대상인 잘못)이니 하여금 네 가지 장애를 참회함이다. 곧 없애야 할 잘못이니 이른바 미혹과 업과 괴로움이다. 업과 과보의 두 가지 장애는 인과가 부분적으로 다름을 잡은 해석이다. 이미 과보의 장애를 참회할 적에 악한 갈래를 두려워하여 두렵지 않음을 뒤바꾼다. 천자가 새로 저기로부터 온 연고로 널리 밝히지 못하나니, 번뇌 중에서 날카롭고 둔한 것을 둘로 나누리니 사견(邪見)은 착함을 끊음으로 가장 두려워하는 연고로 개별로 소견의 장애를 밝힌다. 또한 아는 것을 장애함도 또한 소견의 장애인 연고니, 나머지는 별도로 설한 내용과 같다.

d. 以盡法界 아래는 (모두 다 참회하게 함)이니 마음을 움직임이 넓고 두루하여 하여금 다하지 못하게 함이 없다. 예전에 일으킨 잘못이 이미 모든 경계를 두루하므로 지금은 예전 잘못을 후회할 적에 그러므로 널리 삼업을 움직이되 중생계와 평등하여 낱낱 부처님 앞과 중생의 앞에 모두 드러내어 참회한다. 이미 인천과 범부, 성인이 모두 상대하여 참회하나니, 스스로 부끄러워 꾸짖음을 이겨내어 부끄럽지 않음을 뒤바꾼 것이다. 생각이 두루 움직임으로 말미암아 몸과 입으로 하여금 두루하게 한다. 머리는 곧 정수리로 예배함의 뜻이니, 몸을 겸하면 총상이 되었으니, 다섯 바퀴를 땅에 붙인 것이다. '말로 두루하다'고 말한 것은 무엇으로 두루하기 위한 연고로 아래에는 다음에 말하되, 착한 삼업으로 두루한다. 이것은 곧 공을 닦고 허물을 보완하여 삼업을 방종함을 뒤바꾼다는 뜻이다.

[鈔] 餘如別說者는 此有二事하니 一, 明二障名體라 下疏에 更明하니라 二, 明別說見障이니 卽如向引止觀說也니라 於一一佛前者는 佛爲

懺悔之主니 憑佛能除요 衆生은 是所對[58]之境이니 昔曾惱害故니라
旣[59]人天者는 一一衆生中에 有天이요 一一佛前은 卽聖이라 聖天이
見我屛過하고 人見我顯過일새 故爲慚愧니라 此一段疏가 用一段經
이 而有二意하니 一, 以徧對로 翻無慚愧오 二, 從由意徧運下는 亦
以徧對로 翻第四의 縱恣三業이니라

● '나머지는 별도로 설한 내용과 같다'는 것은 여기에 두 가지 일이 있
다. (1) 두 가지 장애란 이름과 체성을 밝힘이다. 아래 소문에 다시
밝히리라. (2) 별도로 소견의 장애에 대해 말함을 밝힘이니, 곧 앞에
서 지관(止觀)을 인용하여 설함이다. '낱낱 부처님 앞'이란 부처님은
참회하는 주인이 되나니, 부처님을 빙자하여 능히 제할 수 있고, 중
생은 곧 상대할 대상 경계이니, 예전에 일찍이 뇌롭고 해친 까닭이다.
'이미 인천과 범성'이란 낱낱 중생 중에 하늘이 있고, 낱낱 부처님 앞
은 곧 성인이다. 성인과 하늘이 나의 숨긴 허물을 보고, 사람은 나를
보고 허물을 밝히는 연고로 부끄러움이 된다. 이 한 문단의 소문은
한 문단의 경문을 사용하여 두 가지 의미가 있나니 (1) 두루 상대함
으로 부끄러울 것 없음을 뒤바꾼 것이요, (2) 由意徧運 아래는 또한
두루 상대함으로 d. 삼업으로 방종함을 뒤바꾼다는 뜻이다.

(ㄴ) 그 방편에 대해 질문하다[徵問其方] (第二 17下6)

時에 諸天子가 聞是語已하고 得未曾有하여 心大歡喜하
여 而問之言하되 菩薩摩訶薩이 云何悔除一切過惡이니
잇고

---

58) 對는 南續金本作觀對라 하다.
59) 旣는 南金本作旣於라 하다.

그때에 모든 천자가 이 말을 듣고 희유한 일이라 하며 매우 환희하여 물었다. '보살마하살이 어떻게 모든 허물을 참회하는가?'

[疏] 第二, 時諸天子下는 徵問其方이라 上言猶略하고 餘義未盡일새 故次徵之니라

■ (ㄴ) 時諸天子 아래는 그 방편에 대해 질문하여 물음이다. 위에는 생략함과 같다고 말하고 나머지 이치는 다하지 않은 연고로 다음에 질문하였다.

(ㄷ) 여법하고 올바른 가르침[如法正教] 2.
a. 음성을 내게 된 원인[發聲之因] (第三 17下9)

爾時에 天鼓가 以菩薩三昧善根力故로 發聲告言하되
그때 하늘 북은 보살 삼매의 착한 뿌리의 힘으로 말을 내었다.

[疏] 第三, 爾時天鼓下는 如法正教니 正教觀罪性空하며 兼顯妄計我人하고 撥無因果일새 外遇惡緣이라 而文分二니 先, 明發聲之因이라

■ (ㄷ) 爾時天鼓 아래는 여법하고 올바른 가르침이니, 올바른 가르침은 죄의 본성이 공함을 관찰하며 겸하여 나와 남을 망령되게 계탁하고 인과를 무시하므로 밖으로 악한 인연을 만났다. 그러나 경문을 둘로 나누니, a. 음성을 내게 된 원인이요,

[鈔] 兼顯妄計者는 觀罪性空이 正破妄計라 而言兼顯者는 以此가 有二意故니 一, 兼顯所治故요 下三事는 皆是所治라 次下一一에 皆有能治하니 謂勝義空으로 破妄計我人하여 顯非斷常이며 破撥無因果니라 對十方佛이 翻外遇惡緣이니라 二者, 觀空이 正破橫計我人이어늘 今加後二일새 故云兼也라 唯一性空이 破於三過니라

● '겸하여 나와 남을 망령되게 계탁함'이란 죄의 본성이 공함을 관찰하여 망령되게 계탁함을 바로 타파하였다. 그러나 '겸하여 밝힌다'고 말한 것은 이것이 두 가지 의미가 있는 까닭이다. (1) 다스릴 대상을 겸하여 밝히려는 연고요, 아래 세 가지 일은 모두 다스릴 대상이다. 다음 아래에 낱낱이 모두 다스리는 주체가 있나니, 이른바 뛰어난 이치가 공함으로 망령되게 나와 남을 계탁함을 타파하여 단견도 상견도 아님을 밝혔으며, 인과를 무시함을 타파하였다. 시방의 부처님을 상대함이 밖으로 악한 인연 만남을 뒤바꾼 것이다. (2) 공을 관찰함이 갑작스레 나와 남을 계탁함을 바로 타파하였는데, 지금은 뒤의 둘을 더한 연고로 '겸한다'고 말하였다. 유일하게 성품이 공함은 세 가지 허물을 타파한 것이다.

b. 가르침을 바로 설명하다[正明教誨] 5.
a) 업이 공함을 따로 관찰하다[別觀業空] (後諸 18上10)

諸天子여 菩薩이 知諸業이 不從東方來며 不從南西北方四維上下來로되 而共積集하여 止住於心이라 但從顚倒生하여 無有住處니 菩薩이 如是決定明見하여 無有疑惑이니라

'천자들이여, 보살은 모든 업이 동방으로 오는 것이 아니고 남방 서방 북방과 네 간방과 상방 하방으로 오는 것이 아니지마는, 함께 쌓이어 마음에 머무르는 것은 다만 뒤바뀜으로 생기는 것이요, 머무르는 데가 없는 줄을 아나니 보살이 이와 같이 밝게 보고 의혹이 없느니라.

[疏] 後, 諸天子下는 正說教誨라 於中에 分五니 一, 別觀業空이요 二, 總觀四障이요 三, 別觀見惑이요 四, 對業觀報요 五, 總結懺益이라 今初에 業爲報因이니 三障首故라 非先有體코 從十方來는 正顯空義요 但從顚倒生은 釋空所以라 由業障海가 從妄想生일새 故無自性이라 令此空慧로 與心相應하면 則決定無疑니 能如是知를 卽名菩薩이니라

■ b. 諸天子 아래는 가르침을 바로 설명함이다. 그중에 다섯으로 나누리니 a) 업이 공함을 개별로 관찰함이요, b) 네 가지 장애를 총합하여 관찰함이요, c) 소견의 미혹을 개별로 관찰함이요, d) 업과 상대하여 과보를 관찰함이요, e) 참회의 이익을 총합 결론함이다. 지금은 a)이니 업은 과보의 원인이니 세 가지 장애가 우두머리인 까닭이다. 먼저 체성이 있지 않고 시방에서 옴은 공의 이치를 바로 밝힘이요, 단지 뒤바뀜으로부터 생겨남은 공한 이유를 해석함이다. 업장의 바다가 망상에서 생겨남으로 말미암은 연고로 자체 성품이 없다. 이런 공한 지혜로 마음이 상응하게 하면 결정코 의심이 없으리니 능히 이렇게 아는 것을 곧 보살이라 이름한다.

[鈔] 今初業爲報因[60]下는 出別懺業과 及先懺所以라 從非先有體下는

---

60) 上四字는 南金本作文也라 하다.

釋經이라 於中有二하니 先, 釋不從東方等來니 無體性故가 卽是空義니라 二, 釋從顚倒生이라 言釋空所以者는 從因緣生이 卽空所以니 以從顚倒生故로 成無體性空義라 從由業障海下는 卽普賢觀經이니 引此하여 成上二義라 卽一切業障海가 皆從妄想生이니 若欲懺悔者인대 端坐하여 念實相이 是也니라 言令此空慧로 與心相應者는 亦卽普賢觀經文이니 將此하여 釋今經의 決定明見하여 無有疑惑이니 空慧相應하면 斯慧決斷故라 能如是知는 却釋菩薩字니 令天子로 懺悔하야사 乃云菩薩이라 如是者는 由見二空之理하여 卽爲菩薩故니라

● a) 今初業爲報因 아래는 (업이 공함을 따로 관찰함)이니 개별로 참회하는 업과 먼저 참회한 이유를 내보임이다. 非先有體 아래는 경문을 해석함이다. 그중에 둘이 있으니 (a) 동쪽 등으로부터 오지 않음을 해석함이니 체성이 없는 까닭이 곧 공한 이치요, (b) 전도로부터 생겨남을 해석함이다. '공한 이유를 해석한다'고 말한 것은 인연으로부터 생김은 곧 공한 이유이니, 전도로부터 생긴 연고로 체성이 없이 공한 이치를 이루었다. 由業障海부터 아래는 곧 『보현관경(普賢觀經)』이니 이를 인용하여 위의 두 가지 이치를 이루었다. 곧 온갖 업장의 바다가 모두 망상에서 생긴 것이나, 만일 참회하려 한다면 단정히 앉아서 진실한 모습을 생각함이 이것이다. '이런 공한 지혜로 하여금 마음과 상응하게 한다'고 말한 것은 또한 바로 보현관경의 경문이니, 이를 가져서 본경의 결정코 분명하게 봄을 해석하여 의혹됨이 없다. 공한 지혜와 상응하면 이런 지혜로 결단하는 까닭이다. 능히 이렇게 아는 것은 도리어 보살이란 글자를 해석함이니, 천자로 하여금 참회하게 해야만 나아가 보살이라 말하였다. 이러한 이란 둘이 공한 이치를 봄

으로 인해 곧 보살이 된 까닭이다.

b) 네 가지 장애를 총합하여 관찰하다[總觀四障] 2.
(a) 비유로 밝히다[喩] (第二 19上10)
(b) 법과 비유를 합하다[合] (後諸)

諸天子여 如我天鼓가 說業說報하며 說行說戒하며 說喜
說安하며 說諸三昧인달하여 諸佛菩薩도 亦復如是하여
說我說我所하며 說衆生하며 說貪恚癡種種諸業이나 而
實無我하며 無有我所하며 諸所作業과 六趣果報를 十方
推求하여도 悉不可得이니라

천자들이여, 마치 나의 하늘 북이 업을 말하고 과보를 말하
고 행을 말하고 계를 말하고 기쁨을 말하고 편안함을 말하
고 모든 삼매를 말하는 것처럼, 부처님과 보살들도 나를 말
하고 <내 것>을 말하고 중생을 말하고 탐욕·성내는 일 ·
어리석음의 여러 가지 업을 말하지마는, 실로는 나도 없고
<내 것>도 없어서 여러 가지 지은 업과 여섯 길의 과보를
시방으로 찾아보아도 얻을 수 없느니라.

[疏] 第二, 諸天子如我天鼓下는 總觀四障이니 即天鼓說法無說喩로 以
喩俗有眞無라 先, 喩中에 初, 擧所治니 謂業報二障이요 後, 說行等
五는 即是能治니 謂行善과 止惡과 喜他와 安他와 住定이라 後, 諸佛
下는 合이라 於中에 先, 隨俗說有라 言我我所者는 即是見障이요 說
貪恚癡는 即煩惱障이요 後, 而實下는 勝義實無라 有無二文은 三障

影略이라 旣無我所로 翻破第一妄計我人[61]이니라

- b) 諸天子如我天鼓 아래는 네 가지 장애를 총합하여 관찰함이니 곧 하늘 북이 법은 설할 것 없음을 설하는 비유로 속제는 있고 진제는 없음에 비유한 것이다. (a) 비유로 밝힘 중에 ㉠ 다스릴 대상을 거론함이니 이른바 업과 과보의 두 가지 장애이며, ㉡ 지어 감 따위 다섯은 곧 다스리는 주체임을 말한다. 이른바 ① 선을 지어 감과 ② 악을 그침과 ③ 다른 이를 기뻐함과 ④ 다른 이를 편안하게 함과 ⑤ 선정에 머무름이다. (b) 諸佛 아래는 법과 비유를 합함이다. 그중에 ㉠ 속제를 따라 있다고 말한다. '나와 내 것'이라 말한 것은 곧 소견의 장애이고, 탐욕, 진에, 우치는 곧 번뇌의 장애를 말함이다. ㉡ 而實 아래는 뛰어난 이치는 진실로 없음이다. 있고 없는 두 가지 경문은 세 가지 장애를 비추어 생략하였다. 이미 내 것이 없으므로 첫째로 망령되게 나와 남을 계탁함을 뒤바꾸어 타파함이다.

[鈔] 以喩俗有者는 卽中論意니 緣生幻有는 爲俗이요 無性空理는 爲眞이라 有無二文者는 謂說有中에 略無報障하고 說無之中에 略無煩惱라 從旣無我下는 會前十心이니라

- 속제가 있음에 비유한 것은 곧 『중론』의 의미이니, '인연으로 생긴 환과 같은 유[緣生幻有]'는 속제가 되고, '체성 없는 공한 이치[無性空理]'는 진제가 된다. '있고 없는 두 가지 경문'이란 이른바 유(有)라 말한 중에 업보의 장애가 생략하여 없고, 무(無)라 말한 중에 번뇌 없음을 생략하였다. 旣無我 아래는 앞의 열 가지 마음을 아는 것이다.

---

61) 我人은 大南續金本作人我라 하다.

c) 소견의 미혹을 개별로 타파하다[別破見惑] 3.

(a) 생멸 없음을 북돋우는 비유[鼓無生滅喩] (第三 20上3)

諸天子여 譬如我聲이 不生不滅하되 造惡諸天은 不聞餘
聲하고 唯聞以地獄覺悟之聲인달하여 一切諸業도 亦復
如是하여 非生非滅이로되 隨有修集하여 則受其報니라
천자들이여, 마치 나의 소리는 나지도 않고 사라지지도 않
으나, 나쁜 짓을 한 하늘은 다른 소리는 듣지 못하고 오직
지옥으로 깨우치는 소리만 듣는 것같이, 모든 업도 그러하
여 나는 것도 아니고 사라지는 것도 아니지마는 닦아 모음
을 따라서 그 과보를 받느니라.

[疏] 第三, 譬如我聲下는 別破見惑이니 見惑深險일새 故로 廣破之라 文
有三喩하니 一, 鼓無生滅隨聞喩니 喩業雖無生이나 隨修感報라 謂
向觀業空은 爲遣執有어니와 若謂爲空하면 諸佛不化故라 今顯非斷
無하여 翻破撥無因果니라

■ c) 譬如我聲 아래는 소견의 미혹을 개별로 타파함이니, 소견의 미혹
이 깊고 험하므로 널리 타파하였다. 경문에 세 가지 비유가 있으니
(a) 생멸 없음을 북돋워서 따라 듣는 비유이니 업이 비록 생사 없음이
지만 수행을 따라 과보를 감득함에 비유하였다. 이른바 예전에 업이
공함을 관찰함은 유에 집착함을 보내기 위함이지만 만일 공하다고
말하면 모든 부처님이 교화하지 못하는 까닭이다. 지금은 단멸한 무
(無)가 아님을 밝혀서 인과를 무시함을 뒤바꾸어 타파하였다.

[鈔] 若謂爲空者는 中論에 云, 諸佛說空法은 爲離於有見이니 若復見有
空하면 諸佛所不化라하니라 故今顯下는 會上十心이니 以是緣成無性
之無일새 故非斷無이라 所以經에 言而受其報라하니 亦同淨名에 無
我無造無受者나 善惡之業은 亦不亡이라하니라

● '만일 공하다고 말하면'은『중론』(제13. 觀行品)에 이르되, "모든 부처
님이〈공〉의 법을 말씀하심은 온갖 삿된 소견을 여의기 위함인데
도리어〈공〉이 있다고 보면 부처님도 교화하지 못하리"라고 하였
다. 故今顯 아래는 위의 열 가지 마음과 회통함이니, 이런 인연으로
체성 없는 무(無)를 성취한 연고로 단멸의 무(無)가 아니다. 그런 까
닭에 경문에서 '그러나 그 과보를 받았다'고 말하였으니, 또한『유마
경』에서 "나도 없고 짓는 이도 없고 받은 이도 없음과 같지만 선업과
악업도 또한 없어지지 않는다"라 함과 같다는 뜻이다.

(b) 음성이 오고 감이 없음으로 비유하다[聲無去來喩] (二聲 20下5)

諸天子여 如我天鼓의 所出音聲이 於無量劫에 不可窮
盡이며 無有間斷이라 若來若去를 皆不可得이니 諸天子
여 若有去來면 則有斷常인달하여 一切諸佛도 終不演說
有斷常法이요 除爲方便으로 成熟衆生이니라
천자들이여, 나의 하늘 북에서 나는 음성이 한량없는 겁에
도 다하지 아니하여 끊어지지 아니하며, 온다고도 간다고
도 할 수 없느니라. 천자들이여, 만일 가고 오는 것이 있다
면 아주 없거나 항상함이 있으려니와 모든 부처님은 마침
내 아주 없거나 항상한 법을 말씀하지 아니하나니, 방편으

로 중생을 교화하는 일은 제할지니라.

[疏] 二, 聲無去來喩니 喩歸中道라 定有는 卽常이요 定無는 則斷이요 俱
亦是二니 故로 雙破二見하여 顯離斷常이니라

■ (b) 음성이 오고 감이 없음에 비유함이니, 중도로 돌아감에 비유하였
다. 결정코 유는 곧 상견이요, 결정코 무는 곧 단견이요, 모두 또한
둘이기도 하니 그래서 동시에 두 가지 소견을 타파하여 단견과 상견
을 여의었음을 밝힌 것이다.

[鈔] 定有卽常者는 亦中論이니 偈에 云, 定有則着常이요 定無則着斷이라
是故로 有智者는 不應着有無라하니라 言俱亦是二者는 謂有無俱者
는 則二見相違나 亦62)不離亦斷亦常이니라 言故雙破二見者는 故로
經에 云, 諸佛은 不說有斷常法이라하니라

● '결정코 유는 곧 상견'이란 또한 『중론』(제15. 觀有無品)이니 게송에 이
르되, "결정코 있다고 하면 상견에 집착함이요, 결정코 없다고 하면
단견에 집착함이다. 그러므로 지혜 있는 이는 응당히 있음과 없음에
집착하지 않는다"고 하였다. '모두 또한 둘이기도 하다'고 말한 것은
이른바 유와 무가 함께라 말함은 곧 두 가지 소견이 서로 위배되지만
또한 여의지 않고 단견이기도 상견이기도 하다. '그러므로 동시에 두
가지 소견을 타파한다'고 말한 것은 그래서 경문에 이르되, "모든 부
처님은 단견과 상견의 법이 있다고 말하지 않는다"고 하였다.

[疏] 文中에 先, 喩요 諸天子若有下는 合이니 若有可來면 卽常이요 去而

---

62) 亦은 南續金本作而亦이라 하다.

不來하면 則斷이라 故로 雖空이나 不斷이요 雖有나 不常이니라

■ 경문 중에 ㉠ 비유로 밝힘이요, ㉡ 諸天子若有 아래는 법과 비유를
합함이다. 만일 유가 올 수 있으면 곧 상견이요, 가고 오지 않으면
단견이다. 그러므로 비록 공이지만 단멸함이 아니요, 비록 유라 하지
만 항상함이 아닌 것이다.

[鈔] 故雖空下는 亦中論偈니 論에 云, 雖空이나 亦不斷이요 雖有나 而不
常이라 罪福을 亦不失일새 是名佛所說이라하니라

● 故雖空 아래는 또한 『중론』(제17. 觀業品)의 게송이다. 논에 이르되,
"공하다 하여도 아주 없음 아니요, 있다 하여도 항상함이 아니니, 업
과 과보를 잃지 않는 것, 이것이 부처님의 설법이시다"라고 하였다.

(c) 음성이 마음을 따른다고 북돋우는 비유[鼓聲隨心喩] (三鼓 21上7)

諸天子여 譬如我聲이 於無量世界에 隨衆生心하여 皆使
得聞인달하여 一切諸佛도 亦復如是하여 隨衆生心하여
悉令得見이니라
천자들이여, 마치 내 소리가 한량없는 세계에서 중생의 마
음을 따라 모두 듣게 하듯이, 모든 부처님도 그와 같아서 중
생의 마음을 따라 모두 보게 하느니라.

[疏] 三, 鼓聲隨心喩니 喩佛由心見이라하사 遣其心外에 定執이라 懺主가
令其로 眞念十方諸佛하여 翻破外遇惡緣이니라

■ (c) 음성이 마음을 따른다고 북돋우는 비유니 부처님은 마음으로

인해 봄에 비유하여 그 마음 밖에 결정코 고집함을 보내었다. 참회하
는 주체가 그로 하여금 진실로 시방의 모든 부처님을 생각하게 하여
밖으로 악한 인연 만남을 바꾸어 타파하였다.

[鈔] 令其眞念者는 若不了唯心하면 見從外來하여 取色分齊어니 豈知卽
心卽佛이리요 若知心佛衆生이 三無差別하면 爲眞念佛이니라 善知識
이 云, 念佛이 卽是念心이요 念心이 卽是念佛이라 佛無形相이며 心無
生滅이요 心境一致일새 故云[63]眞念이라하니라

● '그로 하여금 진실로 부처님을 생각한다'는 것은 만일 오직 마음뿐임
을 요달하지 못하면 소견은 밖에서 와서 형색의 영역을 취하였는데
어찌 마음이 곧 부처임을 알 것이며, 만일 마음과 부처, 중생의 셋이
차별 없음을 알면 진실로 부처님을 생각함이 된다. 선지식이 이르되,
"부처님을 생각함이 곧 마음을 생각함이요, 마음을 생각함이 곧 부
처님을 생각함이다. 부처님은 형상이 없으며 마음은 나고 멸함이 없
으며, 마음 경계가 일치하는 연고로 '진실로 생각한다[眞念]'고 말하
였다.

d) 업과 상대하여 과보를 관찰하다[對業觀報] 2.
(a) 거울은 영상의 체성이 텅 빈 것을 비유하다[鏡像體虛喩] (第四 21下10)
(b) 요술쟁이가 눈을 속임에 비유하다[幻師惑眼喩] (二幻)

諸天子여 如有玻瓈鏡하니 名爲能照라 淸淨鑒徹하되 與
十世界로 其量正等하여 無量無邊諸國土中에 一切山川

---

63) 云은 甲南續金本作爲라 하다.

과 一切衆生과 乃至地獄畜生餓鬼의 所有影像이 皆於
中現하나니 諸天子여 於汝意云何오 彼諸影像을 可得說
言來入鏡中하며 從鏡去否아 答言하되 不也니이다
諸天子여 一切諸業도 亦復如是하여 雖能出生諸業果報
나 無來去處니라 諸天子여 譬如幻師가 幻惑人眼인달하
여 當知諸業도 亦復如是하나라

천자들이여, 여기 파리 거울이 있어 이름을 <잘 비침>이라
하나니, 청정하게 사무쳐 비치는 것이 열 세계와 분량이 같
으며, 한량없고 그지없는 여러 국토에 있는 모든 산천과 모
든 중생과 내지 지옥·축생·아귀들의 영상이 그 속에 나
타나느니라. 천자들이여, 어떻게 생각하는가? 저 영상들을
말하여 와서 거울 속에 들어가고 거울에서 나와 다른 데로
간다 하겠는가?' 천자들은 '그러할 수 없다'고 대답하였다.
하늘 북은 계속하여 말하였다. '천자들이여, 모든 업도 그와
같아서 비록 과보를 낸다 하거니와 오는 일도 없고 가는 일
도 없느니라. 천자들이여, 마치 요술쟁이가 사람들의 눈을
속이듯이 모든 업도 그와 같으니라.

[疏] 第四, 如玻璨下는 對業觀報라 文有二喩하니 一, 鏡像體虛喩는 喩
雖有而無니 謂鏡像이 依鏡現이요 像非去來인달하여 報從[64]業生커니
何有來去리요 二, 幻師惑眼喩는 喩業招報가 雖無而有며 又業亦如
幻이며 又幻非有無코 卽中道矣니라

■ d) 如玻璨 아래는 업과 상대하여 과보를 관찰함이다. 경문에 두 가

---

64) 報從은 南續本作果報, 綱本作報依, 纂本作果報由, 源原本作報從이라 하다.

지 비유가 있으니 (a) 거울의 영상이 체성이 텅 빈 비유는 비록 있어도 없는 것에 비유하니, 이른바 거울 영상이 거울을 의지하여 나타남이요, 영상은 가고 옴이 없는 것과 같아서 과보는 업으로부터 생겨나는데 어찌 오고 감이 있으리오. (b) 요술쟁이가 눈을 미혹하는 비유는 업은 과보를 부르는 것이 비록 없으면서 있음에 비유하며, 또한 업도 역시 허깨비와 같으며, 또한 허깨비가 있고 없는 것이 아니고 곧 중도인 것이다.

[鈔] 又業亦如幻者는 重幻之義니 如前已引이니라 又幻非有無下는 上辨性空이요 此下는 說中道니라

● '또한 업도 역시 허깨비와 같다'는 것은 거듭 허깨비라는 뜻이니, 앞에서 이미 인용한 내용과 같다. 又幻非有無 아래는 위는 성품이 공함을 밝혔고, 이 아래는 중도를 말한 내용이다.

e) 참회의 이익을 총합 결론하다[總結懺益] (第五 22上7)

　　若如是知하면 是眞實懺悔니 一切罪惡이 悉得淸淨하리라
　　만일 이와 같이 알면 이것은 진실한 참회라, 모든 죄악이 한꺼번에 청정하여지리라.'

[疏] 第五, 若如是下는 總結懺益을 可知니라

■ e) 若如是 아래는 참회의 이익을 총합 결론함이니 알 수 있으리라.

바) 보고 듣는 이익이 깊다[見聞益深] 2.

(가) 나머지 대중의 이익을 먼저 밝히다[先明餘衆益] (第六 22下2)

說此法時에 百千憶那由他佛刹微塵數世界中兜率陀諸
天子가 得無生法忍하며 無量不思議阿僧祇六欲諸天子
가 發阿耨多羅三藐三菩提心하며 六欲天中一切天女가
皆捨女身하고 發於無上菩提之意하나라

이런 법을 말할 때에 백천억 나유타 부처 세계의 티끌 수 세
계에 있는 도솔 천자들은 생사 없는 법 지혜를 얻고, 한량없
고 헤아릴 수 없는 여섯 욕심 세계 천자들은 아눗다라삼약
삼보디의 마음을 내었고, 여섯 욕심 세계 하늘에 있는 모든
천녀들은 모두 여자의 몸을 버리고 위가 없는 보리의 마음
을 내었느니라.

[疏] 第六, 見聞益深이라 中에 二니 先, 明餘衆益이니 以三昧力으로 聲普
聞故니라

■ 바) 보고 듣는 이익이 깊음이다. 그중에 둘이니 (가) 나머지 대중의
이익을 밝힘이니, 삼매의 힘으로 음성을 널리 듣는 까닭이다.

[鈔] 以三昧力者는 釋妨이니 妨云호대 此土兜率에 天鼓說法어늘 云何益
과 及百千億等刹耶아 答意는 可知니라

● '삼매의 힘으로'란 비방을 해명함이다. 비방하여 말하되, "이 국토의
도솔천에서 하늘 북이 설법하거늘 무슨 이익과 백천억 등의 국토이겠
는가?" 대답한 의미는 알 수 있으리라.

(나) 인연 대중의 이익을 밝히다[正辨當機益] 2.

ㄱ. 한 번의 이익[一重益] 2.

ㄱ) 법을 깨달은 이익[得法益] (後爾 22下7)

> 爾時에 諸天子가 聞說普賢의 廣大廻向하고 故得十地故
> 며 獲諸力莊嚴三昧故며
> 그때 천자들이 보현보살의 광대한 회향을 들었으므로 십지
> 를 얻고, 모든 힘으로 장엄한 삼매를 얻었으며,

[疏] 後, 爾時下는 正辨當機益이라 於中에 二니 先, 一重益이요 後, 其諸
香雲下는 展轉益이라 前中에 亦二니 先, 得法益이요 後, 以衆生下는
見佛益이라 今初에 皆有故字는 義似牒前爲因이니 則見佛爲益이나
而前來에 未有得十地等處하니 爲何所牒이리요 是以로 晋經에는 皆
無故字라 應言聞說普賢廣大廻向故로 便得十地하여 獲諸力莊嚴
三昧니라 上句는 得位요 下句는 成行이니 分得十力하여 爲莊嚴故니라

■ (나) 爾時 아래는 인연 대중의 이익을 밝힘이다. 그중에 둘이니 ㄱ.
한 번의 이익이요, ㄴ. 其諸香雲 아래는 전전이 이익됨이다. ㄱ. 중에
도 또한 둘이니 ㄱ) 법을 깨달은 이익이요, ㄴ) 以衆生 아래는 부처
님을 친견한 이익이다. 지금은 ㄱ)에 모두에 고(故) 자가 있음은 이치
가 앞을 따온 것으로 원인을 삼는 것과 같나니 부처님을 친견함이 이
익이 되지만 그러나 앞에서부터 십지 등의 도량에서 얻음이 없으니 무
엇을 따온 것이 되겠는가? 이런 연고로 진경에는 모두 고(故) 자가 없
다. 응당히 '보현의 광대한 회향 설하는 것을 들은 연고로 문득 십지
를 얻어서 모든 힘으로 장엄한 삼매를 얻는다'고 말하리라. 위 구절

은 지위를 얻음이요, 아래 구절은 행법을 성취함이니 십력(十力)을 나누어 얻어서 장엄을 삼은 까닭이다.

[鈔] 今初等者는 疏文有五하니 一, 牒經義라 言似牒前爲因者는 則似由聞廻向하여 及得十地며 幷得三昧라 此三爲因하여 見佛爲益이라 二, 從而前來下는 出不合加故字所以요 三, 是以下는 引古經爲證이요 四, 應言下는 正其經文이요 五, 上句下는 釋文이니 位卽十地라 言下句成行者는 卽諸力莊嚴三昧라 分得十力下는 釋諸力義니 謂十力이 是佛果德이라 今言得者는 卽分得耳니라

● 지금은 ㄱ) 등이란 소문에 다섯이 있으니, (ㄱ) 경의 뜻을 따옴이다. '이치가 앞을 따온 것으로 원인을 삼는 것과 같다'고 말한 것은 회향함을 들음으로 인하여 십지를 얻음에 미치며 아울러 삼매를 얻는다. 이 셋을 원인으로 삼아서 부처님 친견함으로 이익이 되는 것이다. (ㄴ) 而前來부터 아래는 고(故) 자를 더함과 합하지 못하는 원인을 내보임이요, (ㄷ) 是以 아래는 옛 경문을 인용하여 증명을 삼았고, (ㄹ) 應言 아래는 그 경문은 바로잡음이요, (ㅁ) 上句 아래는 경문 해석이니, 지위는 곧 십지이다. '아래 구절은 행법을 이룸'이라 말한 것은 곧 모든 힘으로 장엄한 삼매이다. 分得十力 아래는 모든 힘의 뜻을 해석함이니, 이른바 열 가지 힘은 부처님 과덕이다. 지금 '얻었다'고 말한 것은 곧 부분으로 얻은 것일 뿐이다.

ㄴ) 부처님을 친견한 이익[見佛益] 3.
(ㄱ) 보게 된 원인을 밝히다[明見因] (二明 23下8)
(ㄴ) 부처님을 바로 보다[正見佛] (二卽)

(ㄷ) 공경한 마음으로 공양하다[敬心供] (三爾)

以衆生數等淸淨三業으로 悔除一切諸重障故로 卽見百
千億那由他佛刹微塵數七寶蓮華의 一一華上에 皆有菩
薩이 結跏趺坐하여 放大光明하며 彼諸菩薩의 一一隨好
에 放衆生數等光明하며 彼光明中에 有衆生數等諸佛이
結跏趺坐하사 隨衆生心하여 而爲說法하되 而猶未現離
垢三昧少分之力하니라 爾時에 彼諸天子가 以上衆華하
며 復於身上一一毛孔에 化作衆生數等衆妙華雲하여 供
養毗盧遮那如來하되 持以散佛하니 一切皆於佛身上住
하니라

중생 수와 같은 청정한 삼업으로써 모든 중대한 업장을 참
회하였으므로 곧 백천억 나유타 부처 세계의 티끌 수와 같
은 칠보 연꽃을 보았으니, 낱낱 꽃 위에 모두 보살이 가부하
고 앉아서 큰 광명을 놓았으며, 저 보살의 낱낱 잘생긴 모습
마다 중생 수와 같은 광명을 놓고, 그 광명 속에 중생 수와
같은 부처님들이 가부하고 앉아서 중생의 마음을 따라 법
을 말하지마는 오히려 때를 여읜 삼매의 일부분 힘도 나타
내지 못하였느니라. 그때 저 천자들은 위에 달린 여러 가지
꽃을 가졌고 또 낱낱 털구멍에서 중생 수와 같은 묘한 꽃 구
름을 변화해 내어서 비로자나여래에게 공양하여 부처님께
흩으니 모든 꽃이 부처님 몸 위에 머물러 있었고,

[疏] 二, 明見佛益이라 中에 三이니 一, 明見因이요 二, 卽見下는 正明見

佛이요 三, 爾時下는 敬心興供이라 言以上者는 上來에 持華詣佛이
猶未散故라 毛孔出華者는 已得地位故라 華在最初일새 故로 略擧
之니 上所持中에 有香蓋等이라 故로 下見香見蓋가 並皆成益이니라

■ ㄴ) 부처님을 친견한 이익이다. 그중에 셋이니 (ㄱ) 보게 된 원인을
밝힘이요, (ㄴ) 即見 아래는 부처님을 친견함에 대해 바로 밝힘이요,
(ㄷ) 爾時 아래는 공경한 마음으로 공양을 일으킴이다. '위에 달린'
이라 말한 것은 여기까지 꽃을 가지고 부처님을 참예한 것이 아직 흩
지 않은 까닭이다. '털구멍에서 꽃을 내보임'은 이미 지위를 얻은 까
닭이다. 꽃이 가장 첫째에 있는 연고로 간략히 거론하였으니 위의 가
진 것 중에 향 뚜껑 등이 있다. 그러므로 아래에 향도 보고 일산도 보
는 것이 아울러 모두 이익을 이룬 것이다.

ㄴ. 전전이 거듭하는 이익[展轉益] 2.
ㄱ) 향기를 맡고 얻은 이익[聞香益] 3.
(ㄱ) 법으로 설하다[法] (第二 24上6)
(ㄴ) 비유로 밝히다[喩] (經/譬如)

其諸香雲이 普雨無量佛刹微塵數世界하니 若有衆生이
身蒙香者면 其身安樂이 譬如比丘가 入第四禪에 一切
業障이 皆得消滅하며
그 여러 향기 구름이 한량없는 부처 세계의 티끌 수 세계에
널리 비 내리니, 어떤 중생의 몸에 향기가 쏘이기만 하면 그
몸이 쾌락한 것이 마치 넷째 선정에 들어간 비구와 같아서
모든 업장이 다 소멸되었고,

[疏] 第二, 展轉益이라 中에 二니 一, 聞香益이요 二, 見蓋益이니 並依前
供成이라 今初에 有法과 喩와 合이라 法中에 由脫障故로 得解脫樂하
니 故喩四禪이 無八災患이니라

■ ㄴ. 전전이 이익됨이다. 그중에 둘이니 ㄱ) 향기를 맡고 얻은 이익이
요, ㄴ) 일산을 보고 얻는 이익이니 아울러 앞의 공양을 의지하여 이
룬 것이다. 지금은 ㄱ)에서 (ㄱ) 법으로 설함과 (ㄴ) 비유로 밝힘과
(ㄷ) 법과 비유를 합함이 있다. (ㄱ) 법으로 설함 중에 장애에서 벗어
남으로 말미암아 해탈의 즐거움을 얻었으니 그러므로 사선(四禪)이
여덟 가지 재환(災患)이 없음에 비유한 것이다.

(ㄷ) 법과 비유를 합하다[合] 2.
a. 없앨 대상인 중생을 밝히다[顯所滅] 2.
a) 첫 번째 이해[第一解] (若有 24下3)

若有聞者면 彼諸衆生이 於色聲香味觸에 其内에 具有
五百煩惱하고 其外에 亦有五百煩惱하여 貪行多者가 二
萬一千이요 瞋行多者가 二萬一千이요 癡行多者가 二萬
一千이요 等分行者가 二萬一千이요
향기를 맡으면 그 중생들이 빛·소리·향기·맛·닿임에
대하여 안에도 5백 번뇌가 있고 밖에도 5백 번뇌가 있어서
탐욕이 많은 이는 2만 1천이요, 성냄이 많은 이도 2만 1천
이요, 어리석음이 많은 이도 2만 1천이요, 셋이 같은 이도 2
만 1천이니,

[疏] 若有下는 合이니 由滅障故로 得淨善根이니 是爲益相이니라 文中에 先, 顯所滅이니 即八萬四千이라 古有二釋하니 一은 云, 衆生의 煩惱 根本이 有十이라 然一惑力이 復各有十하여 即爲一百이요 計應分爲 九品이나 今[65]但上品은 重故로 開爲三品하고 中下는 輕故로 各爲一 品하여 合爲五百이라 復於內外境에 起하니 謂自五塵은 爲內요 以他 五塵로 爲外니 一一各五百하여 即爲五千이요 別迷四諦일새 則成二 萬이요 幷本一千하면 則有二萬一千이요 依三毒等과 分하여 成八萬 四千이라 經文에 自具니라

■ (ㄷ) 若有 아래는 법과 비유를 합함이다. 장애를 멸함으로 인하여 깨 끗한 선근을 얻었으니 이것이 이익하는 모양이 되었다. 경문 중에 a. 없앨 대상을 밝힘이니 곧 8만4천 가지이다. 예로부터 두 가지 해석이 있으니 a) 첫 번째 이해는 이르되, "중생의 번뇌의 근본이 열 가지가 있다. 그러나 한 가지 미혹한 힘은 다시 각기 열 가지가 있어서 곧 100이 되며, 계탁하면 응당히 나누어 아홉 품이 되었다. 지금에 단지 상품만이 무거운 연고로 전개하여 세 품을 삼았고, 중품과 하품은 가벼운 연고로 각기 한 품이 되어서 합하면 5백이 된다. 다시 안과 밖의 경계에서 일어나는 것이니, 말하자면 자신의 다섯 가지 경계는 안이 되고, 타인의 다섯 가지 경계는 바깥이 되었으니, 낱낱이 각기 5 백이어서 곧 5천이 되고, 개별로 사성제를 미혹하면 2만이 되고, 아 울러 1천을 근본으로 하면 2만1천 가지가 있다. 삼독이 똑같음과 부 분에 의지하여 8만4천 가지가 된다. (그리하여) 경문에 자연히 구비되 었다.

---

65) 今은 南綱纂續金本無, 源原本有라 하다.

b) 두 번째 이해[第二解] (二有 24下10)

[疏] 二는 有云호대 以十惡으로 爲本하니 展轉相成하여 一一各十일새 故成
一百이요 迷自他五塵이 爲一千이요 正迷十諦法門하니 謂四諦와 三
諦와 二諦와 一諦라 或迷說成諦等十諦하며 或迷十善일새 故成一萬
이라 然迷十諦에 空有不同하여 分成二萬이요 或迷十善二諦하여 亦
分二萬이요 幷本一千이라 餘如經辨하니라 然이나 二皆有理하니 任情
去取라 更有異釋은 如賢劫經等이어니와 非今經意니라

■ b) 두 번째 이해는 어떤 이가 말하되, "열 가지 악함으로 근본을 삼
았으니 전전이 서로 이루어 낱낱이 각기 열 가지인 연고로 100이 됨
이요, 자신과 남의 다섯 가지 경계에 미혹함은 1천이 되고, 바로 열
가지 진리법문을 미혹하나니, 이른바 사성제와 세 가지 성제와 두 가
지 성제와 한 가지 성제이다. 혹은 이루는 성제 등 열 가지 진리를 미
혹하여 말하기도 하며, 혹은 십선법에 미혹한 연고로 일만이 되기도
한다. 그러나 열 가지 성제를 미혹할 적에 공과 유가 같지 않아서 나
누면 2만이 되고, 혹은 십선법과 두 가지 성제에 미혹하여 또한 2만
으로 나눔이요, 아울러 근본이 1천이다." 나머지는 경문에 밝힌 내용
과 같다. 그러나 둘 다 이치가 있으니 생각에 맡겨 가고 취할 것이다.
다시 다른 해석이 있는 것은 『현겁경(賢劫經)』 등과 같지만 본경의 의
미가 아니다.

[鈔] 或迷說成者는 即第五地中의 十諦之義라 言十諦者는 即是十種觀
察四諦니 謂一, 善知俗諦요 二, 善知第一義諦요 三, 善知相諦요
四, 善知差別諦요 五, 善知成立諦요 六, 善知事諦요 七, 善知生諦

요 八, 善知盡無生諦요 九, 善知入道諦요 十, 善知一切菩薩地니
次第成就하여 乃至善知如來地成就諦라 今言說成者는 卽論經中의
第五에 成立諦名也라 以其第五에 觀於四諦가 緣起集成일새 故偏擧
之요 隨言顯示일새 故로 論中에 名爲說成也니라

二皆有理者는 卽疏會通이라 並未見文일새 故未可去取코 但以理通
이라 然이나 其前解는 似喩於煩惱故요 後, 似約業故니라 又迷十諦는
惑義는 多故니라 更有異釋者는 會通異釋이니 九地에 已引[66]하니라

● '혹은 이루는 성제 등을 미혹한다'는 것은 곧 제5 난승지 중의 열 가
지 성제의 뜻이다. '열 가지 성제'라 말한 것은 곧 열 가지로 사성제를
관찰함이다. 이른바 (1) 속제를 잘 아는 것 (2) 제일의제를 잘 아는
것 (3) 형상의 진리를 잘 아는 것 (4) 차별한 진리를 잘 아는 것 (5)
성립하는 진리를 잘 아는 것 (6) 현상의 진리를 잘 아는 것 (7) 생겨
나는 진리를 잘 아는 것 (8) 모두가 무생인 진리를 잘 아는 것 (9) 도
에 들어가는 진리를 잘 아는 것 (10) 온갖 보살지를 잘 아는 것이니,
순서대로 성취하여 나아가 여래 경지가 성취하는 진리를 잘 아는 것
까지이다. 지금 '이루는 성제를 말한다'고 한 것은 곧 논경 중의 제5.
성립제란 명칭이다. 그 제5는 사성제가 연기로 모아 성립함을 관찰
하는 연고로 치우쳐 거론함이요, 말을 따라 밝혀 보이는 연고로 논
문 중에서 '성립제를 말한다'고 이름하였다.

'둘 다 이치가 있다'는 것은 곧 소가가 회통함이다. 아울러 경문을 보
지 못한 연고로 가거나 취할 수 없는 것이고, 단지 이치로만 통한다
는 뜻이다. 그러나 그 앞의 해석은 번뇌에 비유한 것과 같은 연고요,
뒤는 업을 잡음과 같은 까닭이다. 또한 열 가지 성제를 미혹함에서

---

66) 引은 甲南續金本作明이라 하다.

미혹한 이치는 많기 때문이다. '다시 다른 해석이 있다'는 것은 다른 해석과 회통함이니, 제9. 선혜지에 이미 설명하였다.

b. 없애는 주체를 밝히다[顯能滅] (後了 25下9)

> 了知如是가 悉是虛妄하여 如是知已에 成就香幢雲自在光明淸淨善根하나니라
> 이런 것이 모두 허망한 줄을 알며, 그렇게 알고는 향 당기 구름 자유자재한 광명의 청정한 착한 뿌리를 성취하였느니라.

[疏] 後, 了知下는 能滅이니 謂了惑本虛하여 居然不生이라 故로 晉經에 云, 此諸煩惱를 皆悉除滅하니 除滅故로 淸淨이요 惑亡智顯이 卽自在光明善根成就라 言香幢雲者는 卽九地善根이니 至下當明하리라

■ b. 了知 아래는 없애는 주체를 밝힘이다. 이른바 미혹은 본래 헛되어 자연히 나지 않음을 요달함이다. 그러므로 진경에 말하되, "이 모든 번뇌를 모두 다 없애고 멸하였으니, 없애고 멸한 연고로 청정함이요, 미혹이 없으면 지혜가 나타남이 곧 자재한 광명의 선근으로 성취함이다." '향 당기 구름'이라 말한 것은 곧 제9지의 착한 뿌리이니 아래에 가서 바로 밝히리라.

ㄴ) 일산을 보고 얻는 이익[見蓋益] 2.
(ㄱ) 얻는 이익을 밝히다[正明得益] 2.

a. 금망전륜왕에 대해 통틀어 해석하다[通釋金網] 3.
a) 진경을 인용하여 해석하다[引晉經] (第二 26上5)

若有衆生이 見其蓋者면 種一淸淨金網轉輪王의 一恒河
沙善根이니라
만일 중생이 그 일산을 보는 이는 청정한 금망전륜왕 등 한
항하 모래 수들의 착한 뿌리를 심느니라.

[疏] 第二, 若有衆生見其蓋下는 明見蓋益이라 於中에 二니 先, 正明得益
이요 二, 佛子菩薩住此下는 明攝化轉益이라 今初에 準晉經컨대 云,
種一恒河沙轉輪聖王의 所植善根하나니 所謂白淨寶網輪王等이라하
나니 是則多箇輪王이요 非一輪王之多善也라 梵本도 亦然이니라

■   ㄴ) 若有衆生見其蓋 아래는 일산을 보고 얻는 이익을 밝힘이다. 그
중에 둘이니 (ㄱ) 얻는 이익을 밝힘이요, (ㄴ) 佛子菩薩住此 아래는
섭수하고 교화하여 바꾸는 이익을 밝힘이다. 지금은 (ㄱ)에 진경에
준한다면 이르되, "한 항하 모래 같은 전륜왕이 심은 바 선근을 씨 뿌
리나니, 이른바 희고 청정한 보배 그물 전륜왕 등"이라 하나니, 이것
은 전륜왕이 여럿이니 한 전륜왕의 많은 선근어 아니다. 범본에도 마
찬가지이다.

[鈔] 今初已下는 疏文有二하니 先, 通釋淸淨金網이요 於中에 有三하니
一, 引晉經梵本하여 成寶網義요 二, 牒擧今經이요 三, 引瓔珞하여
成上二經이라 今初에 言[67]多箇者는 卽寶網은 是一이요 等取金網琉

---

67) 上十六字는 南金本作是則이라 하다.

璃等은 多일새 故로 有一恒沙也라 言非一輪王之多善者는 則以舊
經으로 彈於今經이니 今經에 云, 種清淨金網轉輪王의 一恒河沙善
根이라하니 則一輪王에 有多善耳라 言梵本亦然者는 卽以梵本으로
成於晋經이니라

● 지금은 (ㄱ) 아래는 소문이 둘이 있으니 a. 청정한 금망전륜왕에 대
해 통틀어 해석함이다. 그중에 셋이 있으니 a) 진경과 범본을 인용하
여 보배 그물의 뜻을 이룸이요, b) 본경을 거론함을 따옴이요, c) 영
락경을 인용하여 위의 두 경문을 성립함이다. 지금은 a)에 '여러 개'라
말한 것은 곧 보배 그물이 하나이고, 금 그물과 유리 등이 여럿임을
똑같이 취한 연고로 한 항하 모래가 있는 것이다. '한 전륜왕의 많은
선근이 아니다'라고 말한 것은 진경으로 본경을 비판함이니, 본경에
이르되, "청정한 금 그물 전륜왕이 한 항하 모래 같은 선근을 심었다"
고 하였으니 한 전륜왕이 많은 선근이 있는 것일 뿐이다. '범본에도
마찬가지'라 말한 것은 곧 범본으로 진경을 이룬 것이다.

b) 본경을 따와서 해석하다[牒今經] (而言 26下6)
c) 보살영락경을 인용하여 해석하다[引瓔珞] 3.
(a) 영락경을 인용하다[引瓔珞] (準瓔)

[疏] 而言清淨金網者는 準瓔珞上卷하면 金輪은 在十廻向이요 初地已上
은 皆是琉璃輪이며 而增寶數가 爲別이라 是知舊譯에 爲寶網者는 勝
金網也로다 故로 彼經에 云, 歡喜地는 百寶瓔珞과 七寶相輪인 四天
王과 一萬子가 爲眷屬이요 百法身이 爲百佛國土中에 化十方天下라
하니라 已後에는 略無化之分齊요 寶數를 一一增至第七地하여 十三

寶相輪이요 八地에는 但云大應寶相輪이요 九地에는 云白雲寶相輪이
요 十地에는 云百萬神通寶光瓔珞無畏珠寶相輪이라하니라

■ 그러나 '청정한 금 그물'이라 말한 것은 『보살영락경』 상권에 준하면
금 바퀴는 십회향에 있으며, 초지 이상은 모두 '유리 바퀴[琉璃輪]'이
며, 보배 숫자를 늘림이 별상이 된다. 이로써 알라, 구역[곧 진경]에서
보배 그물이라 한 것은 금 그물보다 뛰어나다. 그러므로 저 경문에
이르되, "환희지는 백 가지 보배 영락과 일곱 가지 보배 모양 바퀴[七
寶相輪]인 사천왕과 1만 천자가 권속이 됨이요, 백 가지 법신이 백 가
지 불국토가 된 가운데 시방의 천하를 교화한다"라고 하였다. 이후
에 교화한 영역은 생략하여 없다. 보배 숫자를 낱낱이 늘려서 제7.
원행지에 이르러 13가지 보배 모양 바퀴이고, 제8. 부동지에는 단지
'크고 보배 모양에 응하는 바퀴'라 한 것뿐이고, 제9. 선혜지에는 이
르되, '흰 구름 같은 보배 모양 바퀴'라 하였고, 제10. 법운지에는 이
르되, "백만 가지 신통한 보배 광명의 영락과 두려움 없는 구슬로 만
든 보배 모양 바퀴이다"라고 하였다.

[鈔] 而言淸淨金網者는 第二, 牒擧今經이라 準瓔珞上卷下는 第三, 引
瓔珞經하여 成立二經이라 於中에 三이니 一, 引經이요 二, 成晋經이요
三, 成今經이라 今初에 言[68]至第七地者는 以初地는 七寶요 二地는
八寶요 三地는 九寶요 四地는 十寶요 五地는 十一寶요 六地는 十二
寶요 七地는 十三寶요 八地已上은 不增寶數하고 故但云大應寶相
輪等이라

● b) '그러나 청정한 금 그물'이라 말한 것은 본경을 따와서 해석함이

---

68) 上四十八字는 南金本無, 此下甲南續金本有增字라 하다.

다. c) 準瓔珞上卷 아래는『보살영락경』을 인용하여 두 경문을 성립함이다. 그중에 셋이니 (a) 영락경을 인용함이요, (b) 진경을 취하여 성립함이요, (c) 본경을 취하여 성립함이다. 지금은 (a)에 '제7지에 이른다'고 말한 것은 초지는 일곱 가지 보배요, 제2지는 여덟 가지 보배, 제3지는 아홉 가지 보배, 제4지는 열 가지 보배, 제5지는 11가지 보배, 제6지는 12가지 보배, 제7지는 13가지 보배, 제8지 이상은 보배 숫자는 늘어나지 않고 그래서 단지 '크게 보배 모양에 응하는 바퀴' 등이라고만 하였다.

(b) 진경을 취하여 성립하다[成晉經] (若順 27上7)
(c) 본경을 취하여 회통하다[會取今經] 2.
㊀ 진경을 수순하여 해석하다[釋順晉經] (若然)

[疏] 若順晉經의 白淨之言하면 則是九地니 卽前의 香幢雲自在光明이라 若然彼但是所等인대 則金網無失이로다
■ 만일 진경의 '희고 청정하다[白淨]'는 말을 따른다면 바로 제9지이니 곧 앞의 '향 당기 구름이 자재한 광명'이다. 만일 그렇게 '저것이 단지 이것과 같다'고만 한다면 '금 그물[金網]'은 잘못이 없다.

[鈔] 若順晉經下는 二, 成晉經이니 謂今得十地하여 成九地已上善根하니 白淨이 同白雲寶故니라 從卽前香幢雲者는 引前行經하여 證成晉經이니 晉有白字하고 前69)에 有雲字하여 二經이 合成瓔珞白雲寶義니라 若然下는 第三, 會取今經이라 於中에 又二니 先, 順晉經收今經이니

---

69) 前은 南續金本作此前이라 하다.

謂晋經에 得十地에 有九地已下白淨寶等의 諸輪王善하니 彼云, 白淨寶網等인 等은 卽等於金銀輪等이라 若是能等이 爲金網이면 則十地는 非金이요 若以所等으로 爲金하면 今等何失이리요 則晋經은 從九地하여 向下等하고 今經은 從十廻向當中하여 向上等일새 故言無失이라 則亦是多箇輪王善根이니 謂得金網等의 一恒河沙輪王善根일새 故云無失이니라

● (b) 若順晋經 아래는 진경을 취하여 성립함이니, 이른바 지금 십지를 얻어서 제9지 이상에 선근을 이루었으니, 희고 깨끗함은 '흰 구름 보배'와 같은 까닭이다. 앞의 '향 당기 구름이 자재한 광명'부터는 앞의 십행품의 경문을 인용하여 진경이 성립함을 증명함이니, 진경에는 백(白) 자가 있고, 앞에는 운(雲) 자가 있어서 두 경문이 『보살영락경』의 흰 구름 보배의 뜻을 합하여 이룬 내용이다.

(c) 若然 아래는 본경을 취하여 회통함이다. 그중에 또 둘이니 ㉠ 진경을 수순하여 본경을 거두어 해석함이니, 이른바 진경에는 십지를 얻을 적에 제9지 아래의 희고 청정한 보배 등의 모든 전륜왕의 선근이 있나니, 저기에 이르되, "희고 청정한 보배 그물 등"에서 등(等)은 곧 금과 은의 바퀴와 같다는 따위이다. 만일 같게 하는 주체가 금 그물이 되면 십지(十地)는 금이 아니요, 만일 같을 대상으로 금이 되면 지금의 같다고 해도 무슨 허물이 되겠는가? 그래서 진경에는 제9지부터 아래로 향하여 같고, 본경에는 십회향부터 중간에 해당하여 위를 향하여 같은 연고로 '허물이 없다[無失]'고 말하였다. 역시 여러 개의 전륜왕의 선근이니, 이른바 금 그물 등의 한 항하 모래 같은 전륜왕의 선근을 얻은 연고로 '허물이 없다'고 말하였다.

◎ 본경을 수순하여 해석하다[釋順今經] (若取 27下9)

[疏] 若取十地하여 爲淸淨金網인대 正當十地니 以無畏珠가 爲淸淨義라 又攝化分齊가 與上第十地의 攝報果로 同하니 則證十地가 明矣로다 故로 下에 此王放光을 遇者가 亦登十地니라

■ 만일 십지를 취하여 청정한 금 그물이 된다면 바로 십지에 해당하나니, 두려움 없는 구슬이 청정한 뜻이 된 까닭이다. 또한 섭수하고 교화하는 영역이 제10지의 '보답으로 거둔 결과[攝報果]'와 같나니, 십지를 증득함이 분명하다. 그러므로 아래에 이 전륜왕이 광명을 놓은 것을 만나는 사람이 또한 십지에 오른다는 뜻이다.

[鈔] 若取十地下는 直順金網一轉輪王의 多善根義하여 以三義證成이니 一, 以無畏珠가 爲淸淨義요 二, 以人攝化分齊가 同十地義니 卽次[70]行經에 云, 住此轉輪王位하여 於百千億那由他佛刹微塵數世界中에 敎化衆生이라하니 正同十地에 攝報果中의 所化分齊니라 三, 故下此王下는 以轉益文으로 證成이니 此王轉益이 尙皆得於十地할새 故知此王이 卽是十地로다 故로 彼經에 云, 菩薩이 安住淸淨金網轉輪王位도 亦復如是라하니 則金網이 非所等이요 正是十地라 但其金字는 瓔珞雖無나 餘經에 或有라 故로 金剛頂經에 廣說金輪佛頂하나니라

● ◎ 若取十地 아래는 (본경을 수순하여 해석함)이니 곧바로 금 그물의 한 전륜왕의 많은 선근의 이치를 따라서 세 가지 뜻으로 증명함이다. (1) 두려움 없는 구슬이 청정함의 뜻을 삼았고, (2) 사람으로 포섭하

---

70) 次는 甲南續金本作後라 하다.

고 교화한 영역이 십지의 뜻과 같나니, 곧 다음 항의 경문에 이르되, "(보살이) 전륜왕 지위에 머물러서 백천억 나유타 부처 세계 티끌 수 세계에서 중생을 교화하나니"라고 하였으니, 바로 제10지의 섭보과 중의 교화할 영역과 같다. (3) 故下此王 아래는 바꾸는 이익의 경문을 증명함이니 이 왕이 바꾼 이익이 오히려 모두 십지를 얻은 연고로 이 왕은 곧 십지임을 안 것이다. 그러므로 저 경문에 이르되, "보살이 청정한 금 그물 전륜왕의 지위에 편안히 머무는 것도 마찬가지이다"라 하였으니, 금 그물은 같을 대상이 아니요, 바로 십지인 것이다. 다만 그 금(金) 자는 『보살영락경』에는 비록 없지만 나머지 경에는 혹은 있으므로『금강정경(金剛頂經)』에 '금 바퀴 부처님의 정수리'에 대해 자세히 설명하였다.

b. 항하사에 대해 따로 해석하다[別釋恒沙] (言一 28下1)

[疏] 言一恒沙者는 謂從九地已還으로 乃至十住銅輪이라 以此十地所化 分齊로 比前컨대 如恒沙矣라 故로 晋經에 云, 寶網輪王等이라하여 等 取前也니라
■ '한 항하 모래'라 말한 것은 이른바 제9지 이전부터 나아가 십주(十住)의 구리 바퀴[銅輪]까지이다. 여기의 십지에서 교화할 영역으로 앞과 비교한다면 항하 모래와 같다. 그래서 진경에 이르되, '보배 그물 전륜왕' 등이라 하여 앞을 똑같이 취한 내용이다.

[鈔] 一恒沙下는 第二, 別釋恒沙善根이라 雖金輪이 爲所等能具하여 義 則不同이나 一恒沙善根은 二經이 須一이라 言九地已還者는 正順晋

經하니 從白淨九地하여 向下等故니라

● b. 一恒沙 아래는 항하의 모래 같은 선근에 대해 따로 해석함이다.
비록 금 바퀴가 똑같이 능히 갖춤이 되어서 뜻은 같지 않지만 한 항
하 모래 같은 선근은 두 경문이 하나를 구함을 뜻한다. '제9지 이전'
이라 말한 것은 바로 진경을 따른 내용이니, 희고 깨끗한 제9. 선혜
지로부터 아래로 향하여 같은 까닭이다.

(ㄴ) 섭수하고 교화하여 바꾸는 이익[攝化轉益] 2.
a. 지위를 얻는 이익[得位益] 3.
a) 법으로 말하다[法] (第二 28下9)

佛子여 菩薩이 住此轉輪王位하여 於百千億那由他佛刹
微塵數世界中에 教化衆生하나니
불자여, 보살이 전륜왕 지위에 머물러서는 백천억 나유타
부처 세계 티끌 수 세계에서 중생을 교화하나니,

[疏] 第二, 攝化轉益이라 中에 二니 先, 明得位益이요 後, 佛子如得初禪
下는 成德71)益이라 今初에 有法과 喩와 合하니 法中에 直明攝化分齊
는 已如前釋이니라

■ (ㄴ) 섭수하고 교화하여 바꾸는 이익이다. 그중에 둘이니 a. 지위를
얻는 이익을 밝힘이요, b. 佛子如得初禪 아래는 공덕을 성취한 이익
이다. 지금은 a.에 a) 법으로 설함과 b) 비유로 밝힘과 c) 법과 비유
를 합함이 있나니, a) 법으로 설함 중에 곧바로 섭수하고 교화하는

---

71) 德은 甲續金本作得이라 하다.

영역을 밝힘은 이미 앞에서 해석한 내용과 같다.

b) 비유로 밝히다[喻] (喻中 29上6)
c) 법과 비유를 합하다[合] (後合)

佛子여 譬如明鏡世界에 月智如來가 常有無量諸世界中
比丘比丘尼優婆塞優婆夷等이 化現其身하여 而來聽法
에 廣爲演說本生之事하시되 未曾一念도 而有間斷이니
若有衆生이 聞其佛名이면 必得往生彼佛國土인달하여
菩薩이 安住淸淨金網轉輪王位도 亦復如是하여 若有暫
得遇其光明이면 必獲菩薩第十地位하나니 以先修行善
根力故니라

불자여, 마치 명경세계의 월지여래에게는 한량없는 세계의
비구·비구니·우바새·우바이들이 몸을 변화하여 가지
고 항상 와서 법을 듣거든, 본생의 일을 널리 연설하여 잠깐
도 끊어지지 않느니라. 만일 중생이 그 부처님 이름을 들으
면 반드시 그 부처님 국토에 왕생하게 되는 것과 같이, 보살
이 청정한 금망전륜왕 지위에 머무름도 그와 같아서 잠깐
이라도 그 광명을 만나는 이는 반드시 보살의 제10지 자리
를 얻게 되나니, 먼저 수행한 착한 뿌리의 힘이니라.

[疏] 喻中에 初, 化無間斷은 喻上法中의 敎化衆生이요 後, 若有聞名하면
必生其國은 喻下合中에 遇斯光明하면 獲十地位니라 後, 合中에 初
句는 總合이라 準晉經하면 亦復如是下에 欠放曼陀羅自在光明之言

하니 今經은 影在後喩合中이라 若直云得遇斯光하면 前文에 無放光
處어니 爲何遇[72]耶아 言得十地者는 此品에 總有三重호대 皆得十地
하니 故名展轉益이라 一, 諸天子가 聞鼓說法得十地하고 二, 此天子
毛孔에 出華蓋雲에 見者는 得輪王位하니 卽是十地요 三, 輪王放光
을 遇者가 復得十地라 此三이 位皆齊等하여 同時頓成이요 各塵數多
類가 總是一隨好中의 一光之力이라 餘光好等은 彌更難說이니라 言
以先修行善根力[73]者는 顯頓益之因이니 因聞普法하여 修普善故니라

■ b) 비유로 밝힘 중에 (a) 교화함이 간단함 없음은 위의 법을 비유한
중에 중생을 교화함이요, (b) 만일 이름을 들음이 있으면 반드시 그
나라에 태어남은 비유 아래 c) 법과 비유를 합함 중에 이런 광명을 만
나면 십지의 지위를 얻는다. c) 법과 비유를 합함 중에 (a) 첫 구절은
총합하여 합함이다. 진경에 준하면 亦復如是 아래에 '만다라로 자재
한 광명을 놓는다'라는 말은 부족하나니, 본경은 비추어 c) 법과 비
유를 합함 중에 있다. 만일 바로 '이런 광명을 만난다'고 말하면 앞의
경문에 방광한 처소가 없는데 어떻게 만나겠는가? '십지를 얻는다'고
말한 것은 이 여래수호광명공덕품에 총합하여 세 번 중첩함이 있되
모두 십지를 얻었으니, 그래서 '전전이 거듭하는 이익'이라 칭한다.
(1) 여러 천자들이 북소리를 듣고 법을 설하여 십지를 얻은 것이요,
(2) 이 천자의 털구멍에서 화려한 일산 구름이 나올 적에 보는 이는
전륜왕의 지위를 얻나니 곧 십지인 것이요, (3) 전륜왕이 광명을 놓은
것을 만나는 이가 다시 십지를 얻는다. 이런 셋이 지위가 모두 가지
런하고 평등해서 동시에 몰록 성취함이요, 각기 티끌 수처럼 많은 부
류는 총합하여 하나의 따르는 몸매 중의 한 광명의 힘인 것이다. 나

---

72) 何遇는 南纂金本作遇何, 甲本作何遇向, 續本作遇向이라 하다.
73) 先은 甲南金本作光이라 하나 誤植이다.

머지 광명과 몸매 등은 더욱 다시 말하기 어렵다. '먼저 수행한 착한 뿌리의 힘'이라 말한 것은 몰록 이익을 얻은 원인을 밝힘이니, 넓은 법을 들음으로 인하여 널리 선근을 수행하기 때문이다.

[鈔] 今經影在者는 出今經闕光之理니 卽後得初禪有合中에 經에 云, 菩薩摩訶薩이 住淸淨金網轉輪王位하여 放摩尼髻淸淨光明이라함이 是也니라 若直云得下는 以理成立이라

● '본경에는 비추어 있다'는 것은 본경의 광명이 빠진 이치를 내보임이니, 곧 뒤에 초선(初禪)을 얻을 적에 있는 합함 중에 경문에 이르되, "보살마하살이 청정한 금망전륜왕(金網轉輪王) 지위에 머물러서 마니 상투의 청정한 광명을 놓으면, (중생으로서 이 광명을 만나는 이는 다 제10지의 자리를 얻어 한량없는 지혜 광명을 성취하고,)"라고 한 것이 이것이다. 若直云得 아래는 이치로 성립함이다.

b. 공덕을 성취한 이익[成德益] 2.
a) 비유로 밝히다[喩] (第二 30上4)

佛子여 如得初禪에 雖未命終이나 見梵天處所有宮殿하여 而得受於梵世安樂하며 得諸禪者도 悉亦如是인달하여 불자여, 마치 첫째 선정을 얻는 이는 목숨이 마치지 않았더라도 범천에 있는 궁전들을 보고 범천 세상의 즐거움을 받을 수 있는 것처럼, 모든 선정을 얻은 이들도 그와 같으니라.

[疏] 第二, 成德益이라 中에 先, 喩요 後, 菩薩下는 合이라 喩意에 云, 欲

界에 修得色定하여 以欲界眼으로 見色界境인달하여 喩菩薩頓證에 未
轉凡身이나 見十地境하나니 以法力故라 是則三祇를 可一念而屆者
는 明一攝一切故며 塵劫에 不窮一位者는 明一切攝一故라 如是遲
速이 自在가 是此圓敎요 非餘宗也니라

■ b. 공덕을 성취한 이익 중에 a) 비유로 밝힘이요, b) 菩薩 아래는 법
과 비유를 합함이다. 비유한 의미에 이르되, "욕계에 색계의 선정을
수행하여 얻어서 욕계의 눈으로 색계의 경계를 본 것과 같나니, 보살
이 몰록 증득할 적에 범부의 몸을 바꾸지 않았지만 십지의 경계를 본
것은 법력 때문이다." 이것은 3아승지를 한 생각에 이를 수 있는 이는
하나에 온갖 것을 섭수함을 밝힌 연고며, 미진수 겁토록 한 지위를
다하지 못한 이는 온갖 것에 하나를 섭수함을 밝힌 까닭이다. 이와
같이 더디고 빠름이 자재한 것이 바로 원교(圓敎)요, 나머지 종지는
아니다.

b) 법과 비유를 합하다[合] 2.
(a) 얻게 된 이익을 밝히다[正明得益] (二合 30下3)

菩薩摩訶薩이 住淸淨金網轉輪王位하여 放摩尼髻淸淨
光明이어든 若有衆生이 遇斯光者면 皆得菩薩第十地位
하여 成就無量智慧光明하며 得十種淸淨眼과 乃至十種
淸淨意하여 具足無量甚深三昧하여 成就如是淸淨肉眼
이니라
보살마하살이 청정한 금망전륜왕 지위에 머물러서 마니 상
투의 청정한 광명을 놓으면, 중생으로서 이 광명을 만나는

이는 다 제10지의 자리를 얻어 한량없는 지혜 광명을 성취하고, 열 가지 청정한 눈과 내지 열 가지 청정한 뜻을 얻으며, 한량없는 깊고 깊은 삼매를 구족하여 이러한 청정한 육안을 성취하느니라.

[疏] 二, 合⁷⁴⁾中에 初, 正明得益이요 後, 佛子假使下는 顯境分齊라 今初에 言得菩薩第十地者는 猶是牒前合中이라 以德依地成일새 所以重牒이요 不然則成兩度放光에 各得十地라 言成就如是淸淨肉眼者는 謂上의 諸德과 十眼을 皆依凡身肉眼而成일새 故就結之니라

■ b) 법과 비유를 합함 중에 (a) 얻게 된 이익을 바로 밝힘이요, (b) 佛子假使 아래는 경계의 영역을 밝힘이다. 지금은 (a)에 '보살이 제10. 법운지를 얻는다'고 말한 것은 앞의 합함을 따온 중과 같다. 공덕은 지위를 의지하여 성립하므로 그래서 거듭 따온 것이요, 그렇지 않으면 두 번 광명을 놓을 적에 각기 십지를 얻은 것이다. '이러한 청정한 육안을 성취한다'고 말한 것은 이른바 위의 모든 공덕과 열 가지 눈을 모두 범부의 몸인 육안(肉眼)에 의지하여 이루는 연고로 나아가 결론한 것이다.

[鈔] 猶是牒前者는 卽是前明鏡世界喩中의 合文이니 文에 云, 菩薩이 安住淸淨金網轉輪王位도 亦復如是라 若有暫得遇其光明하면 必獲菩薩第十地位라하니라 以德依地成下는 出重牒所以요 不然下는 反以成立이라

● '앞의 합함을 따온 중과 같음'은 곧 앞의 명경(明鏡) 같은 세계의 비유

---

74) 合은 大續金本作二合이라 하다.

중의 합한 경문이다. 경문에 이르되, "보살이 청정한 금망전륜왕 지위에 머무름도 그와 같아서 잠깐이라도 그 광명을 만남이 있으면 반드시 보살의 제10지 지위를 얻게 되나니, (먼저 수행한 착한 뿌리의 힘이니라)"라고 하였다. 以德依地成 아래는 거듭하여 따온 이유를 내보임이다. 不然 아래는 반대로 성립함이다.

(b) 경계의 영역을 밝히다[顯境分齊] 3.
㊀ 비유를 잠시 설정하여 경계가 많음을 밝히다[假設喩以顯境多] 3.
① 한 번의 광대함[一重廣大] (後顯 31上8)

佛子여 假使有人이 以億那由他佛刹로 碎爲微塵하여 一塵一刹이어든 復以爾許微塵數佛刹로 碎爲微塵하여 如是微塵을 悉置左手하고 持以東行하되 過爾許微塵數世界하여 乃下一塵하고 如是東行하여 盡此微塵하며 南西北方과 四維上下도 亦復如是하여 如是十方所有世界의 若著微塵과 及不著者를 悉以集成一佛國土하면
불자여, 가령 어떤 사람이 억 나유타 세계를 부수어 티끌을 만들고 한 티끌을 한 세계라 하며, 다시 그러한 티끌 수의 세계를 모두 부수어 티끌을 만들어서, 그런 티끌들을 왼손에 들고 동방으로 가면서, 그와 같은 티끌 수 세계를 지나가서 한 티끌을 떨어뜨리되, 이렇게 하면서 동방으로 가기를 이 티끌이 다하도록 하고, 또 남방·서방·북방과 네 간방과 위와 아래로도 그렇게 하였다 하고, 이와 같이 시방에 있는 세계들을 티끌이 떨어진 것이나 티끌이 떨어지지 않은

것이나 모두 모아서 한 부처님 국토를 만든다 하면,

[疏] 後, 顯境分齊者는 卽顯肉眼의 境界廣大니 肉眼도 尙爾어든 餘眼의 玄妙는 不可說也로다 文中에 三이니 初, 假設譬喩하여 以顯境多요 次, 正明能見이요 後, 結德有歸라 今初를 分三이니 初, 明一重廣大요

■ (b) 경계의 영역을 밝힘은 곧 육안(肉眼)의 경계가 광대함을 밝힘이니, 육안도 오히려 그러하거든 나머지 눈이 현묘함은 말할 수 없다. 경문 중에 셋이니 ㉠ 비유를 잠시 설정하여 경계가 많음을 밝힘이요, ㉡ 보는 주체를 밝힘이요, ㉢ 공덕이 돌아갈 곳이 있음으로 결론함이다. 지금은 ㉠을 셋으로 나누리니 ① 한 번의 광대함을 밝힘이요,

② 질문과 대답으로 광대함을 밝히다[問答顯廣] (二寶 31下8)

寶手여 於汝意云何오 如是佛土의 廣大無量을 可思議否아 答曰, 不也니다 如是佛土의 廣大無量이 希有奇特하여 不可思議니 若有衆生이 聞此譬喩하고 能生信解하면 當知更爲希有奇特이니이다 佛言하시되 寶手여 如是如是하다 如汝所說하여 若有善男子善女人이 聞此譬喩하고 而生信者면 我授彼記하되 決定當成阿耨多羅三藐三菩提하여 當獲如來無上智慧라하리라

보수여, 그대의 뜻에는 어떻다 하느냐? 이와 같은 부처님 국토가 엄청나서 한량없는 것을 헤아릴 수 있겠는가? 보수보살은 대답하였다. '헤아릴 수 없나이다. 이러한 부처님 국토는 엄청나고 한량없으며, '희유하고 기특하여 헤아릴 수

없사오니, 만일 어떤 중생이 이 비유를 듣고 신심과 이해를 내는 이는 더욱 희유하고 기특하겠나이다.' 부처님이 보수 보살에게 말씀하셨다. '그러하니라. 그대의 말과 같나니, 만일 착한 남자나 착한 여인이 이 비유를 듣고 신심을 낸다면 내가 그 사람에게 수기하되 결정코 아뇩다라삼약삼보디를 이루며 마땅히 여래의 더없는 지혜를 얻으리라 하리라.

[疏] 二, 寶手於汝意下는 問答顯廣이요
■ ② 寶手於汝意 아래는 질문과 대답으로 광대함을 밝힘이요,

③ 광대함에 대해 거듭 밝히다[重顯廣大] (三寶 32上3)

寶手여 設復有人이 以千億佛刹微塵數如上所說廣大佛土로 抹爲微塵하고 以此微塵으로 依前譬喩하여 一一下盡하여 乃至集成一佛國土하며 復末爲塵하여 如是次第展轉하여 乃至經八十返이라도
보수여, 가령 어떤 사람이 천억 세계의 티끌 수같이 많은, 위에서 말한 엄청난 부처님 국토를 모두 부수어 티끌을 만들고, 이러한 티끌을 가지고 앞에 비유한 대로 하나씩 떨어뜨려서 모두 다하고, 내지 그런 세계를 모두 모아서 한 부처님 국토를 만들며, 또 그런 세계들을 부수어 티끌을 만들고, 이렇게 차례차례로 되풀이하기를 내지 80번을 하였다 하고,

[疏] 三, 寶手設復下는 復積前數하여 重顯廣大라

■ ③ 寶手設復 아래는 앞의 숫자를 다시 쌓아서 광대함에 대해 거듭 밝힘이다.

㈁ 보는 주체를 밝히다[正明能見] (第二 32上7)

如是一切廣大佛土의 所有微塵을 菩薩業報淸淨肉眼으로 於一念中에 悉能明見하며 亦見百億廣大佛剎微塵數佛하되 如玻瓈鏡의 淸淨光明이 照十佛剎微塵數世界하나니

이렇게 엄청나게 많은 모든 국토에 있는 티끌들을 보살의 업보로 얻은 청정한 육안으로 잠깐 동안에 분명하게 다 보느니라. 또 백억이나 되는 광대한 세계의 티끌 수 같은 부처님 보기를, 파리 거울의 청정한 광명이 열 부처 세계의 티끌 수 세계를 비추듯 하느니라.

[疏] 第二, 如是一切下는 正明能見이라 先, 見前廣剎之塵을 肉眼能見이 已是超勝이온 況一念耶아 次, 亦見下는 明見多佛이요 後, 如玻瓈下는 明見之相이 無心無來去故[75]니라

■ ㈁ 如是一切 아래는 보는 주체를 밝힘이다. ① 앞의 광대한 국토의 티끌을 본 것을 육안으로 능히 볼 수 있는 경계가 이미 뛰어나고 훌륭할 텐데 하물며 한 생각에 본 것이겠는가? ② 亦見 아래는 많은 부처님을 분명히 봄이요, ③ 如玻瓈 아래는 보는 양상이 무심하여 오고 감이 없기 때문임을 밝힌 것이다.

---

75) 故는 纂金本作矣라 하다.

㈢ 공덕이 돌아갈 곳이 있음으로 결론하다[結德有歸] (第三 32下2)

寶手여 如是가 皆是淸淨金網轉輪王의 甚深三昧와 福
德善根之所成就니라
보수여, 이러한 것이 모두 청정한 금망전륜왕의 매우 깊은
삼매와 복덕과 착한 뿌리로 이루어진 것이니라."

[疏] 第三, 寶手如是下는 結德有歸니 歸輪王善差別因果는 竟하다 此品
之末에 經來未盡이로다

■ ㈢ 寶手如是 아래는 공덕이 돌아갈 곳이 있음으로 결론함이니, 전륜
왕의 선근으로 돌아간 차별한 인과는 마친다. 이 여래수호광명공덕
품의 끝에는 경문이 다 오지 않은 까닭이다.

[鈔] 此品之末者는 以說展轉益竟에 應須結歸本光과 及隨好力과 幷現
瑞成益等이어늘 今並無此하니 明是未盡이니라

● '이 품의 마지막'이란 ㄴ. 전전이 거듭하는 이익을 말함이 끝날 적에
응당히 본래 광명과 따르는 몸매의 힘과 아울러 상서로움을 나타내
고 이익을 이룸 등을 결론하여 돌아감인데 지금은 아울러 이것이 없
으니, (경문이) 다 오지 않음이 분명하다.

제35. 여래수호광명공덕품(如來隨好光明功德品) 終

大方廣佛華嚴經 제49권

大方廣佛華嚴經疏鈔 제49권 重字卷下

제36 普賢行品

제36. 보현행을 밝히는 품[普賢行品]

보현행품은 부처님의 평등한 인행과 과덕을 말하는데, 그중에 특히 성냄으로 인한 백만 가지 장애를 말한다. 經云,

"불자여, 나는 어떤 법의 허물이라도 보살들이 다른 보살에게 성내는 마음을 일으키는 것보다 큰 것을 보지 못하였노라. 왜냐하면 불자여, 만약 보살이 다른 보살에게 성내는 마음을 일으키면 백만 가지 장애되는 문을 이루게 되는 연고니라. 무엇을 백만의 장애라 하는가? 이른바 보리를 보지 못하는 장애, 바른 법을 듣지 못하는 장애, … 보살이 모든 보살에게 한번 성내는 마음을 일으키면 이러한 백만 가지 장애되는 문을 이루게 되나니라."

여보시오, 보현의 불자들이여!	普賢諸佛子가
그대들이 보현의 지혜 가지고	能以普賢智로
여러 가지 세계의 수효 아나니	了知諸刹數하나니
그 수효 얼마더나 끝이 없어요.	其數無邊際로다
여러 종류 세계도 변화해 되고	知諸世界化와
국토도 변화한 것 중생도 변화	刹化衆生化와
법도 불도 변화로 된 줄 알아서	法化諸佛化하야
모든 것이 끝까지 이르게 되네.	一切皆究竟이로다

平等因果周의 平等因

제36. 보현행을 밝히는 품[普賢行品]

二) 뒤의 두 품은 부처님과 평등한 인과를 밝히다[後二品平等因果] 2.

(一) 보현행품은 인행을 밝히다[前品辨因] 4.
1. 오게 된 뜻[來意] 2.

1) 통틀어 밝히다[通] 2.
(1) 바로 밝히다[正明] (初來 1上5)

[疏] 初, 來意者는 先, 通이요 後, 別이라 通은 謂二品이 明出現因果일새 故次來也니라 亦名平等因果니 謂會前差別因하여 成此普賢之圓因하고 會差別果하여 成性起出現之果니라 又前은 約修生하고 此는 約修顯故니라

■ 1. 오게 된 뜻은 1) 통틀어 밝힘이요, 2) 개별로 밝힘이다. 1) 통틀어 밝힘은 이른바 두 품 (곧 제36. 보현행품과 제37. 여래출현품)이 출현한 원인과 결과를 밝히려는 연고로 다음에 온 것이다. 또한 평등한 인과라 이름하나니, 이른바 앞의 차별하는 인행을 모아서 여기의 보현

의 원만한 인행을 성립하고, 차별하는 과덕을 모아서 '성품에서 일어나 출현하는 과덕[性起出現之果]'을 이루었다. 또한 앞은 '닦아서 생김[修生]'을 잡은 해석이요, 여기는 '닦아서 밝힘[修顯]'을 잡은 해석인 까닭이다.

(2) 비방을 해명하다[解妨] 2.
가. 비방을 말하다[敍妨] (若爾 1上8)

[疏] 若爾인대 何以更無別問하며 復何以差別果終에 而無瑞證이며 平等因竟에 便有瑞耶아

■ 만일 그렇다면 어찌하여 다시 개별로 질문함이 없으며, 또 어찌하여 차별하는 과덕을 끝낼 적에 그러나 서상으로 증명함이 없으며, 평등한 인행이 끝난 뒤에 문득 서상(瑞相)이 있는가?

나. 전체적인 해석[釋通] 2.
가) 나오게 된 이유로 대답하다[出所以答] 2.
(가) 총합하여 대답하다[總答] (即以 1上9)
(나) 개별로 대답하다[別答] (若更)

[疏] 即以此義로 顯是會前하노니 若更別問하면 便有隔絶일새 欲會前故로 不以瑞隔이요 普法希奇일새 因果各瑞니라

■ 곧 이런 이치로 앞을 모은 것을 밝혔으니, 만일 다시 개별로 질문하면 문득 (서상과) 격리하여 끊어짐이 있으며 앞과 회통하려는 연고로 서상과 격리하지 않음이요, 넓은 법은 희유하고 기특하므로 인행과

과덕이 각기 상서로운 것이다.

나) 경문이 다 오지 못하다[經來未盡] (又前 1下1)

[疏] 又前應有瑞어늘 經來未盡故로 所以無耳니라
■ 또한 앞에 응당히 서상(瑞相)이 있어야 하는데 경문이 아직 다 오지 못한 연고로 없는 것일 뿐이다.

[鈔] 若更別問下는 別答三問이니 初, 答不問之難이요 二, 欲會前故로 不以瑞隔은 通前第二差別果終이나 而無瑞難이요 三, 普法希奇下는 通第三平等因果竟에 便有瑞難이니라
又前應有下는 第二經來未盡答이니 以第四十八經終에 無結束故라 此後에 更合有經이니라 然이나 此但通第二前無瑞證難이니라
● (나) 若更別問 아래는 개별로 세 가지 질문에 대답함이니, ㄱ. 질문하지 않았다는 힐난에 대답함이요, ㄴ. 앞과 회통하려는 연고로 서상과 격리하지 않음은 앞의 두 번째 차별한 과덕이 끝났지만 서상이 없다고 힐난함에 대해 해명함이요, ㄷ. 普法希奇 아래는 제3. 평등한 인과가 끝날 적에 문득 서상이 있다고 힐난함에 대해 해명함이다.
나) 又前應有 아래는 경문이 다 오지 못함으로 대답함이니, 제48권 경문이 끝날 적에 결속함이 없는 연고요, 이후에 다시 경문이 있다고 합하였다. 그러나 이것은 단지 나) 앞은 서상으로 증명함이 없다고 힐난함에 대해 해명함이다.

2) 개별로 밝히다[別] 2.

(1) 인과에 입각하여 설명하다[就因果明] (別謂 1下8)

(2) 앞과 상대하여 질문하고 대답하다[對前問答] 2.

가. 앞의 질문에 바로 대답하다[正對前問] (亦遠)

[疏] 別은 謂此品에 先, 因이요 後, 果라 義次第故며 亦遠答前第二會初에 所行問과 及不思議品에 念請本願問故라

■ 2) 개별로 밝힘이니 이른바 앞의 제36. 보현행품은 원인이요, 다음의 제37. 여래출현품은 결과이니 이치의 순서인 까닭이며 또한 멀리서 앞의 제2. 보광명전법회 첫 부분에 행할 대상에 관한 질문과 제33. 불부사의법품에 본래의 서원에 대한 질문에 생각으로 청법한 까닭이다.

나. 비방과 힐난을 해명하다[解其妨難] 3.

가) 비방과 힐난에 바로 대답하다[正答] (前雖 1下9)

나) 사례를 인용하다[引例] (亦猶)

다) 거듭 해명하다[重通] (而妙)

[疏] 前雖已答이나 下二가 深妙일새 故重明之니라 亦猶相海와 隨好는 而妙中之妙일새 古德이 別爲一段因果라하니라

■ 앞에서 비록 대답하였지만 아래 둘은 깊고 미묘하므로 거듭 밝힌 것이다. 또한 오히려 제34. 십신상해공덕품과 제35. 여래수호공덕품은 묘함 중의 묘함이므로 예전 대덕은 "개별로 한 문단의 원인과 결과로 삼는다"고 하였다.

[鈔] 二, 前雖已答下는 解妨이라 文이 三이니 初, 正答重難이라 謂先若未

答이면 應須答之어니와 不思議品에 已答이어늘 何須重答고할새 故爲此通이니라 二, 亦猶下는 引例요 三, 而妙中之妙下는 重通伏難이라 謂有難言호대 若例相海等인대 但是重答이어니와 何以別爲平等因果오할새 故爲此通이니라 古德等者는 然平等因果는 乃是古意니 爲欲順古일새 故爲此通이어니와 若疏正意인대 欲將五品하여 皆答所成果問이니 已如不思議品初에 說이니라

● 나. 前雖已答 아래는 비방과 힐난을 해명함이다. 경문이 셋이니 가) 거듭 힐난함에 바로 대답함이다. 말하자면 "먼저 대답하지 않음과 같다면 응당히 모름지기 대답하겠지만 불부사의법품에서 이미 대답하였는데 어찌하여 거듭 대답을 구하였는가?"라 하므로 여기서 해명하였다. 나) 亦猶 아래는 사례를 인용함이요, 다) 而妙中之妙 아래는 숨은 힐난에 대해 거듭 해명함이다. 말하자면 어떤 이가 힐난하여 말하되, "만일 여래십신상해품과 유례한 등은 단지 거듭하여 대답했을 뿐인데 어찌하여 평등한 인과로 차별하였는가?"라 하였으니 그러므로 여기서 해명한 것이다. '예전의 대덕' 등이란 그러나 평등한 인과는 비로소 고덕의 주장이니, 고덕에게 수순하기 위한 연고로 여기서 해명하였지만 만일 소가의 바른 주장이라면 다섯 품을 가지고 모두 이룰 대상인 과덕에 대한 질문에 대답하려 하였으니, 이미 불부사의 법품 첫 부분에 말한 내용과 같다.

2. 명칭 해석[釋名] 2.

1) 두 품의 명칭을 통틀어 해석하다[通釋二品名] 2.
(1) 평등을 잡아서 해석하다[約平等釋] (二釋 2上8)

[疏] 二, 釋名者는 初, 通顯二品義名이니 依性起修며 依性起用이라 差別
相盡이며

■ 2. 명칭 해석은 1) 두 품의 뜻과 명칭을 통틀어 밝혔으니 성품에서 일
어남을 의지하여 수행하고, 성품에서 일어남을 의지해서 작용한다면
차별한 양상이 다한 것이다.

(2) 출현의 뜻을 잡아서 해석하다[約出現釋] (因果 2上10)

[疏] 因果體均일새 故云平等因果니라 又因은 是果因이라 量周法界오 果
是果果라 境界가 如空이요 因果가 俱盡未來하여 利樂含識일새 故名
出現이니라

■ 인행과 과덕의 체성이 균등하므로 '평등한 인과'라 하며, 또한 인행은
과덕의 원인이요, 분량은 법계에 두루하나니, 과덕은 과덕의 과덕이
며 경계가 허공과 같으므로 인과가 모두 미래가 다하도록 중생[含識]
을 이익되고 즐겁게 하므로 '출현한다'고 이름한다.

[鈔] 初通顯二品下는 疏文有二하니 先, 約平等釋이요 後, 約出現釋이라
前[76]中에 亦二니 先, 約同歸一理일새 所以平等이라 依性起修는 約
因이요 起用은 約果나 相盡同眞일새 所以平等이니라 後, 又因是果因
下는 約二事交徹일새 故云平等이라 以是得果에 不捨之因일새 故云
因是果因이요 依果起果之果일새 故云果是果果라 如空과 法界는 二
文影略이니라 因果俱盡下는 二, 約出現釋이니라

● 初通顯二品 아래는 소문에 둘이 있으니 (1) 평등을 잡아서 해석함이

---

76) 上六字는 南金本作於라 하다.

요, (2) 출현의 뜻을 잡아서 해석함이다. (1) 중에 또한 둘이니 가.
한 가지 이치로 함께 돌아감을 잡은 연고로 평등한 것이요, 성품에서
일어남을 의지해서 수행함은 원인을 잡은 해석이요, 일어나 작용함은
결과를 잡은 해석이지만 모양이 다하면 진여와 같으므로 평등한 것
이다. 나. 又因是果因 아래는 두 가지 현상이 철저히 교차하므로 평
등하다고 말하였다. 이렇게 결과를 얻을 적에 원인을 버리지 못하는
연고로 '원인은 결과의 원인이다'라 말하였고, 결과를 의지함은 결과
를 일으킨 결과이므로 '결과는 결과의 결과이다'라 말하였다. 허공과
같음과 법계는 두 경문을 비추어 생략하였다. (2) 因果俱盡 아래는
출현의 뜻을 잡아서 해석함이다.

2) 보현행품의 명칭을 따로 해석하다[別釋此品名] 2.
(1) 품의 명칭을 총합하여 해석하다[總釋品名] (別則 2下7)

[疏] 別則品名普賢은 即標人顯法이니 明此行法이 非次第法이니라 行者
는 顯法非人이니라 品明所行이요 非說人體니라 德周法界가 爲普요
至順調善를 日賢이요 依性造修를 日行이니라

■ 2) (보현행품의 명칭을) 따로 해석하면 품의 명칭에 보현(普賢)은 곧 사람
을 표방하여 법을 밝힘이니 이런 행법은 순서대로의 법이 아님을 밝
혔다. 행(行)이란 법은 사람이 아님을 밝힘이요, 품은 행할 대상을 밝
힌 것이요, 사람의 체성을 말한 것이 아니다. 공덕이 법계에 두루함을
넓다[普]고 하고, 지극히 수순하여 조복 잘함을 현명하다[賢]고 말하
였고, 성품에 의지하여 나아가 닦는 것을 수행[行]이라 말하였다.

[鈔] 言品明所行者는 密彌苑公이니 以彼釋에 云, 普者는 徧也요 賢者는 善也요 行者는 道也며 因也니 謂若依와 若正이 普徧法界와 塵毛爲普요 具滿衆善德海가 爲賢이요 得道不捨因行이 爲行이라하고 後에 便廣引普賢三昧品中에 釋普賢身周徧之義하고 曾不說於行行之相故며 又以普로 屬人하고 賢屬德하니 故로 今에 彌云호대 爲此以人取行이요 非說普賢之身이라하니라

● '품에서 행할 대상을 밝혔다'고 말한 것은 모르게 혜원(惠苑)공을 비판함이다. 저 혜원공이 해석하되, "보(普)는 두루함이요, 현(賢)은 착함이요, 행(行)은 도(道)이며 인행의 뜻이다. 이른바 의보와 정보가 널리 법계에 두루함과 티끌 수 터럭으로 보(普)가 되고, 여러 좋은 공덕을 가득 채운 바다가 현(賢)이 되며, 도를 얻고도 인행을 버리지 않는 것이 행(行)이 된다"라 하였고, 뒤에 문득 보현삼매품을 널리 인용한 중에 '보현보살의 몸이 널리 두루하다'는 뜻을 해석하였고, 일찍이 행에 대해 말하지 않는 수행하는 모양인 연고며, 또한 보(普)로는 사람에 속하고 현(賢)은 공덕에 속하는 연고로 지금 비판하여 말하되, "이것을 위하여 사람으로 행을 취한 것이요, 보현보살의 몸이라고는 말하지 않는다"라고 하였다.

(2) 넓은 행의 뜻을 개별로 해석하다[別釋普行] 3.

가. 표방하여 거론하다[標擧] (然普 3上6)

나. 양상을 해석하다[釋相] (一所)

[疏] 然이나 普賢行은 諸經에 多有其名하고 品中에 雖廣이나 今略顯十義하여 以表無盡하리라 一, 所求普니 謂要求證一切如來等所證故요

二, 所化普니 一毛端處에 有多衆生을 皆化盡故요 三, 所斷普니 無有一惑도 而不斷故요 四, 所行事行普니 無有一行도 而不行故요 五, 所行理行普니 卽上事行이 皆徹理源하여 性具足故요 六, 無礙行普니 上二交徹故요 七, 融通行普니 隨一一行하여 融攝無盡故요 八, 所起用普니 用無不能하여 無不周故요 九, 所行處普니 上之八門은 徧帝網刹而修行故요 十, 所行時普니 窮三際時하여 念劫圓融하여 無竟期故니라

■ 그러나 보현행은 모든 경전에 대부분 그 명칭이 있고 품 중에 비록 광대하지만 지금은 열 가지 뜻을 간략히 밝혀서 다함없음을 표하였다. (1) 구할 대상이 넓으니 이른바 온갖 여래가 평등하게 증득할 대상을 구하여 증득하는 연고요, (2) 교화할 대상이 넓으니 한 터럭 끝인 장소에서 많은 중생이 모두 다 교화하는 연고요, (3) 단절할 대상이 넓으니 한 가지 미혹도 단절하지 못함이 없는 연고요, (4) 행할 대상인 현상적 수행이 넓으니 한 가지 행도 행하지 못할 것이 없는 연고요, (5) 행할 대상인 이치적 행이 넓으니, 곧 위의 현상적 수행이 모두 이치의 근원에 철저하여 성품에 (본래) 구족된 연고요, (6) 걸림 없는 행이 넓으니, 위의 둘은 교차함이 철저한 연고요, (7) 원융하게 통하는 수행이 넓으니 낱낱 행을 따라 그지없이 융섭하는 연고요, (8) 일으켜 작용할 대상이 넓으니, 작용하되 능하지 못할 것이 없어서 두루하지 않음이 없는 연고요, (9) 행할 대상인 처소가 넓으니, 위의 여덟 문은 인드라망 같은 국토에 두루하지만 닦고 행하는 연고요, (10) 행할 대상의 시간이 넓으니, 삼제(三際)의 시간을 다하여 찰나와 겁이 원융하여[念劫圓融] 끝날 기한이 없는 까닭이다.

다. 구분하다[料揀] 2.

가) 융섭하여 통함을 밝히다[總明融通] (上之 3下5)

[疏] 上之十行이 參而不雜하고 涉入重重할새 故로 善財가 入普賢一毛하
여 所得法門이 過諸善友가 不可說倍니라

■ 위의 열 가지 행은 섞였지만 잡되지 않고, 건너서 들어감이 거듭거듭
하는 연고로 선재(善財)가 보현의 한 모공에 들어가서 얻을 바 법문이
모든 착한 벗보다 나으니 말할 수 없는 배나 된다.

나) 지위를 잡아 거듭 구분하다[約位重揀] 2.
(가) 바로 구분하고 모아서 해석하다[正揀會釋] (又上 3下6)
(나) 두 가지 해석을 결론하여 비판하다[結彈二釋] (若獨)

[疏] 又上十行을 通收爲二니 若位後普賢인대 則得果에 不捨因이라 徹窮
來際면 爲普賢行이니라 以人彰法하면 則普賢之行이니라 若位前과 位
中普賢인대 則以德으로 成人이니 但修普行을 卽曰普賢이니라 亦則普
賢이 卽行이니 但從行名故니라 若獨位後普賢인대 則普賢之行이 無
施下位니라 廣釋普賢은 如初會辨이니라

■ 또한 위의 열 가지 행을 전체로 거두면 둘이 되나니, 만일 위후보현
(位後普賢, 십지 수행이 끝난 보현)이라면 과덕을 얻을 적에 인행을 버리지
않는다. 미래제를 끝까지 다하면 보현행을 행한다. 사람으로 법을
밝히면 보현의 행이다. 만일 위전보현(位前普賢, 십지 이전의 보현)과 위
중보현(位中普賢, 십지 수행 도중의 보현)이라면 공덕으로 사람을 이룸이
다. 단지 넓은 행만 닦음은 곧 보현이라 말하고, 또한 보현은 행과

합치함이니 단지 행으로부터 이름한 까닭이다. 만일 유독 위후보현 (位後普賢)뿐이면 보현의 행은 아래 지위에 보시함이 없을 터이다. 보 현(普賢)에 대해 널리 해석한 것은 제1. 적멸도량법회에서 밝힌 내용 과 같다.

[鈔] 然普賢行下는 別釋普行이라 於中에 有三이니 一, 標擧요 二, 釋相이 요 三, 料揀이라 今初에 言諸經에 多有其名者는 法華經에 云, 若有 受持讀誦하며 正憶念하며 解其意趣하여 如說修行하면 當知是人은 行普賢行이라하니라 釋曰, 此卽有名호대 而相猶隱하니 則受持讀誦 은 是事行也요 正憶念은 通智行과 理行也니라 普賢觀經에 名觀普 賢行法經은 亦是持經과 禮懺과 坐禪이 皆其行耳라 故多有名하고 少辨行相일새 故今辨之니라…〈아래 생략〉…

● (2) 然普賢行 아래는 넓은 행의 뜻을 개별로 해석함이니 그중에 셋이 있다. 가. 표방하여 거론함이요, 나. 양상을 해석함이요, 다. 구분함 이다. 지금은 가.이니 '여러 경전에 대부분 그 명칭이 있다'고 말한 것 은 『법화경』(보현권발품)에 이르되, "만일 이 경을 받아 지녀 읽고 외우 며 바르게 생각하고 그 뜻을 잘 이해하여 설한 바와 같이 수행하면 그 사람은 보현의 행을 행하는 줄 마땅히 알라"고 하였다. 해석하자 면 이것은 곧 명칭이 있지만 모양은 오히려 숨어 버리므로 수지하고 독송함이 현상적인 행이 된다. '바르게 생각함[正憶念]'은 지혜로운 행 과 이치적인 행에 통하며, 보현관경은 『관보현보살행법경(觀普賢菩薩 行法經)』이라 이름한다. 또한 경전을 수지하고 예참하고 좌선함이 모 두 그런 행일 뿐이다. 그러므로 대부분 명칭이 있고 행법의 모양은 조 금만 밝혔으므로 지금 밝혔다. …〈아래 생략〉…

3. 근본 가르침[宗趣] 2.

1) 전체로 밝히다[通] (三宗 4下6)
2) 개별로 밝히다[別] (別以)

[疏] 三, 宗趣者도 亦先, 通이요 後, 別이라 通은 以二品이 明平等因果로
爲宗이요 會前差別로 爲趣니라 別은 以此品이 明平等圓因으로 爲宗
이요 成平等果無二로 爲趣니라

■ 3. 근본 가르침에도 또한 1) 전체로 밝힘이요, 2) 개별로 밝힘이다.
1) 전체로 밝힘에서 두 품이 평등한 인과를 밝힘으로 근본을 삼고,
앞의 차별한 인과와 회통함으로 가르침을 삼는다. 2) 개별로 밝힘은
이 보현행품이 평등한 원교의 인행을 밝힘으로 근본을 삼고, 평등한
과덕을 성취함이 둘이 없음으로 가르침을 삼는다.

4. 경문 해석[釋文] 2.

1) 총합하여 과목 나누다[總科] (釋文 5上4)

爾時에 普賢菩薩摩訶薩이 復告諸菩薩大衆言하시되 佛
子여 如向所演은 此但隨衆生根器所宜하여 略說如來少
分境界니 何以故오 諸佛世尊이 爲諸衆生의 無智作惡하
며 計我我所하며 執着於身하며 顚倒疑惑하며 邪見分別
하며 與興諸結縛으로 恒共相應하며 隋生死流하며 遠如
來道故로 出興于世하시니라

그때 보현보살마하살이 다시 여러 보살 대중에게 말하였다. "불자여, 지난 적에 말한 것은 중생의 근기에 마땅함을 따라서 여래 경계의 일부분을 말한 것이다. 왜냐하면 부처님 세존들은 중생들이 지혜가 없어 나쁜 짓을 하고 나와 내 것이라 억측하며, 몸에 극집하고 뒤바뀌게 의혹하고 삿된 소견으로 분별을 내어 여러 가지 결박과 항상 어울리며, 생사의 흐름을 따르고 여래의 도를 멀리하는 연고로 세상에 나시느니라.

[疏] 釋文中에 二니 此品에 辨因하고 後品에 明果라 前中에 亦二니 先, 長行直明이요 後, 以偈重顯이라

■ 4. 경문 해석 중에 둘이니 1) 이 보현행품에서 인행을 밝히고, 2) 뒤의 여래출현품에서 과덕을 밝혔다. 1) 중에 또한 둘이니 (1) 장항으로 곧바로 밝힘이요, (2) 게송으로 거듭 밝힘이다.

2) 개별로 해석하다[別釋] 2.
(1) 장항으로 밝히다[長行] 2.

가. 바로 설법하다[正說] 2.
가) 설법의 원인을 밝히다[明說因] 2.
(가) 앞을 표방하고 간략히 설명하다[標前略說] (前中 5上7)

[疏] 前中에 又二니 先, 正說이요 後, 瑞證이라 今初에 亦二니 先, 明說因이요 後, 佛子我不見下는 正陳今義라 前中에 亦二니 先, 標前少說이

요 後, 徵釋所由라 今初라 普賢說者는 以人表法故라 言如[77])向者는
一, 近指向前隨好一[78])品이니 爲於障重地獄衆生하여 略說隨好의
少分用故며 廣說難思요 二, 通指前所說之果하여 爲少分境이니 果
海絶言故요 三, 遠通差別因果라 雖有圓融之義나 以五位漸次하여
因果殊分이며 逐機就病하여 未盡法源이니 故名少分이라 則顯下의 平
等因果는 逐法性說이며 因果圓融일새 名廣大說이니라

■ (1) 중에 또 둘이니 가. 바로 설법함이요, 나. 서상으로 증명함이다.
지금은 가.에도 둘이니 가) 설법의 원인을 밝힘이요, 나) 佛子我不見
아래는 본경의 뜻을 진술함이다. 가) 중에 또 둘이니 (가) 앞을 표방
하고 조금 설명함이요, (나) 원인을 묻고 해석함이다. 지금은 (가)이
니 '보현보살이 설한' 것은 사람으로 법을 표하는 까닭이다. '지난 적
에'라 말한 것은 (1) 가깝게 앞을 향하여 수호공덕품 한 품을 가리킴
이니 장애가 무거운 지옥의 중생을 위하여 따르는 몸매가 조금은 작
용함을 간략히 말한 연고며, 불가사의함을 널리 말함이요, (2) 앞에
서 말한 과덕을 통틀어 지적하여 조금의 경계를 삼았으니, 과덕의 바
다는 말이 끊어진 연고요, (3) 멀리서 통틀어 인과를 차별함과 통함
이다. 비록 원융한 이치가 있지만 다섯 지위가 점차로 인과를 다르게
구분하였으며 근기를 좇아 병에 입각하여 법의 근원을 다하지 않았
으니, 그러므로 소분(少分)이라 이름하였다. 아래 평등한 인과는 법의
성품을 좇아 설하였으며, 인과가 원만하고 융섭하므로 '광대한 설법
[廣大說]'이라 이름하였다.

---

77) 如는 金本作指라 하나 誤植이다.
78) 一은 甲南續金本無, 源原本有라 하다.

(나) 원인을 묻고 해석하다[徵釋所由] 2.

ㄱ. 질문하다[徵] (二徵 5下3)

ㄴ. 해석하다[釋] (釋文)

[疏] 二, 徵釋이라 中에 徵意에 云, 何以前名少說고 釋文에 二意니 一者,
成上이니 諸佛世尊이 所以出世者는 以衆生이 有無明等十過하여 未
宜廣說일새 故로 先明差別等이니라 二者, 生後니 謂衆生이 旣過滋多
하고 障累無盡이라 則一治에 一切治며 一現에 一切現은 衆生無盡하
고 因果도 亦窮未[79]來際하나니 前之所隨가 由未盡故라 言十過者는
一者, 無明이요 二, 作惡行이니 晉經에 名諸纏이라 則亦是惑이니 此
二는 爲總이요 次六은 皆無明이니라 三, 計我我所요 四, 着身見이라
故로 六地에 云, 世間受身이 皆由着我라하니라 五, 三倒와 四倒等으
로 不能決斷이요 六, 乖僻正理요 七, 徧計分別이요 八, 結縛常[80]隨
요 九, 隨生死流는 義通業苦니 因流果流故라 十, 遠如來道는 行邪
徑故라 此는 結成其失이니라 結縛等名은 如常所辨이니라

■ (나) 원인을 묻고 해석함 중에 ㄱ. 질문한 의미는 이르되, "어찌하여
앞에서 조금 설한다고 이름하였는가?"라 하였다. ㄴ. 경문을 해석함
에 두 가지 의미이니 첫째, 위를 성립함이니 모든 부처님 세존이 세상
에 출현한 이유는 중생이 무명 등 열 가지 과실 때문이다. 마땅히 광
대하게 설하지 않는 연고로 먼저 차별 등을 설명하였다. 둘째, 뒤가
생겨남이다. 이른바 중생이 이미 허물이 많고 장애와 허물이 다하지
않는다. 하나를 다스릴 적에 온갖 것을 다스리며, 하나가 나타날 적
에 온갖 것이 나타나게 됨은 중생이 그지없고 인과도 또한 미래제까

---

79) 未는 甲南續金本無, 源原本有라 하다.
80) 常은 甲南續金本作恒이라 하다.

지 다하나니, 앞의 따르는 대상은 다하지 못함을 말미암은 까닭이
다. '열 가지 과실'이라 말한 것은 (1) 무명이요, (2) 악행을 지음이
다. 진경에는 모든 얽힘이라 말하고, 또한 미혹이라고도 말한다. 이
런 둘은 총상이요, 다음의 여섯은 모두 무명이다. (3) 나와 내 것이
라 계탁함이요, (4) 몸이란 소견에 집착한 까닭이다. 그러므로 제6지
에 이르되, "세간에서 몸을 받음은 모두 나에게 집착한 때문이다."
(5) 세 가지 전도와 네 가지 전도 등은 능히 결단하지 못함이다. (6)
바른 이치에 어그러지고 치우침이요, (7) 두루 계탁하여 분별함이요,
(8) 결박하여 항상 따름이요, (9) 생사의 흐름을 따름은 이치로는 업
과 고통에 통하나니, 인행의 흐름과 과덕의 흐름인 까닭이다. (10)
여래의 도와 먼 것은 삿된 경로로 가는 까닭이다. 여기서 그 과실을
결성함이니, 결박함 등의 명칭은 일상으로 밝힌 해석과 같다.

[鈔] 結縛等者는 非唯易故로 指於常解니라 然上經文에 早已頻釋이어니와
恐後學難尋하여 今更具出하리라 經에 云, 一, 無智者는 卽是無明이
니 此通獨頭와 相應二種하나라 二, 作惡者는 卽諸纏也니 此有八種
과 十種이라 言八種者는 謂一, 昏沈이요 二, 睡眠이니 此二는 障止라
雜集第七에 云, 謂修止時에 昏沈과 睡眠이 爲障於內[81]하여 引昏沈
故라하나라 三, 掉擧요 四, 惡作이니 此二는 障觀이라 論에 云, 於修擧
[82]時에 掉擧와 惡作이 爲障於外하여 能[83]引散亂故라하나라 釋曰, 上
一擧字는 卽是觀也[84]니라 五, 慳이요 六, 嫉이니 此二는 障捨라 論에
云, 於修捨時에 慳과 嫉이 爲障하나니 由成就此하여 於自他利를 各

---

81) 內下에 甲南續金本有龍字, 論原無라 하다.
82) 擧는 各本作觀, 據論改正 與下釋合이라 하다.
83) 能은 論無라 하다.
84) 上十字는 甲南續金本無, 案上一擧字 指修擧之擧 各本改擧爲觀 故甲南續金本皆無此釋이라 하다.

妬門中에 數數搖動하여 行人의 心故라하니라 七, 無慚이요 八, 無愧니 此二는 障尸羅라 論에 云, 修[85]淨尸羅時에 無慚과 無愧가 爲障하나니 由具此二하여 犯諸學處호대 無羞恥故라하니라

● 결박함 등은 오직 쉬운 것이 아닌 연고로 일상으로 해석함을 지적하였다. 그러나 위의 경문에 일찍이 이미 자주 해석하였지만 후학은 찾기 어려움을 두려워하여 지금 다시 갖추어 내보인 것이다. 경문에 이르되, "(1) 지혜가 없다는 것은 곧 무명이니 여기서 독두(獨頭)와 상응(相應)함의 두 종류와 통한다. (2) 악을 지음은 곧 여러 얽힘의 뜻이다. 여기서 여덟 종류와 열 종류가 있다. 여덟 종류라 말한 것은 이른바 ① 혼침 ② 수면이니 이 둘은 장애를 그침이다. 『잡집론』제7권에 이르되, "이른바 그침을 수행할 적에 혼침과 수면이 안을 장애하여 혼침을 이끈 까닭이다"라고 하였다. ③ 도거 ④ 나쁜 지음이니 이 둘은 관법을 장애한다. 논에 이르되, "관법을 닦을 적에 도거와 나쁜 지음이 밖을 장애하여 능히 산란함을 이끄는 까닭이다"라 하였다. 해석하자면 위의 한 거(擧) 자는 곧 관(觀) 자이다. ⑤ 인색함 ⑥ 질투이니 이 둘은 버림을 장애한다. 논에 이르되, "버림을 수행할 때에 인색함과 질투로 장애를 삼나니, 이를 성취함으로 인하여 자신과 다른 이를 이롭게 함을 인색함과 질투의 문 중에 자주자주 요동하여 사람의 마음을 움직이는 까닭이다"라고 하였다. ⑦ 부끄러워하지 않음 ⑧ 창피해 하지 않음이니 이 둘은 시라(尸羅)를 장애한다. 논에 이르되, "청정한 시라를 닦을 때에 부끄럼 없고 창피함 없음으로 장애가 되나니, 이런 둘을 갖춤으로 인하여 모든 배울 곳을 범하고 수치함도 없는 까닭이다"라고 하였다.

---

85) 修는 南續金本無, 論原本有라 하다.

言十纏者는 更加忿과 覆이라 俱舍頌에 云, 或十은 加忿覆이라하니라
雜集論에 云, 數數增盛하여 纏繞身心일새 故名爲纏이라 由此諸纏이
數數增盛하여 纏繞一切觀行者心하여 於修善品에 爲障礙故[86]라하고
更有五纏하니 謂愛와 恚와 慢과 嫉과 慳이라…〈아래 생략〉…

● '열 가지 얽힘'이라 말한 것은 다시 분노함과 덮음을 더한 것이다. 『구
사론』(제21권)의 게송에 이르되, "혹 열이라고 하여 분노함 덮음을 첨
가하나니"라고 하였다. 『잡집론』(제7권 決擇分中 諦品)에 이르되, "누차
왕성하게 마음을 휘감는 까닭에 '전(纏)'이라 이름한다. 이 같은 여러
가지 전(纏)이 누차 왕성해져서 모든 관(觀)을 닦는 사람의 마음을 휘
감는 까닭에 선품을 닦는 데에 장애가 되는 것이다"라고 하였다. "다
시 다섯 가지 얽힘이 있으니 이른바 애정, 성냄, 교만, 미워함, 인색함
이다."…〈아래 생략〉…

나) 보현행의 뜻을 진술하다[陳今義] 2.

(가) 다스릴 성냄의 장애가 광대하고 많음을 밝히다[明所治廣多] 3.
ㄱ. 총합하여 표방하다[總標] (第二 7下1)

佛子여 我不見一法도 爲大過失이 如諸菩薩이 於他菩
薩에 起瞋心者니라
불자여, 나는 어떤 법의 허물이라도 보살들이 다른 보살에
게 성내는 마음을 일으키는 것보다 큰 것을 보지 못하였노
라.

---

86) 上四字는 南續金本作能爲障礙라 하다.

[疏] 第二, 正陳普賢行이라 中에 二니 先, 明所治廣多요 後, 是故諸菩薩
下는 能治深妙라 今初에 既一惑成百萬障이면 則一障에 一切障이요
義則惑惑皆然이나 今從重說이니라 文中에 三이니 初, 標요 次, 徵釋이
요 後, 結成이라 今初에 總標니 瞋이 最重하여 除瞋之外에 更徧推求하
여도 無有一惡이 如瞋之重이라 故로 晋經에 云, 起一瞋心이 一切惡
中에 無過此惡이라하고 決定毘尼經에 云, 菩薩이 寧起百千貪心이언
정 不起一瞋하니 以違害大悲가 莫過此故라하시며 菩薩善戒에도 亦同
此說하니라 言於他菩薩者는 若於菩薩에 起瞋하면 其過尤重은 以令
菩薩로 廢大行故라 是以로 大般若中에 天魔가 見諸菩薩互相是非
하면 過常大喜라하니라

■ 나) 보현행의 뜻을 진술함이다. 그중에 둘이니 (가) 다스릴 성냄의 장
애가 광대하고 많음을 밝힘이요, (나) 是故諸菩薩 아래는 다스리는
주체가 깊고 묘함이다. 지금은 (가)에 이미 하나의 미혹함이 백만 가
지 장애를 이루나니, 하나에 장애되면 온갖 것에 장애되고, 이치로는
미혹과 미혹이 모두 그러하지만 지금은 무거운 것부터 말하였다. 경
문 중에 셋이니 ㄱ. 표방함이요, ㄴ. 묻고 해석함이요, ㄷ. 결론하여
이룸이다. 지금은 ㄱ. 총합하여 표방함이니 성냄이 가장 무거워서 성
냄을 제거한 외에 다시 두루 추구하여도 하나의 악함도 없나니, 성냄
의 무게와 같다. 그러므로 진경(晋經)에 이르되, "하나의 성낸 마음을
일으키는 것이 온갖 악함 중에 이런 악함보다 더한 것이 없다"라고 하
였고, 『결정비니경(決定毘尼經)』에 이르되, "보살이 차라리 백천 가지 탐
심을 일으키더라도 하나의 성냄을 일으키지 말지니, 대비를 위배하고
해침이 이보다 더한 것이 없는 까닭이다"라고 하였고, 『보살선계경』
에도 또한 이와 같이 설명하였다. '다른 보살에게'라 말한 것은 만일

보살에게 성냄을 일으키면 그 허물이 더욱 무겁나니 보살로 하여금 큰 행을 폐한 까닭이다. 이런 연고로 『대반야경』 중에 "천마가 여러 보살이 번갈아 시비하면 평소보다 더한 기쁨을 본다"라고 하였다.

故晋經者는 以今經은 譯者가 爲順文을 令人誤解일새 故引三經하여 以正其義라 謂習禪者가 聞經의 不見諸法이 爲大過惡하고 便云호대 惡本性空일새 故云不見하여 見則妄想이라하니 雖是正理나 不順今經 일새 故引三經하여 明是無惡過此언정 爲不見有耳니라하고 決定毘尼 者는 經은 但一卷이니 優波離가 白佛言호대 世尊하 或有欲相應心으로 而犯於戒하며 或有瞋相應心으로 而犯於戒하며 或有癡相應心으로 而犯於戒하면 何者爲重이닛고 佛言하사대 若有菩薩이 如恒河沙欲 相應心으로 而犯於戒하며 或有菩薩이 由一瞋心하여 而犯於戒하면 因瞋犯者는 當知最重이니 所以者何오 因瞋恚故로 能捨衆生이니라 乃至云, 所有諸結로 能生親愛하면 菩薩이 於此에 不應生畏어니와 所 有諸結로 能捨衆生하면 菩薩이 於此에 應生大畏라하시며 乃至云, 大 乘之人이 因欲犯戒하면 我說是人은 不名爲犯이어니와 因瞋犯者는 名大過惡이니 名大墮落이라 於佛法中에 是大留難이라하니라 是以大 般若下는 證於菩薩이 起瞋中最重이니 彼說하사대 魔見衆生이 互相 是非에 亦生歡喜나 而非大喜어니와 若見菩薩이 互相是非하면 則生 大喜하여 過於常喜니 如二虎鬪에 小亡大傷하여 二俱無益이라 菩薩 亦爾하여 自他並損하여 皆失二利故라하니라

● '그러므로 진경'이란 본경을 번역한 이가 경문을 수순한 것을 사람이 잘못 알게 하는 연고로 세 경전을 인용하여 그 뜻을 바로잡았다. 이른바 선(禪)을 익히는 이는 경을 들을 적에 모든 법으로 큰 과오가 됨

을 보지 않고 문득 말하되, "악함의 본성이 공하므로 '보지 못한다'고
말하여, 보는 것은 망상(妄想)이니 비록 바른 이치이지만 본경을 따르
지 않는 연고로 세 경문을 인용하여 악함이 이보다 더한 것이 없을지
언정 있는 것을 보지 않으려 한 것이 분명하다."『결정비니경(決定毘尼
經)』이란 경은 한 권뿐이니, "우바리가 부처님께 말씀드리되, '세존이
시여, 혹은 욕심과 상응하는 마음으로 계율을 범함이 있으며, 혹은
성냄과 상응하는 마음으로 계율을 범함이 있거나, 혹은 어리석음과
상응하는 마음으로 계율을 범함이 있을 적에 어떤 것이 무거움이 됩
니까?' 부처님이 말씀하시되, '만일 보살이 항하 모래와 같은 욕심과
상응하는 마음으로 계율을 범하거나, 혹은 어떤 보살이 하나의 성내
는 마음으로 인해 계율을 범한다고 하면, 마땅히 알라, 성냄으로 인
해 범하는 것이 가장 무거우니라. 왜냐하면 성냄을 인한 연고로 능히
중생을 버리기 때문이다.' 나아가 말하되, '가진 바 모든 결박은 능히
친하고 사랑함을 일으키면 보살이 여기서 응당히 두려움을 일으키지
않거니와 가진 바 모든 결박은 능히 중생을 버리면 보살이 여기에서
응당히 큰 두려움을 일으켜야 한다'라 하시며, 나아가 말하되, '대승
의 사람은 욕심으로 인해 계를 범하면 나는 말하되 '이 사람이 범했
다'고 이름하지 않는다. 성냄으로 인해 범하는 것은 '큰 잘못'이라 이
름하며 '크게 타락함'이라 이름한다. 불법 가운데 큰 어려움을 남기
게 된다"라 하였다. 是以大般若 아래는 보살이 성냄을 일으킴이 그
중에 가장 무거움을 증명하였나니, 저에 말하되, "마군이 중생이 서
로 번갈아 시비함을 보면 또한 환희심을 일으키지만 큰 기쁨은 아니
거니와 만일 보살이 번갈아 시비함을 보면 큰 기쁨을 일으켜서 평소
의 기쁨보다 더한 것이 마치 두 마리 호랑이가 싸우는 것과 같아서

작은 것은 죽고 큰 것은 상처 입어서 둘 다 이익이 없다. 보살도 그러하여 나와 남이 아울러 손해가 되어서 모두 두 가지 이익을 잃는 까닭이다"라고 하였다.

ㄴ. 묻고 해석하다[徵釋] 2.
ㄱ) 질문하다[徵] (二何 8下10)

何以故오 佛子여 若諸菩薩이 於餘菩薩에 起瞋恚心하면 即成就百萬障門故니라
왜냐하면 불자여, 만약 보살이 다른 보살에게 성내는 마음을 일으키면 백만의 장애되는 문을 이루게 되는 연고이니라.

[疏] 二, 何以下는 徵釋이라
■ ㄴ. 何以 아래는 묻고 해석함이다.

ㄴ) 성냄으로 인한 백만 가지 장애를 해석하다[釋] 2.
(ㄱ) 총합하여 밝히다[總顯] (釋中 8下10)
(ㄴ) 묻고 나열하다[徵列] 4.
a. 간략히 표방하여 거론하다[略標擧] (二何)

何等爲百萬障고 所謂不見菩提障과 不聞正法障과 生不淨世界障과 生諸惡趣障과 生諸難處障과 多諸疾病障과 多被謗毀障과 生頑鈍諸趣障과 壞失正念障과 闕少智慧

障과 眼障과 耳障과 鼻障과 舌障과 身障과 意障과 惡知
識障과 惡伴黨障과 樂習小乘障과 樂近凡庸障과 不信
樂大威德人障과 樂與離正見人同住障과 生外道家障과
住魔境界障과 離佛正敎障과 不見善友障과 善根留難障
과 增不善法障과 得下劣處障과 生邊地障과 生惡人家
障과 生惡神中障과 生惡龍惡夜叉惡乾闥婆惡阿修羅惡
迦樓羅惡緊那羅惡摩睺羅伽惡羅刹中障과

不樂佛法障과 習童蒙法障과 樂着小乘障과 不樂大乘障
과 性多驚怖障과 心常憂惱障과 愛着生死障과 不專佛
法障과 不喜見聞佛自在神通障과 不得菩薩諸根障과 不
行菩薩淨行障과 退怯菩薩深心障과 不生菩薩大願障과
不發一切智心障과 於菩薩行懈怠障과 不能淨治諸業障
과 不能攝取大福障과 智力不能明利障과 斷於廣大智慧
障과 不護持菩薩諸行障과 樂誹謗一切智語障과 遠離諸
佛菩提障과 樂住衆魔境界障과 不專修佛境界障과 不決
定發菩薩弘誓障과

不樂與菩薩同住障과 不求菩薩善根障과 性多見疑障과
心常愚闇障과 不能行菩薩平等施故로 起不捨障과 不能
持如來戒故로 起破戒障과 不能入堪忍門故로 起愚癡惱
害瞋恚障과 不能行菩薩大精進故로 起懈怠垢障과 不能
得諸三昧故로 起散亂障과 不修治般若波羅蜜故로 起惡
慧障과 於處非處中無善巧障과 於度衆生中無方便障과
於菩薩智慧中不能觀察障과 於菩薩出離法中不能了知
障과 不成就菩薩十種廣大眼故로 眼如生盲障과 耳不聞

無礙法故로 口如瘂羊障과 不具相好故로 鼻根破壞障과
不能辯了衆生語言故로 成就舌根障과 輕賤衆生故로 成
就身根障과 心多狂亂故로 成就意根障과 不持三種律儀
故로 成就身業障과 恒起四種過失故로 成就語業障과
多生貪瞋邪見故로 成就意業障과 賊心求法障과 斷絶菩
薩境界障과 於菩薩勇猛法中에 心生退怯障과 於菩薩出
離道中에 心生懶惰障과 於菩薩智慧光明門中에 心生止
息障과 於菩薩念力中에 心生劣弱障과 於如來敎法中에
不能住持障과 於菩薩離生道에 不能親近障과 於菩薩無
失壞道에 不能修習障과 隨順二乘正位障과 遠離三世諸
佛菩薩種性障이니

무엇을 백만 가지 장애라 하는가? 이른바 (1) 보리를 보지
못하는 장애, 바른 법을 듣지 못하는 장애, 부정한 세계에
나는 장애, 나쁜 길에 나는 장애, (5) 여러 어려운 곳에 나는
장애, 병이 많은 장애, 비방을 받는 장애, 우둔한 길에 나는
장애, 바른 생각을 잃는 장애, (10) 지혜가 모자라는 장애,
눈 장애, 귀 장애, 코 장애, 혀 장애, (15) 몸 장애, 뜻 장애,
악지식 장애, 나쁜 동무 장애, 소승을 좋아하는 장애, (20)
용렬한 이를 가까이하기를 좋아하는 장애, 큰 위력 있는 이
를 믿지 않는 장애, 바른 소견 없는 사람과 함께 있기를 좋
아하는 장애, 외도의 집에 나는 장애, 마의 경계에 머무는
장애, (25) 부처의 바른 가르침을 여의는 장애, 선지식을 보
지 못하는 장애니라. (27) 착한 뿌리를 가로막는 장애, 착하
지 못한 법이 느는 장애, 못난 곳을 얻게 되는 장애, (30) 변

방에 나는 장애, 악한 사람의 집에 나는 장애, 나쁜 귀신 중에 나는 장애, 나쁜 용·나쁜 야차·나쁜 건달바·나쁜 아수라·나쁜 가루라·나쁜 긴나라·나쁜 마후라가 (40) 나쁜 나찰 속에 나는 장애,

(41) 불법을 좋아하지 않는 장애, 아이들 법을 익히는 장애, 소승을 좋아하는 장애, 대승을 좋아하지 않는 장애, (45) 놀라는 성질이 많은 장애, 마음이 항상 걱정되는 장애, 생사에 애착하는 장애, 불법에 전념하지 못하는 장애, 부처님의 자재한 신통을 듣고 보기를 기뻐하지 않는 장애이니라. (50) 보살의 모든 근을 얻지 못하는 장애, 보살의 행을 닦지 못하는 장애, 보살의 깊은 마음을 겁내는 장애, 보살의 큰 서원을 내지 못하는 장애, 온갖 지혜의 마음을 내지 못하는 장애, (55) 보살의 행에 게으른 장애, 모든 업을 깨끗이 다스리지 못하는 장애, 큰 복을 거둬들이지 못하는 장애, 지혜의 힘이 날카롭지 못한 장애, 광대한 지혜를 끊는 장애, (60) 보살의 행을 보호해 가지지 못하는 장애, (61) 온갖 지혜로 하는 말을 비방하기 좋아하는 장애, 부처의 보리를 멀리 여의는 장애, 여러 마의 경계에 있기 좋아하는 장애, 부처의 경계를 오로지 닦지 않는 장애, (65) 보살의 큰 서원을 결정적으로 내지 못하는 장애이니라.

(66) 보살과 함께 있기를 좋아하지 않는 장애, 보살의 착한 뿌리를 구하지 않는 장애, 성품에 의심이 많은 장애, 마음이 항상 어리석은 장애, (70) 보살의 평등한 보시를 행하지 못하는 탓으로 버리지 못함을 일으키는 장애, 여래의 계율을

지니지 못하는 탓으로 계를 파하는 장애, 견디고 참는 문에 들어가지 못하는 탓으로 어리석고 시끄럽고 성내는 일을 일으키는 장애, 보살의 큰 정진을 행하지 못하는 탓으로 게으른 때를 일으키는 장애, 여러 삼매를 얻지 못한 탓으로 산란을 일으키는 장애, (75) 반야바라밀다를 닦지 못하는 탓으로 나쁜 지혜를 일으키는 장애, 옳은 곳과 옳지 못한 곳에 방편이 없는 장애, 중생을 제도하는 가운데 방편이 없는 장애, 보살의 지혜 속에서 잘 관찰하지 못하는 장애, 보살의 뛰어나는 법에서 분명하게 알지 못하는 장애이니라.

(80) 보살의 열 가지 광대한 눈을 성취하지 못한 탓으로 눈이 배 안의 소경과 같은 장애, 귀로 걸림 없는 법을 듣지 못한 탓으로 입이 벙어리 양과 같은 장애, 상호를 갖추지 못한 탓으로 코가 망그러지는 장애, 중생의 말을 잘 알지 못하는 탓으로 혀를 성취하는 장애, 중생을 업신여긴 탓으로 몸을 성취하는 장애, (85) 마음에 어지러움이 많은 탓으로 뜻을 성취하는 장애, 세 가지 계율을 지니지 못한 탓으로 몸의 업을 성취하는 장애, 네 가지 허물을 항상 일으킨 탓으로 말의 업을 성취하는 장애, 탐욕·성냄·삿된 소견을 많이 낸 탓으로 뜻의 업을 성취하는 장애이니라. 도둑 마음으로 법을 구하는 장애, (90) 보살의 경계를 끊는 장애, 보살의 용맹한 법에 겁나서 물러나는 마음을 내는 장애, 보살의 벗어나는 도에 게으른 마음을 내는 장애, 보살의 지혜 광명 문에 그만 두는 마음을 내는 장애, 보살의 기억하는 힘에 용렬한 마음을 내는 장애, (95) 여래의 가르친 법에 머물러 지니지 못하

는 장애, 보살의 생사를 여의는 도에 친근하지 못하는 장애, 보살의 잘못됨이 없는 도에 닦지 못하는 장애, 이승의 바른 지위를 따르는 장애, (99) 삼세의 모든 부처님의 보살 종성을 멀리 여의는 장애이니라.

[疏] 釋中에 二니 一, 總顯이요 二, 何等下는 徵列이라 標雖百萬이나 略列百門하니라

■ ㄴ) (성냄으로 인한 백만 가지 장애를) 해석함 중에 둘이니 (ㄱ) 총합하여 밝힘이요, (ㄴ) 何等 아래는 묻고 나열함이다. 표방함은 비록 백만이지만 대략 백 가지 문을 나열하였다.

b. 고덕의 해석을 말하다[敍古釋] (古人 10下8)
c. 수순하고 위배됨을 밝히다[辨順違] (此釋)
d. 바른 이치를 결론하여 이루다[成正義] (又所)

[疏] 古人이 寄位分五하니 初, 障十信行이요 二, 不樂佛法下는 障十住行이요 三, 不得菩薩諸根下는 障十行之行이요 四, 樂誹謗一切下는 障十向行이요 五, 不樂與菩薩同住下는 障十地行이니라 言口如瘂羊障者는 此是耳根障이니 以生邊地의 不聞法處故로 口無所說이니라 舌根之障은 次下에 自明하니라 昔에 結云호대 菩薩萬行이 不過此五어늘 起一瞋心에 一切頓障이라하니 此釋이 非不有理나 如賊心求法에 豈獨障於地耶아 是知通障一切로다 信尙不起온 況後位耶아 又所障法界가 如帝網重重일새 能障도 同所하여 亦皆無盡이니 故知百萬도 猶是略明이로다

■ 고덕이 지위에 의탁하여 다섯으로 나누리니 ((40) 惡羅刹中障까지는) a) 십신(十信)의 행을 장애함이요, b) (41) 不樂佛法 아래는 십주(十住)의 행을 장애함이요, c) (50) 不得菩薩諸根 아래는 십행(十行)의 행을 장애함이요, d) (61) 樂誹謗一切 아래는 십회향(十廻向)의 행을 장애함이요, e) (66) 不樂與菩薩同住 아래는 십지(十地)의 행을 장애함이다. '(81) 입이 벙어리 양과 같은 장애'라 말한 것은 이것은 이근(耳根)의 장애이니, 변방의 땅에 태어나 법을 듣지 못하는 곳이므로 입으로 말할 것이 없다. 혀의 장애는 다음 아래에 자연히 밝힐 것이다. 예전에는 결론하여 말하되, "보살의 만행이 이런 다섯을 넘지 않는데 한번 성내는 마음을 일으킬 적에 온갖 것이 단박에 장애된다"라고 하였다. 여기서는 이치가 없지 않음을 해석하였지만 마치 도둑 같은 마음으로 법을 구할 적에 어찌 유독 지(地)만을 장애하겠는가? 이로써 알라, 통틀어 온갖 것을 장애하는 도다. 믿음을 오히려 일으키지 않는다면 하물며 뒤의 지위이겠는가? 또한 장애할 법계가 인드라망처럼 거듭거듭 하여 장애하는 주체가 대상과 같다. 또한 모두 다함이 없는 연고로 백만 가지가 오히려 간략히 밝힌 것임을 알겠다.

[鈔] 古人寄位下는 二, 敍[87)古釋이니 刊定도 同此니라 三, 此釋非不有理下는 辨順違요 四, 又所障下는 結成正義라 猶是古釋일새 故有又言이라 疏意는 取此하여 不欲局配니 故爲正義니라

● b. 古人寄位 아래는 고덕의 해석을 말함이니 간정공의 견해도 이와 같다. c. 此釋非不有理 아래는 수순하고 위배됨을 밝힘이요, d. 又所障 아래는 바른 이치를 결론함이다. 고덕의 해석과 같으므로 또한

---

87) 敍는 南金本作斥誤, 原本作序 甲續本作敍라 하다.

[又]이란 말이 있다. 소가의 주장은 이것을 취하여 국한하여 배대하지 않았으니 그래서 바른 이치가 되었다.

ㄷ. 결론하여 성취하다[結成] (三佛 11下3)

佛子여 若菩薩이 於諸菩薩에 起一瞋心하면 則成就如是
等百萬障門이니라 何以故오 佛子여 我不見有一法도 爲
大過惡이 如諸菩薩이 於餘菩薩에 起瞋心者하라
불자여, 만일 보살이 모든 보살에게 한번 성내는 마음을 일
으키면 이러한 백만 가지 장애되는 문을 이루게 되나니 무
슨 까닭이냐? 불자여, 나는 어떤 법의 허물이라도 보살이
다른 보살에게 성내는 마음을 일으키는 것보다 더 큰 것을
보지 못하였느니라.

[疏] 三, 佛子若菩薩下는 結成을 可知로다
■ ㄷ. 佛子若菩薩 아래는 결론하여 성취함이니 알 수 있으리라.

(나) 다스리는 주체가 깊고 묘함을 밝히다[辨能治深妙] 2.
ㄱ. 바로 밝히다[正顯] 6.

ㄱ) 열 종류로 부지런히 수행하다[十種勤修] 2.
(ㄱ) 수행하기 권함을 표방하여 거론하다[標擧勸修] (第二 11下6)

是故로 諸菩薩摩訶薩이 欲疾滿足諸菩薩行인댄 應勤修

十種法이니

그러므로 보살마하살이 모든 보살의 행을 빨리 만족하려거
든 열 가지 법을 부지런히 닦아야 하나니,

[疏] 第二, 能治深妙라 中에 二니 先, 正顯이요 後, 結勸이라 今初에 文有
六位하여 位各十行이니 初一, 始修요 後五, 成益이라 故로 後五段은
展轉依初니 是爲初卽攝後며 一治에 一切治也라 說有前後나 得卽
一時니라 今初를 分二니 先, 標擧勸修요

■ (나) 다스리는 주체가 깊고 묘함이다. 그중에 둘이니 ㄱ. 바로 밝힘
이요, ㄴ. 결론하여 권함이다. 지금은 ㄱ.에 경문에 여섯 지위가 있어
서 지위마다 각기 열 가지 행이니, ㄱ) 하나는 수행을 시작함이요,
ㄴ) 뒤의 다섯은 이익을 성취함이다. 그러므로 뒤의 다섯 문단은 전
전이 처음을 의지하나니, 이것은 처음이 곧 뒤를 포섭함이 되며, 하나
를 다스릴 적에 모두를 다스림이 된다. 말함에 앞뒤가 있지만 동시와
합치함을 얻는다. 지금은 ㄱ)을 둘로 나누리니 (ㄱ) 수행하기 권함
을 표방하여 거론함이요,

(ㄴ) 숫자로 묻고 나열하여 결론하다[徵數列結] (後何 12上5)

何等爲十고 所謂心不棄捨一切衆生하며 於諸菩薩에 生
如來想하며 永不誹謗一切佛法하며 知諸國土가 無有窮
盡하며 於菩薩行에 深生信樂하며 不捨平等虛空法界菩
提之心하며 觀察菩提하여 入如來力하며 精勤修習無礙
辯才하며 敎化衆生하되 無有疲厭하며 住一切世界하되

心無所着이 是爲十이니라

무엇이 열인가? 이른바 마음에 일체중생을 버리지 않음과, 여러 보살에게 여래라는 생각을 내는 것과, 일체 불법을 영원히 비방하지 않음과, 모든 국토가 다하지 아니함을 아는 일과, 보살의 행에 믿고 좋아함을 내는 일과, 평등한 허공법계 같은 보리심을 버리지 않음과, 보리를 관찰하여 여래의 힘에 들어감과, 걸림 없는 변재를 부지런히 익힘과, 중생 교화에 고달픔이 없음과, 일체 세계에 머무르되 마음에 집착이 없음이니, 이것이 열이니라.

[疏] 後, 何等下는 徵列及結이라 於中에 十法을 攝爲五對하여 辨五種修니 初二, 約人하여 明謙敬修니 敬上愛下故라 次二, 約法하여 明眞正修니 順敎知事故라 次二, 約心行하여 明廣大修니 樂大行하고 堅大心故라 次二, 約智하여 明增勝修니 內入果智하고 外起勝辯故라 後二, 約悲願하여 明長時修니 衆生無盡이나 悲化[88]不疲며 世界無邊이나 願住不着故니라

■ (ㄴ) 何等 아래는 (숫자로) 묻고 나열하여 결론함이다. 그중에 열 가지 법을 섭수하여 다섯 대구가 되어 다섯 가지 수행으로 밝힌다. a. 처음 두 구절은 사람을 잡아서 겸양하고 공경한 수행을 밝힘이니, 위를 공경하고 아래를 사랑하는 까닭이다. b. 다음 두 구절은 법을 잡아서 참되고 바른 수행을 밝힘이니, 교법을 따라 일을 아는 까닭이다. c. 다음 두 구절은 마음의 흐름을 잡아서 광대한 수행을 밝힘이니, 대승의 행을 즐거워하고 대승의 마음이 굳건하기 때문이다. d.

---

88) 化는 金本作此, 源原南續本作化라 하다.

다음 두 구절은 지혜를 잡아서 더욱 뛰어난 수행을 밝힘이니, 안으로 과덕의 지혜에 들어가고 밖으로 뛰어난 변재를 일으키는 까닭이다.

e. 뒤의 두 구절은 대비 원력을 잡아서 오랜 수행을 밝힘이니, 중생이 그지없지만 대비로 교화함을 고달파하지 않으며, 세계가 그지없지만 원(願)에 머물러도 집착이 없는 까닭이다.

ㄴ) 열 가지 청정함[十種淸淨] 2.

(ㄱ) 앞을 토대로 뒤를 시작하다[躡前起後] (第二 12下7)

(ㄴ) 숫자로 묻고 명칭을 나열하다[徵數列名] (列中)

佛子여 菩薩摩訶薩이 安住此十法已에 則能具足十種淸
淨이니 何等爲十고 所謂通達甚深法淸淨과 親近善知識
淸淨과 護持諸佛法淸淨과 了達虛空界淸淨과 深入法界
淸淨과 觀察無邊心淸淨과 與一切菩薩同善根淸淨과 不
着諸劫淸淨과 觀察三世淸淨과 修行一切諸佛法淸淨이
是爲十이니라

불자여, 보살마하살이 이 열 가지 법에 머무르면 능히 열 가지 청정함을 구족하나니, 무엇이 열인가? 이른바 (1) 매우 깊은 법을 통달하는 청정과 (2) 선지식을 친근하는 청정과 (3) 부처님 법을 보호하는 청정과 (4) 허공계를 분명히 아는 청정과 (5) 법계에 깊이 들어가는 청정과 (6) 그지없는 마음을 관찰하는 청정과 (7) 일체 보살과 착한 뿌리가 같은 청정과 (8) 모든 겁에 집착하지 않는 청정과 (9) 세 세상을 관찰하는 청정과 (10) 일체 불법을 수행하는 청정이니, 이것이 열이니라.

[疏] 第二, 淸淨者는 依前正修行時하여 成離染故라 文中에 二니 初, 躡
前起後요 後, 徵數列名이라 下皆倣此라 列中에 十句가 次第從前十
句而成이니 一, 由不捨衆生故로 達深法淨이니 以衆生이 皆有佛性일
새 卽妄而眞이 爲深法故니라 二, 由敬上故로 能近이요 三, 由不謗故
로 能護요 四, 由知無盡故로 了如空이요 五, 由菩薩行이 不離法界
故로 深入이요 六, 知菩提心이 等虛空故로 無邊이요 七, 觀察菩薩이
皆同此觀하여 能入佛力일새 故名爲根이요 八, 精修不懈일새 故不着
劫數요 九, 由化無厭故로 觀三世衆生化未化等이요 十, 由願住世
界하여 能修一切佛法이니라

■ ㄴ) 열 가지 청정함은 앞의 바로 수행할 때에 의지하여 염오를 여읨을
이루는 까닭이다. 경문 중에 둘이니 (ㄱ) 앞을 토대로 뒤를 시작함이
요, (ㄴ) 숫자로 묻고 명칭을 나열함이니, 아래는 모두 이것과 비슷
하다. (ㄴ) 나열함 중에 열 구절은 순서대로 앞으로부터 열 구절을
이루었으니, (1) 중생을 버리지 않음으로 인해 통달함이 깊어서 법이
청정하나니, 중생이 모두 불성이 있으므로 망법과 합치한 진법이라서
깊은 법이 되는 까닭이다. (2) 위를 공경함으로 인해 능히 가까워짐
이요, (3) 비방하지 않음으로 인해 능히 보호함이요, (4) 그지없음을
아는 것으로 인해 허공과 같음을 요달함이요, (5) 보살행이 법계를
여의지 않음으로 인해 깊이 들어감이요, (6) 보리심이 허공과 같음을
앎으로 인해 그지없음이요, (7) 보살이 모두 이런 관법과 같음을 관
찰하여 능히 부처님 능력에 들어가는 연고로 뿌리라 말함이요, (8)
정미롭게 수행하고 게으르지 않은 연고로 겁의 숫자에 집착하지 않

음이요, (9) 교화하기 싫어함이 없음으로 인해 삼세의 중생이 교화하고 교화하지 못하고 등을 관찰함이요, (10) 원력으로 세계에 머무름으로 인해 능히 모든 불법을 수행함이다.

ㄷ) 열 가지 광대한 지혜[十種廣大智] (第三 13下3)

佛子여 菩薩摩訶薩이 住此十法已에 則具足十種廣大智니 何等爲十고 所謂知一切衆生心行智와 知一切衆生業報智와 知一切佛法智와 知一切佛法深密理趣智와 知一切陀羅尼門智와 知一切文字辯才智와 知一切衆生語言音聲辭辯善巧智와 於一切世界中普現其身智와 於一切衆會中普現影像智와 於一切受生處中具一切智智가 是爲十이니라

불자여, 보살마하살이 이 열 가지 법에 머무르면 열 가지 광대한 지혜를 구족하나니, 무엇이 열인가? 이른바 일체중생의 마음과 행을 아는 지혜와, 일체중생의 업보를 아는 지혜와, 일체 부처님 법을 아는 지혜와, 일체 불법의 깊고 비밀한 이치를 아는 지혜와, 일체 다라니 문을 아는 지혜와, 일체 문자와 변재를 아는 지혜와, 일체중생의 말과 음성과 말 잘하는 방편을 아는 지혜와, 일체 세계에 두루 몸을 나타내는 지혜와, 여럿이 모인 모든 회중에 영상을 나타내는 지혜와, 모든 태어나는 곳에서 온갖 지혜를 갖추는 지혜니, 이것이 열이니라.

[疏] 第三, 廣大智者는 垢染을 既拂에 本智自明하여 稱性相知일새 故云廣大니 亦從前十과 及次十而成이라 然有開合이나 恐煩不配하노니 說者는 隨宜니라

■ ㄷ) 열 가지 광대한 지혜는 때 묻고 더러움을 이미 떨어낼 적에 근본지가 자연히 밝아서 성품과 모양에 칭합하게 아는 연고로 광대하다고 말하나니, 또한 앞의 열 가지와 다음의 열 가지로부터 성취하였다. 그러나 열고 합함이 있지만 번거로울까 두려워 배대하지 않았으니, 설하는 이는 마땅함을 따를지니라.

[鈔] 亦從前十等者는 疏恐文繁일새 今當略配하리라 其中名字는 有同初十하며 有同次十일새 今且如次하여 配於次十하노라 一, 由知深法하여 了衆生心行이니 衆生心行이 最甚深故라 二, 由近友하여 成勝業報요 三, 由護法故로 知佛法이요 四, 了達空界하여 知深理趣요 五, 深入法界하여 成妙義持요 六, 觀無邊心이 即是所詮일새 故得能詮하여 辯才演暢이요 七, 具菩薩行하여 能隨心演이요 八, 同菩薩善일새 故能普徧이요 九, 不着諸劫하여 常現影像이요 十, 順諸佛法하여 具一切智라 從次十生이 既如次第인대 從初十生도 義同前說이니라 上依不開어와 若開合者인대 如初二法이 皆是深法이면 則此開前合이요 若此總持가 由於近友護法而成이면 則此合前開라 約理無方일새 故云開合이나 實則如次하여 義已周圓이라 如三對前二既然하며 四五承前을 可以思準이니라

● '또한 앞의 열 가지와 다음의 열 가지로부터'란 소가 문장이 번거로울까 두려워하므로 지금은 당연히 간략히 배대하리라. 그중의 이름자는 어떤 것은 처음 열 가지와 같으며, 어떤 것은 다음의 열 가지와

같으므로 지금은 우선 순서대로 다음의 열 가지에 배대하리라. (1) 깊은 법을 앎으로 인해 중생의 마음으로 행함을 아는 것이니, 중생의 마음으로 행함이 가장 깊고 깊은 까닭이다. (2) 친구를 가까이함으로 인해 뛰어난 업과 과보를 성취함이요, (3) 법을 보호함으로 인해 불법을 아는 것이요, (4) 허공계를 요달하여 깊은 이치와 가르침을 아는 것이요, (5) 법계에 깊이 들어가 미묘한 이치를 가짐을 이루는 것이요, (6) 그지없는 마음이 곧 말할 대상임을 관하므로 말하는 주체를 얻어서 변재로 연설하여 밝힘이요, (7) 보살행을 갖추어 능히 마음을 따라 연설하는 것이요, (8) 보살의 선근과 같으므로 능히 널리 두루함이요, (9) 여러 겁에 집착하지 않아서 항상 영상을 나타냄이요, (10) 모든 불법을 순종하여 온갖 지혜를 갖춤이다. 다음 10으로부터 생겨서 이미 순서와 같다면 처음 10으로부터 생긴 것도 이치가 앞의 설명과 같다. 위는 열지 않음을 의지하였지만 만일 열고 합한다면 처음의 두 법이 모두 깊은 법과 같다면 여기서는 열고 앞은 합한 것이요, 만일 이것을 총합하여 간직함이 친구를 가까이하여 법을 보호함으로 말미암아 성취한다면 여기는 합하고 앞은 여는 것이니, 이치가 방소 없음을 잡은 연고로 열고 합한다고 말하였지만 실제로는 순서대로 이치가 이미 두루 원만한 것이다. 마치 세 가지가 앞의 둘을 상대하여 이미 그러하며, 넷째와 다섯째는 앞을 이어받은 것을 생각으로 준할 수 있으리라.

ㄹ) 열 가지 널리 들어감[十種普入] (第四 14下7)

佛子여 菩薩摩訶薩이 住此十智已에 則得入十種普入이

니 何等爲十고 所謂一切世界가 入一毛道하고 一毛道가
入一切世界와 一切衆生身이 入一身하고 一身이 入一切
衆生身과 不可說劫이 入一念하고 一念이 入不可說劫과
一切佛法이 入一法하고 一法이 入一切佛法과 不可說處
가 入一處하고 一處가 入不可說處와 不可說根이 入一根
하고 一根이 入不可說根과 一切根이 入非根하고 非根이
入一切根과 一切想이 入一想하고 一想이 入一切想과 一
切言音이 入一言音하고 一言音이 入一切言音과 一切三
世가 入一世하고 一世가 入一切三世가 是爲十이니라
불자여, 보살마하살이 이 열 가지 지혜에 머무르면 열 가지
두루 들어감에 들어가게 되나니, 무엇이 열인가? 이른바
(1) 일체 세계가 한 터럭만 한 데 들어가고 한 터럭만 한 것
이 일체 세계에 들어가며, (2) 일체중생의 몸이 한 몸에 들
어가고 한 몸이 일체중생의 몸에 들어가며, (3) 말할 수 없
는 겁이 한 생각에 들어가고 한 생각이 말할 수 없는 겁에
들어가며, (4) 일체 부처님 법이 한 법에 들어가고 한 법이
일체 부처님 법에 들어가며, (5) 말할 수 없는 처소가 한 처
소에 들어가고 한 처소가 말할 수 없는 처소에 들어가며, (6)
말할 수 없는 근이 한 근에 들어가고 한 근이 말할 수 없는
근에 들어가며, (7) 모든 근이 근 아닌 데 들어가고 근 아닌
것이 근에 들어가며, (8) 일체 생각이 한 생각에 들어가고
한 생각이 일체 생각에 들어가며, (9) 일체 음성이 한 음성
에 들어가고 한 음성이 일체 음성에 들어가며, (10) 일체 세
세상이 한 세상에 들어가고 한 세상이 일체 세 세상에 들어

가나니, 이것이 열이니라.

[疏] 第四, 普入者는 事隨理融일새 本來卽入이어늘 智了法爾하여 無境不通일새 故로 身心皆入이라 亦從前三生을 可以意得이며 非根者는 境識과 及理가 皆非根也니라

■ ㄹ) 열 가지 널리 들어감은 현상은 이치를 따라 융섭하므로 본래로 들어감과 합치하거늘 지혜로 법이 그러함을 요달하여 경계를 통하지 않음이 없는 연고로 몸과 마음이 모두 들어간다. 또한 앞의 삼생(三生)으로부터 가히 생각으로 얻을 수 있으며, '근(根)이 아닌 것'은 경계를 인식함과 이치가 모두 근이 아니란 뜻이다.

ㅁ) 열 가지 수승하고 묘한 마음[十種勝妙心] (第五 15上7)

佛子여 菩薩摩訶薩이 如是觀察已에 則住十種勝妙心이니 何等爲十고 所謂住一切世界語言非語言勝妙心과 住一切衆生想念無所依止勝妙心과 住究竟虛空界勝妙心과 住無邊法界勝妙心과 住一切深密佛法勝妙心과 住甚深無差別法勝妙心과 住除滅一切疑惑勝妙心과 住一切世平等差別勝妙心과 住三世諸佛平等勝妙心과 住一切諸佛力無量勝妙心이 爲是十이니라

불자여, 보살마하살이 이렇게 관찰하고는 열 가지 수승하고 묘한 마음에 머무나니, 무엇이 열인가? 이른바 (1) 일체세계의 말과 말 아닌 수승하고 묘한 마음에 머무름과, (2) 일체중생의 생각이 의지할 바 없는 수승하고 묘한 마음에

머무름과, (3) 구경의 허공계에 수승하고 묘한 마음에 머무름과, (4) 그지없는 법계의 수승하고 묘한 마음에 머무름과, (5) 일체 깊고 비밀한 불법의 수승하고 묘한 마음에 머무름과, (6) 매우 깊고 차별이 없는 법의 수승하고 묘한 마음에 머무름과, (7) 일체 의혹을 없앤 데 수승하고 묘한 마음에 머무름과, (8) 모든 세상이 평등하고 차별이 없는 수승하고 묘한 마음에 머무름과, (9) 세 세상 부처님들의 평등한 수승하고 묘한 마음에 머무름과, (10) 일체 부처님 힘이 두려움 없는 수승하고 묘한 마음에 머무름이니, 이것이 열이니라.

[疏] 第五, 勝妙心者는 由前知法本融하여 則事理無礙하여 應機成益을 名勝妙心이라 從前四生을 亦可意得이니라

■ ㅁ) 열 가지 수승하고 묘한 마음은 앞의 법이 본래 융섭함을 앎으로 인해 현상과 이치가 무애하여 근기에 응하여 이익을 성취함을 '수승하고 묘한 마음'이라 이름하였다. 앞의 사생(四生)부터 또한 가히 생각으로 얻을 수 있다.

ㅂ) 열 가지 교묘한 지혜[十種善巧] (第六 15下7)

佛子여 菩薩摩訶薩이 住此十種勝妙心已에 則得十種佛
法善巧智니 何等爲十고 所謂了達甚深佛法善巧智와 出
生廣大佛法善巧智와 宣說種種佛法善巧智와 證入平等
佛法善巧智와 明了差別佛法善巧智와 悟解無差別佛法
善巧智와 深入莊嚴佛法善巧智와 一方便入佛法善巧智

와 無量方便入佛法善巧智와 知無邊佛法無差別善巧智
와 以自心自力으로 於一切佛法에 不退轉善巧智가 是爲
十이니라

불자여, 보살마하살이 이 열 가지 수승하고 묘한 마음에 머
물고는 열 가지 불법의 교묘한 지혜를 얻나니, 무엇이 열인
가? 이른바 매우 깊은 불법을 통달하는 교묘한 지혜와 광대
한 불법을 내는 교묘한 지혜와 가지가지 불법을 연설하는
교묘한 지혜와 평등한 불법에 깨달아 들어가는 교묘한 지
혜와 차별한 불법을 밝게 아는 교묘한 지혜와 차별 없는 불
법을 깨닫는 교묘한 지혜와 장엄한 불법에 깊이 들어가는
교묘한 지혜와 한 방편으로 불법에 들어가는 교묘한 지혜
와 한량없는 방편으로 불법에 들어가는 교묘한 지혜와 그
지없는 불법에 차별 없음을 아는 교묘한 지혜와 제 마음 제
힘으로써 모든 불법에서 물러나지 않는 교묘한 지혜니, 이
것이 열이니라.

[疏] 第六, 善巧智者는 由上事理[89]無礙하여 今則權實決斷일새 名善巧
智라 有十一句하니 後二를 合一이요 餘皆如次하여 從前十成이라 一,
卽言亡言이 爲甚深이요 二, 無依故로 廣大요 三, 如依空生色故로
能說種種이요 四, 住無二邊故로 證平等이요 五, 了種智深密故로 了
差別이요 六, 無差全同이요 七, 若無疑惑하면 則佛法莊嚴이요 八, 以
平等으로 成一方便이요 九, 三世法을 約差別門에 爲無量方便이요
十, 由住佛力하여 得知佛無邊하여 自力不退라 從前十旣爾하여 從

---

89) 事理는 源甲南綱續金本作理事라 하다.

前四段도 亦然이라 如是展轉이 不離始修일새 故隨一法하여 具一切 矣니라

■ ㅂ) 열 가지 교묘한 지혜는 위의 현상과 이치가 무애함을 말미암아 지금은 방편과 실법으로 결단함이므로 교묘한 지혜라 이름한다. 11 구절이 있으니 뒤의 둘을 하나로 합하였고, 나머지는 모두 순서대로 앞에서부터 열 가지를 이루었다. (1) 말과 합치하여 말이 없는 것은 매우 깊음이 되고, (2) 의지함이 없으므로 광대함이요, (3) 공에 의지하여 형색이 생겨남과 같은 연고로 능히 갖가지를 설함이요, (4) 두 변두리 소견이 없음에 머무른 연고로 평등함을 증득함이요, (5) 일체종지가 깊고 비밀함을 요달한 연고로 차별함을 아는 것이요, (6) 차별함 없이 완전히 같음이요, (7) 만일 의혹함이 없으면 부처님 법으로 장엄함이요, (8) 평등함으로 하나의 방편을 성취함이요, (9) 세 상 법을 차별한 문을 잡으면 한량없는 방편이 됨이요, (10) 부처님의 힘에 머무름으로 인하여 부처님의 끝없음을 알아서 자력(自力)으로 물러나지 않는다. 앞에서부터 열 가지는 이미 그러하듯이 앞에서부터 네 문단도 또한 마찬가지이다. 이렇게 전전이 처음 수행함을 여의지 않는 연고로 한 법을 따라 온갖 것을 갖추는 것이다.

ㄴ. 결론하여 권하다[結勸] (第二 16上10)

佛子여 菩薩摩訶薩이 聞此法已에 咸應發心하여 恭敬受持니 何以故오 菩薩摩訶薩이 持此法者는 少作功力이라도 疾得阿耨多羅三藐三菩提하여 皆得具足一切佛法하여 悉與三世諸佛法等일새니라

불자여, 보살마하살이 이 법을 듣고는 다 마음을 내어 공경하고 받아 지녀야 하나니, 무슨 까닭이냐? 보살마하살이 이 법을 가지는 이는 공덕을 조금만 써도 빨리 아눗다라삼약삼보디를 얻고 일체 불법을 구족하여 세 세상 부처님 법과 평등하게 되느니라."

[疏] 第二, 佛子菩薩下는 結勸이라 一行이 能具一切行[90]故로 疾得菩提니라

■ ㄴ. 佛子菩薩 아래는 결론하여 권함이다. 하나의 행법이 능히 온갖 행을 갖추는 연고로 빠르게 보리를 얻게 된다는 뜻이다.

나. 서상으로 증명하다[瑞證] 2.

가) 서상을 나타내어 증명하다[現瑞證] 2.
(가) 사바세계를 거론하다[擧此界] (大文 17上2)
(나) 결론하고 시방에 통하다[以結通] (後如)

爾時에 佛神力故며 法如是故로 十方各有十不可說百千億那由他佛刹微塵數世界가 六種震動하고 雨出過諸天一切華雲과 香雲과 末香雲과 衣蓋幢幡摩尼寶等과 及以一切莊嚴具雲하며 雨眾妓樂雲하며 雨諸菩薩雲하며 雨不可說如來色相雲하며 雨不可說讚歎如來善哉雲하며 雨如來音聲充滿一切法界雲하며 雨不可說莊嚴世界

---

90) 行은 甲南續金本無, 源原本有라 하다.

雲하며 雨不可說增長菩提雲하며 雨不可說光明照耀雲
하며 雨不可說神力說法雲하니 如此世界四天下菩提樹
下菩提場菩薩宮殿中에 見於如來가 成等正覺하사 演說
此法하여 十方一切諸世界中에도 悉亦如是하니라

그때에 부처님의 신통한 힘인 연고며 으레 그러한 연고로,
시방으로 각각 열 말할 수 없는 백천억 나유타 세계의 티끌
수 세계가 여섯 가지로 진동하며, (1) 여러 하늘보다 지나가
는 온갖 꽃 구름·향 구름·가루 향 구름·의복·일산·당
기·번기·마니보배와 일체 장엄거리를 비 내리며, (2) 여
러 가지 풍류 구름을 비 내리며, (3) 모든 보살 구름을 비 내
리며, (4) 말할 수 없는 여래의 몸매 구름을 비 내리며, (5)
말할 수 없이 여래가 잘한다고 칭찬하는 구름을 비 내리며,
(6) 여래의 음성이 모든 법계에 가득하는 구름을 비 내리며,
(7) 말할 수 없이 세계를 장엄하는 구름을 비 내리며, (8) 말
할 수 없이 보리를 증장하는 구름을 비 내리며, (9) 말할 수
없이 광명이 밝게 비추는 구름을 비 내리며, (10) 말할 수 없
는 신통한 힘으로 법을 말하는 구름을 비 내리었다.

이 세계 사천하의 보리수 아래 보리장에 있는 보살의 궁전
에서 여래가 등정각을 이루고 이 법을 연설하는 것과 같이,
시방의 일체 세계에서도 모두 이와 같이 하였다.

[疏] 大文第二, 爾時佛下는 證成이라 中에 二니 一, 現瑞證이라 於中에
先, 此界요 後, 如此下는 結通이라

■ 큰 문단으로 나. 爾時佛 아래는 서상으로 증명함이다. 그중에 둘이

니, 가) 서상을 나타내어 증명함이다. 그중에 (가) 사바세계를 거론함이요, (나) 如此 아래는 결론하고 시방에 통함이다.

나) 여러 보살로 증명하다[菩薩證] 2.
(가) 이 사바세계를 거론하다[舉此土] (二爾 17下3)
(나) 결론하고 시방과 통하다[以結通] (後如)

爾時에 佛神力故며 法如是故로 十方各過十不可說佛刹微塵數世界外하여 有十佛刹微塵數菩薩摩訶薩이 來詣此土하사 充滿十方하여 作如是言하시되 善哉善哉라 佛子여 乃能說此諸佛如來의 最大誓願授記深法이로다 佛子여 我等一切가 同名普賢이라 各從普勝世界普幢自在如來所하여 來詣此土나 悉以佛神力故로 於一切處에 演說此法이 如此衆會에 如是所說하여 一切平等하여 無有增減이라 我等이 皆承佛威神力하여 來此道場하여 爲汝作證하노니 如此道場에 我等十佛刹微塵數菩薩이 而來作證하여 十方一切諸世界中에도 悉亦如是하니라

그때에 부처님의 신통한 힘인 연고며 으레 그러한 연고로, 시방으로 각각 열 말할 수 없는 세계의 티끌 수 세계를 지나가서 거기 있는 열 세계 티끌 수 보살마하살이 이 세계에 와서 시방에 가득 차 있으면서 이렇게 말하였다. '착하고 착하다. 불자여, 능히 이 부처님 여래들의 가장 큰 서원으로 수기하는 깊은 법을 말하시도다. 불자여, 우리들은 모두 이름이 보현이며, 다 각각 보승세계의 보당자재여래 계신 데로

부터 이 국토에 왔으며, 다 같이 부처님의 신통한 힘으로 온 갖 곳에서 이런 법을 연설하나니, 이 모임에서 이렇게 말함 과 같이 모두가 평등하여 더하고 덜함이 없느니라. 우리들 이 모두 부처님의 위신력을 받잡고 이 도량에 와서 그대들 을 위하여 증명하는 것이며, 이 도량에 우리들 열 부처 세계 티끌 수의 보살이 와서 증명하듯이, 시방의 일체 세계에서 도 다 이와 같으니라.'

[疏] 二, 爾時至十方下는 諸菩薩證이니 亦先, 此土요 後, 如此下는 結通 이라 言授記深法者는 少用功力으로 疾得菩提故라 同名普賢者는 皆 有此行故라 普勝界者는 依此普法이 最爲勝故라 普幢自在者는 此 行이 成果하여 高出無礙故니라

■ 나) 爾時至十方 아래는 여러 보살로 증명함이니, 또한 (가) 이 사바 세계를 거론함이다. (나) 如此 아래는 결론하고 시방과 통함이다. '수기하는 깊은 법'이라 말한 것은 공력을 조금 쓰고도 빠르게 보리 를 얻는 까닭이다. '모두 이름이 보현'이란 모두 이런 행이 있는 까닭 이다. '보승(普勝)세계'는 이런 보법(普法)을 의지하는 것이 가장 뛰어 남이 되는 까닭이다. '보당자재(普幢自在)'란 이 행법으로 과덕을 성취 하여 '높고 뛰어남에 걸림 없는[高出無礙]' 까닭이다.

(2) 보현보살의 게송[偈頌] 2.

가. 과목 나누기[分科] (第二 18上3)

爾時에 普賢菩薩摩訶薩이 以佛神力과 自善根力으로 觀
察十方과 洎乎法界하고 欲開示菩薩行하며 欲宣說如來
菩提界하며 欲說大願界하며 欲說一切世界劫數하며 欲
明諸佛의 隨時出現하며 欲說如來가 隨根熟衆生出現하
사 令其供養하며 欲明如來出世에 功不唐捐하며 欲明所
種善根이 必獲果報하며 欲明大威德菩薩이 爲一切衆生
하여 現形說法하여 令其開悟하사 而說頌言하시되

그때 보현보살마하살이 (1) 부처님의 신통한 힘과 자기의
선근의 힘으로써 시방과 온 법계를 관찰하면서 (2) 보살의
행을 열어 보이려 하며 (3) 여래의 보리 경계를 연설하려 하
며 (4) 큰 서원을 말하려 하며 (5) 모든 세계의 겁의 수효를
말하려 하며 (6) 부처님들이 때에 맞추어 나타남을 밝히려
하며 (7) 여래께서 근성이 성숙한 중생을 따라 나타나서 그
들로 하여금 공양케 하려는 것을 말하려 하며 (8) 여래가 세
상에 나타나는 공이 헛되지 않음을 밝히려 하며 (9) 이미 심
은 착한 뿌리로는 반드시 과보 얻음을 밝히려 하며 (10) 큰
위덕 있는 보살이 일체중생을 위하여 형상을 나타내고 법
을 말하여 그들을 깨닫게 하는 것을 밝히려 하여 게송으로
말하였다.

[疏] 第二, 以偈重顯이라 中에 二니 先, 敍述이요 後, 正頌이라

■ (2) (보현보살의) 게송으로 거듭 밝힘이다. 그중에 둘이니 가) 순서대
로 말함이요, 나) 바로 게송으로 노래함이다.

나. 과목에 따라 해석하다[隨釋] 2.

가) 순서대로 말하다[敍述] 2.

(가) 게송 설하는 광경을 말하다[說儀] (今初 18上3)

(나) 의미를 말하다[說意] (後欲)

[疏] 今初에 亦二니 先, 說儀요 後, 欲開下는 說意라 此有十意니 偈中에
並具하니 文顯可知니라

- 지금은 가)에도 또한 둘이니 (가) 게송 설하는 광경을 말함이요, (나)
欲開 아래는 의미를 말함이다. 여기에 열 가지 의미가 있으니, 게송
중에도 함께 구비하였으니, 경문에 뚜렷하니 알 수 있으리라.

나) (121개 게송은) 바로 밝히다[正顯] 2.

(가) 24개 게송은 설법하는 부분[前二十四頌顯說分齊] 2.
ㄱ. 한 게송은 훈계하고 설법을 허락하다[一頌誡聽許說] (第二 18上7)

36-1 　汝等應歡喜하여　　　捨離於諸蓋하고
　　　一心恭敬廳　　　　菩薩諸願行이어다
　　　그대들은 마땅히 기쁜 맘으로
　　　여러 가지 덮인 것 모두 버리고
　　　보살들의 여러 가지 소원과 행을
　　　일심으로 공경하여 들어보시오.

[疏] 第二, 正頌이라 中에 百二十一頌을 分二니 前二十四頌은 顯說分齊요 餘
는 皆正辨普賢行相이라 此是伽陀니 與前長行으로 綺互하여 共顯普賢之
行이라 前은 是略明十法이 展轉相生이요 此則廣顯諸門이요 略無展轉이
라 又前은 多顯體하고 此는 多辨用이라 前中에 二니 初一은 誠聽許說이라

■ 나) 게송으로 바로 밝힘이다. 그중에 121개 게송을 둘로 나누리니
(가) 24개 게송은 나타내어 설법하는 부분이요, (나) 나머지 97개 게
송은 보현행의 양상을 모두 바로 밝힘이다. 여기는 가타(伽陀)이니
앞의 장항으로 밝힘과 서로 어울러서 보현의 행법을 함께 밝혔다. 앞
은 열 가지 법이 전전이 서로 생겨남을 간략히 밝힘이요, 여기는 여러
문을 자세히 밝힘이요, 전전이는 생략하여 없다. 또한 (가)는 대부분
체성을 밝혔고, 여기는 (나) 대부분 작용을 밝혔다. (가) 중에 둘이
니 ㄱ. 한 게송은 훈계하고 설법을 허락함이다.

[鈔] 第二, 正顯頌이라 中에 文三이니 初, 總科요 二, 此是伽陀者는 是孤
起偈니 揀非祇夜며 不重頌前이라 三, 前是略明下는 揀二文別이라

● (2) 보현보살의 게송을 바로 밝힘이다. 그중에 경문이 셋이니 가. 총
합하여 과목 나눔이요, 나. (과목에 따라 해석함)에서 '여기는 가타(伽陀)'
란 바로 홀로 생긴 게송[孤起頌]이니 앞의 기야(祇夜, 重頌)가 아님을 구
분함이며 거듭 노래한 게송이 아니라는 뜻이다. 앞의 다. 前是略明
아래는 두 경문이 다름을 구분함이다.

ㄴ. 23개 게송은 설법의 영역을 바로 보이다[二十三頌正示分齊] 2.
ㄱ) 아홉 게송은 과거 보살의 행을 말할 것을 허락하다
　　[九頌許說過去菩薩之行] (餘正 19上3)

36-2　往昔諸菩薩　　　　　最勝人師子의
　　　如彼所修行을　　　　我當次第說하며
　　　지나간 옛 세상의 모든 보살은
　　　가장 나은 사람 중의 사자들이니
　　　그네들이 닦아서 행하던 일을
　　　내 이제 차례차례 말하려 하며

36-3　亦說諸劫數와　　　　世界幷諸業과
　　　及以無等尊의　　　　於彼而出興하리라
　　　그때의 여러 겁과 많은 세계와
　　　지은 업과 같을 이 없는 부처님
　　　그 세상에 태어나던 모든 일들을
　　　지금에 자세하게 말해 보리라.

36-4　如是過去佛이　　　　大願出于世에
　　　云何爲衆生하여　　　滅除諸苦惱오
　　　이렇게 지난 세상 부처님들이
　　　큰 서원 이 세상에 출현하여서
　　　어떻게 여러 중생 모두 위하여
　　　고통과 번뇌·망상 멸하시었나.

36-5　一切論師子가　　　　所行相續滿하여
　　　得佛平等法과　　　　一切智境界니라
　　　논리를 잘 하시는 여러 사자들

닦는 행이 차례차례 원만하여서
부처들의 평등한 위없는 법과
온갖 지혜 경계를 얻으시니라.

36-6　見於過去世에　　　一切人師子가
　　　放大光明網하여　　普照十方界하고
　　　내가 보니 지나간 여러 세상에
　　　수많은 사람 중의 여러 사자들
　　　큰 광명의 그물을 멀리 놓으사
　　　시방의 모든 세계 두루 비추며

36-7　思惟發是願하되　　我當作世燈하여
　　　具足佛功德과　　　十力一切智라하며
　　　생각하고 이런 서원 세우시기를
　　　반드시 이 세상의 등불이 되어
　　　부처의 모든 공덕 다 구족하고
　　　열 가지 힘 온갖 지혜 다 얻은 뒤에

36-8　一切諸衆生이　　　貪恚癡熾然하니
　　　我當悉救脫하여　　令滅惡道苦라하여
　　　이 세상 모든 중생 탐하는 맘과
　　　성 잘내고 어리석음 치성한 것을
　　　내 마땅히 구제하여 해탈하게 하며
　　　나쁜 길의 괴로움을 없애 주리라.

36-9 發如是誓願하되　　　　堅固不退轉하여
　　　具修菩薩行하여　　　　獲十無礙力이로다
　　　이렇게 세우시던 크나큰 서원
　　　견고하여 조금도 퇴전하지 않고
　　　보살의 모든 행을 구족히 닦아
　　　열 가지 걸림 없는 힘을 얻었고

36-10 如是誓願已에　　　　　修行無退怯하여
　　　所作皆不虛일새　　　　說名論師子니라
　　　이러한 큰 서원을 내고 나서는
　　　수행함을 조금도 겁내지 않고
　　　짓는 일도 모두 다 헛되지 않아
　　　언론의 사자라고 이름하니라.

[疏] 餘, 正示分齊라 於中에 二니 前, 九頌은 許說過去菩薩行이요

■　ㄴ. (106개 게송은) 설법의 영역을 바로 보임이다. 그중에 둘이니 ㄱ) 아
　　홉 게송은 과거 보살의 행을 말할 것을 허락함이요,

ㄴ) 97개 게송은 삼세 부처님의 보살행 말하기를 허락하다
　　[餘頌許說三世佛菩薩行] 2.

(ㄱ) 설법한 내용의 시간과 장소를 거론하다[擧所說時處] 2.
a. 두 게송은 시간을 거론하다[二頌擧時] (於一 19上7)

36-11 　於一賢劫中에　　　　　千佛出于世하리니
　　　　彼所有普眼을　　　　　我當次第說하리라

　　　　현겁이라 이름하는 한 겁 동안에
　　　　천 부처님 세상에 나타나시니
　　　　부처님들 가지신 넓으신 눈을
　　　　내가 이제 차례로 말해 보리라.

36-12 　如一賢劫中하여　　　　　無量劫亦然하니
　　　　彼未來佛行을　　　　　我當分別說하리라

　　　　하나의 현겁에서 나신 것처럼
　　　　한량없는 겁에서도 그러하나니
　　　　저러한 오는 세상 부처님 행을
　　　　내 이제 분별하여 말씀하오리.

[疏] 後, 於一賢劫下는 許說三世佛菩薩行이라 於中에 二니 前, 三偈는
　　　擧說時處니 前二는 時요

■　ㄴ) 於一賢劫 아래의 (나머지 97개 게송은) 삼세 부처님의 보살행 말하
　　기를 허락함이다. 그중에 둘이니 (ㄱ) 세 게송은 설법한 내용의 시간
　　과 장소를 거론함이니 a. 앞의 두 게송은 시간이요,

b. 한 게송은 장소를 거론하다[一頌擧處] (後一 19上8)

36-13 　如一佛刹種하여　　　　　無量刹亦然하니
　　　　未來十力尊의　　　　　諸行我今說하리라

하나의 세계종이 그런 것처럼
한량없는 세계종도 그러하나니
오는 세상 열 가지 힘 부처님께서
행한 일을 내 이제 말씀하리라.

[疏] 後, 一은 處라
■ b. 한 게송은 장소를 거론함이다.

(ㄴ) 11개 게송은 설법할 보현행을 밝히다[明所說之行] 2.
a. 네 게송은 부처님이 세간에 출현하는 행법[四頌諸佛出世之行]

(後十 19下10)

36-14 諸佛次興世하사   隨願隨名號하며
       隨彼所得記하며   隨其所壽命하며
       부처님들 차례로 세상에 나서
       세운 서원 따르며 이름 따르고
       그 부처 받자온 바 수기 따르고
       세상에 머무시는 수명 따르며

36-15 隨所修正法하여   專求無礙道하며
       隨所化衆生하여   正法住於世하며
       닦으시는 바른 법 따라가면서
       전심으로 걸림 없는 도를 구하고
       교화할 중생들의 근성을 따라

바른 법이 세상에 오래 머물고

36-16 隨所淨佛刹과　　　　衆生及法輪과
　　　 演說時非時하여　　　 次第淨群生하며
　　　 깨끗하게 장엄한 부처 세계와
　　　 중생들과 굴리는 법륜을 따라
　　　 옳은 때와 아닌 때 연설하여서
　　　 차례차례 중생을 청정케 하며

36-17 隨諸衆生業의　　　　 所行及信解의
　　　 上中下不同하여　　　 化彼令修習이로다
　　　 중생들의 착한 업·나쁜 업이나
　　　 행하는 일이거나 믿음과 지혜
　　　 상품·중품·하품이 같지 않거든
　　　 그들을 교화하여 익히게 하며

[疏] 後, 十一偈는 明所說行이라 於中에 前四는 諸佛出世行이 卽普賢行
　　 이니 故名因果圓融이요

■ (ㄴ) 11개 게송은 설법할 보현행을 밝힘이다. 그중에 a. 네 게송은
　　 부처님이 세간에 출현하는 행법이 곧 보현행임을 노래함이니, 그러므
　　 로 인행과 과덕이 원융함이라 이름함이요,

b. 일곱 게송은 보살이 삼륜으로 지혜의 행을 원하다
　　 [七頌菩薩三輪願智行] (後七 20上1)

36-18 入於如是智에 　　　　修其最勝行하여
　　　　常作普賢業하여 　　　　廣度諸衆生하며
이와 같은 지혜에 깊이 들어가
거기서 가장 좋은 행을 닦으며
언제나 보현보살 선한 업 지어
수많은 중생들을 모두 건지며

36-19 身業無障礙하고 　　　　語業悉淸淨하고
　　　　意行亦如是하여 　　　　三世靡不然이로다
몸으로 짓는 업이 걸림이 없고
여러 가지 다른 업 다 청정하며
뜻으로 행하는 일 역시 그러해
세 세상에 그렇지 않은 일 없고

36-20 菩薩如是行이 　　　　究竟普賢道라
　　　　出生淨智日하여 　　　　普照於法界로다
보살의 이와 같은 행과 소원이
끝까지 보현보살 도를 이루고
청정한 지혜 해를 출생하여서
시방의 모든 법계 두루 비추며

36-21 未來世諸劫에 　　　　國土不可說을
　　　　一念悉了知나 　　　　於彼無分別이로다
장차 오는 세상의 모든 겁들과

다 말할 수가 없이 많은 극토를
한 생각에 낱낱이 분명히 알되
거기에는 조금도 분별이 없어

36-22 行者能趣入   如是最勝地니
      此諸菩薩法을   我當說少分하리라
      수행하는 사람은 누구나 능히
      이러한 좋은 지위 들어가리니
      이것은 모든 보살 실행하는 법
      내가 이제 일부분 말씀하리라.

36-23 智慧無邊際하여   通達佛境界하고
      一切皆善入하여   所行不退轉하며
      지혜는 끝닿은 데 없는 것이니
      부처의 모든 경계 통달해 알고
      내 온갖 것에 모두 다 들어가서
      행하는 일 언제라도 퇴전하지 않네.

36-24 具足普賢慧하고   成滿普賢願하여
      入於無等智니   我當說彼行하리라
      보현보살 지혜를 모두 갖추며
      보현보살 서원을 가득 이루어
      같을 이 없는 지혜 들어가는 일
      내가 이제 그 행을 말하려 하오.

[疏] 後, 七은 菩薩三輪願智行이니 卽普賢行이라

■ b. 일곱 게송은 보살이 삼륜으로 서원과 지혜로 행함이니 곧 보현의
행법이다.

(나) 97개 게송은 보현행을 바로 밝히다[餘九十七頌正辨普賢行] 2.

ㄱ. 67개 게송은 자비와 합치한 큰 지혜의 행법[六十七頌卽悲大智行] 2.

ㄱ) 과목 나누기[分科] (第二 20上8)

ㄴ) 과목에 따라 해석하다[隨釋] 10.

(ㄱ) 다섯 게송은 인드라망에 잘 들어가는 행법[五偈善入帝網行] (今初)

36-25 　於一微塵中에　　　　悉見諸世界하나니
　　　　衆生若聞者면　　　　迷亂心發狂하리라
　　　　한 개의 작은 티끌 그 가운데서
　　　　수없는 세계들을 모두 보나니
　　　　중생들은 이 말을 듣기만 해도
　　　　마음이 어지러워 발광하리라.

36-26 　如於一微塵하여　　　　一切塵亦然이라
　　　　世界悉入中하니　　　　如是不思議로다
　　　　한 개의 티끌에서 그런 것처럼
　　　　일체의 티끌마다 모두 그러해
　　　　온갖 세계 그 가운데 다 들어가니
　　　　이것은 헤아릴 수 없는 일이라.

36-27 一一塵中有　　　　　　十方三世法과
　　　　趣剎皆無量을　　　　　悉能分別知로다
　　　　하나하나 티끌 속에 시방세계와
　　　　세 세상 모든 법이 들었었는데
　　　　여러 길과 세계들이 한량없거든
　　　　모두 다 분별하여 분명히 알며

36-28 一一塵中有　　　　　　無量種佛剎하여
　　　　種種皆無量을　　　　　於一靡不知로다
　　　　하나하나 티끌 속에 한량이 없는
　　　　여러 종류 부처 세계 들어 있는데
　　　　종류와 종류들이 한량없거든
　　　　그 가운데 모르는 것 하나도 없고

36-29 法界中所有　　　　　　種種諸異類相와
　　　　趣類各差別을　　　　　悉能分別知로다
　　　　수없는 법계 속에 들어 있는 바
　　　　가지가지 세계의 다른 종류에
　　　　여러 길과 종류들도 차별하거든
　　　　모두 다 분별하여 능히 다 아네.

[疏] 第二, 於一微塵下는 正顯普賢行이라 九十七頌을 分二니 初, 六十
　　七은 明卽悲大智行이요 後, 未安者下의 三十頌은 卽智大悲行이라
　　今初에 有十種行하니 一, 初五頌은 明善入帝網行이요

■ (나) 於一微塵 아래는 보현행을 바로 밝힘이다. 97개 게송을 둘로 나누리니, ㄱ. 67개 게송은 자비와 합치한 큰 지혜의 행법이요, ㄴ. 未安者 아래 30개 게송은 지혜와 합치한 큰 자비의 행법이다. 지금은 ㄱ.에 열 가지 보현행이 있으니, (ㄱ) 다섯 게송은 인드라망에 잘 들어가는 행법이요,

(ㄴ) 17개 게송은 시간과 장소에 깊이 들어가는 미세한 행법
　　　[十七偈深入時處微細行] (二十 21上9)

36-30 深入微細智하여　　　分別諸世界의
　　　一切劫成壞하여　　　悉能明了說이로다
　　　미세한 데 깊이깊이 들어간 지혜
　　　여러 가지 세계를 모두 분별해
　　　이뤄지고 무너지는 온갖 겁들을
　　　모두 다 분명하게 말할 수 있고

36-31 知諸劫修短하여　　　三世卽一念과
　　　衆行同不同을　　　悉能分別知로다
　　　긴 겁과 짧은 겁을 다 알고 보니
　　　세 세상도 잠깐임이 틀림없으며
　　　모든 행이 같은 것과 같지 않음을
　　　모두 다 분별하여 자세히 알고

36-32 深入諸世界의　　　廣大非廣大와

一身無量刹과　　　　一刹無量身이로다
모든 세계 깊이깊이 들어가 보니
넓고 큰 게 넓고 크지 않은 것이요
한 몸에 한량없는 세계가 있고
한 세계는 한량없는 몸이 되나니

36-33　十方中所有　　　　異類諸世界의
　　　廣大無量相을　　　　一切悉能知로다
　　　시방 법계 가운데 들어 있는 바
　　　종류가 같지 않은 여러 세계의
　　　넓고 크고 한량이 없는 모양을
　　　온갖 것을 모두 다 능히 아오며

36-34　一切三世中에　　　　無量諸國土를
　　　具足甚深智하여　　　悉了彼成敗로다
　　　온갖 가지 세 세상 가운데 있는
　　　한량없고 크지없는 모든 국토들
　　　매우 깊은 지혜를 구족하여서
　　　이뤄지고 무너짐을 다 능히 알고

36-35　十方諸世界가　　　　有成或有壞니
　　　如是不可說을　　　　賢德悉深了로다
　　　시방의 모든 세계 가운데에는
　　　이루는 것·무너지는 것도 있어서

이와 같이 말할 수 없는 것들을
어지신 이 속속들이 모두 잘 아네.

36-36　或有諸國土가　　　　種種地嚴飾하며
　　　諸趣亦復然하니　　　斯由業淸淨이로다
　　　그 가운데 어떠한 국토에서는
　　　가지가지 장엄으로 땅을 꾸미고
　　　여러 가지 길들도 그러하나니
　　　이런 것은 청정한 업으로 되고

36-37　或有諸世界의　　　　無量種雜染은
　　　斯由衆生感이니　　　一切如其行이로다
　　　어떠한 세계에는 한량이 없는
　　　갖가지로 물이 든 것도 있으니
　　　이것도 중생들의 업으로 된 것
　　　모두 다 지은 행과 같은 것이라.

36-38　無量無邊刹을　　　　了知卽一刹하고
　　　如是入諸刹하니　　　其數不可知로다
　　　한량없고 그지없는 모든 세계도
　　　알고 보면 모두가 한 세계이니
　　　이렇게 온 세계에 들어가며는
　　　그 수효 얼마인지 알 수가 없고

36-39 一切諸世界가　　　　悉入一刹中하되
　　　世界不爲一이며　　　亦復無雜亂이로다
　　　한량없는 일체의 모든 세계가
　　　모두 다 한 세계에 들어가지만
　　　세계들은 하나가 되지도 않고
　　　그렇다고 잡란한 것도 아니니

36-40 世界有仰覆와　　　　或高或復下가
　　　皆是衆生想을　　　悉能分別知로다
　　　세계는 잦혀지고 엎어도 지고
　　　높은 것도 낮은 것도 있다 하지만
　　　모두 다 중생들의 생각뿐이니
　　　이런 것을 분별하여 모두 다 알고

36-41 廣博諸世界가　　　　無量無有邊하니
　　　知種種是一이며　　　知一是種種이로다
　　　크고 넓은 온갖 가지 여러 세계들
　　　한량없고 끝 간 데도 없다 하지만
　　　여러 가지 세계가 한 세계이고
　　　한 세계가 여러 가지 세계인 줄 아네.

36-42 普賢諸佛子가　　　　能以普賢智로
　　　了知諸刹數하나니　　其數無邊際로다
　　　여보시오, 보현의 불자들이여

그대들이 보현의 지혜 가지고
여러 가지 세계의 수효 아나니
그 수효 얼마더냐 끝이 없어요.

36-43 知諸世界化와   刹化衆生化와
       法化諸佛化하여   一切皆究竟이로다
       여러 종류 세계도 변화해 되고
       국토도 변화한 것 중생도 변화
       법도 불도 변화로 된 줄 알아서
       모든 것이 끝까지 이르게 되네.

36-44 一切諸世界의   微細廣大刹에
       種種異莊嚴이   皆由業所起로다
       일체의 모든 세계 가운데에는
       작은 세계·큰 세계 모두 있어서
       가지각색 다르게 장엄했나니
       모두 다 업으로 생긴 것이다.

36-45 無量諸佛子가   善學入法界하여
       神通力自在하여   普徧於十方이로다
       여러분 한량없는 불자들이여,
       잘 배워서 법계에 들어가 보라.
       자유자재 신통한 힘을 의지해
       시방의 모든 세계 두루하리니.

36-46 衆生數等劫에   說彼世界名하되
　　　亦不能令盡이요   唯除佛開示로다
　　　중생들의 수효와 같은 겁 동안
　　　저 세계의 이름을 말한다 해도
　　　끝까지는 다 말할 도리 없나니
　　　부처님의 보이심은 말할 것 없어

[疏] 二, 十七頌은 深入時處微細行이요

■ (ㄴ) 17개 게송은 시간과 장소에 깊이 들어가는 미세한 행법이요,

(ㄷ) 세 게송은 부처님이 마음의 비밀을 요달하는 행법

　　　[三偈了佛心秘密行] (三世 21下3)

36-47 世界及如來의   種種諸名號를
　　　經於無量劫토록   說之不可盡이어든
　　　여러 가지 세계와 모든 여래의
　　　한량없는 가지가지 모든 이름들
　　　한량없는 세월을 지내 가면서
　　　말하여도 끝까지 못다 하거든

36-48 何況最勝智의   三世諸佛法이
　　　從於法界生하여   充滿如來地아
　　　하물며 제일가는 훌륭한 지혜
　　　세 세상 부처님의 모든 법들은

법계를 의지하여 생기어 나서
여래의 그 지위에 가득함이라.

36-49 　清淨無礙念과　　　　　無邊無礙慧로
　　　分別說法界하여　　　　得至於彼岸이로다

청정하여 장애가 없는 생각과
그지없고 걸림 없는 지혜를 써서
법계를 분별하여 연설한다면
저 언덕에 이를 수 있게 되리라.

[疏] 三, 世界와 及如來下의 三頌은 明了佛心秘密行이라 前, 一偈半은
蹋前起後요 後, 一偈半은 正顯難了能了라

■ (ㄷ) 世界及如來 아래 세 게송은 부처님이 마음의 비밀을 요달하는
행법을 밝힘이다. a. 한 개 반의 게송은 앞을 토대로 뒤를 시작함이요,
b. 한 개 반의 게송은 요달하기 어려움을 능히 요달함을 밝힘이다.

(ㄹ) 열 게송은 삼세 부처님이 섭수하고 교화함을 아는 행법
　　　[十偈三世佛攝化行] (四十 22上5)

36-50 　過去諸世界의　　　　　廣大及微細와
　　　修習所莊嚴을　　　　　一念悉能知로다

지난 세상 한량없는 모든 세계가
넓고 크고 미세하고 차별한 것들
수행하고 익혀서 장엄한 바를

한 생각에 골고루 알게 되오며

36-51 其中人師子가　　　　修佛種種行하여
　　　　成於等正覺하여　　　　示現諸自在하나니
　　　　그 가운데 무수한 사람 사자들
　　　　부처의 가지각색 행을 닦아서
　　　　다 옳게 깨달음을 성취한 뒤에
　　　　자유자재 모든 힘을 나타내나니

36-52 如是未來世의　　　　次第無量劫에
　　　　所有人中尊을　　　　菩薩悉能知로다
　　　　이와 같이 앞으로 오는 세월에
　　　　차례차례 한량없는 모든 겁 동안
　　　　태어나는 사람 중의 높으신 이들
　　　　보살들이 능히 알게 되나니

36-53 所有諸行願과　　　　所有諸境界로
　　　　如是勤修行하여　　　　於中成正覺하며
　　　　그들의 소유하신 행과 서원과
　　　　그들의 소유하신 모든 경계를
　　　　이와 같이 부지런히 닦아 행하면
　　　　그중에서 바른 각을 이루느니라.

36-54 亦知彼衆會의　　　　壽命化衆生하여

以此諸法門으로　　　爲衆轉法輪이로다
저들의 여러 회상 모인 이들과
수명과 교화할 바 중생을 알고
이러한 여러 가지 법문으로써
중생 위해 법륜을 굴리느니라.

36-55　菩薩如是知　　　住普賢行地하여
智慧悉明了하여　　　出生一切佛이로다
보살이 이와 같이 알고 난 뒤에
보현의 행하시던 지위에 있어
깊은 지혜 모두 다 분명히 알고
수없는 부처들을 내게 되나니

36-56　現在世所攝인　　　一切諸佛土에
深入此諸刹하여　　　通達於法界로다
현재의 이 세상에 소속해 있는
갖가지 부처님의 여러 극토를
이 모든 부처 세계 깊이 들어가
법계를 남김없이 통달해 알며

36-57　彼諸世界中에　　　現在一切佛이
於法得自在하여　　　言論無所礙이로다
저와 같이 수없는 세계 가운데
현재에 계시옵는 모든 부처님

여러 법에 자재함을 얻으셨으며
언론에도 거리낄 것이 없나니

36-58 亦知彼衆會에 　　　　　淨土應化力하여
　　　 盡無量億劫토록 　　　　常思惟是事로다
　　　 저들의 모든 회상 모인 이들과
　　　 정토와 화현하는 힘을 다 알고
　　　 한량없는 억만 겁이 다할 때까지
　　　 언제나 이런 일을 생각하나니

36-59 調御世間尊의 　　　　　所有威神力과
　　　 無盡智慧藏을 　　　　　一切悉能知로다
　　　 중생을 다스리는 세상 높은 이
　　　 갖고 계신 위엄과 신통한 힘과
　　　 끝이 없는 지혜의 창고를
　　　 온갖 것을 모두 다 분명히 아네.

[疏] 四, 十偈는 了三世佛攝化行이요

■ (ㄹ) 열 게송은 삼세 부처님이 섭수하고 교화함을 아는 행법이요,

(ㅁ) 두 게송은 육근이 무애한 행법[二偈六根無礙行] (五出 22上8)

36-60 出生無礙眼과 　　　　　無礙耳鼻身과
　　　 無礙廣長舌하여 　　　　能令衆歡喜로다

막힘 없는 눈이며 막힘 없는 귀
막힘 없는 몸이며 막힘 없는 코
막힘 없는 넓고 긴 혀를 내어서
중생들로 하여금 기쁘게 하며

36-61 最勝無礙心이　　　廣大普清淨하며
　　　智慧偏充滿하여　　悉知三世法이로다

막힘 없고 위없이 훌륭한 마음
넓고 크고 원만히 청정하오며
지혜도 두루하고 충만하여서
세 세상 온갖 법을 모두 잘 알고

[疏] 五, 出生下의 二偈는 六根無礙行이요

■ (ㅁ) 出生 아래 두 게송은 육근이 무애한 행법을 노래함이요,

(ㅂ) 세 게송은 변화함과 같이 방소 없는 행법[三偈如化無方行]

(六有 22下2)

36-62 善學一切化와　　　刹化衆生化와
　　　世化調伏化와　　　究竟化彼岸이로다

온갖 것이 변화임을 잘 배우며는
세계도 변화이고 중생도 변화
세월도 변화한 것, 조복도 변화
변화한 저 언덕에 필경 이르리.

36-63　世間種種別이　　　　　皆由於想住니
　　　　入佛方便智하여　　　　於此悉明了로다
　　　　세간에 가지각색 차별한 것들
　　　　모두가 생각으로 있는 것이니
　　　　부처의 방편 지혜 들어가며는
　　　　여기서 모든 것을 다 알게 되리.

36-64　衆會不可說에　　　　　一一爲現身하여
　　　　悉使見如來하고　　　　度脫無邊衆이로다
　　　　모든 회상 다 말할 수가 없거든
　　　　하나하나 이 몸을 나타내어서
　　　　그네들로 여래를 다 보게 하고
　　　　그지없는 중생을 제도하리라.

[疏] 六, 有三偈는 如化無方行이요
■　(ㅂ) 세 게송은 변화함과 같이 방소 없는 행법이요,

(ㅅ) 열 게송은 삼세간에 자재한 행법[十偈三世間自在行] (七諸 23上3)

36-65　諸佛甚深智가　　　　　如日出世間하여
　　　　一切國土中에　　　　　普現無休息이로다
　　　　모든 부처님들의 깊은 지혜는
　　　　밝은 해가 세상에 떠다니는 듯
　　　　여러 세계 가운데 두루 나타나

언제나 쉬는 일이 없는 것 같고

36-66 了達諸世間이　　　　　假名無有實하며
　　　 衆生及世界가　　　　　如夢如光影이로다
　　　 모든 세간 분명히 통달해 보니
　　　 이름만 빌리었고 실상이 없어
　　　 중생이나 세계가 꿈과도 같고
　　　 광명에 비추이는 그림자 같아

36-67 於諸世間法에　　　　　不生分別見하며
　　　 善離分別者도　　　　　亦不見分別이로다
　　　 여러 가지 세간의 모든 법에서
　　　 분별하는 소견을 내지 말아라.
　　　 분별이란 생각을 잘 여읜 이는
　　　 분별함을 보지도 아니하나니

36-68 無量無數劫을　　　　　解之卽一念하고
　　　 知念亦無念하여　　　　如是見世間이로다
　　　 한량없고 수효가 없는 겁들도
　　　 알고 보면 그것이 한 생각이니
　　　 생각함이 생각이 없는 줄 알면
　　　 이렇게 모든 세간 보게 되리라.

36-69 無量諸國土를　　　　　一念悉超越하여

經於無量劫하되　　　不動於本處로다
저렇게 한량없는 모든 세계를
한 생각에 모두 다 뛰어넘어서
한량없이 오랜 겁 지낸다 해도
본 고장을 떠나지 아니하오며

36-70 不可說諸劫이　　　卽是須臾頃이니
莫見修與短하라　　　究竟刹那法이로다
말로 할 수가 없는 모든 겁들도
그것이 눈 깜짝할 동안 일이니
오래고 짧은 것을 보지 말아라.
필경에는 한 찰나 법이 되는 것.

36-71 心住於世間하고　　　世間住於心하되
於此不妄起　　　　　二非二分別이로다
이 마음은 세간에 머물러 있고
이 세간도 마음에 머물렀나니
여기에서 둘이 다 둘이 아니다.
그런 분별 허망하게 내지 말아라.

36-72 衆生世界劫과　　　諸佛及佛法이
一切如幻化하여　　　法界悉平等이로다
중생이나 세계나 모든 겁이나
저러한 부처님과 부처님 법이

모두가 요술 같고 변화 같아서
법계가 한결같이 평등하니라.

36-73 普於十方刹에   示現無量身하되
     知身從緣起하여   究竟無所着이로다
     시방의 모든 세계 두루 가득히
     한량없는 몸들을 나타내지만
     이 몸이 인연으로 생긴 줄 알면
     필경에 집착할 것 아주 없나니

36-74 依於無二智하여   出現人師子하되
     不着無二法하여   知無二非二로다
     둘이 없는 지혜를 의지하여서
     사람 중의 사자가 나타나나니
     둘이 없는 법에도 집착 안 해야
     둘이 다 둘 아님이 없음을 알리.

[疏] 七, 諸佛甚深下의 十頌은 三世間自在行이라 此中玄妙를 宜審思之
니라

■ (ㅅ) 諸佛甚深 아래의 열 게송은 삼세간에 자재한 행법이다. 이 가운
데 현묘함을 마땅히 잘 살펴서 생각해 보라.

[鈔] 此中玄妙者는 大經文理가 觸途多妙어니와 但文言이 浩博일새 不能
具釋이니라 又理玄文易일새 故令思之니라 既云玄妙하니 今重略釋하

리라 初偈는 法喩로 雙標能觀之智하사 明橫周豎永이요 次偈는 達二世間假名無實이니 卽是假觀이요 三, 有一偈는 雙離分別과 及無分別하여 以成空觀이요 四, 有一偈는 解念無念이니 卽中道觀이니라 又二는 卽是觀이요 三은 卽是止요 四는 卽雙運이니라 五는 不動遊刹하여 於器界自在오 六, 融念劫하여 於時自在라 上二는 事理雙遊니라 七, 遣二不二하여 善會中道하여 通二世間이요 八, 結三世間이 等同法界요 九, 結能徧身이요 十, 結能所不二니 上半은 無二遣二요 下半은 復遣無二라 若着無二하면 卽是於二에 有能所故라 故知無二非二일새 故無所着이니라

● '이 가운데 현묘함'이란 큰 경전의 경문의 이치가 길을 만나면 다분히 미묘하지만 단지 경문과 말이 크고 넓어서 능히 갖추어 해석하지 못하였다. 또한 이치는 현묘한데 경문이 쉬운 연고로 생각하게 하여 이미 '현묘하다'고 하였으니 지금은 거듭 간략히 해석하리라. (1) 첫 게송[諸佛甚深智-]은 법과 비유로 관찰하는 주체의 지혜를 함께 표방하여 가로로 두루하고 세로로 영원함을 밝힘이요, (2) 다음 게송[了達諸世間-]은 두 세간이 이름만 빌려서 실상이 없음을 요달함이니, 곧 가관(假觀)이요, (3) 한 게송[於諸世間法-]은 분별과 분별 없음을 함께 여의어서 공관(空觀)을 이룸이요, (4) 한 게송[無量無數劫-]은 생각과 생각 없음을 아나니 곧 중도관(中道觀)이다. 또 둘은 곧 위빠사나[觀]요, 셋은 곧 사마타[止]요, 넷은 곧 위빠사나와 사마타를 함께 움직임[止觀雙運]이요, (5) '동요 않고 국토를 유행함[不動於本處]'은 기세간에 자재함이다. (6) '찰나와 겁을 융섭함[究竟刹那法]'은 시간에 자재함이니, 위의 둘[(5) (6)]은 현상과 이치를 함께 유희함이다. (7) 둘이 둘 아님을 보내어[二非二分別-] 중도를 잘 알고 두 세간에 통함이요,

(8) 삼세간이 법계와 평등함을 결론함[衆生世界劫-]이요, (9) '시방의 모든 세계 두루 가득히 한량없는 몸들을 나타냄[普於十方刹-]'은 능히 몸에 두루함을 결론함이요, (10) 주체와 대상이 둘 아님을 결론함이니, 위의 반[依於無二智-]은 둘이 없이 둘을 보냄이요, 아래 반[不着無二法-]은 다시 둘이 없음을 보냄이다. 만일 둘 없음에 집착하면 곧 둘에 주체와 대상이 있는 까닭이다. 그러므로 알라, 둘이나 둘이 아님을 아는 연고로 집착할 것이 없는 것이다.

(ㅇ) 여섯 게송은 지정각세간에 자재한 행법[六偈智正覺自在行]

(八六 24上1)

36-75 　了知諸世間이　　　　　如焰如光影하며
　　　　如響亦如夢하며　　　　如幻如變化하고
　　　분명히 알지어다. 모든 세간이
　　　아지랑이와 같고 그림자 같고
　　　메아리와 같기도 꿈과 같기도
　　　요술 같고 변화한 것도 같나니

36-76 　如是隨順入　　　　　　諸佛所行處하여
　　　　成就普賢智하여　　　　普照深法界로다
　　　이와 같이 따라서 부처님들의
　　　행하시던 자리에 들어만 가면
　　　보현의 큰 지혜를 성취하여서
　　　깊고 깊은 법계에 두루 비추리.

36-77 衆生刹染着을　　　　一切皆捨離하되
而興大悲心하여　　　　普淨諸世間이로다
중생이나 국토에 물든 집착을
이것저것 모두 다 떼어 버리고
크게 자비한 마음 일으키어서
모든 세간 골고루 청정케 하며

36-78 菩薩常正念　　　　　論師子妙法이
淸淨如虛空이나　　　　而興大方便이로다
보살들이 언제나 바른 생각에
언론하는 사자의 미묘한 법이
청정하기 허공과 같음을 알고
크고 큰 좋은 방편 일으키나니

36-79 見世常迷倒하고　　　　發心咸救度일새
所行皆淸淨하여　　　　普徧諸法界로다
세상이 아득하고 뒤바뀜 보고
마음 내어 구원하고 제도하거든
행하는 일 모두 다 청정하여서
온 법계에 가득히 두루하더라.

36-80 諸佛及菩薩과　　　　佛法世間法에
若見其眞實이면　　　　一切無差別이로다
부처님들이거나 보살이거나

부처의 법이거나 세간 법들에
모두가 진실함을 보기만 하면
모든 것에 차별이 없게 되리라.

[疏] 八, 六頌은 別明智正覺世間自在行이요
■ (ㅇ) 여섯 게송은 지정각세간에 자재한 행법을 개별로 밝힘이요,

(ㅈ) 다섯 게송은 몸이 아니지만 몸을 보이는 행법[五偈非身示身行]
(九如 24上7)

36-81　如來法身藏이　　　　普入世間中이니
　　　　雖在於世間이나　　　於世無所着이네
　　　　여래의 참법신을 감춘 그대로
　　　　모든 세간 가운데 두루 들었고
　　　　아무리 세간 속에 있다 하여도
　　　　세간에 집착함이 조금도 없네.

36-82　譬如淸淨水에　　　　影像無來去인달하여
　　　　法身徧世間도　　　　當知亦如是로다
　　　　비유하면 깨끗한 물속에 비친
　　　　영상은 오고 감이 없는 것같이
　　　　법신이 온 세간에 두루한 것도
　　　　이것과 같은 줄을 마땅히 알라.

36-83 如是離染着에　　　　　身世皆淸淨하여
　　　　湛然如虛空하여　　　　一切無有生이로다

　　　이와 같이 물든 것을 모두 여의면
　　　이 몸과 이 세상이 모두 청정해
　　　고요하고 맑아서 허공 같으면
　　　온갖 것이 생멸하지 아니하리라.

36-84 知身無有盡하며　　　　無生亦無滅하며
　　　　非常非無常하여　　　　示現諸世間이로다

　　　이 몸이 다하는 일 없음을 알면
　　　나지도 아니하고 멸함도 없어
　　　항상함도 아니고 무상 아니나
　　　일부러 온 세간에 나타나나니

36-85 除滅諸邪見하여　　　　開示於正見하나니
　　　　法性無來去일새　　　　不着我我所로다

　　　여러 가지 삿된 소견 없애 버리고
　　　진정한 바른 소견 열어 보이면
　　　법의 성품 오고 가는 일이 없어서
　　　<나>에나 <내 것>에나 집착 않는다.

[疏] 九, 如來法身藏下의 五頌은 非身示身行이라 法身藏者는 卽前藏身
　　이니 普賢菩薩의 自體徧言도 亦同此也니라
■ (ㅈ) 如來法身藏 아래 다섯 게송은 몸이 아니지만 몸을 보이는 행법

을 노래함이다. '참법신을 감춤'이란 앞의 여래장신이니, 보현보살이
자체로 두루하다고 말함도 역시 이것과 같은 내용이다.

(ㅊ) 여섯 게송은 헤아리지 못하지만 헤아림을 보이는 행법을 노래하다
　　[六偈非量示量行] (十有 24下5)

36-86　譬如工幻師가　　　　　示現種種事하나니
　　　　其來無所從이며　　　　去亦無所至로다
　　　　비유하면 요술을 잘하는 사람
　　　　가지각색 사물을 만들지마는
　　　　오더라도 어디서 온 곳이 없고
　　　　간다 해도 어디로 이를 데 없어

36-87　幻性非有量이며　　　　亦復非無量이로되
　　　　於彼大衆中에　　　　示現量無量이로다
　　　　요술이란 한량이 있지도 않고
　　　　한량이 없는 것도 아니지마는
　　　　대중이 모여 있는 저 가운데서
　　　　한량 있고 한량없음 보이느니라.

36-88　以此寂定心으로　　　　修習諸善根하여
　　　　出生一切佛하나니　　非量非無量이로다
　　　　이러하게 고요한 선정 맘으로
　　　　여러 가지 착한 뿌리 닦아 익히고

일체의 부처님들 출생하나니
한량 있고 한량없음 모두 아니라.

36-89 有量及無量이   皆悉是妄想이니
      了達一切趣하면   不着量無量이로다
      한량 있다 한량없다 하는 것들이
      허망한 생각으로 하는 말이니
      일체의 참된 이치 통달해 알면
      한량이 있다 없다 집착 않으리.

36-90 諸佛甚深法이   廣大深寂滅하니
      甚深無量智로   知甚深諸趣로다
      여러 부처님들의 매우 깊은 법
      넓고 크고 깊어서 적멸하나니
      매우 깊어 한량없는 지혜로써야
      깊고 깊은 참이치를 알게 되리라.

36-91 菩薩離迷倒하여   心淨常相續이나
      巧以神通力으로   度無量衆生이로다
      보살은 아득하고 뒤바낌 떠나
      마음이 깨끗하여 계속하나니
      교묘하게 신통한 힘을 가지고
      한량없는 중생을 건지느니라.

[疏] 十, 有六頌은 非量示量行이라

■ (ㅊ) 여섯 게송은 헤아리지 못하지만 헤아림을 보이는 행법을 노래함
이다.

ㄴ. 30개 게송은 지혜와 합치한 대비의 행법[三十頌卽智大悲行] 10.

ㄱ) 네 게송은 머무름 없이 섭수하고 교화하는 행법[四偈無住攝化行]

(第二 24下10)

36-92 　未安者令安하며　　　　安者示道場하여
　　　如是徧法界하되　　　　其心無所着이로다
　　　편안하지 못한 자를 편안하게 하며
　　　편안한 자 또 다시 도량 보여서
　　　이와 같이 법계에 두루하여도
　　　그 마음은 어디에도 집착이 없네.

36-93 　不住於實際하며　　　　不入於涅槃하여
　　　如是徧世間하여　　　　開悟諸群生이로다
　　　실제에 머물지도 아니하면서
　　　열반에 드는 것도 아니지마는
　　　이렇게 온 세간에 가득하여서
　　　수없는 중생들을 깨우치도다.

36-94 　法數衆生數를　　　　　了知而不着하고
　　　普雨於法雨하여　　　　充洽諸世間이로다

법의 수효 중생의 모든 수효를
분명하게 알면서도 집착하지 않고
불법 비를 간 데마다 널리 내려서
시방의 모든 세간 흡족하게 하며

36-95 　普於諸世界에　　　　念念成正覺하되
　　　　而修菩薩行하여　　　未曾有退轉이로다
　　　　그지없는 세계에 두루 퍼져서
　　　　생각 생각 바른 각을 이루면서도
　　　　보살의 행할 일을 늘 닦으면서
　　　　잠깐도 물러나지 아니하더라.

[疏] 二, 卽智之悲行이라 中에 亦有十行하니 一, 初四偈는 無住攝化行이요
■ ㄴ. 30개 게송은 지혜와 합치한 대비의 행법을 노래함이다. 그중에도
열 가지 행법이 있으니 ㄱ) 네 게송은 머무름 없이 섭수하고 교화하
는 행법이요,

ㄴ) 네 게송은 몸이 아니지만 몸을 나타내는 행법을 노래하다
　　[四偈非身現身行] (二有 25上6)

36-96 　世間種種身을　　　　一切悉了知하니
　　　　如是知身法하면　　　則得諸佛身이로다
　　　　세간에 가지가지 수없는 몸을
　　　　온갖 것을 모두 다 분명히 알고

이러하게 몸이란 법 모두 알고는
부처의 청정한 몸 얻게 되나니

36-97　普知諸衆生과　　　　諸劫及諸刹하여
　　　　十方無涯際에　　　　智海無不入이로다
여러 가지 중생과 여러 가지 겁
여러 가지 세계를 두루 다 알아
시방의 끝 간 데가 없는 것들을
지혜로 들어가지 못할 데 없어

36-98　衆生身無量에　　　　一一爲現身하니
　　　　佛身無有邊을　　　　智者悉觀見이로다
여러 중생 몸들이 한량없거늘
낱낱이 그들 위해 몸을 나투니
부처님의 청정한 몸 한량없지만
지혜 있는 이들이 죄다 보더라.

36-99　一念之所知　　　　　出現諸如來를
　　　　經於無量劫토록　　　稱揚不可盡이로다
한 찰나 동안에도 알 수가 있는
시방에 나타나는 모든 여래를
한량없는 세월을 지내가면서
칭찬해도 끝까지 다할 수 없고

[疏] 二, 有四偈는 非身現身行이요

■ ㄴ) 네 게송은 몸이 아니지만 몸을 나타내는 행법을 노래함이요,

ㄷ) 한 게송은 사리를 분포하는 행법을 노래하다[一偈分布舍利行]

(三一 25上8)

36-100 諸佛能現身하사　　　處處般涅槃하니
　　　　一念中無量한　　　　舍利各差別이로다
　　　　여러 부처님들이 몸을 나투고
　　　　곳곳마다 열반에 드시는 일이
　　　　한 생각 가운데도 한량없으며
　　　　사리도 모두 각각 차별하더라.

[疏] 三, 一頌은 分布舍利行이요

■ ㄷ) 한 게송은 사리를 분포하는 행법을 노래함이요,

ㄹ) 두 게송은 부처님의 큰 마음을 아는 행법[二偈知佛大心行]

(四二 25下1)

36-101 如是未來世에　　　　有求於佛果하는
　　　　無量菩提心을　　　　決定智悉知로다
　　　　이와 같이 장차 오는 여러 세상에
　　　　부처의 최상의 결과 구하는 이들
　　　　한량없고 위가 없는 보리 마음을

결정한 지혜로써 모두 다 알고

36-102   如是三世中에   所有諸如來를

一切悉能知일새   名住普賢行이로다

이렇게 과거·현재·미래 세상에

한량없이 출현하는 모든 여래를

그런 이들 모두 다 아는 이라야

보현행에 머문다고 이름하나니.

[疏] 四, 二頌은 知佛大心行이요

■ ㄹ) 두 게송은 부처님의 큰 마음을 아는 행법을 노래함이요,

ㅁ) 세 게송은 법륜으로 깊이 들어가는 행법[三偈法輪深入行]

(五三 25下5)

36-103   如是分別知   無量諸行地하여

入於智慧處하니   其輪不退轉이로다

한량없는 모든 행 닦는 지위를

이렇게 분별하여 모두 다 알고

지혜로 깨달을 곳 들어가고는

그 법륜 물러나지 아니하나니

36-104   微妙廣大智로   深入如來境하여

入已不退轉일새   說名普賢慧로다

미묘하고 넓고 큰 청정한 지혜
여래의 깊은 경계 들어가리니
들어가고 물러나지 아니하여야
보현보살 지혜라 이름하나니

36-105 一切最勝尊이　　　普入佛境界하여
修行不退轉하여　　　得無上菩提로다
온갖 것에 훌륭한 높으신 이가
부처님의 경계에 널리 들어가
행을 닦고 물러나지 아니하며는
위없는 보리과를 얻게 되리라.

[疏] 五, 三頌은 法輪深入行이요
■　ㅁ) 세 게송은 법륜으로 깊이 들어가는 행법을 노래함이요,

ㅂ) 다섯 게송은 근기를 요달해 아는 행법[五偈了知根器行]
(六無 26上1)

36-106 無量無邊心의　　　各各差別業이
皆由想積集을　　　平等悉了知로다
한량없고 그지없는 모든 마음과
제각기 같지 않은 여러 가지 업
모두가 생각으로 쌓인 것이니
평등하게 분명히 모두 아오며

36-107 染汙非染汙와　　　　　學心無學心과
　　　　不可說諸心을　　　　　念念中悉知로다
　　　　물들고 물이 들지 아니한 것과
　　　　배우는 마음이나 무학의 마음
　　　　다 말할 수가 없는 모든 마음을
　　　　생각 생각 가운데 모두 다 알고

36-108 了知非一二며　　　　　非染亦非淨이며
　　　　亦復無雜亂하여　　　　皆從自想起로다
　　　　알고 보니 하나도 둘도 아니고
　　　　물든 것도 깨끗함도 모두 아니며
　　　　그렇다고 어지러운 일도 없나니
　　　　모두 자기 생각으로 일어나는 것.

36-109 如是悉明見이　　　　　一切諸衆生이
　　　　心想各不同하여　　　　起種種世間이로다
　　　　이러하게 분명히 보는 것이니
　　　　모든 세계 여러 가지 중생의 마음
　　　　제각기 동일하지 않음을 따라
　　　　가지각색 세간이 일어나는 것

36-110 以如是方便으로　　　　修諸最勝行하여
　　　　從佛法化生일새　　　　得名爲普賢이로다
　　　　이와 같은 여러 가지 방편으로써

여러 가지 가장 좋은 행을 닦아서
부처님의 법에서 변화해 나면
보현이란 이름을 얻게 되리라.

[疏] 六, 無量無邊下의 五頌은 了知根器行이요

■ ㅂ) 無量無邊 아래 다섯 게송은 근기를 요달해 아는 행법을 노래함
이요,

ㅅ) 세 게송은 세간의 업과 번뇌를 요달하는 행법[三偈了世業惑行]

(七三 26上5)

36-111   衆生皆妄起   善惡諸趣想일새
          由是或生天하며   或復墮地獄이로다
          모든 중생 허망한 생각으로써
          좋고 나쁜 여러 길을 일으키나니
          그러므로 하늘에 나기도 하고
          지옥에 떨어지는 사람도 있어

36-112   菩薩觀世間이   妄想業所起라
          妄想無邊故로   世間亦無量이로다
          보살이 살펴보니 모든 세간이
          망상으로 업을 지어 일어나는 것
          허망한 그 마음이 그지없으매
          세간도 그를 따라 한량이 없고

36-113　一切諸國土가　　　　想網之所現이니
　　　　幻網方便故로　　　　一念悉能入이로다

　　　　법계에 널려 있는 모든 세계가
　　　　망상의 그물로써 나타나는 것
　　　　허망한 생각 그물 방편이므로
　　　　한 생각에 모두 다 들어가오며

[疏] 七, 三頌은 了世業惑行이요

■　ㅅ) 세 게송은 세간의 업과 번뇌를 요달하는 행법을 노래함이요,

ㅇ) 다섯 게송은 육근과 육경이 무애함을 요달하는 행법
　　[五偈了達根境無礙行] (八五 26下1)

36-114　眼耳鼻舌身과　　　　意根亦如是하여
　　　　世間想別異에　　　　平等皆能入이로다

　　　　눈과 귀와 코까지도 그렇거니와
　　　　혀와 몸과 마음도 역시 그러해
　　　　세간의 생각들이 차별하지만
　　　　평등하게 다 능히 들어가는 것

36-115　一一眼境界에　　　　無量眼皆入하니
　　　　種種性差別이　　　　無量不可說이로다

　　　　하나하나 다 다른 눈의 경계에
　　　　한량없는 눈으로 다 들어가되

가지가지 성품이 차별하여서
한량없어 말로 할 수가 없으며

36-116 所見無差別하되   亦復無雜亂하니
　　　　各隨於自業하여   受用其果報로다
눈으로 보는 바가 차별이 없고
어지럽고 복잡하지 아니하지만
자기가 지은 업을 각각 따라서
좋고 궂고 그 과보 받는 것이니

36-117 普賢力無量하여   悉知彼一切하나니
　　　　一切眼境界에   大智悉能入이로다
보현보살 지혜 힘 한량이 없어
저렇게 온갖 것을 모두 다 알고
갖가지 눈으로써 보는 경계에
큰 지혜로 다 능히 들어가도다.

36-118 如是諸世間을   悉能分別知하고
　　　　而修一切行하여   亦復無退轉이로다
이러한 여러 가지 모든 세간을
모두 다 분별하여 분명히 알고
그리고 온갖 행을 항상 닦으며
또 다시 물러나지 아니하였네.

[疏] 八, 五頌은 了達根境無礙行이요

■ ㅇ) 다섯 게송은 육근과 육경이 무애함을 요달하는 행법을 노래함이
요,

ㅈ) 한 게송은 사대종이 설법함을 아는 행법[一偈知四種說法行]

(九一 26下3)

36-119　佛說衆生說과　　　　及以國土說과
三世如是說을　　　　種種悉了知로다
부처도 말씀하고 중생도 하고
온 세계의 국토도 역시 말하며
세 세상도 이와 같이 말하는 것을
가지가지 다 능히 분명히 알며

[疏] 九, 一頌은 知四種說法行이라 而刹說等者는 略有三義하니 一, 約通
力이요 二, 約融通이니 一說에 一切說故라 三, 約顯理是說이니 菩薩
이 觸境하여 皆了知故라 則觸類成教가 如香飯等이니라

■ ㅈ) 한 게송은 사대종이 설법함을 아는 행법이다. '국토도 역시 설한
다'는 등은 대략 세 가지 뜻이 있으니 (1) 신통력을 잡은 해석이요,
(2) 융섭하고 통함을 잡은 해석이니, 하나를 설하면 온갖 것을 설하
는 까닭이다. (3) 드러난 이치를 잡아서 설함이니, 보살이 경계를 만
나서 모두 요달하여 아는 까닭이다. 닿는 부류마다 가르침을 성취
함은 마치 향기 나는 밥 따위와 같다.

[鈔] 九有一頌者는 卽三世間과 及時가 爲四라 若時分을 三世間하면 則成六種이니라 若於三世에 各三世間하면 則有九種이요 總一切說에 卽是十義라 從而刹等說者는 釋義니 刹及三世인 此義微隱일새 故疏釋之니라 言融通者는 一塵이 卽攝一切어니 何得刹中에 無說이리요 言顯理者인대 如色이 卽顯質礙며 卽顯緣生이며 卽顯無常이며 卽顯無性等이라 言則觸類成敎者는 證顯理義니 如前敎體中에 明이니라

● ㅈ) '한 게송이 있다'는 것은 곧 삼세간과 시간으로 넷이 된다. 만일 시분(時分)으로서 삼세간이라 하면 여섯 종류를 이룬다. 만일 삼세에 각기 삼세간이면 아홉 종류가 있고, 모두를 총합하여 말할 적에 곧 열 가지 뜻이다. '국토도 역시 설한다'는 등은 이치로 해석함이니, 국토와 삼세간인 이런 이치가 미묘하고 숨어 있는 연고로 소가 해석한 것이다. '융섭하게 통한다'고 말한 것은 하나의 티끌은 곧 온갖 것을 포섭하는데 어찌 국토 중에서 설하지 않음을 얻겠는가? '드러난 이치'를 말한다면 마치 형색이 곧 물질로 장애함을 밝힘이요, 곧 연기로 생김을 밝힘이요, 곧 무상함을 밝힘이요, (그것은) 곧 체성 없음을 밝히는 등이다. '부류를 만나서 가르침을 성취한다'고 말한 것은 드러난 이치의 뜻을 증득한 것이니, 앞의 교법의 체성 중에서 밝힌 내용과 같다.

ㅊ) 두 게송은 삼세로 섭수하고 교화하는 행법[二偈三世攝化行]

(十末 27上5)

36-120　過去中未來요　　　未來中現在라
　　　　三世互相見하여　　一一皆明了로다

과거 세상 가운데 미래가 있고
미래 세상 가운데 현재가 있어
세 세상이 서로서로 보게 되는 걸
낱낱이 분명하게 모두 다 알아

36-121 如是無量種으로   開悟諸世間하니
       一切智方便이   邊際不可得이로다
이렇게 한량없는 여러 가지로
모든 세간 중생을 깨우치나니
여러 가지 지혜와 여러 방편을
끝닿은 데 찾아도 얻을 수 없네.

[疏] 十, 末後二頌은 三世攝化行이라 平等因은 竟하다

■ 츠) 마지막 두 게송은 삼세로 섭수하고 교화하는 행법을 노래함이
다. 평등한 인행91)은 마친다.

제36. 보현행품(普賢行品) 終

---

91) 여기서 '평등한 인행'이란 제2. 수인계과생해분에 두 개의 과목인 差別因果와 平等因果가 있는데 그 가운데 差
別因果는 제7. 여래명호품부터 제35. 여래 수호광명공덕품까지이고, 平等因果는 제36. 보현행품은 平等因이
요, 제37. 여래출현품은 平等果이니 그중에 平等因이 끝났다는 뜻이다. (譯者 註)

화엄경청량소 제25권

| 초판 1쇄 발행_ 2020년 4월 5일

| 저_ 청량징관
| 역주_ 석반산

| 펴낸이_ 오세룡
| 편집_ 손미숙 박성화 김정은 김영미
| 기획_ 최은영 곽은영
| 디자인_ 김효선 고혜정 장혜정
| 홍보 마케팅_ 이주하
| 펴낸곳_ 담앤북스
　　　　서울특별시 종로구 새문안로3길 23 경희궁의 아침 4단지 805호
　　　　대표전화 02)765-1251 전송 02)764-1251 전자우편 damnbooks@hanmail.net
　　　　출판등록 제300-2011-115호
| ISBN 979-11-6201-214-7 04220

정가 30,000원